KB149780

한국과 영국의 차문화 연구

한국과 영국의 차문화 연구

2015년 11월 20일 초판 1쇄 인쇄
2015년 11월 25일 초판 1쇄 발행

지은이 정은희
펴낸이 권혁재

편집 조혜진
출력 CMYK
인쇄 한일프린테크

펴낸곳 학연문화사
등록 1988년 2월 26일 제2-501호
주소 서울시 금천구 가산동 371-28 우림라이온스밸리 B동 712호
전화 02-2026-0541~4
팩스 02-2026-0547
E-mail hak7891@chol.net

ISBN 978-89-5508-333-0 93910
ⓒ 정은희, 2015
협의에 따라 인지를 붙이지 않습니다.

국제차문화 · 산업연구총서2

한국과 영국의 차문화 연구

정은희 지음

학연문화사

발간사

목포대학교에서는 비교적 이른 시기인 2003년부터 〈동서양의 차문화〉라는 교양과목을 개설하여 학생들로부터 큰 호응을 받았다. 여기에 힘입어 2004년에는 국립대학 최초로 일반대학원에 국제차문화학협동과정(석사반)을 개설했고, 2011년에는 박사반까지 개설했다. 차에 관한 연구분야가 넓기 때문에 석사반과 박사반 모두 문화분야와 이학분야로 나누어 운영하고 있다. 차문화는 물론 관련 산업 전반에 대한 심도 있는 교육을 통해서 문학석·박사와 이학석·박사 등 국제적으로 인정받을 수 있는 인재를 육성하는데 매진하고 있다.

이를 바탕으로 2004년 3월에는 목포대학교 국제차문화연구소가 처음 문을 열었으며, 그간의 연구성과를 인정받아 2012년 7월 1일에는 드디어 목포대학교 국제차문화·산업연구소가 정식으로 개소하게 되었다. 국제차문화·산업연구소는 한국은 물론 세계 각국의 차문화 원형발굴과 이를 활용한 관련 산업과의 융·복합을 기반으로 하는 차의 6차산업화를 목표로 하고 있는 세계 유수의 연구소이다.

본 연구소에는 다양한 전공의 교수급 20여명과 박사급 연구교수 및 전문연구원 30여명 등 총 50여명의 국내 최고수준의 연구진이 포진하고 있으며, 주로 차의 생산·유통·소비와 관련된 연구사업과 세계 차문화·산업계와의 학술교류에 집중하고 있다. 또한 차문화 산업에 대한 체계적인 이론과 지식을 갖춘 석·박사들의 현장실무능력향상을 위한 인큐베이터 역할도 중시해 국제적으로 인정받을 수 있는 실무형 인재 양성에 적극적으로 나서고 있다.

국제차문화·산업연구총서의 발간은 연구소 구성원들의 연구의욕을 고취시킴은 물론 구성원들의 연구성과를 사회에 환원하지는 취지에서 기획된 사업이다. 연구소 역점사업의 하나로 진행되는 총서발간이 연구원들의 연구력 제고에 기여함은 물론 국제차문화·산업계의 발전에도 일정부분 기여할 수 있기를 바란다.

열악한 연구여건에도 불구하고 그간의 연구 성과를 모아 국제차문화·산업연구총서 2호로 한국과 영국 차문화 연구를 上梓하신 정은희 박사님께 감사드리며,

본 총서를 한국 차문화·산업계의 泰斗이신 故 毅齋 許百鍊선생님의 추모특집으로 발간하도록 수락해주신 直軒 許達哉 畵伯님께 감사드린다. 끝으로 출판계의 어려운 여건을 무릅쓰고 총서발간을 흔쾌히 허락해주신 학연문화사의 권혁재 사장님께 감사드린다.

2015년 立秋節
목포대학교 국제차문화·산업연구소장 조기정 삼가 씀

머 리 말

차나무는 내게 아낌없이 주는 나무다. 차는 1999년 성신여자대학교에서 예절다
도학과에 입학하기 전까지만 해도 내게 기호음료 중 하나일 뿐이었다. 집에서 아
이들만 돌보는 내게 어머니와 남편은 차문화 공부를 권했다. 우리나라에 처음 개
설된 차문화 전공 대학원에 입학했다. 차의 세계는 너무도 깊고 방대해 막막했다.
대학에서 중문학과를 졸업하고, 다례원을 운영하시는 어머니가 계셨지만 고전을
통해 만난 차는 어렵고 낯설었다. 낯섦을 떨치기 위해 차 혹은 음식, 예절과 관련
된 책을 모조리 구해다 읽기 시작한 지, 일 년쯤 지나자 차가 조금씩 내 생활에, 내
마음에 들어오기 시작했다.

어느 날 논문 준비를 위해 책을 보던 중 '다갈색(茶褐色)' 한자어가 눈에 들어
왔다. 발효차 문화에 깊은 관심이 끌렸다. 예부터 녹차만을 즐겼다는 생각이 지배
적이었던 당시로서는 겁 없는 도전이었지만, 「문헌을 중심으로 한 삼국시대 이후
의 발효차 연구」로 석사논문 제목을 정하고 연구를 시작했다. 혼자 옛 시대를 탐
험하듯 열심히 자료를 모으고, 연결하고, 분석하여 완성했다. 석사논문을 위해 열
심히 한다고는 했지만 완성된 논문은 짧은 지식과 견해로 써져 지금 보면 많이 부
족하고 아쉬움이 크다.

석사논문을 쓰며 서양의 홍차문화를 만났다. 이길표 교수님이 논문 마지막에
싣기를 권해 부록처럼 첨가하기 위해 공부한 다른 나라의 홍차문화는 흥미로웠고
이는 곧 석사 후 전공으로 바꾸는 계기가 되었다. 홍차에 관한 전문서나 논문이
전무해 서양 차문화와 관련된 자료를 찾는 작업은 힘들었지만 그만큼 즐거움도
컸다.

2003년부터 서울시민대학에서 홍차문화를 가르치게 되자 재미있지만은 않았다.
수업 준비를 위해, 도서관에서 수많은 자료를 헤매며 밤을 새기가 일쑤였고, 박물
관과 서점, 호텔과 백화점, 시장 등을 헤집고 다녔다. 자료를 찾기 힘든 서양의 홍
차문화였지만, 식생활 외에도 의생활과 주생활, 레저와 스포츠 등 각 방면에 미치

고 있어 흥미진진했다.

한참 홍차문화에 관심이 컸던 시기, 남편 직장 일로 2004년 캐나다에서 1년 간 보내게 되었다. 캐나다에서의 1년은 내게 엄청난 지식과 귀한 체험의 시간이었다. 〈석농화원(石農畵苑)〉의 발문에서 유한준(俞漢雋)이 '알게 되면 참으로 사랑하게 되고, 사랑하게 되면 참으로 보게 되고, 볼 줄 알게 되면 모아 소장하게 된다. 그때 소장하는 것은 그저 모아 쌓아두는 것이 아니다'라 했던 말씀에 완전 공감한 시간이었다. 영연방국인 캐나다는 영국의 모습을 참 많이 담고 있었다. 주변에서 차문화를 경험할 것들이 천지에 있었고, 홍차관련 책들이 수없이 많았다. 수많은 책과 기물을 사 모았고, 주말이면 가족과 티룸을 찾았다.

캐나다에 있는 동안 살림출판사에서 홍차 관련한 책 출판으로 연락이 왔지만 게으른 성격 탓에 귀국해서도 한동안 미루고 지내다 2007년에야 『홍차 이야기』를 출간했다. 새로운 학교에 적응해야하는 아이들 돌보는 일과 원광대학교 동양학대학원에서의 〈서양차문화사〉강의로 바쁜 시간이었다. 2005년, 한국에 돌아오자마자 부탁받은 〈서양차문화사〉는 대학원 교과목으로 처음 생긴 일이라 설렘과 동시에 두려웠다. 처음 접하는 학생들에게 낯선 홍차문화를 흥미있게 전하고자 강좌 구성에서부터 수업내용까지 세심히 준비하려 애썼다. 이와 동시에 홍차를 좀더 깊게 알고 싶어 커피, 와인, 중국 다예와 품평을 공부했다.

바쁘게 1년을 보낸 후, 그동안 미룬 박사과정을 2006년이 되어서야 밟았다. 학생과 선생이 병행된 생활이 한동안 계속되었다. 서양차문화에 대한 관심이 높아지며 원광대학교, 원광디지털대학교, 서울시립대학교, 협성대학교, 서원대학교, 목포대학교 등의 학교와 박물관 등에서 가르칠 기회가 주어졌다. 차인들에게 이제는 친숙한 문화가 된 서양차문화의 모습을 보면 뿌듯하다. 좀더 차문화를 깊고 넓게 알고 싶어 공부한 덕분에 〈기호음료〉와 〈커피문화〉를 가르칠 기회가 주어졌고, 책과 여행에서 두루 경험한 여러 나라의 차문화 체험을 오사다 사치코와 함께 『차 한 잔으로 떠나는 세계여행』로 펴내며, 〈차문화로 떠나는 세계여행〉도 강의도 하고 있다. 차는 이렇듯 끊임없이 내게 호기심을 일으키며 새로운 길로 안내했고, 그 길을 찾아 떠나는 여행은 힘듦을 이길 만큼 신나고 보람있다.

영국의 차문화만큼 우리나라 차문화에 대한 관심 또한 항상 있었다. 꾸준히 자료를 찾고, 분석하여 논문으로 발표했고, 〈조선시대 여성의 차문화〉라는 주제로 태평양학술문화재단의 연구지원에 선정되었다. 우리나라의 발효차, 죽로차 제다법과 이유원의 다옥, 1960년대에서 80년대까지의 우리나라 홍차문화와 산업 등의 새로운 자료를 찾은 덕분에 즐거운 일도 많았다. 한국과 영국의 19세기 이후 차문화에 관심을 가져며 쓴 논문이 25편정도 되었다. 그중 몇 논문은 대학원과 대한민국차인대회, 그리고 한국차학회에서 우수 논문상과 교육과학기술부 한국연구재단에서 시간강사 연구지원에 선정되는 기쁨을 맛보기도 했다. 상은 내가 지칠라치면 주는 차의 선물 같았다.

대학 강의 이외에도 경북대학교 산업대학원 최고경영자과정, 전남대학교 박물관대학, 인천시립박물관, 부천유럽도자기박물관, 부여박물관, 토지주택박물관, 보성, 강진·장흥 등 농촌진흥청, 성균관 유도회, 한국차문화협회, 명원문화재단 등에서 특강을 하며 좋은 분들을 참 많이 만났다. 차가 맺어준 아름다운 인연이라 생각한다. 멀리 보면, 차는 내게 다산 정약용, 풍석 서유구, 의재 허백련 등의 선인들이 그들의 삶을 내보이며 바른 삶을 살도록 이야기해 준다. 또한 차는 영수합 서씨, 숙선옹주, 빙허각 이씨 등의 여성들은 생활 이야기하며 한 가정의 어머니로서의 역할도 깨우쳐준다. 가까이 보면, 차는 평생지기 좋은 벗들과의 만남을 주선해 주고 있다. 차는 내게 연령을 초월한 많은 분들과 인연을 맺어주며, 풍요로운 노년을 준비할 수 있도록 지혜를 준다.

대학원 입학이후부터 지금까지 내 최대의 관심은 우리가 전통이라고 일컫는 18세기 중엽부터 19세기와 생활문화의 변화가 급속하게 일어난 20세기 차문화이다. 『한국과 영국 차문화 연구』는 그동안 관심 가졌던 19세기부터 20세기 초 중심의 한국과 영국의 차문화 관련 논문과 존경하는 의재 허백련 선생님의 삶을 특집호로 묶은 책이다.

제1편에서는 「숙선옹주의 소통의 차생활」, 「삼호정시사의 동인을 통해 본 조선시대 소실의 차생활」, 「조선후기 차모의 유형과 역할」, 「세시기를 통해본 차문화」,

「일제강점기의 차산지 특성」의 순으로 19세기부터 20세기 초반의 각계각층의 삶에서 한국 차문화의 의미와 역할을 살펴보았다.

제2편에서는 「17-18세기 유럽의 차논쟁과 차의 사회적 수용」, 「19세기 영국 소설에 나타난 차문화 특성」, 「문학작품에 나타난 19세기 차문화 특성」, 「19세기 영국 차산업 발전과 차의 세계화」, 「20세기 전반기 차생활과 다복을 통해본 영국 여성의 사회참여」 순으로 영국의 차문화사 발전한 과정을 살펴보았다.

제3편에서는 〈염색재로 이용한 차〉, 〈이유원의 문집에 나타난 19세기 차문화〉, 〈한국의 홍차산업과 소비문화-1960~1980년대를 중심으로-〉, 〈금랑 노석경의 삶과 국다(國茶)연구〉, 〈차를 사랑한 나라, 영국과 스리랑카의 차이야기〉, 〈남미의 황금빛 정서〉 등 잡지와 학술세미나 에 실린 내용을 선별해 실었다.

차는 지난날의 유물임과 동시에 오늘의 음료요, 문화이다. 차는 탄생과 향유, 그리고 소멸을 거듭하며 오늘에 이르고 있다. 각 나라, 각 시대마다 다양한 문화가 담겨있어 독특한 차문화를 형성하고 있다. 특히 이 책에 주로 담은 19세기와 20세기 초는 현대와 가장 가까운 전통시대로, 당시 문화에서 숨어있는 오늘의 차문화를 들여다 볼 수 있다.

전통을 이어서 공부를 열심히 하다보면, 처음에는 옛 사람을 본받았다 해도 안 달라질 수가 없는 건데 이를 성가(成家)라 해. ......
개성은 어디까지나 전통 위에서 꽃 피워야 하며, 처음부터 자기 독단의 개성은 생명이 길지 못해. 전통을 철저하게 갈고 닦으면 자기 것이 생기게 되지.[1]

전통위에 개성을 꽃피워야 한다는 의재 허백련 선생님의 말씀처럼, 차문화가 풍요롭게 지속된 영국에서 18 · 19세기 차문화에서, 오늘의 차문화와의 연관성을 찾을 수 있다. 우리나라의 차문화는 내우외환으로 전통 차문화가 근근이 명맥을 이어왔지만 고전에서 찾은 역사적 사실과, 그 글의 의미하는 바가 무엇인지 찾아

---

1) 심세중, 『의재 허백련, 삶과 예술은 경쟁하지 않는다』, 디자인하우스, 2001, p. 22.

내어 차를 중심으로 한 다양한 풍경을 들여다보고자 했다. 부족하지만 19세기에서 20세기 초를 살아간 남녀노소, 다양한 신분을 아울러 다루고자 노력했다. 이와 더불어 이 책을 준비하며 평소 존경한 의재 선생님을 좀더 알고 싶었고, 많은 분들게 알리고 싶었다. 이 글을 읽은 독자가 19세기 이후의 차문화에 대해 더 알고 싶다는 흥미가 유발된다면, 그리고 존경하는 차인을 깊게 알아가는 시간을 갖고 싶은 마음이 일어난다면, 그것만으로도 충분히 목적을 이루었다고 생각한다.

이 책을 발간하기까지 감사할 분들이 참 많다. 논문을 한데 묶어 국제차문화·산업연구소의 연구총서 2집으로 발간할 수 있도록 추천해 주시고, 따뜻한 말씀으로 격려해주신 조기정 교수님께 감사드린다. 대학원으로 이끌어주신 부모님과 응원을 아끼지 않은 가족에게 사랑과 감사를 전한다. 흔쾌히 책을 출판해주신 학연문화사 권혁재 사장님과 편집에 수고해준 조혜진 차장님도 고맙다. 아울러 국제차문화 산업연구소 연구원들과 향기있고 즐거운 티타임으로 힘을 실어준 차 벗들에게도 고마움 전한다. 마지막으로 근현대 차문화와 차산업에 지대한 영향을 끼치신 멋진 차인, 의재 허백련 선생님에 대한 많은 이야기 들려주시고, 소중한 자료 내주신 직헌 허달재 선생님께 감사드린다.

이 책은 석사논문부터 지금까지 논문으로 발표한 25편의 논문 중 일부를 담았다. 당시 열심히 쓴 논문이지만 책을 엮으며 살펴보니, 부족하기 그지없다. 하지만 논문들을 준비하며 한국과 영국, 보편과 차이, 정(靜)과 동(動), 지속된 문화와 단절된 문화 등으로 19세기와 20세기 초 한국과 영국인들의 차생활을 비교하는 기회가 되어 즐겁다. 이 글을 읽는 독자들도 그 시절의 차생활을 조금이나마 느끼며 공감했으면 더할 나위 없는 기쁨이 되겠다.

2015년 가을

目 次

의재 허백련

의재 허백련의 삶속의 차

허백련의 생애

의재 허백련(毅齋 許百鍊, 1891-1977)은 1891년 향반(鄕班) 허경언(許京彦1870-?)와 박동애(朴東艾(1870- ?)사이에 4남2녀 중 장남으로 전라남도 진도에서 태어났다. 부모님은 큰 아들이 태어나자 건강하게 장수하기를 바라는 마음으로 이름을 '백련(百鍊)'으로, 말보다 실천하는 사람이 되길 바라는 마음으로 자(字)를 '행민(行敏)'으로 지었다. 훈육보다는 공자·맹자 등 현인들의 행실을 들려주며 바른 길로 인도했던 선친은 줄곧 허백련의 꿈에 따뜻한 관심과 지지를 보내주는 격려자였다.

어린 허백련은 집안 어른인 미산 허형(米山 許瀅, 1862-1938)[1]과 무정 정만조(茂亭 鄭萬朝, 1858-1936)를 만나면서 예술세계에 첫발을 내딛음과 동시에 정신적 소양과 지식을 본격적으로 쌓았다. 허백련은 정만조가 진도 금갑도에서 사천리 운림산방 근처로 유배지를 옮겨와 서당을 열어 사제의 연을 맺는다. 서당에서 공부한 틈틈이 가법에 충실한 허형을 통해 소치 허련(小癡 許鍊, 1809-1892)의 산수화 전통을 자연스럽게 전수받는다. 남종화를 그리는 자리에 술과 찻자리를 곧잘 펼쳤던 허형의 은일(隱逸)한 풍류생활은 한창 습자지처럼 빨아들이던 어린 허백련의 마음에 스며들었다. 문화예술을 사랑한 정만조는 허백련의 그림공부를 격려하는 한편, 사서삼경으로 학문을 연마시켰고 현인들의 말씀으로 인성교육을 강조하며 가르쳤다. 이후 『대학』·『논어』·『맹자』·『중용』 등의 사서삼경은 허백련의 삶에 지표가 되었다.

정만조는 허백련이 15살이 되자, 『논어』 자로편의 한 구절인 "강직하고 굽힘이 없고 소박하고 어눌함이 인(仁)에 가깝다(剛毅木訥 近於仁)'에서 '의(毅)'자를 따 '의재(毅齋)'를 호로 내리며, 그의 앞으로의 삶이 굽힘없이 의연하게 살기를 당부했다. '근인당(近仁堂)' 역시 호와 일맥상통한 당호로, 어진 마음·친화하는 사람으로 살라는 스승의 바람과 허백련의 정신이 깃들어있다. 이렇듯 지·덕·체를 키우는 결정적 시기인 청소년기에 부모님과 허형·정만조의 가르침은 허백련이 앞으로 펼쳐나갈 삶에 중요한 밑거름이 된다.

---

1) 입도조 허대(許垈)의 세 아들 중 둘째 아들 순(珣)의 후손이 소치와 미산, 남농이고, 셋째 아들 방(芳)의 후손이 허백련집안이다. 의재 집안은 허방의 종가이다. 소치는 허백련의 고조부 즉, 허백련은 허련의 종고손이다.

〈사진〉 소치 허련 / 미산 허형 / 『은파유필』[2]

　상경 후, 기호학교(중앙학교 전신)에서 신학문을 공부하면서, 서화 미술전람회 등을 구경하며 다양한 그림을 접했다. 학교와 서화미술회를 통해 많은 사람들을 만나며 학문과 그림에 대한 열정은 더욱 깊어졌다. 신문화를 알고 싶은 마음은 청년 허백련을 일본 유학으로 이끌었다(1915년, 24살). 교토의 리츠메이칸(立命館)대학과 동경의 메이지(明治)대학에서 법학공부를 하면서 그림에 대한 관심으로 박물관이나 미술관을 다니며 서화를 감상하곤 했다. 고단한 일본유학시절에 서화감상은 허백련의 큰 위안이자 즐거움이었다. 전시회와 박물관에서 중국 문인의 남종화와 고무로 스이운(小室翠雲)의 남종화를 접한 이후, 허백련의 남종화에 대한 관심은 더욱 깊어졌다. 허백련은 일본에서 고하 송진우(古下 宋鎭禹) 인촌 김성수(仁村 金性洙) 지운 김철수(芝雲 金綴洙) 등의 든든한 평생지기를 만나며 힘들었지만 행복한 유학시절을 보낸다.

　1918년 어느 날, 아버지가 위독하다는 소식을 접한 허백련은 곧바로 귀국길에 오른다. 건강한 아버지 모습에 안도하며, 고향인 진도, 광주 등 전라도에서 활동하며 그린 작품으로, 목포에서 첫 회화전을 연다(1920년, 29살). 이후 제1회 조선미술전람회(鮮展)에 〈하경산수(夏景山水)〉와 〈추경산수(秋景山水)〉 두 점을 출품해(1922

---

2) 『은파유필(恩波濡筆)』은 12년간 진도에서 유배된 정만조가 진도의 풍속을 기록한 책으로, 진도의 향토사 연구에 중요한 자료다.

년, 31세), 〈추경산수〉로 동양화부문에서 1등 없는 2등상으로 입상하자, 그의 명성은 중앙화단에 떨친다. 당시 심사위원장인 가와이 교쿠도(川合玉堂)는 '의재의 산수화는 중국도, 일본도 아닌 독특한 개성을 지닌 조선 산수다'라는 심사평을 한다. 그의 그림은 허형과 고무로 스이운에게 익힌 남종화의 정통 위에 자신만의 개성을 꽃핀 결과물이었다. 이를 계기로 허백련은 이당 김은호(以堂 金殷鎬), 심향 박승무(深香 朴勝武), 청전 이상범(靑田 李象範), 소정 변관식(小亭 卞寬植), 심산 노수현(心汕 盧壽鉉) 등 근현대 한국을 대표하는 화가들과 돈독한 사이가 된다.

(개막된 미술전람회 /〈동아일보〉, 1922년 6월 2일)[3]

1924년 그의 나이 33살에 성연옥(成年玉, 1903-1993)과 결혼하지만, 진주·대구·전주·부산·평양·함흥·서울 등 서화전으로 전국유람을 하며, 대인관계를 넓힌다. 광주에 정착한 후, 1938년(47세) 화가·정치가·경제 인 등 서서화를 좋아하는 사람들이 모여 연진회(鍊眞會)를 발족한다.

예술을 배움은 참된 경지에 이르는 일이요, 양생(養生)은 참된 근원에 이르도록 하는 일이다. 우리가 예악(藝樂)으로 만나 노닐며 여생을 값지게 보내기 위해 연진회(鍊眞會)를 세운 것이다.

───────────

3) 1등은 없고, 동양화부문에 2등 2명, 서양화부문에 2등 1명, 글씨부문에 2등 1명에 수상했다. 동양화부문에서 2등상을 수상한 허백련의 사진과 그림 〈추경산수〉가 실려 있다.

창립회원 노형규(盧衡奎)가 쓴 연진회 발기문의 일부다. 참(眞)을 연마(鍊)하는 공간, 연진회에서 회원들은 건강한 심신으로 예술의 꽃을 피었다. 예술을 꽃피우는 데 밑바탕인 맑은 정신을 위해 연진회에서는 차를 공식음료처럼 즐겨 마셨다. 차는 모임의 윤활유가 되어 구성원들의 간격을 좁혀주었다. 그림 그리기 전 회원들은 차를 마신후 정갈한 마음으로 그림을 연마했고, 완성 후 감상회를 열곤했다. 허백련은 회원들의 그림을 감평하며 서화에 더욱 정진하도록 격려했다. 회원들은 차를 마시며 문학과 예술, 정치·경제 등의 풍성한 주제로 논했고, 시조를 읊으며 차를 마시는 시서화가 펼쳐진 다회를 갖기도 했다. 무엇보다 신전(神殿)설치, 창씨개명 등을 요구하는 일제치하에서 우리의 문화예술을 향유하는 모임을 운영하기가 쉽지 않았지만 일제의 억압은 허백련의 민족혼을 일깨우는 계기가 되었다.

(최고의 문화서클 광주 연진회(〈동아일보〉 1967년 월 12일)

허백련은 연진회에서 추사 김정희(秋史 金正喜), 허련 등이 추구한 전통 남종화의 맥을 계승하는 작업에 열심이었다. 초기 연진회 회원인 지봉 정상호(智峰 鄭相浩)·근원 구철우(槿園 具哲祐)·동강 정운면(東岡 鄭雲勉)·목재 허행면(木齋 許行冕)·최한영(崔漢泳)·김동곤(金東坤) 등의 서화가에 이어 희재 문장호(希哉 文章浩)·옥산 김옥진(沃山 金玉振)·금봉 박행보(金峰 朴幸甫)·직헌 허달재(直軒 許達

哉) 등의 문하생을 지도하며, 광주가 예향(藝鄕)'로 자리하는데 큰 기여를 한다.

　허백련의 광복전후의 삶은 완전히 달라졌다. 광복 전까지는 화가의 삶이었다면, 광복 후에는 화가뿐만 아니라 청년교육과 차 보급, 단군신전 건립운동 등을 통해 민족혼을 불러일으키는데 주력한 계몽가의 삶이었다. 이와 같은 삶은 광복 후, 무등산 기슭에 위치한 폐허가 된 무등다원(현 삼애다원)을 매입하면서 시작된다. 다원 매입 후, 곧바로 피폐한 농촌중흥을 위해 오방 최흥종(伍方 崔興琮)과 뜻을 모아 농업기술학교인 삼애학원(三愛學院)을 설립한다. 이후 한동안 허백련은 화가보다는 교육자, 농군으로서의 삶을 살아간다. 오로지 잘사는 나라를 위한 생각뿐이었다. 그림, 즉 문화예술은 경제기반이 안정될 때야 비로소 꽃피울 수 있다고 생각했기 때문이다. 이후 그의 차와 그림은 교육사업을 위해 쓰였다.

　삼애학원에서는 가난한 집안의 청소년들을 농촌지도자를 육성하는데 힘을 쏟는다. 삼애학원은 1953년 농업고등기술학교로 승격되어 정식 교육기관으로 인가받는다. 농업고등기술학교에서는 국사, 차 제조법, 원예, 식품가공 농축업 등을 교과목으로 학생들을 지도했다. 차 제조법을 교과목으로 채택한 이유는 차를 마셔 맑게한 정신으로 판단하여 실천하면 실수를 줄일 수 있다'는 허백련의 확

(농업고등기술학교 학생들과 기념사진) 의재미술관 제공

고한 신념 때문이었다. 그는 학생들을 춘설차(春雪茶) 생산현장에 투입시켜 지도했고, 전문가를 초빙해 이론교육을 하는 등 차 산업 육성과 차문화 보급에 앞장선다. 그의 다원과 학교 법인체 이름인 '삼애(三愛)'는 하늘(愛天)과 땅(愛土), 이웃(愛家)과 더불어 사는 삶을 위한 허백련의 인간다움 존중사상으로, 그의 다도관과도 일치한다.

허백련의 휴머니즘은 학교 운영 외 그의 예술관에도 미쳤다. 활달하면서고 힘찬 필묵으로, 깊고도 맑은 동양사상과 부드러운 남도의 농촌 풍경과 시적인 풍취의 풍요로운 농촌을 그렸다. 허백련은 춘설헌에서 농업학교 운영과 더불어 그림을 그리며 청신근검(淸愼勤儉)으로 초연한 수신의 길을 걸었으며, 겸손한 속에 소통하는 삶을 살았다. 그의 후반기 삶은 대한민국미술전람회(國展) 추천작가, 심사위원, 초대작가를 역임하는 등 당시 화단(畵壇)을 이끈 유명 화가였지만, 결코 초연함을 잃지 않은 은자(隱者)였다. 차는 허백련 삶의 동반자가 되가 그의 추구하는 정신과 은자적 삶을 사는데 큰 힘이었다.

허백련은 청년교육과 차생활의 대중화, 전통문화 계승 등과 더불어 우리 민족의 뿌리인 단군신전(檀君神殿)을 모시는 천제단(天祭壇) 건립에 노년의 삶을 오롯이 바친다. 무등산 단군신전건립추진위원회를 결성하여, 단군의 홍익인간 이념을 알리고, 민족의 구심점을 찾고자 힘썼다. 정치와 도덕의 타락은 우리 민족이 조국혼을 잃었기 때문이라 판단한 허백련은 우리 민족의 뿌리를 되찾기 위해 홍익인간의 부활에 힘쓴다. 단군신전 건립은 종교가 아닌 민족의 뿌리를 일깨우고자 추진했던 만큼 허백련의 신념은 그 어떤 반대도 이겨낼 만큼 굳셌다. 비록 마지막 숙원사업이었던 천제단 개천궁의 준공을 보지 못하고 세상을 떠났지만 나라와 민족을 사랑한 그의 삶은 후세의 큰 자취를 남겼다.

삼애사상을 실천했던 그의 삶은 1977년 2월 15일, 86세의 나이로 마친다. 격랑의 시대에 태어나, 주권 없는 시대 청소년기를 보내고, 광복과 한국전쟁 등 어려운 세상과 근대화를 외치며 빠르게 새롭게 변화해간 산업화시대를 살았던 허백련은 결코 현실을 외면하지 않았고, 그대로 수긍하지도 않았다. 허백련은 현실을 바르게 직시하며 단군할아버지의 자손으로 인의예지신(仁義禮智信)이 스며있는 삶 속

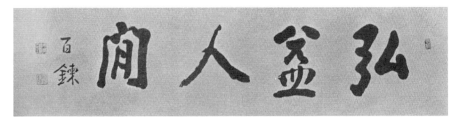

(사진) 홍익인간 (1976/ 최병철 소장)

에 생활의 자립이 될 수 있도록 끊임없이 노력했다. 그는 산업의 발전 속에 문화
예술이 꽃 피기를, 전통문화가 오늘의 우리들에게 귀히 여기기를, 바른 정신으로
실천하는 삶을 살기를 바랐다. 차는 그의 맑고 바른 생각과 실천의 밑거름이었다.

바라는 세상을 향해 조용하지만 꿋꿋하게 실천한 허백련의 삶은 후세들에게 큰
가르침을 준다. 허백련은 조선의 서화, 즉 김정희로부터 허련, 허형으로 이어진 조
선 남종 문인화를 계승하여 조선 전통 화맥을 이었고, 정약용, 서유구 등을 비롯한
실학자들의 정신을 흠모하며 실천적 계몽가의 삶을 계승했다. 즉, 허백련의 삶은
선인들의 올곧은 선비정신과 남종화의 깊은 정신과 정신세계를 잇고자 노력한 삶
이었다. 이와 더불어 겸허하고 청빈한 사상가로서 청년들에게 민족혼을 일깨워,
보다 나은 세상, 아름다운 세상을 만들고자 애쓴 삶이었다.

단군신전 건립까지 허백련의 뜻에 적국적으로 동참한 다우(茶友), 노산 이은상
(鷺山 李殷相, 1903-1982)은 그의 묘비에 다음과 같은 시로 그를 추모했다.

  의도인 남화의 대종 그 이름 길이 가시오리다
  참 인간 이상 세계를 화도 속에서 구하신이여
  연진회 문인 동지들 그 뜻 대대로 전하오리다
  무등산 시냇물 따라 춘설차 떨기에 봄이 오면
  새 잎 따 돌솥에 끓혀 님의 제상에 바치오리다

의재미술관 제공

의재의 다관(茶觀)

의재미술관 제공

허백련은 뛰어나게 향미가 좋은 차를 만들기 위해 엄격했지만 그 생활은 검박하고 겸손했으며, 맑은 아취가 넘쳤다. 이제부터 다원 운영과 교육, 그리고 음다 생활을 통해 허백련의 다관(茶觀)을 네 가지로 나눠 살펴보고자 한다.

첫째 청신 · 검박(淸愼 · 儉朴)이다. 이는 곧 수신(修身)의 길과 통한다. 의재는 제자들에게 육우(陸羽)의 『다경(茶經)』과 동원(東原)의 『시다록(試茶錄)』을 인용해, 그리고 그의 체험적 다도(茶道)를 자주 말했다.

춘설차로 속기(俗氣)를 씻어내야 붓 끝이 깨끗해지거든. …… 차는 음료 중에서 행실이 바르고 덕을 닦은 사람에게 가장 적합한 것이지. 또한 백석(白石)의 청천(淸泉)을 길어 끓이는 절차를 법도에 맞게 하며, 중도에 집어치우는 일은 안 되지. 정신이 융회(融會)하고 심취해서 제호감로(醍醐甘露)에 비견할 만한 참다운 맛을 깨닫고서야 비로소 다도(茶道)로 감상할 줄 아는 사람이라 할 수 있거든. .... 차를 마실 때는 손님의 수가 많아도 안되며 혼자 마시는 것을 유(幽)라 하고, 두 사람이 마시는 것은 승(勝), 3·4사람이 마시는 것은 취(趣), 5·6인이 마시는 것은 범(汎), 7·8인을 시(施)라 한다. .... 차는 그저 고요하고 엄숙한 마음으로 마셔야지. 골똘히 수도하는 마음, 선(禪)을 하는 자세로 음미해야 제 맛을 알 수 있단 말야.[4]

허백련은 붓을 들기 전, 의식처럼 정성껏 차를 우려 마셨다. 고요하고 엄숙한 마음으로 지그시 눈을 감고 마신 차는 몸과 마음을 맑은 세계로 안내했다. 맑아진 정신은 곧 한 폭의 그림으로 표현되었다. 허백련이 생각한 다도는 일본의 다도처럼 일정하게 짜여진 엄격한 격식이 아니었다. 삼애다원의 대표브랜드 춘설차를 나대경(羅大經)의 『계림옥로(鶴林玉露)』의 시 중 '한 사발의 춘설은 제호보다 좋구나(一甌春雪勝醍醐)'에서 따온 데서 알 수 있듯이 제다작업은 수행자가 도(道)의 이르는 길처럼 엄격했다. 명차(名茶)를 만들고픈 허백련의 의지는 제다과정이 마치 도에 이르기 위한 여정 같았다. 하지만 차를 마심에 있어서는 엄격한 형식은 없었다. 다만 '정성을 다하면 돌 위에도 풀이 나는 법이다'면서 극진하게 차를 우리면 차맛에도 통함이 있다고 했다. 즉, 성

(그림 그리며 차 마시는 허백련) 의재미술관 제공

4) 문순태, 『의재 허백련』, 중앙일보, 동양방송, 1977, pp. 196-199.

의를 다해 규범과 예절을 갖추는 것이 우리의 '행다례(行茶禮)'라 했다.

허백련의 차생활은 소박하고 청빈한 삶처럼 지극히 검소했다. 허백련의 다기에는 차가 지닌 본성인 '검소와 겸손'이 그대로 나타난다. 그는 다기에 거창한 사상과 철학을 결부시키지 않았다. 손쉽게 구입할 수 있는 생활용기면 족했다. 선물 받은 귀한 다기는 필요한 이들에게 선물로 주곤 했다. 허백련은 찻그릇이 그의 곁에 있어 차를 마실 수 있으면 그것으로 충분했다. 차를 즐기는 형식보다는 차의 본성, 차가 우리에게 주는 메시지가 중요함을 그는 차생활에서 보여주었다.

그의 검박한 성품은 허백련이 남긴 유품이 잘 대변해주고 있다. 생전 차생활이 오롯이 스며있는 유품 중에 놋쇠 주전자(1개), 사기주전자(1개), 잔(12개), 끝이 깨진 높은 잔(1개), 물버림 사발(1개), 나무쟁반(2개), 대나무를 얽어 만든 잔받침(6개)와 말차용 차선(1개)이 눈에 띤다. 허백련은 오랜 차생활이 묻어있는 다기를 결코 소홀히 다루지 않았다. 항시 가까이 두고 음용했던 다기 중 다관을 보면, 대나무손잡이에 대나무 잔받침이 사기다관을 받치고 있는 모습이다. 다관의 부리는 금이 가고 깨져있고, 떨어진 한쪽 고리가 떨어져 다관 바닥에 대나무 잔받침을 받쳐 손잡이와 철사로 이어져 있다. 금이 가고 깨진 다관이지만 그의 정신과 손때가 스며있어 아름답다.

(춘설헌 방에 두고 쓴 차 다관)/ (남긴 유품, 다기/ 의재미술관 소장)

허백련은 차가 누구나 마실 수 있는 음료가 될 수 있도록 광주의 조그만 가마에서 다기를 제작했다. 다관 1개에 찻잔 6개를 한 셋트로 한, 기계로 찍은 생활다기다. 잔의 표면에는 의재가 가장 좋아한 육당 최남선(六堂 崔南善)의 시, 〈무등산 햇차를 보내온 의재 허백련에게 감사하며(謝許毅齋畵伯惠無等山新茶)〉중 일부분과 찻잎 3개를 넣었다.

> 천고의 무등산이 수박으로 유명터니
> 홀연히 證心 '춘설' 새로 고개 쳐 들었네
> 이 백성 흐린 정신을 행여 맑혀주소서

둘째, 지행합일(知行合一)이다. 의재는 차의 생활화로 학행일치(學行一致)하여, 우리나라가 건강한 일꾼이 만든 부자나라가 되길 바랐다. 그의 부자나라를 위한 실천은 춘설헌에 둥지를 틀며 본격적으로 나타났다. 광복을 맞이하자 허백련은 제다와 청년교육을 위해 무등산에 위치한 다원을 사고 학교를 설립했다. 허백련은 목표인 '강성한 나라, 행복한 나라, 대한민국'을 건설하는데 그 무엇보다 맑은 정신으로 이룩한 사회, 건강한 사회가 바탕이 되어야 한다 믿었다. 이를 위해 청년교육에 온 힘을 쏟았다. 도덕적 기반 위에 풍요로운 삶을 추구한 의재는 일상에서 차생활과 독서 – 사서와 『목민심서』 등 정약용의 수신과 실용서-로 익힌 바를 실천하는 모범을 제자들에게 보였다. 허백련의 몸과 마음, 말과 행동, 지식과 행동이 합치된 허백련의 모습은 제자들에게 큰 가르침이 되었다.

방대한 집필로 '우리나라를 새롭게 하자(新我之旧邦)'를 실천한 정약용의 삶은 곧 허백련이 추구하고픈 삶이었다. 허백련은 청렴한 자세와 민생중심의 실사구시(實事求是)에 최선을 다한 현실 개혁가, 다산을 존경했다. 유배지에서 다산이 백성과 만나며 치인의 방안, 즉 새로운 개혁의 실마리를 찾았던 것처럼, 허백련은 춘설헌에서 수신(修身)하며 경세인으로서의 본문에 충실했다. '삼애의 바탕 위에 펼친 홍익인간(弘益人間)'은 곧 그의 일상이 되었다.

차를 의학과 식품, 경제와 사회 윤리와 철학 등 삶을 이롭게 하는 경제작물로 인식한 정약용과 같이 허백련 역시 그러해 이론과 실습 교육이 같이 이루어졌다. 거기에 차나무 재배와 제다, 외에도 차생활이 일상이 되도록 적극 장려했다. 농촌 진흥과 민생 안정을 위해 권농흥산(勸農興産)의 부국책을 제시한 정약용처럼 허백련은 삼애다원을 경영하여 춘설차를 생산했고, 광주농업기술학교를 설립하여 농촌지도자를 양성했다. 또한 항시 차를 마셔 맑은 정신으로 내린 바른 판단으로 성실한 일꾼이 되길 바랐다. 지행합일의 삶에서 부국의 길로 가고자 했던 정약용의 설계에 동참한 허백련은 그의 바람이 성공할 수 있도록 무던히 애썼고, 차생활을 했다.

(광주 농업고등기술학교 준공식, 1961) 의재미술관 제공

셋째 겸양(謙讓)과 어우러짐이다. 이는 곧 밝은 사회를 위한 첫 단추, 소통의 길이라 할 수 있다. 다양한 직종과 생각을 지닌 사람들과 폭넓은 관계를 맺으며 허백련은 소통의 중요함을 몸으로 알았다. 장손인 허달재가 '달재삼성(達哉三省)', '경성(敬誠)'을 매일 생각하며 생활을 하길 바라는 마음으로 할아버지가 내린 글씨가 그 예이다. 허백련이 홀로 차를 마시며 스트레스와 욕심의 근원을 씻어내 기운을 소통시켰고, 차는 그를 어떠한 얽매임도 없는 자유로운 세계로 안내했다. 허백련은 차를 항시 곁에 두고 마시며 자신의 말과 행동을 뒤돌아보았고, 유연함으로 소통하고자했다.

허백련은 언제 어디에서나 누구와 함께 해도 그 자리에 차가 있길 바랐다. 다원을 경영하며, 차생활은 허백련 가족의 일상이 되었다. 가족의 찻자리는 공경하는 마음을 표하는 자리였고, 고단한 일상의 휴식이었으며, 공감하고 소통하는 시간이자 사랑을 나누는 시간이었다. 가족 외 허백련과 많은 것을 공유한 학교의 교직원과 학생들은 물론이고 연진회 회원들 또한 차생활은 일상의 풍경이 되어갔다. 허백련은 지인들뿐 아니라 무등산을 찾는 등반객 등을 위해 춘설헌 밑에 차실, 관풍대(觀風臺)를 지어 개방했다. '세상을 본다', '시류를 본다'는 의미의 관풍대에서 춘설차를 마시며 세상 돌아가는 이야기를 나누었고, 잠시 쉬며 차를 맛보는 기회를 갖기도 했다. 관풍대는 차로써 세상과 많은 사람들과 소통하고자 했던 열린 찻자리였다.

(춘설차)

허백련 모습에는 항시 겸손함이 배어있었다. 찻자리의 모습에서 이를 쉽게 느낄 수 있다. 의재의 찻자리는 겸손함과 공경됨에서 비롯되었으며, 다담은 경청이 우선이었다. 허백련의 겸손과 열린 마음은 찻자리에서 상대의 진솔한 모습을 포용하는 첫 단계로, 다름을 인정하고 어우러지는 자리를 만드는 열쇠였다.

허백련의 차 우리기는 차의 고유한 품성에 끌어내기 위해 엄격하지만, 행다 과정은 간결하고 자연스러웠다. 차와 물, 탕관과 다관, 찻잔과 잔받침 등 차를 우리는데 필요한 최소한의 다기를 확인하면 곧바로 방석에서 내려와 인사로 찻자리를 시작했다. 자신을 낮추고 상대방을 배려하는 겸손함으로 시작한 찻자리다. 차에 마음을 적게 두고 대화에 혹은 독서 등에 열중해야 할 때에는 제자가 차를 우리도록 했다. 누가 찻자리에서 행다를 하든, 차 내는 일은 결코 스스로를 드러내지 않으면서 편안한 찻자리 분위기를 연출했다.

겸손은 무조건 자신을 깎아내리는 것이 아니라, 상대방을 존중하고 사랑하는 마음이라 하며, 허백련은 항상 찻자리에서 진정한 소통방식인 겸손을 강조했다.

허백련이 펼친 찻자리에는 다력(茶歷)이 깊은 이들도 있지만 차가 낯선 이들이 훨씬 많았다. 격식을 피하고 자신을 낮추며 정성스럽게 차를 우리는 허백련의 모습은 찻자리가 낯선 사람들과의 만남에서 더욱 빛이 났다. 허백련은 찻자리에서 진정 원하는 것은 많은 사람들과 생각과 마음을 열어 좀더 진실한 마음을 나누고자 함이었다. 일정한 형식과 격식에 얽매이지 않고, 때와 장소, 상대에 맞춰 우리는 허백련의 행다례는 겸손과 배려가 빛난 누구나 편안한 찻자리였다. 맑음과 차분함, 깨달음이 허백련이 차에 바라는 것이었다.

넷째 법고창신(法鼓蒼新)이다. 차생활은 아름다운 전통문화를 계승 발전하는 길이라 생각했다. 허백련의 그림은 남종화의 고유한 정신과 필법은 고수하면서도 자신만의 화풍을 꽃 피웠으며, 차 역시 정약용 초의의순, 김정희와 허련으로 이어지는 다맥을 이어 받으면서도 나름의 제다와 음다 이론을 개척했다. 전통은 현재와 미래 발전을 위한 든든한 발판이요, 개성을 오래토록 꽃피울 수 있는 버팀목이라는 것이 허백련의 소신이었다. 허백련은 정신세계를 열어준 선인들의 가르침을 받아 시대에 맞게 새로운 가치를 창조해 실천하며, 주체적으로 새 시대를 맞이하고 싶었다. 차는 허백련이 바라는 세상을 맞이하기 위한 수단이었다. 허백련은 그가 꿈꾸는 세상을 이루기 위한 첫걸음으로, 미풍양속인 차생활이 지속되길 바랐다.

(茶畵, 1957년 예용해 소장)

선인들은 맑고 겸손한 속성을 지닌 차를 가정의례의 의식음료로 활용했다. 일
예로, 혼인례에서 혼인한 여성이 시댁 사당(祠堂)에 차로서 고하는 의식은 근근히
명맥을 유지하고 있었지만, 20세기 들어 신식결혼식이 유행하며 완전히 사라져버
렸다.

차나무의 품성을 사랑한 허백련은 혼인례 날 차의 의미를 되새겨보는 시간이
사라진 게 아쉬웠다. 허백련은 며느리를 맞이한 날, 폐백의식에서 차 한 잔 올리
고, 서로에게 차 한 잔을 주며 영원히 함께할 것을 맹세하는 의식을 행했다. 그 자
리에서 허백련은 아들 내외에게 차의 오미(伍味)에 비유하며 결혼생활에 대해 덕
담했던 지조와 오미 등 차나무의 성품을 말씀하며, 혼인한 가문의 부녀로서 잘 살
기를 당부했다.

조선시대 봉제사 접빈례(奉祭祀 接賓禮)는 집안의 중요한 행사였다. 예부터 차는
일용(日用)과 양생(養生)을 위해 마셨고, 장아찌·소박이 등 찬으로 만들어 먹기도
했다. 춘설헌에 손님이 오시면, 음료로 차 혹은 차즙을 내었고 간혹 찻잎범벅, 차
시루떡 등을 내었다. 의재는 한 공기의 밥 중 1/3을 덜어내어 나눔과 배려, 감사의
예를 표했고, 2/3 밥 중 2, 3숟가락은 남겨 찻물로 헹궈 먹었다. 이는 소화를 위한
습관이기도 했다. 여름날이나 먼 길 여행을 떠날 때면 차밥을 지으라 당부했고, 봄
이면 차나물을 찬으로 먹었다.

허백련이 펼친 찻자리는 선대 차인들이 즐긴 모습과 많이 닮았다. 차는 들뜬 마
음을 차분히 가라앉힌다. 정신을 맑고 마음을 단정히 해 책을 읽었고, 세상에서 실
천했다. 벗들과 찻자리를 함께할 때면 시서화 감상과 정담이 이어졌는데, 때론 시
조를 읊으며 흥겨운 시간을 갖기도 했다. 허백련의 찻자리는 모습을 달리하며 풍
요로운 차생활을 즐겼다.

의재는 그림 준비를 하고, 희정은 장구를 치라한다. 범술 스님에게 금강경 한편, 아인교
장은 춘설차를 다리게 하고, 성초는 죽비 칠 준비를 했다. 한마당 잔치는 시작되었다. …… 의
재는 "오늘 경상도 동지 최범술 선생, 아인 박종한 교장 동지, 장구대가 희정 동지, 12살 때
농업고등기술학교를 찾아왔던 김기원 선생 동지, 기림사 무착스님 동지가 춘설헌을 찾았으

니 동지 간의 만남의 정이 얼마나 깊고 원대한가! 이런 인연으로 동지들이 오랜만에 만났으니 밤새도록 정담을 나누며 춘설차를 마시자!"하고 큰 소리로 웃으며 찻잔을 들었다.[5]

성초 김기원(惺艸 金基元)이 회상하는 1966년 어느 초여름, 저녁밥을 먹은 후 열린 춘설헌 아회(雅會)의 모습이다. 서울 부산 전주 진주 등 의재가 머문 곳마다 시조와 그림, 그리고 정담이 어우러진 즐거운 찻자리가 열렸다. 때때로 재주가 출중한 사람이 찻자리에 합석하면 흥겨운 찻자리가 되곤 했다.

허백련의 차산업

허백련의 차 산업은 학교 교육과 다원이라는 현장이 연계되었다. 차에 각별한 애정이 있던 허백련은 광복 후 폐허가 된 무등다원을 정부로부터 불하받아 '삼애다원'이라 개명하고, 2만 여평의 차밭을 일구었다. 인수한 삼애다원에서는 춘설차를 생산했고, 평소에는 광주고등기술학교의 실습장으로 이용했다.

광주고등기술학교의 설립은 최흥종과 해방 후 혼란기에 국력을 기르기 위해서는 근대화의 기수, 농촌지도자의 양성이 시급하다는 생각이 일치한데서 비롯되었다. 조국이 부흥하기 위해서는 농촌이 부흥해야 하고, 농촌이 부흥하려면 농촌지도자가 육성되어야 한다는 생각의 일치였다. 1947년 증심사 절방에서 광주국민고등학교로 개교한 학교는 증심사 입구 춘목암(春木庵) 별관으로 옮겨 교실 3칸과 기숙사가 마련된 교사(校舍)로 '삼애학원 광주농업고등기술학교' 이름으로 정식 인가받는다.

교과목은 국사, 한문 등의 인문학과 원예, 축산업, 차 제조업, 식품가공 등의 자연과학으로, 이론과 실기교육이 함께 이루어진 통합교육이다. 허백련이 중점을 두었던 뿌리의식과 맑은 정신 함양은 한문과 국사 등의 교과목과 아침조회와 식사

---

5) 광주농업고등기술학교 총동문회, 의재 허백련선생이 철학사상과 차생활 및 예술세계, 시와 사람, 2014, p. 111.

시간, 윤강(輪講) 등을 통해 당부했고, 이를 되뇌이게 했다. 당부의 말씀은 사회에 나갈 젊은이들에게 삶의 지혜가 되길 바랐다. 특히 그가 줄곧 힘썼던 차 제조와 차 보급운동, 그리고 청년교육은 '부국 한국(富國韓國)'을 이루는데 가장 중요한 요소라 확신했다. 이러한 확신은 곧 다원 매입과 농업고등기술학교를 개교하는데 이르렀고, 이론과 실습을 병행한 농·축산업 즉, 실용학문을 개설해 곧바로 사회에서 쓰일 수 있도록 했다. 차 제조법 역시 오전에 이론수업을, 오후에 다원에서 실기수업과 고전과 허백련의 말씀으로 살아있는 교육을 했다. 그리고 차의 계절인 봄이 되면 전교생은 제다공장에 투입되어 그간 익힌 지식으로 춘설차를 제다를 도왔다.

(허백련) / 기름진 땅에 '슬기' 갈고, 차향속에 화필 '노익장', 〈경향신문〉, 1964년 3월 10일)

허백련은 학생들이 차나무 재배와 제다의 달인이기 전에 차가 일상의 음료가 되기를 바랐다. 거기에는 세 가지 이유가 있었다. 첫째, 차가 정신을 맑게 하는 특효이기 때문이다. 술은 마음을 들뜨게 하고 때로는 더럽히지만, 차는 마음을 맑게 하고 들뜬 마음을 차분하게 진정시켜줘 혈기왕성한 젊은이들에게 안성맞춤인 음료라 생각했다. 허백련은 우리의 미래인 젊은이들이 차를 자주 마셔 맑은 정신으로 바르게 판단하여 행동으로 옮기기를 바랐다. 둘째, 차 마시는 나라는 흥하고 고춧가루 먹는 국민은 흥하지 못한다 판단한 의재는 차를 권했다. 차와 고춧가루는 열을 올리는 흥분제임은 같지만 고춧가루는 강한 자극제인데 반해, 차는 피로회복제임과 동시에 부지런해진다는 이유였다. 차를 권함은 건강하고 부지런한 농군이 되기를 바라는 스승의 마음이다. 셋째, 전통문화를 계승·발전하기를 바라는 마음에서다. 허백련은 젊은이들에게 전통문화가 옛 어른들의 지혜임을 인식시켜 주고 싶었고, 빨리 바른 길로 통하는 지름길인 전통을 자기화 시켜 향유하고, 후대에 전승하길 바랐다.

(광주농업고등기술학교 학생들의 삼애다원 실습) 의재미술관 제공

차는 기호음료인 동시에 보건음료이며 음식이다. 지위고하를 초월해 벗으로 맺어주는 매개체이기도 한 차는 무엇보다 마음이 맑아지고 부지런해져서 '부국 한국'을 이룰 수 있다고 믿으며 다원 경영에 최선을 다했다. 허백련은 농업고등기술

학교를 통해 농축업 신기술과 역사 그리고 철학을 배워 졸업 후 고향으로 돌아간 학생들이 농촌개혁운동가로 활동하길 바랐다. 우리 민족의 앞날을 책임지고 있는 학생들의 차 재배와 제다 그리고 음다는 무엇보다 중요하다고 생각했다.

4. 허백련의 차생활

1) 시서화(詩書畵)와 차

기명절지화, 사군자, 농촌풍경을 주로 그린 의재는 1천여 작품을 남길 만큼 평생 그림을 그렸던 성실한 화가요, 건강한 정서를 고스란히 화폭에 담은 남종문인화가 이다. 남종문인화의 법통을 충실하게 따랐던 그는 화가의 시간이 흐르며 전통의 기 반 위에 그만의 개성있는 화법을 조금씩 만들어 갔다. 전통의 위에 자연스럽게 피 어난 허백련의 화법에는 기운이 생동하는 메시지가 스며있었다. 특히 남도의 소박 한 산야를 그의 특유의 개성으로 그려낸 의도인(毅道人)시대 그림에서는 격조 높은 정신과 겸허하고 청빈한 삶이 스미며 성가(成家)를 이룬 예술가 허백련을 느낄 수 있다.

〈고사청적(高士廳笛)〉 (1951, 송병길 소장)

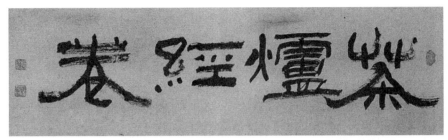

서예〈茶爐經卷〉과 그림〈茶爐經卷〉(1960, 의재미술관 소장)

〈군봉경수(羣峰競秀)〉(1969, 김진형 소장)　　　〈전가팔월(田家八月)〉(1971, 의재미술관 소장)

〈삼공불환(三公不換)〉 (1976, 의재미술관 소장)

　회갑을 넘긴 1950년대부터는 화업(畵業)과 함께 삼애다원과 농업기술학교를 운영한 춘설헌 시기로, 그의 차 정신이 그림 저변에 깔려있다. 작품 관지 앞에 붙인 호(號)가 의재산인(毅齋散人)에서 '하늘이 준 길을 찾아 간다'는 '의도인(毅道人)'이라 바꿔 쓰면서부터 자연과의 교감 속에 초탈한 이상을 추구한 허백련 산수의 진면목을 보였다. 내 분수를 깨닫고 그에 맞게 처신하고자 마음을 비우고 바른 길을 걷고자 '毅道人'이라 붙인 것처럼, 맑고 평화로운 그림, 성실함으로 채워진 그림을 그렸다.

　허백련의 차와 관련된 그림들을 보면, 먼저 차 화로와 탕관, 괴석과 화초, 서책을 담은 기명절지화인 〈다로경권(茶爐經卷)〉과 글씨는 선비가 늘 곁에 두고픈 좋은 기운을 담고 있다. 이외에 〈고사청적〉, 〈군봉경수〉, 〈전가팔월〉, 〈삼공불환〉은 산천 속에 은일처사(隱逸處士)의 모습이 담긴 선경(仙境)이다. 은자적 생활을 한 춘설헌에서 그는 추구한 사상에 바탕을 두고 그린 〈경직도(耕織道)〉와 꿈꾸던 이상향을 숨김없이 그렸다. 그는 평온한 그림과 함축된 화재에 추구하고픈 삶과 메시지를 담았다. 허백련은 자연을 그대로 그린 게 아니라 자연의 이치와 사물이 품고 있는 본성, 추구하는 자연과 사물을 그려 감상하는 이에게 전하고 싶었고, 참여토록 하도록 유도했다.

특히 돌아가시기 직전에 병석에서 틈틈이 그려 완성한 〈삼공불환〉은 차생활이 구체적으로 나타나지는 않지만 춘설헌에서의 은거하며, 평온한 일상을 표현한 차 그림이다. 허백련은 매일 독서와 많은 사람들과의 교유를 통해 갖춘 덕을 실천하며 청년들을 교육했고, 때로는 수양과 사색에 많은 부분을 할애했다. 차는 그가 추구한 삶을 살아갈 수 있도록 도움받이 역할에 충실했다. 인생의 황혼기, 죽음이 얼마 남지 않은 당시, 허백련은 자신이 보냈던 시간들을 높은 벼슬과도 바꾸지 않겠다며 〈삼공불환〉으로 표현하고 있다.

(〈일출이작(日出而作)〉을 설명하는 허백련) 의재미술관 제공

그가 추구한 격조 높은 정신과 바른 삶의 모습을 평화로운 농촌으로, 때론 차생활을 하는 은일처사로 표했다. 자연에 거슬리지 않은 건강한 삶이길 바랐던 허백련은 그림에 고요하지만 천천히 차향을 내뿜고 있다. 그의 품격있는 아취가 고스

란히 느껴진다.

"나는 올해 여든여덟 살이다. 남보다 더 많이 살았고 남보다 더 많이 그렸다. 그러나 요 몇 해 동안은 줄곧 건강이 나빠져서 그림을 그릴 수가 없었다. 나를 따르던 제자들은 철을 가리지 않고 무등산 그늘로 병든 나를 찾아와 준다. 그들은 춘설헌 남향 방에 누운 나를 보고, 나는 그들에게 춘설차 한 잔을 권한다. 나는 차를 마시고 앉아있는 그들을 보며 내 한 편생이 춘설차 한 모금만큼이나 향기로웠던가를 생각하고 얼굴을 붉히곤 한다. 무등산에 해가 지면 그들조차 돌아가고 나는 혼자 누워서 빈손을 허공을 휘두른다. 아직도 그리고 싶은 그림이 많아 그렇게 허공을 그림을 그리고 누워있는 것이다"[6]

2) 교육과 차

허백련은 정신을 맑게 하고 마음을 차분히 하는 효능이 뛰어난 차는 배움의 시기인 청년들에게 반드시 필요한 음료라고 생각했다. 또한 허백련은 건강에 좋고, 사귐에 더없이 좋은 차는 성장기 청년들에게 더욱 효과를 볼 수 있는 음료라 믿었다. 허백련은 건강과 윤리철학, 경제와 사회문화 등에 이로운 차를 습득력이 왕성한 학생들에게 소개하며 차가 그들의 생활 속에 함께하기를 강조했다.

허백련은 '농민이 잘살아야 행복한 나라다'고 역설하며, 그 방책으로 후농 · 편농 · 상농(厚農 · 便農 · 上農)의 삼농정책(三農政策)을 주창하는 다산의 생각에 공감했다. 그의 차생활과 부국을 위한 차정책을 연구하고 실천한 정약용을 존경했다. 허백련은 정약용의 청렴함과 유배지에서도 민생중심의 실사구시(實事求是)에 최선을 다한 정약용을 학생들에게 소개하며, 그의 삶을 닮아가도록 유도했다. 유배지인 강진에서 정약용이 주민들과 만나며 개혁의 실마리를 찾았던 것처럼, 허백련은 정약용의 실천하는 선비적 자세를 이어받아 경세인, 교육자로서의 본분에 충실했다.

허백련의 차에는 도리와 이치에 맞게 생활하는 선비의 모습과 잘 살고 싶은 민중의 마음이 함께 깃들어 있었다. 산업작물이자 정신음료인 차를 허백련은 청년

---

6) 심세중, 『의재 허백련: 삶과 예술은 경쟁하지 않는다』, 디자인하우스, 2001, p. 118(강운구, 『뿌리깊은 나무』, 1977년 3월호).

들에게 머리와 오감으로, 그리고 가슴으로 느낄 수 있도록 생활에서 실천했다. 나라의 미래인 청년들의 차생활이 일상이 되기를 바랐다. 먼저 학교에서는 차 제조법을 교과목으로 채택해 제다의 기능장이 되기를 바랐다. 차 제조법은 이론과 실습교육으로 이루어졌는데 이를 위해 농촌진흥청과 전남대학교 농대 선생님, 제다의 장인, 그리고 허백련이 성실히 지도했다. 이는 청년들이 제다기능장으로 거듭나, 보다 많은 사람들이 차생활을 할 수 있도록 좋은 차를 만들기 위한 교육이었다. 제다교육은 건강한 심신을 위한 허백련의 마음이었고, 차나무를 경제작물로 재배해 풍요롭게 살길 바라는 허백련의 마음이었다.

허백련은 차에 품고 있는 정신을 학생들이 바르게 이해하는 차생활을 함으로 청년들이 건강한 심신으로 새 시대를 열어가는 지도자가 되기를 바랐다. 허백련은 우리 민족의 앞날을 책임질 청년들이 차를 가까이 할 수 있도록 하는데 늘 마음이 향해있었다. 그 이유로는 첫째, 학교에서 배움을 마친 뒤 고향으로 돌아가 농촌지도자의 위치에 있을 때 맑은 정신으로 바르게 판단해 실천한 삶을 살았으면 하는 바람에서였고, 두 번째는 품성이 맑고 성실한 지도자의 모습을 보고, 차가 좀 더 많은 사람들에게 음용되기를 바라서였다. 나누면서 커지는 차생활이 학생들의 일상이 되고 그들로 인해 전통이 되기를 바랐다.

(광주농업고등기술학교 14회 졸업기념) 의재미술관 제공

허백련은 제다와 동시에 조상들의 차생활 계승 역시 중요한 한 부분으로 생각했다. 고전과 차생활을 통해서 조상들의 차생활을 체득하기를 바랐다. 차생활을 한 조상들처럼 그는 홀로 마시는 수신의 차와 함께 즐기는 차, 초심자와 혹은 다인들과의 차 생활 등 시간과 장소, 때에 따라 형편에 어울리는 차생활을 했다. 이는 편안한 찻자리로 공감을 얻어 차와 가까워질 수 있도록 하기 위함이었다. 차 우리는 격식이 너무 까다롭다면 대중화에 악영향을 끼침을 허백련은 잘 알고 있었다. 다만 허백련은 차 우려마실 때 올곧은 마음으로 정성되게 우릴 것과 최소한의 기본적인 '예절만을 이야기할 뿐이었다. 허백련은 학생들의 차생활이 점차 깊어지면, 자연스레 찻자리가 마음을 닦은 수신의 자리가 되고, 잠재된 능력을 개발하는 창조의 시간이 될 것이라 믿었다.

농업고등기술학교는 차 교육처럼 이론과 실습이 조화된 전문 인력양성과 도덕교육을 통한 바른 인성, 된사람 양성을 위한 작지만 큰 학교였다. 실천하는 교육자 허백련이 있었기에 청년들의 민족의 혼을 일깨우는 교육, 부국을 위한 새롭고 살아있는 교육이 30여 년 동안 가능한 일이었다. 차는 허백련의 청년교육에 대한 굳은 믿음을 북돋는 도구였고, 위안처였으며, 세대를 초월하는 소통을 위한 매개였다.

3) 미풍양속 전승과 차

광복이 되자, 미군정시대와 한국전쟁, 급속한 도시화와 산업화 등 시대상황이 빠르게 전개되었다. 후진 농업국이었던 1960년대, 4.19 혁명을 계기로 근대화에 대한 자각이 일어나며 1960년대 이후 경제개발을 이루기 위한 구체적 논의가 이루어졌다. 5.16군사정변으로 들어선 박정희정부는 정치적 정당성을 보완하고자 당시 가장 절박했던 빈곤문제 해결을 위한 경제개발 계획을 추진했다. 경제개발 계획은 경공업에 이어 중화학공업을 일으키며 경제성장을 거두었다. 경제개발정책으로 많은 공업도시들을 잉태했고, 낙후된 농어촌도 새마을운동이 전개되며 이전 보다 나은 생활환경을 누릴 수 있게 되었다.

급속한 경제성장으로 생활환경이 전반적으로 향상되었지만 경제력의 집중과

부의 편중이 구조화되기 시작하며 부익부 빈익빈이라는 문제점을 낳았고, 환경오염이 사회문제로 새롭게 부상하였다. '한강의 기적'이라 불릴 만큼 빠른 고도성장으로 이전에 비해 물질적 풍요는 누렸지만, 외면적·물질적·성공 지향적 가치 추구로 인륜 및 도덕성이 크게 훼손되는 부작용이 속출하는 결과를 낳기도 했다. 전통 위에 하나 되는 즉, 민족정신으로 재무장할 틈도 없이 서양의 문물이 물밀듯이 유입되었다. 우리의 20세기는 고유한 문화와 정신이 축소·해체되면서 일본과 서양문화의 접촉과 수용, 그리고 변용되고 있었다.

허백련은 일제강점기와 한국전쟁을 거치며 나라 잃은 설움과 가난, 그리고 무지의 아픔을 뼈저리게 느꼈고, 급속한 경제성장으로 점차 아름다운 고유문화와 민족정신을 잃어가는 것이 안타까웠다. 특히 산업화와 도시화, 새마을운동 등으로 경제적으로 풍요로워졌지만 공동체의 지혜와 전통도 단절시키는 결과를 가져온 현실이 허백련은 몹시 마음 아팠다. '우리 민족혼을 찾아야 합니다. 조상부터 이어온 삼신, 단군선조에 대한 얼을 찾기 위해 내 마지막 힘을 바치렵니다'라고 동아일보에 인터뷰했듯이(1973년 9월 26일) 그는 민족혼 구현에 여생을 바쳤다. 단기간에 현대적인 사회로 변환시키고자 한 결과로 낳은 전통의 단절로 우리의 정체성이 훼손되는 것을 막기 위한 노력이었다. 이를 위해 그림을 그렸고, 다원을 가꾸었고, 청년들을 교육했다.

허백련은 산업사회가 되며 바빠진 생활이지만 선대 차인들이 그랬던 것처럼 차 한

(허백련이 만든 무등산 단군신전 천제단 터) 의재미술관 제공

잔 마시며 한 템포 쉬며 자신을 돌아보는 시간, 문화예술을 가까이하며 고아한 풍취로 여유로움을 만끽하길 바랐다. 이질적인 문화가 빠르게 자리하며 적응이 힘겨울 때, 허백련은 몸속에 내재된 익숙함, 즉 차생활이란 미풍양속으로 편안해지길 바랐다

　허백련은 차를 통해 조상들의 아름다운 습속을 실천했다. 혼인례에서 직근성인 차나무의 찻잎을 우려 마시는 의식으로 정절을 맹세케 했고, 미덕을 고루 갖춘 오미(苦, 甘, 酸, 澁, 鹹)를 품은 차 이야기를 신랑신부에게 들려주며 두 사람이 하나가 되어 새롭게 펼쳐갈 인생의 첫날, 둘이 함께 인생의 참의미를 되새기기를 바랐다. 또한 혼인례에서 일여년 동안 세파를 이겨내며 꽃과 열매가 만나는 실화상봉수(實花相逢樹)인, 차나무가, 온 몸으로 가르쳐준 차를 음용하며 인생의 2막을 격려했다. 손님맞이가 일상인 춘설헌에서는 제다와 음다생활, 차에 대한 마음가짐과 의식, 차를 활용한 음식 등 다양한 부분에서 선인들의 접빈례를 본받고자 했다. 허백련의 차생활, 혼인례식, 찻잎을 활용한 다식과 차떡, 차즙과 차나물 등이 그 예이다.

　허백련은 널리 이롭게 하라는 홍익인간이 우리나라의 건국이념이자 교육이념임을 상기시켰다. 뿌리와 전통의 계승이 바로 우리가 발을 디디고 있는 이 땅과 머리에 이어있는 하늘 아래서 무궁할 수 있음을 그의 삶을 통해 행동으로 보여주었다.

(허백련 화백 며느리 최금희 여사 /경향신문, 1984년 5월 16일)

4) 교유와 차

남종화의 대가, 교육자, 개혁자, 민족주의자 등 그의 수식어는 일일이 나열하기 힘들 정도로 많지만 그보다 '의재 허백련'하면 떠오른 이미지는 고매한 품성과 덕을 품고 사는 도인이다. 그를 존경한 많은 사람들은 그를 찾아왔고, 그만큼 그의 인맥은 두텁고 넓었다. 만남의 장소는 대체적으로 허백련이 머무는 춘설헌이었다. 허백련과의 만남은 일방적인 교육이나 가르침이 아닌 언행일치로 보여준 가르침이었다. 허백련의 넓은 마음과 언행일치의 삶에 반한 많은 사람들은 그를 의지했다. 차는 허백련과의 만나는 곳이면 언제나 자리한 최고의 접대음료였다.

허백련은 김은호 · 이상범 · 변관식 · 박승무 · 춘곡 고희동(春谷 高義東) · 심산 노수현(心汕 盧壽鉉) · 묵로 이용우(墨鷺 李用雨) · 무후산인 오지호(母后山人 嗚之湖) · 소전 손재형(素荃 孫在馨) · 소암 현중화(素菴 玄中和) · 청남 오재봉(菁南 嗚齋峯) · 청사 안광석(晴斯 安光碩) 등 당시 한국화단을 주도했던 화가와 서예가 · 전각자는 물론이고, 정상호 · 구철우 · 정운면 · 이범재 · 문장호 · 김옥진 · 박행보 · 허달재 등은 연진회의 화가 등 당대 그림으로 이름을 떨치고 있는 거의 모든 사람들과 돈독히 지냈다.

그 외에도 불교계의 종산 응송 박영희(應松 朴暎熙) · 효당 최범술(曉堂 崔凡述)와 기독교의 오방 최흥종(伍放 崔興琮) · 김영훈(金永勳), 가톨릭의 리처드 러트(Richard Rutt) 신부 등의 종교인, 지운 김철수(遲耘 金綴洙) · 다석 유영모(多夕 柳永模) · 함석헌(咸錫憲) 등의 사상가, 육당 최남선(六堂 崔南善) · 월탄 박종화(月灘 朴鍾和) · 노산 이은상(鷺山 李殷相) · 소정 정훈(素汀 丁薰) · 다형 김현승(茶兄 金顯承) · 미당 서정주(未堂 徐廷柱) · 콘스탄틴 게오르규(Constantin V. Gheorghiu) 등 문학가, 박녹주(朴綠珠) · 박초월(朴初月) · 김소희(金素姬) 등의 판소리 명창 등 다양한 국내외 전문가들과도 깊은 우정을 나누었다.

그뿐만 아니라 허백련은 영친왕비 이방자(李方子)여사 · 무송 현준호(撫松 玄俊鎬) · 예용해(芮庸海) · 백민(白民) · 아인 박종한(亞人 朴鍾漢) · 금랑 노석경(錦浪 魯錫經) · 금당 최규용(錦堂 崔圭用) · 최계원(崔啓遠) · 랜스 딜(Lance Deal) · 러셀(Russell) 등 정 · 제계와 문화예술계는 물론이고, 교육계 · 사상계 · 법조계 · 언론계 · 종교계 · 군 관계 등 국내외 다양한 직업과 생각을 지닌 국내외 벗들과 인연을 맺었다.

(1969년 전라남도 광주 전남여자고등학교 강당 녹차강연회/ 강사 허백련, 영친왕비, 최범술, 노석경)

(춘설헌에 찾아온 『25時』 작가, 게오르규와 환담하는 허백련) 의재미술관 제공

　허백련은 항상 그들의 이야기에 귀 기울였고, 강렬한 깨달음과 돌파구가 되는 책과 경험을 이야기하며 이들의 멘토가 되었다. 이들 역시 허백련이 품은 뜻을 적극 지지하며 세상에 펼칠 수 있도록 물심양면으로 도왔다. 허백련은 인연 맺은 대부분 사람들과 삶이 다할 때까지 아름다운 관계로 동행했다. 수많은 이들과 지음(知音)으로 오래토록 우정을 쌓을 수 있었던 데에는 맑은 정신과 언행일치된 허백

련의 삶이 존경스러워서도 그렇겠지만 누구와도 소통하는 눈높이 만남 때문도 컸다. 허백련은 온전한 소통을 위해 차로서 이성적인 맑음과 차분함을 유지하였고, 귀를 항상 열었고, 겸손함을 잃지 않았다. 특히 허백련에게 차는 내면의 나와 소통할 때는 물론이고 즐거운 공감이 필요한 이야기하는 상대와 소통하는데, 그리고 사회와 소통하는데 큰 힘이 되었다. 그가 꿈꾸는 행복한 공동체를 오래토록 영위하기 위해서는 소통이 절대적으로 중요했고, 진정한 행복으로 가는 소통을 이끄는 데에는 '차'가 있었다.

머무는 자리가 그 사람을 말하듯, 허백련이 머문 곳이면 어디든 차의 향기, 먹의 향기, 따뜻한 마음의 향기가 풍겼다. 허백련의 삶의 향기가 가득한 춘설헌은 물론이고 그가 봄이면 제자를 데리고 떠난 마산, 부산, 서울 등 그가 머문 어디에서라도 그윽한 차향은 그의 곁에 머무르며 선비의 공간을 만들었다. 제자들과 떠났던 봄 정기 전국여행에는 그림과 농작물 특히 그 해의 햇차인 춘설차가 있었다. 허백련의 발길이 닿는 자리는 곧 환영다회자리가 되었다. 부산에서 서울로 향하는 햇차 전국여행은 다우들과의 회포를 푸는 자리이기도 했다. 허백련이 부산에 도착하면, 최범술, 최규용, 오제봉 등이 먼저와 기다리고 있다가 허백련 일행을 반갑게 맞이했다. 한 자리에 앉으면 으레 춘설차, 반야차 등의 햇차 다회가 펼쳐졌는데, 이 때 햇차를 충분히 즐기며 정다운 다담이 이어졌고, 시조를 읊는 등의 햇차 아

(다솔사 선방에서 다회, 1964년 3월 / 좌로부터 최범술, 허백련, 김철수, 김재생, 노석경)

회가 며칠 동안 진행되었다.

허백련은 보다 많은 사람들과 함께 차생활을 하고파 차나무를 가꾸고 제다에 힘썼고, 차생활의 즐거움을 함께 나누었다. '차 한 잔 마시고 가게나'는 그가 있는 자리면 으례 듣는 말이었다. 허백련은 친구들과 제자 등 지인들은 물론이고 공진회(共進會) 참관객, 무등산 등반객 등에게 까지도 차를 권했다. 허백련이 내준 차는 맑음이 되고 여유가 되었고, 사이를 돈독히 이어주는 정(情)이 되고 올바른 뜻을 지닌 의(義)가 되었다.

5. 후인들의 마음에서 자라는 의재의 차

1) 가족에게 전승된 차생활

허백련 가문의 다맥을 살펴보면, 1대 소치 허련, 2대 미산 허형, 3대 의재 허백련, 4대 허광득, 5대 장손 직헌 허달재로 이어진다. 5대로 전승된 양천허씨 가문의 다맥은 전대의 차생활 위에 시대의 코드를 담고 있다.

1924년 진도군수 성정수(成貞洙)는 그의 질녀인 성연옥(成蓮玉, 22세)을 34살 만혼인 허백련에게 소개했다. 갑작스레 찾아온 인연으로 부부가 된 허백련과 성연옥은 광주에서 신접살림을 차린다. 허백련의 방랑벽은 혼인 후에도 계속되어 팔도와 해외로 그림여행은 계속되었지만 광복 이듬해, 가족이 광주 호남동에 터를 잡으며 가족의 품에 정착하게 된다. 가족의 완전한 광주 정착은 허백련에게 안정된 마음에서 새 뜻을 펼칠 수 있는 마음의 안식처가 되었다.

아버지 허백련의 행동으로 보여준 가르침과 어머니 성연옥의 살뜰한 보살핌으로 두 자녀(光得, 珍得)는 성장했다. 이른 아침 산보로 시작하여 독서, 작품 활동, 학교생활 등 허백련의 근면·성실한 삶의 태도가 어린 두 아들이 아버지 의재에게 받은 최고의 교육이었다. 이와 더불어 허백련은『논어』·『대학』등의 고전과 선인들의 좋은 말씀을 발췌해 들려줬고, 학교와 다원 일에 참여시키며 '지행합일'된 생활인이 되도록 지도했다. 차에 대한 철학 역시 그의 생활로 전해졌다. 가족들은 지지자가 되어 허백련이 하고자 하는 일을 묵묵히 따랐다.

차는 허백련이 있는 곳이면 어디든 자리하고 있었다. 허백련은 차를 마시며 심신을 차분히, 그리고 맑게 해 그림을 그리고 책을 읽었고, 많은 사람들과 소통했다. 차생활은 최고의 기호품이었던 만큼, 차 생산지인 다원은 가족들에게도 중요

(사진) 허백련 화백부인 성연옥 여사(동아일보, 1973년 11월 29일)

(1959년 미국 유학길에 오른 차남 허진득을 전송하는 허백련 가족
- 좌부터: 허백련, 장남 허광득, 차남 허진득, 아내 성연옥) 의재미술관 제공

한 교육 현장이었고, 일년 먹을 식량을 지을 농사터였다. 그러한 삼애다원에서 가족들은 학생들과 함께 차밭을 일구었고, 제다했다. 허백련의 가족과 학생들은 학습과 노동의 공동체가 되어 일하면서 익히고 깨달았고, 배우면서 일하며 좀더 나은 차를 생산하기 위해 힘썼다.

허백련은 두 며느리를 맞이할 때, 오직 호미 두 개만 가져오라고 당부했다. 여기에는 땅을 사랑하는 마음과 성실한 농군이 되라는 평소 허백련의 신념이 담겨있다. 폐백은 차례(茶禮)로 진행되었다. 차나무 뿌리가 직근성이고, 이를 옮겨 심으면 죽어버린다는 차나무의 잎으로 우린 차 의식은 정절을 맹세하며 허씨 가문의 며느리가 되었음을 조상님들께 신고하였고, 가장이된 신랑이 올바른 선비관으로 일관된 삶을 다짐하는 의식이기도 했다. 이는 곧 아들부부가 잘 살길 바라는 허백련의 당부였고, 새롭게 태어난 가족이 서로에게 약속하는 의식이었다. 혼인선물로 며느리에게 써 준 '검이양덕(儉以養德)'은 차에게서 허백련이 가장 닮고 싶은 모습이다.

차생활 속에서 검박하고 겸손함을 체득해 바른 사회인이 되길 바랐다. 허백련은 자신이 하는 일을 자녀들에게 강요한 적은 없었지만 큰 아들 허광득은 연진원과 다원을 맡아 아버지의 정신을 계승했다. 의사와 교육자의 길을 걸은 둘째 허진득 역시 틈날 때마다 춘설헌에 가 부모님의 힘이 되었다. 물론 두 자녀의 일상에는 차는 완전하게 자리하고 있었다.

늦은 나이에 혼인해 늦게 장손을 본 허백련은 장손, 직헌 허달재(直軒 許達哉, 1952-)를 무척 아꼈다. 늘 곁에 두고 생활하며 말씀보다는 행동으로 가르쳤다. 허백련은 손자가 맑음과 차분함, 수신과 소통, 공경과 성실의 음료를 마시며 바른 길을 성실하게 살기를 바라고 또 바랐다. 이는 마루와 방에 붙여놓았던 '달재삼성(達哉三省)', '경성(敬誠)'와 대학생 때 내려주신 '직(直)'이란 호를 통해 충분히 짐작할 수 있다. 허백련은 손자가 매일 성찰하는 시간을 갖길 바랐고, '곧다'·'바른 도'·'바른 행위'·'굳세다'는 뜻을 지닌 '직(直)'처럼 수신하여 사회를 밝히는 사람으로 성장하길 바랐다. '사람은 반드시 공정하고 진실하게 살아야 한다(子曰 人之生也直)'며, 사사로움이 없는 공정함과 욕심이 없는 깨끗한 마음과 행위를 뜻하는 '直'

(1974년 8월 31일 전남대학교 명예철학박사 학위 받다
/ 좌부터-장손 허달재, 허백련, 아내 성연옥) 의재미술관 제공

을 강조했던 공자처럼 허백련 역시 그러했다. '직'은 허백련의 다관(茶觀)이었고, 허백련 정신의 바탕이었다. 허백련은 손자가 독서와 차생활, 그리고 일일삼성(一日三省) 속에 생활함으로 올곧음(直)을 밝히길 바랐다. '직(直)'은 할아버지가 손자에게 가장 바라는 모습이었고, 손자를 지켜주는 덕목이었다.

진실과 성실, 예의로운 생활이 가품(家品)이 되길 희망한 허백련은 손자, 허달재를 늘 곁에 두고 생활로 그의 바람을 보였다. 할아버지의 화업(畵業)과 다업(茶業)을 손자가 고스란히 이어받은 희망한 마음이었으리라. 할아버지 허백련은 손자가 자기 수양의 시간을 끊임없이 가지기를 희망했고, 전통 위에 자신만의 개성을 꽃피워 성가를 이루기를 바랐다. 그의 바람은 오늘 현실이 될 수 있도록 허달재는 그림과 춘설차, 어느 것 하나도 소홀하지 않으려 애쓴다. 허달재는 할아버지의 남종화 맥을 이으면서도, 꾸준히 매진해 그림에 맞는 톤을 찾기 위한 작업으로 한지에 홍차물을 들여 고풍스러운 분위기를, 금박을 뿌려 은은한 품위를, 병풍의 윗부분만 그림을 그려 세련됨을 더했다. 허달재는 할버지의 말씀대로 전통을 철저히 갈고 닦은 결과 신(新)남종화, 즉 직헌식 한국화를 일구었다. 허달재의 그림은 현대인의 감수성을 살펴 지극히 모던하면서도 은은한 전통의 아취가 스며있다.

(사진) 허달재 / 홍매(2008) /병풍 사진 의재미술관 제공

　허달재는 전통차의 가치를 오래토록 향유하기 위해서는 현대인의 기호를 살피는 일에 소홀하지 않아야 한다고 생각한다. 즉 차의 정신은 변하지 않되 그 형식은 변해야 한다는 것이 그의 지론이다. 시대에 따라 기호도가 다르기에 추구하는 차의 향미 또한 달라야 한다는 허달재는 오늘의 소비자 트렌드를 맞추기 위해 제다기를 직접 제작해 현대인의 기호에 맞는 향미의 춘설차를 생산하고 있다. 좋은 차를 생산하기 위해서는 무엇보다 환경이 중요하다는 인식에 공감한 허달재는 차나무를 전정해 줌으로 땅기운을 그대로 받는 건강한 유기농 춘설차를 생산하고 있다. 차를 즐기는 잔 역시, 할아버지 생각에 공감하며 즐거운 차생활을 위한 다기 제작에도 관심이 크다.

　'내 본체를 알아가는 것이 차의 정신이다' '맑은 기운의 차를 마셔 후회하지 않는 행동을 하자' '쉽고 많이 마시는 편안한 차를 마시자'는 예전에 할아버지 허백련이, 그리고 오늘의 손자 허달재가 차생활에서 전하고픈 메시지다. 할아버지 허백련처럼 허달재 역시 차는 나를 찾아가는 공부라 생각한다. 진리를 찾아가는 정신이 바로 차의 정신이라 생각한다. 허련으로 시작된 남도 제일의 예맥이자 다맥은 허백련에게로 이어졌고, 이는 직헌 허달재에게까지 닿았다. 할아버지가 30여 년간 머물렀던 춘설헌, 할아버지가 일구신 차밭, 할아버지의 서화의 전통을 잇는 공간 연진원, 그리고 의재미술관과 그림그리기 등 어느 것 하나 소홀하지 않는다.

'성외성(聲外聲)' '정중동(靜中動)'은 할아버지의 정신세계를 잇고픈 직헌의 그림의 화두이다.

2) 그림 제자에게 전승된 차

허백련이 1938년, 서화를 좋아하는 사람들과 친목모임인 연진회를 발족한 이후 그림을 배우고픈 사람들이 허백련을 찾아왔다. 광복이 되자, 허백련은 화가보다는 농업고등기술학교를 설립해 청년들을 위한 교육가로서의 삶을 살고자 했다. 그림을 배우고자 모여든 청년들에게 허백련은 먼저 농업고등기술학교에서 공부하기를 권할 정도로 농업교육에 열심이었다. 그림에 재주가 있으면서 성실하게 학교생활을 한 이들이 그림 공부를 계속 원할 때, 그때야 비로소 호남동 자택에서 그림을 지도했다. 한국전쟁의 전운이 걷힌 뒤, 그림 제자들이 계속 모여들자, 호남동과 춘설헌에서 본격적으로 전통 남종화의 화법을 전수한다. 허백련이 돌아가신 후, 학생들이 없자 사단법인 삼애학회 이사회의 결의에 의해 학교는 폐쇄했고, 그 자리에 연진 미술원을 열었다. 문하생들에 의해 개원한 연진 미술원은 의재의 정신과 호남 남종화을 수련하는 산실로 자리하고 있다.

허백련의 그림제자들은 호남동과 춘설헌을 드나들면서 남종화 화법과 의재의 생활 철학을 가르침 받았다. 아래 그림을 그린 목재 허행면(木齋 許行冕)·옥산 김옥진(沃山 金玉振)·우계 오우선(于溪 嗚禹善)·매정 이창주(梅汀 李昌柱)·금봉 박행

(국화 그리는 허백련) 의재미술관 제공

보(金峰 朴幸甫) · 희재 문장호(希哉 文章浩) 등은 허백련에서 남종 문인화의 정신과 화법을 전수받은 문하생이다. 허백련을 스승으로 하여 호남 화단의 인맥을 형성한 이들은 전통 남종화와 스승님의 화풍을 전승했고, 실력이 다져지자 점차 자기 나름의 개성을 담은 그림을 그리며 또다시 자신의 계보를 형성해 문화의 제자를 배출했다. 전통 남종화를 갈고 닦으면 자연스럽게 자기만의 화법이 그림으로 꽃 피우게 된다는 스승의 말씀을 잊지 않고 실천한 제자들은 우리나라를 대표하는 동양화가로 성장했다.

〈제자들과 사진 찍은 허백련〉 의재미술관 제공

그림 제자들은 수묵화의 포근하고 평온한 서정성을 화폭에 담으로 한국적 수묵화를 정립한 화가로서 뿐만 아니라 80대까지도 열의를 갖고 가르친 교육자, 민족주의자이자 성실한 인격자인 스승 의재를 흠모해 같은 길을 걷고자 노력했다. 허백련의 삶은 제자들이 그림만큼이나 따르고픈 모습이었다. 이들은 전통남종화는 물론이고 스승의 삼애정신과 사상, 철학과 차생활과 그의 차에 대한 철학을 바로 곁에서 전수받았다.

(춘설헌에서 그림 지도하는 허백련) 의재미술관 제공

허백련은 차 제자를 따로이 키우지 않았다. 가족과 그림제자, 그리고 농업기술학교 학생이 가장 가까이서 보고 배우는 이들 모두 허백련의 다맥 전수자들이었다. 허백련 부부와 춘설헌에서 함께 생활한 제자들, 자주 찾아와 안부전하는 제자들에게 허백련은 춘설차부터 권하며 마음을 표현했다. 좋은 그림을 그리기 위해, 붓을 잡기 전 차 한 잔을 마셨던 허백련, 곁에서 일상다반사로 차를 즐기는 허백련의 모습에서 수신과 기호품, 건강과 소통 등 다양한 차의 모습과 의재의 차 철학을 만날 수 있다. 무엇보다 마음의 눈으로 감상하는 남종화를 그리는 작업 전에 의식처럼 마시는 허백련의 차마시는 모습은 제자들의 뇌리에 박혀있는 모습이다. 스승 허백련에게 오랜 시간 배운 후, 독자적인 화풍으로 성가를 이룬 제자들은 모두 차인으로서도 대가를 이룰 만큼 다력(茶歷) 또한 깊다. 차를 주제로 한 수묵화는 스승 허백련처럼 그들 역시 수묵화의 주제가 되곤 했다.

차생활의 풍경을 담아낸 진경과 흥취가 허백련처럼 그 제작들의 작품 속에도 고스란히 담겨 있다. 스승의 화론의 바탕위에 각자 독특한 화풍으로 오늘날 대화가로 우뚝 섰지만 스승에게 입은 예도(藝道)와 흥은 여전하다. 이들에게 차는 곧 스승을 떠오르는 이미지이며, 화도(畵道)로 가는 안내자였다. 그들의 차 그림은 허백련처럼

'시중유화(詩中有畵) 화중유시(畵中有詩)이며, 서화의 이미지에 차향과 기(氣)가 흐르는 그림이다.

〈춘설헌과 차공장〉,
허행면, 의재미술관 소장

〈춘설헌의 여름〉, 오우선, 2002

〈다연헐송석양(茶煙歇送夕陽)〉,
김옥진, 2002

〈송하도명다향고(松下桃明茶香高)〉, 문장호, 2002

〈송풍다담(松風茶談)〉, 이창주, 2002

〈다선일미(茶禪一味)〉, 박행보, 2002

3) 시인들이 남긴 춘설차에 담긴 의재의 마음

넉넉하고 온화한 인품, 넓고 깊은 독서생활로 다져진 학식과 확고한 뜻을 묵묵히 실현한 허백련은 누구나 친하고 싶은 당대 명사였다. 허백련은 춘설헌에서 무명인에서 각계각층의 명사들까지 많은 사람들을 만났다. 그의 철학과 예술의 맥이, 그리고 교육개혁가로서의 삶이 스며있는 춘설헌은 20세기 호남 제일의 문화살롱이었다. 춘설헌이 최고의 문화예술과 지식이 숨 쉬는 살롱으로서 격을 갖추는데 춘설차는 상당한 힘을 발휘했다. 매일같이 북적인 춘설헌의 내방객 중, 단골멤버로 김철수와 백민(白民), 최한영과 정상호, 유영모와 그의 제자 함석헌, 최범술 등을 꼽을 수 있다. 이들이 찾아와 춘설헌에 머물며 다담을 나누었고, 차를 마시다 흥이 나면 시조를 읊거나 붓을 들어 그림을 그리곤 했다.

특히 일본 유학시절부터 우정을 쌓았던 김철수는 춘설헌에 가장 오래 머문 벗이다. 일제 강점기 고려공산당 창립멤버였다가 광복 후 부안에서 은둔한 김철수를 허백련과 춘설헌은 어머니처럼 따뜻이 품어주었다. 허백련은 김철수를 한 가족처럼 돌보았고, 김철수는 허백련의 따뜻한 마음이 고마워 춘설헌 화단을 예쁘게 조성해주었다. 떨어져 있으면 시로 창화(唱和)하며 서로의 안부를 전했고, 만나면 풍류다회를 열며 정을 돈독히 했다. 김철수와 시를 잘 읊조리는 백민이 춘설헌에 모이면,

그 자리는 바로 시서화가 펼쳐지는 아취있고 즐거운 풍류의 현장이 되었다.

의재	毅齋
산집에서 해가 저물도록 돌아오지 않으니	山閤歲窮人不歸
여기에서 경물을 바라보니 생각이 적어진다	由斯覽物也情微
높디 높은 언덕에 올라 어찌 이리 더디나 바라보면	遲遲那得崗千尺
봄바람에 옷깃 실려와 곧 모습 드러낼까	好著春風共振衣

백민	白民
약속한 지운이 어찌 오지 않는고	有約遲耘胡不歸
객지에서 어둑해 지니 길이 더욱 희미하네	寒窓落日路猶微
쉼없이 어젯밤 눈보라 불더니	無端昨夜風吹雪
계곡과 산이 온통 흰옷 입었네	遠近溪山總素衣

지운	遲耘
좋은 친구들 이렇게 나오기를 기다리는데	好友如斯待我歸
스스로 묻건대 내 성의가 부족했나	自疑誠力或然微
안면 있다고 뜰의 새 지저귀고	臨庭鳥語似知面
방에 가득한 차향기, 옷에 먼저 스미네	滿室茶香先襲衣

허백련이 두 친구를 기다리는 마음, 이어 찾아온 백민이 김철수를 기다리는 마음, 두 친구가 찾아 바쁘게 오는 김철수의 모습을 차례로 그린 시로,『근인당 창화집』에 실려 있다. 위 시에서 느낄 수 있듯이, 여수의 백민, 부안의 김철수는 광주 춘설헌에서 자주 뭉쳤다. 이들이 모이면 춘설헌은 정당과 시조, 그리고 서화를 그리는 차 살롱으로 변했다. 세 친구는 잠시 세상일을 잊고, 그들만의 세상에서 한가함을 즐겼다.

조촐한 찻자리를 마련하여 세 친구가 즐겁게 놀다 헤어질때면, 벗들은 찻자리에서 남긴 시화를 집으로 가지고 가 감상하곤 했다. 아취있는 그날의 찻자리는 시화로 영원히 남아 있다.

(허백련의 평생지기인 김철수, 백민과 주고받은 시 모음과 『근인당창화집』이다.) 의재미술관 제공

그림, 글씨, 시, 차 그리고 깊은 철학 등이 모두 갖춰진 곳답게 춘설헌을 다녀간 많은 이들은 그림과 수필, 그리고 시 등으로 그곳의 서정을 읊었다. 춘설차는 춘설 헌에서 벗들의 풍류적 서정을 자극하며 아름다운 우정의 찻자리를 만들곤 했다. 이은상은 〈전남특산가(全南特産歌)〉에서 춘설차와 허백련의 다도를 다음과 같이 노래하고 있다.

> 무등산 작설차를 곱돌솥에 달여내어
> 초의(草衣)의 다법(茶法)대로 한 잔 들어 맛을 보고
> 또 한 잔은 빛깔보고 다시 한 잔 향내 맡고
> 다도(茶道)를 듣노라니 밤 깊은 줄 몰랐구나.

이은상 외에도 최남선, 정훈, 김현승, 서정주 등 허백련과의 인연을 맺은 문인들

---

7) 김철수는 의재 생신 100주기를 맞이한 친구 허백련을 생각하며, 그동안 모은 시모음집을 제자들에게 주었다. 김철수는 세 친구가 주고받은 정이 담긴 글이지만 각 시마다 철학이 담겨있으므로 허백련의 100주기 생신을 맞이해 기념으로 출판하길 바랐다. 그리하여 연진회에서는 1991년 『근인당창화집』을 출판해 스승님을 기렸다.

은 허백련과 춘설차를 잊지 못해 그에 관한 시를 남겼다. 광주에 오면 반드시 춘설헌에 들러 허백련을 만난 최남선은 허백련의 삶을 존경했고, 그의 정신을 품은 춘설차를 좋아했다. 1956년 어느 날, 허백련은 춘설차를 좋아한 최남선에게 춘설차를 보내자 최남선은 고마운 마음과 차가 널리 보급되기를 기원하며, 〈사허의재화백혜무등산신차(謝許毅齋畵伯惠無等山新茶)〉을 지어 보낸다.

천고의 무등산의 수박으로 유명터니
홀연히 증심(證心) '춘설' 새로 고개 쳐들었네
이 백성 흐린 정신을 행여 맑혀주소서.

차먹고 아니 먹는 두 세계를 나눠보면
부성(富盛)한 나라로서 차 없는데 못볼러라
명엽(茗葉)이 무관세도(無關世道)라 말하는 이 누구뇨.

해남변(海南邊) 초의석(草衣釋)과 관악산하(冠岳山下) 완당노(阮堂老)가
천리(千里)에 우전차로 미소(微笑)주고 받던 일이
아득한 왕년사(往年事)러니 뒤를 그대 잇는가.

허백련이 차를 재배하고, 농업기술학교에서 학생들을 가르치는 목적이 담겨있는 시조라 할 수 있다. 허백련은 '천고의 무등산의 수박으로 유명터니, 홀연히 증심 '춘설' 새로 고개 쳐들었네. 이 백성 흐린 정신을 행여 맑혀주소서'라는 구절을 특히 좋아해 생활다기에 이 시 구절을 써 넣었다.

현대시조 시인 정훈 역시, 춘설헌에서의 허백련과의 만남을 오래토록 간직하고파 〈정(靜)〉을 남겼다.

산을 그리다 말고 차를 재촉한다
그윽한 묵향은 안개처럼 이는데
쪼르르 차 따르는 소리

새도 귀를 기울여

다향과 묵향이 가득한 춘설헌에서의 찻자리를 읊은 시이다. 커피광으로 이름난 김현승이지만 춘설차 역시 좋아해 〈무등차(無等茶)〉를 노래했다. 이와 함께 그의 호이기도 한 〈다형(茶兄)〉이라는 차노래도 남겼다.

〈무등차〉
가을은
술보다
차 끄리기 좋은 시절

갈까마귀 울음에
산들 여위어 가고
씀바귀 마른 잎에
바람이 지나는

남쪽 11월의 긴 긴 밤을
차 끄리며
끄리며
외로움도 향기인양 마음에 젖는다

〈다형〉
빈들의 맑은 머리와
단식의 깨끗한 속으로
가을이 외롭지 않게
차를 마신다
마른 잎과 같은 형(兄)에게서 우러나는
아무도 모를
높은 향기를

두고두고
나만이 호올로 마신다

차는 허백련에게, 그리고 허백련과 연을 맺은 이들에게 축복된 만남을 주선했다. 만남은 자신의 내면을 살펴보게 했고, 외적인 변화의 기회가 되기도 하였다. 차를 마시며 아름다운 자연을 감상하며 교감하였고, 교감을 통해 감흥을 얻곤 했다. 찻자리의 감동이 맑음과 더불어 시흥(詩興)이 되었고, 화의(畵意)가 되었다. 또한 허백련의 차생활에 내재된 맑음과 올곧음, 겸손과 검박함을 보았고, 허백련의 정중동의 차생활을, 자연의 이치가 충만한 허백련의 다도를 존경했다.

서정주는 광주에서 교직생활을 하던 시절 인연을 맺으며, 허백련과 찻자리를 함께 하곤했다. 다담을 통해 정을 쌓았던 서정주는 허백련이 세상을 떠나자 그를 추모한 글을 남긴다.

백년(百年)에 한번식의 고흔 날처럼
단군(檀君)의 할어버님 하느님의 마음에
한 획(劃)도 안틀리게 아조 잘 맞추아 산
우리 큰 신선(神仙) 의재도인(毅齋道人)이여
그대 살며 한 언행(言行)의 하나하나
그대 쓰고 그린 서화(書畵)의 한 점(點) 한 선(線)
그대 침묵하던 어느 정중동(靜中動)도
단군(檀君) 풍류(風流)의 깊이로만 쏠렸나니
그대와 함께 숨쉬고 산 조선(朝鮮)사람된 것
우리는 언제나 훤출한 자랑일뿐이어라

의재미술관 제공

Ⅰ. 한국 차문화

숙선옹주(淑善翁主)와 소통의 차생활

I. 들어가며

조선시대 왕실 남성들의 삶은 실록과 의궤, 시문, 편지, 문서 등의 공·사적 기록을 통해 많은 부분 짐작할 수 있다. 하지만 왕실 여성의 삶은 왕실 여성이 주체가 아닌 왕과의 관계 속에, 혹은 역사적으로 연루된 사건의 기록 속에서 대부분 짐작할 뿐이다. 다행히 왕실 여성의 편지와 문집이 몇몇 남아있어, 왕실 여성의 일상과 그 속에서 느낀 감성과 견해를 약간이나마 엿볼 수 있다. 인목대비 김씨(선조의 계비), 장렬왕후 조씨(인조의 계비), 인선왕후(효종의 비), 인현왕후 민씨(숙종의 계비), 정순왕후 김씨(영조의 계비), 혜경궁 홍씨(장조의 비), 순원왕후 김씨(순조의 비)와 명성왕후(고종의 비) 등의 글이 대표적인 예로, 정치에 대한 생각 외에도 개인적인 일상이나 가족문제 등 사적인 내용을 담고 있다.

조선시대 왕실 여성의 기록은 그 어느 시기보다 18-19세기에 많다. 영·정조 시대에 이르자 문운(文運)이 다시 일어나며 학문과 문화가 꽃을 피우는 문예부흥 시대를 맞이한다. 이후 순조, 효명세자, 헌종은 선왕의 뒤를 이어 문화군주로서 예술혼을 피웠다. 역대 국왕들의 시문집인 『열성어제(列聖御製)』와 의궤만 살펴봐도 이와 같은 사실을 입증해준다. 18-19세기가 문예부흥의 시대임을 입증하듯, 독서자가 아닌 개인의 감성을 노래한 집필자로서의 왕실 여성을 만나게 된다. 그 주인공은 정조의 딸이자 순조의 단 하나뿐인 혈육인 숙선옹주(淑善翁主, 1793-1836)다. 그녀는 왕실가의 여성으로는 유일하게 『의언실권(宜言室卷)』이란 시집을 남겼다.

숙선옹주는 270여 수의 시로써 왕실 여성, 사대부가 부녀자로서의 자신의 삶을 진솔하게 노래하고 있다. 내면세계와 가치관과 함께 소소한 일상과 관심사 등 사생활이 그려진 그녀의 시 속에는 감성이 솔직하게 드러나 있어 일상에서의 차생활의 모습과 그녀의 내면세계를 두루 읽을 수 있다.

이 장에서는 숙선옹주의 삶 속의 차생활을 통해 조선시대 왕실 여인들의 차생활과 더불어 사대부가 여성들의 차생활을 파악하고자 한다. 이를 위해 먼저 숙선옹주의 생애와 그녀의 시문집『의언실권』에서 그녀의 삶을 두루 살펴본 후, 의궤와 시댁 식구들의 기록 등을 통해 자연, 왕실가족, 그리고 시댁가족과의 소통의 매개가 된 차생활에 대해 고찰해 보고자 한다.

Ⅱ. 숙선옹주의 생애와 시문집

1. 숙선옹주의 생애

정조(正祖, 재위 1776-1800)는 정비 효의왕후(孝懿王后 金氏, 1753-1821)가 원자를 낳지 못하자 후궁을 간택한다. 1778년 원빈 홍씨(元嬪 洪氏)가 책빈된 이래 화빈 윤씨(和嬪 尹氏), 의빈 성씨(宜嬪 成氏), 수빈 박씨(綏嬪 朴氏)를 후궁으로 맞이했다.[1] 정조의 후궁은 의빈 성씨를 제외하고는 모두 사대부 가문이다. 이는 후사를 위해 사대부가에서 간택하는 가례(嘉禮)를 정례화 했기 때문이다.

정조는 2남3녀의 자녀를 두었다. 의빈 성씨와의 사이에서 문효세자(文孝世子 享)와 옹주가, 화빈 윤씨와의 사이에서 옹주가 태어났지만 일찍 세상을 떠나고, 수빈 박씨 사이에서 태어난 1남 1녀만이 건강하게 성장했다. 숙선옹주는 정조와 수빈 박씨 사이에서 태어난 외동딸이다. 숙선옹주의 어머니 수빈 박씨는 반남 박씨(潘南 朴氏, 1770-1882) 가문인 판동녕부사 박준원(朴準源)의 딸이다. 정조 11년(1787), 수빈 박씨는 빈호로 수빈(綏嬪)과 궁호로 가순궁(嘉順宮)을 받으며, 후궁으로 간택되

---

1) 지두환,『정조대왕과 친인척』1, 역사와 문화, 2009, p. 341.

어 입궁했다. 수빈 박씨는 혼인한 지 4년째 되던 1790년에 조선의 23대 왕인 순조(1790-1834)를 낳았고, 그로부터 3년 후인 정조 17년(1793) 3월 1일에 숙선옹주를 낳았다[2]. 숙선옹주는 손이 귀한 정조가 24세에 얻은 귀한 딸이다.

숙선옹주는 정조의 유일한 딸이라는 이유도 있지만, 현빈(賢嬪)으로 칭송받았던 어머니 수빈 박씨를 닮아 검소하고 예의로웠으며, 성품이 온화하여 부모님은 물론이고 정순왕후, 효의왕후 등 왕실 어른들께 귀여움을 받으며 자랐다. 또한 정조의 대를 이은 동복(同腹)의 오라버니, 순조의 지극한 보살핌 속에 숙선옹주는 밝고 따뜻한 심성으로 자랐다.

숙선옹주가 만 7세 되던 1800년, 아버지 정조가 세상을 떠나자 순조는 어린 여동생을 더욱 살뜰히 보살폈다. 순조는 즉위한 지 2년째 되던 해(1802) 10월 영안부원군(永安府院君) 김조순(金祖淳)의 딸을 왕비(純元王后)로 맞이한 후, 여동생인 숙선옹주의 혼사를 준비했다. 순조는 혼인한 그 해 11월 28일, 옹주에게 작호로 '숙선(淑善)'을 봉한 후,[3] 옹주에게 토지 8백 결(結)과 제택비(第宅費) 등 재산을 지급했다. 이때 정순왕후(貞純王后)와 순조는 전례를 어겨가며 넉넉하게 재산을 부여했을 정도로 숙선옹주는 왕실 어른들의 사랑을 받았다.[4]

순조 3년(1803) 12월 8일부터 숙선옹주의 지아비를 간택하기 위한 준비가 가례청 주관으로 시작되었다. 부마를 간택하기 위해 혼인 적령기(9-13세) 사대부 가문의 남자 자제들을 금혼시킨 후, 55명의 단자를 받았다. 순조 4년(1804) 숙선옹주가 12세 되던 해, 창덕궁의 희정당(熙政堂)에서의 초간택(初揀擇)에 이어 재간택·삼간택 결과, 풍산 홍씨(豊山 洪氏) 가문 홍인모(洪仁謨)의 삼남, 홍현주(洪顯周, 1793-1865)가 간택되었다.[5] 홍현주는 종2품 영명위(永明尉)로 봉해졌고, 왕실에서는 혼례에 쓰일 쌀 1백석, 무명 10동(同), 포(布) 5동, 돈 3천 냥 등의 물품을 사돈이 될

---

2) 『정조실록』, 정조17년 3월1일.

3) 『순조실록』, 순조2년, 11월28일.

4) 『순조실록』, 순조4년, 2월24일.

5) 『순조실록』, 순조3년 12월8일; 『순조실록』, 순조4년 1월16일; 『순조실록』, 순조4년 3월17일; 『순조실록』, 순조4년 4월9일.

홍현주 친가로 보냈다. 이는 전례와 비교할 때 파격적으로 많은 물량이었다. 순조 4년(1804)년 5월 27일, 숙선옹주와 홍현주의 가례가 행해졌다.[6] 숙선옹주는 지아비와 함께 궁에 들어와 임금님과 왕실 어른들께 인사를 드린 후, 왕실가의 옹주가 아닌 사대부가의 며느리로서의 삶이 시작되었다.

숙선옹주와 홍현주 부부는 시댁에서 독립해 동가(東嘉)에서 살았다. 동가는 넓고 아름다운 정원이 있는 재동(齋洞)에 위치한 저택이다. 숙선옹주가 출가하자, 여동생에 대한 마음이 남달랐던 순조는 대신들의 반대에도 불구하고 옹주의 집에 신행하여 옹주가 앞으로 생활할 집 구석구석을 몸소 살폈다. 순조는 왕실 연회와 제사 등 공적인 왕실행사는 물론이고 사적으로 숙선옹주 내외를 자주 불러 보고픈 마음을 달랬다.[7] 이와 같은 순조의 누이동생을 향한 애틋한 사랑은 삶이 다하는 날까지 계속되었다.

숙선옹주가 혼인을 맺게 된 홍현주는 고결한 인품과 학문과 예술 등이 뛰어난 품격있는 풍산 홍씨 가문의 자제이다. 대대로 고위관료와 학자를 배출한 명문가, 홍현주 가문은 7대조인 홍주원(洪柱元)이 선조의 딸인 정명공주와 혼인하고, 혜경궁 홍씨와도 인척관계 등 왕실과 혼맥으로 연결된 가문이다. 홍현주의 집안 역시 인품과 학식이 당대를 대표했다. 홍현주는 우부승지를 지낸 부친 홍인모(洪仁謨, 1755-1812)와 강원도 관찰사를 지낸 서형수(徐逈修)의 자녀인 영수합 서씨(令壽閤 徐氏, 1753-1823)의 삼남으로 태어났다. 형제·자매로는 좌의정을 지낸 큰형, 연천 홍석주(淵泉 洪奭周, 1774-1842)와 조선후기 대표 문장가인 둘째형, 항해 홍길주(沆瀣 洪吉周, 1786-1841), 시집 『유한당 시고(幽閒堂 詩稿)』를 출간할 정도로 문학적 재능이 뛰어난 누이 홍원주(洪原周), 그리고 이현우(李顯愚)의 아내가 된 누이가 있다. 이렇듯 홍현주가는 남녀가 유별한 시대에 가족 구성원 모두가 가학으로 학문을 전수하고, 시회와 차생활로 가족 문화를 만들어간 아름다운 가품(家品)을 지닌 집안이다.[8]

---

6) 『순조실록』, 순조4년 4월9일; 『순조실록』, 순조4년 4월15일; 『순조실록』, 순조4년 5월27일.
7) 『순조실록』, 순조7년 6월2일; 『순조실록』, 순조8년 12월1일; 『순조실록』, 순조20년 3월6일.
8) 정은희, 「홍원주의 차생활 속에 나타난 의식세계」, 『한국차문화』 제3집, 한국차문화학회, 2012, pp. 19-

순조와 왕실의 결정은 결코 틀리지 않았다. 홍인모 부부는 셋째아들 홍현주가 부마로 결정되자, 검소와 겸손, 신중한 언사와 청렴, 학문에 매진 등 열 가지 조목을 들어 가문의 명예를 지키도록 당부했다.[9] 홍현주는 혼인생활 내내 부모님의 당부대로 살기위해 노력했고, 옹주가 홍씨 가문의 며느리로서 잘 적응할 수 있도록 도왔다. 화락한 집안에서 성장한 홍현주는 가족애가 남달랐으며, 문화예술을 사랑했다. 홍현주는 학문의 조력자이자 문학의 동지인 두 형들과 함께 교우관계를 맺으며 끈끈한 정을 나누었고, 누이가 혼인한 후에도 자주 소식을 오가며 마음을 나눌 정도로 남매간의 정 또한 도타웠다. 홍현주는 어릴 적부터 가족과 함께 독서와 토론, 시작 등 학문적 탐구 외 차생활과 서화를 즐기며 정서와 사유의 세계를 넓혀갔다. 이처럼 아름다운 가품 속에 자란 홍현주는 왕가와 혼맥을 맺기에 부족함이 없는 가문의 자제였고, 순조가 단 하나뿐인 동복누이, 숙선옹주를 혼인시키기에 흡족한 따뜻한 문화인이었다.

숙선옹주와 홍현주는 온화함과 배려의 마음, 검소와 겸손, 시작과 차생활 등 닮은 점이 참 많은 부부였다. 내재된 정서, 추구하는 삶 등 시대의 가풍과 많이 닮은 숙선옹주는 홍인모 가문의 여성으로서도 평탄한 삶을 살았다. 왕실 여성인 숙선옹주는 법도에 따라 시부모님을 모시고 살지는 못했지만 항상 시부모님을 먼저 살피고, 여쭙는 등 며느리로서의 도리를 다하였다. 부모님과 자녀가 함께하는 문화, 서로를 아끼는 마음이 유별났던 시댁의 가족애는 따뜻한 사랑 속에 자란 숙선옹주가 어렵지 않게 적응할 수 있는 시댁의 문화였다고 짐작된다. 무엇보다 그녀의 즐거운 생활습관인 시작(詩作)과 차생활은 사대부가의 여성으로 완전히 바뀐 삶으로 살아가는데 큰 도움이 되었던 듯하다. 홍현주와 시댁 식구들 역시 왕실가의 신분인 숙선옹주였지만 그녀의 맑고 겸손한 품성과 공통된 생활습관 덕분에 이내 가까워져 보인다. 숙선옹주가 세상을 떠나자 홍현주는 물론이고 두 형들은 살아생전 그녀의 아름다운 행실을 칭송하며 죽음을 슬퍼하는 제문(祭文)을 쓸 만

---

21 참조.
9) 洪奭周, 『淵泉集』 卷43, 〈家言〉.

큼 그녀는 사대부가의 며느리로서도 사랑받는 삶을 살았다.[10]

숙선옹주와 홍현주는 홍우철(洪祐喆, 1813-1835?)을 무녀독남으로 두었다. 아들 우철은 문과에 급제하여 홍문관 부응교, 경기관찰사, 성균관 대사성, 개성부·강화 유수 등을 두루 역임했다. 이조판서 이정신(李鼎臣)의 딸 완산 이씨(完山 李氏, 1814-1868)와 혼인하여 1남(洪承億, 1842-?) 1녀를 둔 우철[11] 역시 부모님의 취미와 재능을 닮아 문예를 사랑한 삶을 살았다.

숙선옹주는 1936년 6월 7일, 44세로 삶을 마감했다. 정조의 딸이자 순조의 누이동생이었던 옹주의 삶과 풍산 홍씨 가문의 며느리이자 홍현주의 아내, 우철의 어머니로서의 삶 모두 행복했다. 숙선옹주가 세상을 떠나자, 조정에서는 장례를 중사(中使)를 보내어 호상(護喪)케 하고, 해조(該曹)로 하여금 치부(致賻)와 예장(禮葬) 등의 절차를 전례대로 거행했다.[12] 고종 2년(1865) 6월 24일, 숙선옹주가 세상을 떠난 지 30년 즈음이 지난 73세의 나이로 홍현주가 세상을 떠났다. 30여 년 동안 금슬 좋은 부부, 홍현주와 숙선옹주는 경기도 양주에 합장되며 이생에서의 인연은 후생에서도 계속되었다.

2. 시문집, 『의언실권(宜言室卷)』

『의언실권』은 남편 홍현주의 시문집인 『홍현주시문고(洪顯周詩文稿)』 25책 중, 18책에 기록된 숙선옹주의 시문집이다. 270여 수의 시가 수록된 『의언실권』은 숙선옹주의 나이 36세인 1928년에 필사되었다. 현재까지 밝혀진 바에 의하면 숙선옹주의 『의언실권』은 조선시대 왕실가의 여인 중 유일하게 펴낸 시문집이다.

숙선옹주의 한시의 특징을 보면, 첫째 〈우음(偶吟)〉, 〈잡영(雜詠)〉, 〈우(又)〉 등 단순한 제목의 시가 많다. 또한 때와 장소, 감성 등은 다르지만 같은 제목의 시가 상

---

10) 洪奭周, 『淵泉集』 卷23, 〈祭淑善翁主文〉; 洪奭周, 『淵泉集』 卷30, 〈淑善翁主墓表石陰記〉; 洪吉周, 『沆瀣丙函』 卷1, 〈淑善翁主墓誌銘〉.

11) 洪奭周, 『淵泉集』 卷30, 〈淑善翁主墓表石陰記〉.

12) 『헌종실록』, 헌종2년 6월7일.

당히 많다. 특히 〈우음〉은 270여수의 시 중 22편 54수, 〈잡영〉은 12편 26수나 있다.[13] 이는 감성이 풍부한 숙선옹주가 문득 감흥이 일 때마다 시로 읊곤 하는 습관 때문이라 생각한다.

둘째, 그녀의 시에는 송지문, 양사, 허경종, 이백, 맹호연, 왕유, 위응물, 전기, 최국보, 왕지환, 원결 등 당·송대 시인들의 작품을 차운한 시가 많다. 이는 당시 문인들이 시를 습작할 때 차운한 중국의 시인으로, 숙선옹주 역시 여느 문인들처럼 이들의 시를 읽으며 시 짓기 공부를 했음을 알 수 있다.[14]

셋째, 시는 왕실 가족과 마음을 주고받은 도구였다. 〈경차춘저기시운(敬次春邸寄示韻)〉, 〈경여춘저기시운(敬汝春邸寄示韻)〉, 〈차명온기시운(次明溫寄示韻)〉, 〈월야회명온(月夜懷明溫)〉, 〈우음(偶吟)〉 등 효명세자(孝明世子, 1809-1830)와 명온공주(明溫公主, 1810-1832) 등 왕실의 조카와 시로서 교감하며 진한 정을 나누었다.

밝은 달이 창 밖에 비추니	明月到階前
맑은 모습이 그대 모습인 듯	淸光如見人
멀리 봉루의 그대 생각하는 밤	遙知鳳樓夜
분향하고 시 읊으니 정은 새롭네	焚香吟詩新[15]

〈월야회명온(月夜懷明溫)〉에는 오라버니의 딸인 명온을 사랑하는 숙선옹주의 마음이 오롯이 담겨있다. 달 밝은 밤, 명온에 대한 그리움은 환영이 보인듯하다. 숙선옹주는 보고픔이 몽글몽글 피어오르자 향 피우고 그 마음 노래한다.

숙선옹주는 절친한 조카 명온공주가 혼인하자 연회와 같은 왕실 행사 등 특별한 일 이외에 간혹 궁궐에서 잠시 만날 뿐 쉬이 정을 나눌 수 없어 아쉬움을 시를 지어 그리움을 달래곤 했다. 위 시 역시 그리움에서 나온 그녀의 노래로, 숙선옹주는 혼인 후 쉬 말날 수 없었던 왕실가족과 시로써 마음을 전하며 두터운 정을 쌓아갔다.

---

13) 김미란, 「숙선옹주 한시 연구」, 『온지논총』 12집, 온지학회, 2005, p. 50.
14) 김미란, 「숙선옹주 한시 연구」, 『온지논총』 12집, 온지학회, 2005, p. 51.
15) 淑善翁主, 『宜言室卷』, 〈月夜懷明溫〉.

넷째 숙선옹주의 시는 밝고 맑다. 아버지와 동복인 오빠가 왕위에 오른 데다, 아름다운 심성으로 왕실 어른들의 사랑을 받고 자랐고, 학문과 인품이 뛰어난 당대 명문가의 며느리로 여유롭고 안정된 삶을 살았다. 큰 풍파없이 풍족함 속에서 사랑받고 자란 숙선옹주는 밝고 맑은 영혼과 긍정적 에너지가 넘쳤다.

겨울날씨, 봄날처럼 따스해	冬日暖如春
매화 향, 방 안에 가득하네	梅香滿室中
밝은 달, 굽은 난간에 걸려있어	明月掛曲欄
주렴 걷어 푸른 하늘 바라보네	捲簾望碧空[16]

매화는 봄을 알리는 꽃나무이다. 추운 날씨에도 피어나 은은한 향을 피우는 매화가 숙선옹주의 방 가득히 메우고 있다. 거기에 밝은 달까지 굽은 난간에 걸쳐있으니 한 폭의 동양화가 연상된다. 숙선옹주는 이 순간을 놓치지 않고 노래한다.

〈동일즉사(冬日卽事)〉에 흐르는 운치는 어느 추운 겨울날 감성을 읊은 시인데도 결코 춥고 스산하지 않고 따뜻하고 환하다. 이는 풍족한 환경에서 사랑을 받으며 생을 보냈던 숙선옹주의 밝은 에너지가 표출되었기 때문인 듯하다.

Ⅲ. 궁궐에서의 차생활

1. 창덕궁과 창경궁에서의 연회

조선시대는 유가의 덕치론(德治論)이 질병의 치료에도 적용되어 음식을 통해 질

---

16) 淑善翁主, 『宜言室卷』, 〈冬日卽事〉.

병을 치료할 수 있다는 의식동원(醫食同源)사상이 굳건히 자리하고 있었다. 약차는 죽과 특별식과 함께 조선왕실의 대표적인 식치(食治)음식이었다. 왕실에 쓰인 약차로는 금은화차(金銀花茶), 인삼차(人蔘茶), 생강차(薑茶), 오매차(烏梅茶), 솔잎차(松節茶), 황차(黃茶), 작설차(雀舌茶) 등이 있었다. 특히 황차는 숙선옹주의 아버지인 정조가 체기를 치료하기 위해 약원의 도제조가 처방해준 약차이다.[17]

차는 약이자 음료였다. 궁중의 식생활을 담당하는 사옹원(司饔院)의 차비(差備) 중 차 달이는 일을 전문적으로 하는 차색(茶色)이[18] 배속되어 있었다. 다색은 문소전·대전·왕비전·세자궁 등 각전마다 배치되어 찻일을 담당했다. 내시들의 처소인 다인청(多人廳)에도 각각 주방이 있어 식사와 간식을 만들고 시중을 드는 일을 담당하는 부서가 있었다. 사옹원과 별개의 조직인 내시부의 상차(尙茶)가 바로 다과담당이다. 그리고 내명부에서는 상식(尙食) 아래 전빈(典賓)과 전선(典膳) 등이 있어 상식을 도와 음식의 배선에 관여하는 일을 맡았다.[19] 다시 말해 생과방(生果房), 다인청 등의 궁녀와 내시, 그리고 기능직 요리사인 차색과 차모가 왕실의 차생활을 도왔다. 이렇듯 왕실 기록에서 쉽게 찾을 수는 없지만 궁중에 차를 다리는 업무를 전담하는 기능직 요리사가 배속된 것으로 보아, 차는 궁중에서 낯설지 않는 음료였던 듯하다.

차는 궁중의 의식음료이기도 했다. 신과 사람에게 차와 음식을 정성을 다해 대접하는 다례문화(茶禮文化) 또한 유교적 윤리관을 중시한 데에서 기인한 조선시대 문화이다. 차는 상례 제례는 물론이고 혼례 때에도 자리하고 있었다. 이와 더불어 차는 사신맞이 연회 때, 왕실 가족의 축하연회 등 크고 작은 연회의 음료로 자리했다. 특히 순조 28년(1828) 순조비 순원왕후의 4세 생일을 기념하는 무자진작(戊子進爵) 이후, 1829년, 1848년, 1868년, 1873년, 1877년, 1887년, 1892년, 1901년,

---

17) 『정조실록』, 정조2년(1778) 윤6월 24일.
18) 사옹원에는 총책임자인 제거가 있고, 제거 밑에 조리를 담당하는 재부(宰夫), 선부(膳夫), 조부(調夫), 임부(飪夫), 팽부(烹夫)가 조리를 담당하고 있었다. 이들 밑에는 차비(差備)들이 배속되어 있는데, 차색은 이에 해당한다. 이때 차비는 남성들로 구성된 전문 기능직 노비였다.
19) 김상보, 『조선시대의 음식문화』, 서울, 가람기획, 2006, pp. 25-31 참조.

1902년에 행해졌던 모든 왕실의 연회에 빠짐없이 진다의식을 행하였다.[20] 즉, 작설차는 숙선옹주의 생존시기인 순조 대부터 고종 대까지 왕실의 공식 연회음료였다. 작설차가 왕실 공식 의식음료로 선정된 데에는 당시 왕실가의 사람들이 차를 즐겨 음용했고, 우리나라의 대표 전통음료라 생각했기 때문이라 판단된다. 실제로 숙선옹주와 효명세자의 시문집을 보면, 일상에서의 차생활을 엿볼 수 있다.

조선후기는 전기에 비해 검소함이 미덕인 사회의식이 반영되며 궁중 연회의 규모와 횟수가 축소되었다. 하지만 순조 대에 이르러 예악을 통해 효(孝), 충(忠) 즉, 왕권을 강화하고자 왕실 연회는 다시 성대하게 치러진다. 효명세자가 순조27년 (1827) 대리청정(1828-1830)을 시작하며 기획한 궁중의 크고 작은 연회들이 이를 증명한다. 대리청정 3년 동안, 효명세자는 순조의 존호(尊號)를 올리는 자경전 진작정례(慈慶殿進爵整禮, 1827), 순원왕후의 40세 생일을 기념하는 무자진작(戊子進爵, 1828), 순조 등극 30년과 탄신 40년을 기념하는 기축진찬(己丑進饌儀, 1829) 등의 왕실 연회를 직접 관장했다.

규모와 형식은 연회마다 조금씩 달랐지만 성대한 의식과 풍요로운 음식, 흥겨운 춤과 노래가 흐르는 연회가 연회의 성격에 따라 장소를 바꾸어 진행되었다. 효명세자는 상당수의 악장과 가사와 궁중무용인 정재무(呈才舞)를 창작하고, 진다의식을 첨가 등 뛰어난 문화 예술적 재능을 펼치며 왕실의 연회문화를 새롭게 만들었다.

숙선옹주 부부는 효명세자가 총괄기획 한 연회에 매번 참석하여 축하와 왕실의 번영을 기원했다. 숙선옹주 부부가 참석한 세 차례의 대규모 왕실 연회 중, 1828년의 진작과 1829년의 진찬에서 진다(進茶)의식에서 행해졌다. 먼저 1828년 진작을 살펴보면, 2월 12일 묘시(卯時; 5-7시)에 정일진작(正日進爵)을 시작으로, 당일 밤(21-23시, 夜進饌盤果)과 다음날 아침(7-9시, 翌日會酌)에 창경궁 자경전(慈慶殿)에서 1박2일간 세 차례의 연회가 열렸다. 그리고 같은 해 6월 1일 진시(辰時; 7-9시)

---

20) 김상보, 『조선시대 궁중의궤 음식문화』, 서울, 수학사, 1995, p. 434 참조.

에는 순원왕후의 생신 기념 연회인 진작례가 창덕궁 연경당(延慶堂)에서 열렸다.[21] 자경전 진작(進爵)은 순조와 순원왕후, 효명세자와 세자빈, 명온(明溫) 복온(福溫) 덕온(德溫)공주, 그리고 숙선옹주 등 왕실인원 11인과 숙선옹주 남편인 홍현주를 비롯한 내외빈 11인, 내외종친 및 척신 10인이 참석한 규모가 크고 화려한 연회였다. 이에 비해 순원왕후의 탄신일과 순조의 탄신일 중간에 택일해 거행된 연경당 연회(1828)는 순조와 순원왕후 효명세자와 세자빈, 세 공주 부부와 숙선옹주 부부 등 왕실가족과 가까운 지친(至親)들만 초대해 조촐하게 치러졌다.

1929년 진찬은 2월 9일 오시(吾時; 11-13시)에 창경궁 명정전(明正殿)에서 외진찬을 시작으로 연회가 시작되었다. 사흘 후, 2월 12일 진작과 같은 방식으로 아침(7-9시)과 밤(21-23시)의 진찬 후, 다음날 아침 왕세자의 회작이 거행되었다. 그리고 그 해 6월 19일 아침(7-9시)과 밤(21-13시), 두 차례 자경전에서 연회가 베풀어졌다. 연회에 초대된 숙선옹주 부부는 축하와 태평성대를 기원하며, 지친들과 즐거운 시간을 보냈다.

일반적으로 왕실의 연회의식은 예조에서 주관했지만, 정조·순조 대에는 왕의 친위대 성격의 중앙 군영에서 주관했다. 1828년과 1829년 연회 역시, 훈국동영(訓局東營), 즉 왕의 친위대에서 주관하여 연회를 치뤘다.[22] 연회의 주관부서가 정해지면 곧바로 연회전반을 계획하고 실행하였다. 연회음식은 가건물로 지은 내숙설소(內熟說所)에서 준비했다. 연회 음식준비는 각 부서마다 할당한 분업체계로 이루어졌는데, 규모에 따라 전문조리사인 숙수와 그 아래에 임시로 고용된 각색장의 인원이 달랐다.[23] 숙선옹주 부부가 초대받은 1828년과 829년의 연회에는 진다의식이 행해져 숙련된 차색과 차모가 차 달이는 일을 담당했다.[24] 차는 이렇듯 왕실의 크고작은 공식행사음료로 선정되었고, 그곳에 참석한 숙선옹주를 비롯한 많은

---

21) 한국학중앙연구원 편, 『조선후기 궁중연향문화』권2, 서울, 민속원, 2005, pp. 122-531 참조.
22) 한국학중앙연구원 편, 『조선후기 궁중연향문화』권2, 서울, 민속원, 2005, p. 101 참조.
23) 한복진, 『조선시대 궁중의 식생활문화』, 서울, 서울대교출판부, 2005, pp. 195-196 참조.
24) 1828년 연회에 선택된 음청류(飮淸類)는 수면, 수정과, 화채와 함께 작설차였고, 1829년에는 수단, 화채, 수정과와 함께 작설차였다. 작설차를 연회 진다하기 위해 다정(茶亭)과 시접반(匙楪盤), 진작반(進爵盤) 진작탁(進爵卓) 등이 배설되었다.

내외귀빈들은 왕실의 의식과 연회에서의 차를 체험했다.

2. 창덕궁 후원에서의 정취(情趣)

창덕궁은 임진왜란 때 화재로 불탄 경복궁을 대신해 고종이 경복궁을 중건하기 전까지 왕과 왕실 가족이 거주하면서 국정을 운영한 공간이다. 조선시대 궁전 중 가장 오랜 기간 정궁의 역할을 한 창덕궁은 유교적 질서에 따른 궁궐배치와 자연과의 어울림을 생각하며 건축되었다. 창덕궁은 풍수사상에 따라 배산임수(背山臨水)의 집터 조건을 갖추었고, 전조후침(前朝後寢)[25]의 원칙에 따라 배치했다.[26] 창덕궁은 성리학의 이념에 지형을 고려해 정사를 돌보는 외전과 왕실 가족의 생활 공간인 내전, 그리고 휴식을 취한 후원으로 나뉘어져 설계되었다.

창덕궁은 숙선옹주가 태어나 혼인 전까지 생활한 공간이다. 특히 처소와 후원은 숙선옹주가 혼인 전에 주로 생활한 공간이다. 후원은 규장각과 더불어 소요정(逍遙亭), 서향각(書香閣), 연경당(演慶堂), 옥류천(玉流川) 등 건축물과 연못 등을 자연 속에 배치한 왕실가의 전용정원이다. 창덕궁 후원은 나무와 꽃, 그리고 바위 등의 자연물은 정자를 품고 있는 듯 자연스럽게 어우러져 있는 후원은 인공물과 자연이 하나가 된 자연 순응적인 정원이다.

숙선옹주의 아버지인 정조와 오라버니 순조, 그리고 조카 효명세자(文祖)는 후원을 특히 사랑한 군주였다. 정조는 창덕궁의 가장 깊은 곳에 위치한 후원에 부용지를 둘러싸고 있는 주합루(宙合樓)와 서향각을 짓고, 수택제(水澤齋ㆍ현 芙蓉亭)을 개수하여 신하들과 시회를 자주 열며 학문과 여가를 즐겼다. 정조는 규장각 관원들과 창덕궁 후원에서 꽃구경과 낚시를 즐겼고, 시회를 열며 화창한 봄날을 기념했다. 이 모임은 신하들과 유대감을 형성을 위한 자리이자, 업무에 지친 심신을 치

---

25) 궁궐의 앞부분은 공적인 공간을, 뒷부분에는 사적인 공간을 둔다.
26) 최종덕, 『창덕궁』, 서울, 눌와, 2011, pp. 20-21.

유하는 자리였다. 시회는 농산정(籠山亭)에서 꽃구경을, 수택재에서 낚시를, 춘당대(春塘臺)에서 활시위를 당기고, 소요암(逍遙巖)의 옥류천에서 술잔을 띄우는 등 신하들과 여흥을 즐겼던[27] 낭만적인 모임이었다. 쉼 없이 정사에 힘썼던 정조는 자연이 펼쳐진 정원을 거닐며 지친 심신을 치유하였고, 신하들과 여가를 보내며 기운을 얻곤 했다. 후원에서 뜻을 같이한 신하들과 가진 흥겨운 여흥 시간은 정조를 긴장된 일상을 잠시 잊게 하며 일탈의 세계로 안내했다.

정조의 금지옥엽 숙선옹주 역시 왕실의 휴식장소인 후원에서 차와 술을 마시며 기분 좋은 여흥을 오래토록 젖곤 했다.

술 마신 뒤 아직 취기가 있어	飮酒覺徹醉
새 향기 그리워 차를 달이네	煎茶愛新香
꽃잎은 눈처럼 어지러이 날리는데	飛花亂如雪
어느새 후원에는 석양이 지네	上林夕陽時[28]

숙선옹주가 후원에서 정원을 관망하며 읊은 〈우음〉 중 세 번째 수이다. 숙선옹주가 시적 감흥이 일어난 때는 꽃잎이 눈처럼 내리는 어느 날 석양 무렵이고, 장소는 상림(上林), 즉 창덕궁 후원이다. 언덕과 골짜기 등 자연 그대로의 모습을 간직한 그곳에 꼭 필요한 곳에 정자를 만들어 사시사철 자연의 아름다움을 감상하며 휴식을 취했고, 때론 자연에서 맑은 운치를 느끼며 성군의 의지를 불태우기도 했다.

숙선옹주는 따뜻한 바람이 살랑살랑 부는 어느 봄날 후원을 걷고 있다. 생강나무, 매화, 진달래 등 울긋불긋한 꽃과 파릇한 초목들의 향연이 펼쳐진 봄, 무리지어 핀 꽃들은 화사하기 그지없고, 은은한 꽃향기로 그윽하다. 숙선옹주는 노을빛 물든 하늘에 눈이 되어 휘날리는 꽃잎을 보는 상춘객이 되어있다. 활짝 핀 꽃잎은 바람결에 한 잎 두 잎 날리며 궁궐의 봄빛을 매일매일 조금씩 변화시킨다. 조화로

---

27) 최영창, 〈정조와 신하들이 나눈 '계시' 첫공개〉, 문화일보, 2009년 6월 15일.
28) 淑善翁主, 『宣言室卷』, 〈偶吟〉.

움 위에 조금씩 변화된 모습이다. 숙선옹주는 노을빛 하늘에 흩날리는 꽃잎을 전송하며 흥취에 젖어 술과 차를 마신다. 숙선옹주는 가슴 시리도록 아름다움에 복받쳐 오르는 감성을 시로 토해낸다. 오래토록 아름다운 여운 느끼고픈 숙선옹주는 향긋한 차를 술 대신 마시며 맑은 흥취에 젖는다. 속세를 잠시 잊고 고요함으로 물든 후원에서 자연과 술과 차에 흠뻑 취한 모습이다.

〈우음〉에 잘 드러나 있듯이 숙선옹주 역시 색향미를 즐기기 위한 기호음료 외에도 숙취를 해소해주는 기능성음료로도 차를 음용했다.[29] 차는 또한 숙선옹주의 감성을 돋우고 흥취에 젖게 하는 음료였다. 위 시를 보면, 봄 향기 닮은 차를 마시며 오래토록 봄을 붙잡고 싶어 하는 숙선옹주의 모습이 그려진다. 숙선옹주가 선택한 차는 봄날의 정취를 물씬 느끼지는 자리에 안성맞춤인 음료임에 분명하다. 숙선옹주처럼 선인들은 숙취해소로 차를 음용했다. 숙선옹주 외에도 많은 선인들이 숙취해소로 차를 마셨는데, 이와 같은 차의 효능은 현대의학에서 많이 밝혀지고 있다.[30] 차는 조선시대 사대부가의 필독서인 『동의보감』과 경험에서 터득한 민간요법에서 숙취해소음료로 오래 전부터 추천되어왔다.

자연과 같은 정원에서 차생활을 즐긴 숙선옹주의 모습을 그린 시가 또 한 편 있다. 순조와 우애가 두터웠던 숙선옹주는 효명세자와 명온공주 등 순조의 자녀들, 즉 조카들과 시를 창화하며 마음을 나누었다. 〈경차춘저기시운(敬次春邸寄示韻)〉, 〈차명온기시운(次明溫寄示韻)〉, 〈월야회명온(月夜懷明溫)〉 등의 시가 그 예이다. 그 중, 효명세자가 보내온 시에 숙선옹주는 차운한 시가 있다. 〈경차춘저기시운〉으로, 초여름의 찻자리의 풍경을 노래하며 고모의 마음을 전하고 있다.

초여름에 접어들자 해는 길어지고 　　　　孟夏日初長
부드러운 바람은 꽃잎 떨구며 소식 전하네 　和風送落花
녹음이 우거지니 온 산에 비 온 듯 　　　　綠陰千峯雨
집집마다 버드나무 늘어져 있네 　　　　　垂楊萬人家

---

29) 정은희, 「19세기 조선 사대부가 여성의 차문화 연구」, 원광대학교 박사논문, 2010, pp. 122-123.
30) 오구니 이타로 외 지음, 정란희 역, 『만병을 고치는 녹차혁명』, 서울, 예담, 2003, pp. 83-84 참조.

산관은 항상 맑고 고요한데　　　　　　　山館常淸靜

꾀꼬리 노랫소리 번잡하네　　　　　　　鶯歌自繁華

한가로이 앉아있으니 곧잘 그윽한 흥취 일어나　閑坐多幽興

시를 읊으며 또 차 마시네[31]　　　　　　吟詩更飮茶[31]

　위 시는 숙선옹주가 여름빛으로 물든 자연을 보고 노래한 초여름 날의 연가이다. 여름의 문턱에 들어서자 따사로운 햇살을 실은 바람은 꽃잎을 하늘하늘 떨어트리고, 진한 초록빛으로 후원을 물들였다. 산관은 후원의 어느 건물인 듯하다. 숙선옹주 효명세자가 숲 향기 마시며 거닐었던 후원의 여름 숲은 신록이 우거져 온통 푸르다. 맑고 고요한 후원에 여름이 찾아와 푸르른 숲에 새들이 찾아와 시냇물 소리에 맞춰 노래 부른다.

　후원은 숙선옹주의 시은(市隱)의 장소이다. 숙선옹주는 맑고 고요한 분위기를 좋아했다. 숙선옹주는 속세의 욕망이 개입되지 않는 곳에서, 순수한 자연이 온전히 드러난 그곳에서 차를 다려 마시며 맑은 기운을 느끼고자 했다. 숙선옹주는 한가로이 앉아 마음이 이는 대로 흥취에 젖어 시를 읊고 차를 마시곤 했다. 처소 가까이에 위치한 후원은 덤덤히 홀로 있으며, 자연에 묻혀 있을 수 있는 참 좋은 공간이었다. 숙선옹주는 그곳에서 자연의 맑은 기운을 받으며 맑고 밝게 성장했다.

　숙선옹주와 시를 주고받으며 정을 나눈 효명세자 역시 차를 즐겨 음용했다. 효명세자는 왕실 연회를 주관할 때, 진다의식을 첨가하였을 뿐 자신의 차생활을 읊고, 차도구에 깊은 성찰을 담는 시를 지을 만큼 차를 사랑했다. '학석(鶴石)' 즉 '학과 돌'을 호로 할 만큼 자연에도 관심이 많았던 효명세자는 창덕궁 후원에 거처를 마련해 낮에는 책을 읽고, 밤에는 시를 읊조리며 은일(隱逸)한 곳에서 사색을 즐기기도 했다.

솔바람에 눈발 휘날리며 우는 것처럼, 첫소리 시끄럽더니　松風鳴雪亂金鎧

게눈 거품 일어나자 주발에는 차향이 가득찼네　　　　　魚眼沸來滿椀香

---

31) 淑善翁主, 『宣言室卷』, 〈敬女 春邸陪示韻〉.

만약에 신선들이 이 맛을 알았더라면	若使仙家知此味
노자가 어이 구하주(九霞酒)를 마셨겠는가	老君那飲九霞觴[32]

IV. 가족과의 취미생활, 차생활 그리고 시작(詩作)

1. 찻자리에서 쌓은 고부간의 정

어미로서 자식을 양육하는 도리: 태아가 뱃속에 있을 때부터 앉거나 서있을 때, 보거나 들을 때에도 삼가해야 하느니라. 젖 먹일 때에도 배가 고픈지 부른지 살펴야 하나니 거짓말로 달래지 말고, 상스럽게 행하지 마라. 편안하게 기르지 말며, 맛있는 것만 먹이며 기르지 마라. 아버지는 법도있게 훈육하고, 어머니는 은근함으로 자녀를 깨우치도록 하여라. 법도로 훈육은 정말로 두려운 바이지만 은근함은 실로 권면하기 쉬우니라. 강보에 싸일 때부터 손잡고 다닐 때, 항상 어머니가 보듬고 있지 않았는가. 때문에 자녀교육은 어미의 가르침에 달렸느니라.

아내로서 남편을 섬기는 도리: 역 곤괘(易 坤卦)를[33] 헤아려보니, 따르고 받드는 것이 아내의 도이다. 항상 부드러운 얼굴빛을 하고, 마음에 정숙한 덕을 품어라. 조상님의 제사에 정성을 다하고, 물레에 실을 걸어 옷감을 짜라. 참으로 지아비를 내조하는 길은 바로 내가 나를 수신하는 것이니라. 다만 맡은 바를 다 하고, 풍족함을 부러워 하지마라. 넘치지 않게 삼가 지키고, 빼앗는 일은 생각하지도 마라. 고심하여 정갈하게 섬기고, 부족하지만 우러러 바쳐라. 아름다운 남편을 어찌 우러르지 않는단 말인가. 수레를 끌고 밥상을 드는 그 즐거움, 참으로 기뻐하여라.

며느리로서 시부모에게 순종하는 도리: 며느리는 시부모 모시기를 친정부모 모시듯 하여라. 시부모님의 뜻에 순종하고 어기지 않으면 현부(賢婦)가 되지만, 순종하지 않으면 실로 칠거지악의 으뜸이 되리라. 재주와 기예를 갖추었더라도 집안의 근심거리가 될 수 있느

---

32) 孝明世子, 『敬軒集』 卷2, 〈茶〉.
33) 『주역』의 육십사괘의 하나로, 음과 땅, 어머니와 유순함을 상징한다.

니라.

　동서 간에 화목하게 지내는 도리: 태어난 가문이 다르고, 자랄 때 애정도 없네. 각기 본가의 법도를 따른다면 행인이나 다름없네. 행인보다 더욱 소원한 사이, 소원하면 일부러 친하기 어렵네. 가깝게 생활하다보면 원망도 빈번해지기 마련이네. 손아랫동서와 손윗동서, 실로 어울리기 어렵네. 형제간의 우애, 혹 이로 인해 어그러질 수 있으니, 베풀되 보답을 바라지 말고, 꾸짖어도 맞서지 마라. 내가 행해야할 도리만 다하여라. 어찌 남의 실덕을 근심할까. 오로지 경계할 것은 입이나니 단단히 꿰매고 채워라. 결코 그르칠 일이 없느니라.[34]

위 내용은 홍현주 가문의 부모·부부·자식·며느리·형제·동서 간의 관계예절 중, 집안의 여성이 지켜야할 도리에 관한 부분이다. 현세는 물론 후손들이 예의로움 속에서 화목하기를 바라는 마음으로, 숙선옹주의 둘째 시아주버니인 홍길주는 아내가 만든 병풍에 가족 간의 예의범절을 적었다.

여덟 폭 병풍에 쓰인 가족 구성원간의 예의범절은 숙선옹주의 시부모님이 자녀들에게 생활에서 보여준 모습이었고, 시댁 가문의 규범이었다. 부모님의 예의로운 모습을 보고 자란 자녀들은 물론이고, 홍인모 가문에 시집온 며느리들 역시 이를 실천하며, 화평한 가정을 이루었다. 검박하고 예의로운 성품의 숙선옹주는 홍인모 가문의 가풍에 어렵지 않게 적응해갔다. 홍인모 가문의 모습은 숙선옹주의 부모님의 교육관과 순조와의 남매애와 닮은 점이 아주 많았기 때문이다. 숙선옹주는 친정과 시부모님의 삶을 본받으며, 홍인모 가문의 부녀자로서의 삶에 충실했다.

　어머니가 시집오자, 시어머니 심부인께서는 친자식 못지않게 사랑해주시며 집안의 대소사를 모두 알려주었다. 맏동서는 어머니보다 열 살이나 어린데다, 우리 집안에 들어온 것 또한 늦으셨다. 그런데도 맏동서가 살림을 맡게 되자, 어머니께서는 곧바로 물러나 맏동서의 지시에 따랐다. 단 한 번도 한 솥밥을 먹은 수십 년 동안, 위 아래로 이간질을 한 적이 없었다. 아! 이것이 바로 선친께서 집안에 계실 때 평소 행한 돈후함이며, 어머니 역시 이에 어울리셨다.

　(중략)

---

34) 洪吉周, 『峴首甲藁』, 〈八範屛序〉.

어머니께서는 자식을 기르실 적에 절대 화려한 옷을 입히지 않으셨다. 현주가 막 궁궐에서 돌아왔는데 하사받은 옷이 모두 비단이었다. 어머니께서는 손수 그 옷을 벗기시고는, 다시 예전에 입었던 옷으로 갈아입고 들어가 인사 여쭈라고 하셨다. 아! 선친께서 집안을 검소하게 다스렸는데, 어머니께서도 이에 어울리셨다.

(중략)

어머니는 성품이 온화하고 은혜로워 하인들과 같이 아랫사람을 대할 적에도 인정을 극진히 베푸셨다. 하지만 집안의 법도는 매우 곧아, 조금의 흐트러짐도 용납하지 않으셨다. 아! 선친께서 사람을 세심하게 대하셨는데, 어머니께서도 이에 어울리셨다.[35]

옹주께서는 높은 지위셨지만, 욕심이 없어 특별히 좋아하는 것이 없으셨다. 기쁨과 노여움을 밖으로 쉬이 드러내지 않아, 시중드는 이들에게 언성을 높여 말하는 것을 본 적이 없다. 투기에 관해 말하자면, '나는 참으로 어리석어서 투기가 어떤 것인지 잘 모른다. 마음이 알지 못하는 것을 어떻게 억지로 하겠느냐'하셨다.

(중략)

시집온 뒤로는 시부모님 공경에 한시라도 소홀한 적이 없이 지성으로 살폈다. 항상 사대부가나 민가의 며느리처럼 며느리의 직분을 다해 봉양하지 못함을 마음 아파하셨다. 병환 중에도 시부모 제삿날이면 반드시 촛불을 밝히고 새벽까지 있다가 철상했다는 기별을 듣고서야 잠자리에 드셨다. 남편의 형제자매들과 문안인사를 나눌 때도 항상 다정하셨고, 고귀한 신분이라고 결코 거만하지 않았다. 먼 일가에게까지 그 마음이 미쳤는데. 오직 두루 살뜰히 살피지 못할까봐 걱정하셨다.

(중략)

한 돌이 지난 옹주를 유모가 안고 정조 곁으로 오니, 정조께서는 옹주의 옷이 화려한 것을 보시고 유모를 크게 꾸짖으며 빨리 갈아입히라고 명하셨다. 이제와 생각해보니 정조께서 일찍부터 가르치셔 옹주의 덕은 유래가 있음을 잘 알겠다.[36]

친정 부모님과 시부모님의 자녀에 대한 교육관은 별반 다르지 않았다. 시부모님처럼, 친정 부모님 역시 엄격함 속에서 자애로움으로 숙선옹주를 키웠다. 숙

---

35) 洪吉周, 『縹礱乙幟』, 〈先府君墓誌〉.
36) 洪吉周, 『沆瀣丙函』, 〈淑善翁主墓誌銘〉.

선옹주는 시부모님을 곁에서 모실 수는 없었지만 마음만은 늘 시댁을 향해있었다. 항상 부모님이 먼저임을 잊지 않았다. 시어머니 상을 당한 뒤, 숙선옹주는 사모하는 마음이 더욱 깊어져 우연히 시어머니 이야기라도 나오면 울먹일 정도였다. 숙선옹주는 시어머니의 기일이면, 언제나 바르게 앉아 밤을 새우다가 제사를 마쳤다는 전갈을 받으면 잠자리에 들었다. 숙선옹주의 병이 깊어 몸져 누워 있을 때에도 변함없이 이날만큼은 바르게 앉아 시부모님에 대한 예를 다하였다. 시어머니, 영수합 서씨가 시할머니를 정성으로 모시고, 어리고 시집 살림에 대해 잘 모른 큰어머니에게 순종하며 화목하게 지냈던 것처럼 숙선옹주의 마음 씀 역시 친척들 모두에게 두루 미쳤다. 이처럼 정조의 딸이자 순조의 동생이라는 존귀한 신분임에도 사대부가 며느리가 되어서는 풍산 홍씨 가문의 며느리로서 도리를 다했다.

> 아버지 어머니께서는 '며늘아'하고 부르지 못하셨지만, 옹주께서는 시부모님을 내 부모님이라 하셨다. 효도함에 소홀함이 없었고, 우애롭게 지내는데 끼어들 틈이 없었다.[37]

신분사회에서 왕실가와 사대부가의 혼맥으로 이어진 관계는 쉽게 편해지기 힘든 관계이다. 사대부가의 시부모님은 왕녀인 며느리를 다른 며느리처럼 대하지 못하였고, 시댁식구들 역시 마찬가지였다. 왕실과 사대부, 시어머니와 며느리, 결코 편하기 힘든 관계였지만 영수합 서씨와 숙선옹주는 온화하고 겸손한 성품과 삶의 철학 또한 비슷해 서로 존중하며 오순도순 지냈다. 시어머니는 따뜻하게 며느리를 품으셨고, 숙선옹주는 시부모님의 말씀에 순종하며, 친정 부모님 대하듯 정성껏 봉양했다.

매옥당에서 이슥토록 차 마시고 나오니	梅屋晚飮茶
오동나무 난간에서 자던 새 깨어 운다	梧欖宿鳥鳴
누가 부는 옥피리 소리일까	誰家聞玉笛

---

37) 洪吉周, 『沆瀣丙函』, 〈淑善翁主墓誌銘〉.

솔밭에서 나는 푸른 샘물소리라네   松間碧泉生[38]

　시어머니가 거처한 매옥당(梅屋堂)에서 시어머니와 며느리가 오래토록 찻자리를 즐기는 정경이다. 영수합 서씨와 숙선옹주는 오래 전부터 차생활을 즐긴 차인이다. 차는 이들에게 자신을 되돌아보는 시간을 내주었고, 가족과 친밀할 기회, 그리고 변화 없는 생활에 생동감을 주는 즐거운 일탈을 맛보게 해주었다. 무엇보다 차는 왕가와 사대부가라는 신분과 고부(姑婦)라는 관계에서 오는 부담스럽고 어색한 마음을 해제시키며 조금씩 가깝게 해주었을 것이다. 한 공간에서 대화를 나누며 마시는 차는 정서적 교감을 이루는데 특효다. 다담(茶談)이 깊어질수록 서로를 이해하고 공감하는 폭이 커지며 어색한 모습은 조금씩 지워졌다. 차는 이렇듯 시어머니와 며느리 사이에 있는 묘한 긴장감을 완화시켜주는 매개물이었다. 영수합 서씨와 숙선옹주에게 찻자리의 대화는 한마디로 어색한 관계의 풀어주는 연금술이라 할 수 있다.
　둘 사이에 어색함이 사라지면 다담은 그들에게 두터운 정(情)과 효(孝)를 차곡차곡 쌓는 시간을 선물한다. 다담은 시어머니와 며느리, 왕실의 옹주와 사대부가 여인 등 어려운 관계를 다정하게 이어주고, 숙선옹주가 낯선 시댁의 가풍에 잘 적응할 수 있도록 안내해줄 통로가 된 듯하다. 온화하고 예의로운 성품과 공통된 취미생활은 점차 '함께'라는 의미를 만들어가며 숙선옹주는 자연스럽게 풍산 홍씨 가문의 일원이 되었다.

2. 남편의 차생활과 가족과의 시작(詩作)

　홍현주는 벗과의 산수유람 · 서화 수집을 즐기고, 시작과 그림에 능한 당대 문화예술계 핵심인사였다. 자유로운 영혼의 홍현주는 숙선옹주와 혼인하여 왕실의 가족이 되자 명예와 부는 누렸지만 주거지와 처신 등에 국가의 감시와 통제를 받

---

38) 淑善翁主, 『宣言室卷』, 〈卽事〉.

은 제한된 삶을 살아야 했다. 홍현주는 허용된 범위 속에서 대안을 마련해 자족한 삶을 살았다. 그는 출입이 자유롭지는 못했지만 정신세계에서만큼은 자유로운 영혼이었다.[39] 홍현주는 한강 북쪽에 과수원과 정자가 딸린 집, 그리고 살고 있는 집 옆에 초가를 마련하여,[40] 그곳에서 시서화를 감상하고, 벗들과 시회와 다회를 주최하며, 자유로움에 대한 갈증을 풀었다.

숙선옹주와 홍현주 부부는 밝고 풍부한 감성과 온화함, 시 짓기와 차생활 즐기기, 자연 친화와 가족애 등 닮은 점이 참 많은 인생의 동반자였다. 시댁 가족 모두가 부부와 같은 취미를 갖고 있었다. 가족과의 독서토론, 다회·시회는 홍인모 가문의 문화였다. 부부·부모·남녀가 유별(有別)하지 않고 함께 학문을 닦고, 여가를 즐긴 시간은 홍인모 가족 모두가 가장 자랑스러워 한 가족문화였다. 아버지가 펼친 아름다운 가풍은 아들 대에도 이어졌다. 홍현주 역시 아내 숙선옹주와 아들 우철과 시로서 교감하며 소통하는 시간을 즐기는 부모님으로부터 받은 가풍을 이어갔다.

단비가 내리자	甘雨及時節	海
오늘에야 풍년을 점지네	今日占豊年	鳳[41]
연못의 연꽃 적시고	石塘蓮花濕	喆
다리에 드리워진 버들가지 잠자네	野橋柳枝眼	海
청산에는 짙은 안개 끼었고	靑山鎖濃霧	鳳
먼 마을에서는 저녁연기 구름처럼 피어오르네	遠村雲暮烟	喆
등불 아래에서 이야기 나누니 즐겁고	燈下談笑樂	海
둘러앉아 정 나누니 기쁘네	人情喜團圓[42]	鳳

39) 洪吉周, 『峴首甲藁』, 〈海居齋記〉
40) 洪吉周, 『峴首甲藁』의 〈鷗夢亭記〉와 『縹礱乙幟』의 〈喜聞齋記〉에 자세한 설명이 기록되어 있다.
41) 〈自吟〉이란 시에서 鳳凰亭에 올라 시를 읊은 내용이 있고, 봉황은 왕실을 상징한다. 이를 보아 자신을 '봉'이라 지칭한 것으로 보인다.
42) 淑善翁主, 『宣言室卷』, 〈喜雨聯句〉.

'가뭄 끝에 내리는 반가운 비(喜雨)'라는 시재(詩材)로 숙선옹주 가족은 한 편의 시를 완성했다. 조선시대 백성의 건강과 가장 밀접하게 연관된 산업은 바로 농업이었다. 농업이 국가의 흥망성쇠를 결정지을 만큼 중요했던 조선시대에 비는 생명수다. 조선시대 왕들은 매년 봄과 겨울이면 창덕궁 후원에서 직접 모내기와 벼베기를 했고, 농업관련 서적을 국가주관이 되어 출간했다. 큰 가뭄이 들면 임금은 친히 하늘에 풍년을 기원하는 기우제를 지냈다. 숙선옹주가 어린 시절 거닐었던 창덕궁의 후원에도 임금님과 비가 연관되어 지어진 '희우정(喜雨亭)'과 '희우루(喜雨樓)'가 있다.

왕실가족인 숙선옹주 부부 역시 비는 갈망의 대상이었다. 특히 오랜 가뭄에 내리는 단비는 순조인 오라버니가 가장 바라는 염원이기에 그 기쁨은 배가 되었을 것이다. 가뭄에 단비가 내리면 임금과 신하들은 시회를 열어 기쁨을 나누었던 것처럼 숙선옹주 가족 역시 등불아래 둘러앉아 기쁨을 표출했다.

숙선옹주와 아들 우철이 홍현주의 시우(詩友)였던 것처럼 홍현주는 당파, 신분, 나이 등에 구애하지 않고 생각이 통하고, 취미가 같으면 벗을 삼았다. 시작에 탁월한 홍현주 가족 외에 시회에서 어울린 벗들은 윤정진, 정학연, 이만용, 초의 등이었다.

성의 안과 밖, 두 곳에 집 있는데	一城中外兩居
두 집의 거리, 겨우 몇 리 남짓이네	相居剛纔數里餘
굽이도는 산과 들은 모두 나를 향하는데	野繚山紆都嚮我
술 깨어 차 달이는 건 그대 마음대로네	酒醒茶熟任由渠
소나무 깊은 그늘에 숨어있는 학, 어여쁘고	壇松蔭邃憐藏鶴
연못가 가는 버들가지사이로 헤엄치는 물고기 사랑스럽다	塘柳枝纖惜貫魚
행와(行窩)[43]라도 이것과 다르지 않을 터	料道行窩無別樣
이런 밤 남쪽 별장이 빈 적 있었으랴	南莊此夕豈曾虛[44]

---

43) 행와(行窩)는 중국 송대의 학자, 소옹(邵雍, 1011-1077)이 거처하던 집 이름이다. 소옹은 평생 벼슬을 하지 않고 낙양 행와에 은거하며, 정치계와 학계 등 다양한 벗들과 교유했다.
44) 洪吉周, 『沆瀣丙函』,〈到瑪莊 追和余弟南陲之作〉

홍현주의 산장은 벗들과 즐겨 만나는 문화공간으로 시옥(詩屋)이자 다옥(茶屋)이었다. 그곳에서 차와 시는 술과 서화와 함께 홍현주의 열린 마음을 표현하는 매개물이었다. 그의 집과 산장에는 차를 마실 다기와 좋은 차가 준비되어 있어 언제라도마실 수 있었다. 술을 깨기 위해, 그리고 시회의 운치를 돋우기 위해 차를 마시기도했지만 차가 모임의 목적이 되어 차를 품평하는 다회를 갖기도 했다. 초당에서 이만용과 이상적을 함께한 찻자리의 모습에서도 그의 깊은 차 사랑을 느낄 수 있다.

향 품평에 차 고르는 삶, 만족스러운데	品香揀茗生涯足
거친 곡식, 어찌하여 말과 되를 헤아리겠는가	荒粟何須計斗升[45]

예민한 입맛을 충족시키고, 시·서·화와 음악 등 다양한 취미생활과 기분 좋은 교감을 즐긴 홍현주에게 차는 술보다 친숙한 음료였다.[46] 홍현주의 삶과 시와차생활이 하나일 정도로 일상 속에 차와 시는 깊숙하게 자리하고 있었다. 그가 차생활을 읊은 시만 해도 100편이 훨씬 넘을 정도다.

부부의 취미생활은 같았다. 숙선옹주 역시 시작과 차생활은 혼인 전부터 그녀의 삶의 일부분이었다. 부부는 혼인 전 살아온 환경은 달랐지만 취미에 대한 기호는 많은 부분 닮아있었다. 동가와 별장에서 부부는 차생활을 위한 도구와 자연을닮은 정원을 갖추어놓고, 혼인 전부터 즐겼던 취미생활을 계속했다. 부부는 결혼생활 내내 취미를 공유하며 깊은 신뢰감과 애정을 쌓아갔다.

1836년, 숙선옹주는 지아비와 아들을 남겨두고 마흔넷의 삶을 마감한다. 홍현주는 풍산 홍씨 가문의 부녀자로 살았던 32년 동안의 덕행을 묘비에 기술해 달라고 두 분의 형님들께 부탁했다.[47] 이에 홍석주와 홍길주는 숙선옹주가 12세에 하가(下嫁)하여 생을 마치는 44세까지의 아름다운 덕행을 〈숙선옹주표석음기(淑善翁

---

45) 洪顯周, 『海居齋詩抄』, 〈草堂邀東樊李藕船尙迪同作〉.
46) 홍현주는 초의의 『東茶頌』을 탄생케 한 장본인으로, 정약용 초의 추사와 함께 우리 차문화가 부활의 주역이었다.
47) 洪吉周, 『沆瀣丙函』, 〈淑善翁主墓誌銘〉.

主墓表石陰記)〉와 〈숙선옹주묘지명(淑善翁主墓誌銘)〉을 기술했다.

30년이 넘은 세월을 금슬 좋은 부부로 지냈던 아내를 먼저 보낸 홍현주는 오래 토록 그리움의 시간을 보냈다. 낙천적 성격의 홍현주였지만, 아내의 사별은 세상 에 홀로 던져진 듯한 쓸쓸함을 안겨주었다.

가을 하늘, 물과 같이 무단히 푸르고	秋天如水碧無端
해 저문 거친 들판에 나무는 한파에도 홀로 서있네	日落荒原獨樹寒
열두 누각의 밤을 환히 밝히는 달은 오늘도 떠있는데	十二樓中今夜月
붉은 난새는 머문 곳 알지 못하네	不知下處駐紅鸞[48]

아내를 먼저 떠나보낸 홍현주가 공허한 마음을 읊은 시이다. 홀로 남은 홍현주 는 가슴 시리도록 쓸쓸한 마음을 자연에 대비하며 담백하게 독백하고 있다. 숙선 옹주는 어진 아내요, 지기(知己)였기에 아내를 잃은 홍현주의 슬픔과 외로움은 더 욱 크게 밀려온 듯하다. 같은 취미로 맛과 멋이 익어가는 부부의 차생활은 홍현주 가 홀로 되자 노년의 삶을 다독이고 따뜻하게 품어주었다.

3. 정원에서의 서정(抒情)

숙선옹주 부부는 시부모님에게서 독립하여 제동의 동가에서 혼인생활을 시작 했다. 동가의 정원은 한 폭의 그림처럼 아름다웠다. 동가는 소나무 사이의 밝은 달 (松間明月), 대숲에서 부는 맑은 바람(竹裏淸風), 숲속의 한 쌍의 학(林中雙鶴), 정원 의 돌 세 덩이(庭畔三石), 북원의 푸른 오동나무(北園碧梧), 동쪽 울타리에 핀 노란국 화(東籬黃菊), 돌우물에 드리워진 회화나무(石井落槐), 멀리있는 나무에서 우는 매미 의 소리(遠樹鳴蟬), 굽은 난간에서 대작(曲欄對酌), 작은 누각에서 분향(小樓焚香)을 홍현주는 동가의 아름다운 경치로 꼽아 노래할 정도로, 아름다웠다. 숙선옹주의

---

48) 洪顯周, 『海居齋詩集』, 〈秋日哭新阡〉.

시댁 식구들 역시 홍현주가 꼽은 〈동가십경(東嘉十景)〉에 공감하며, 시부모님은 물론이고 시아주버니와 시누이까지 홍현주의 〈동가십경〉에 차운해 동가 정원의 아름다움을 노래했다[49].

동가의 정원은 자연 속에 인공물이 자연스럽게 스며든 곳이었다. 숙선옹주는 정원에서 사시사철, 자연의 변화를 느꼈다. 숙선옹주는 봄이면 정원의 나뭇가지에서 움트는 새싹과 꽃망울, 너울거리는 나비를 보며 움츠린 심신에 활기를 찾았고, 여름이면 맑고 시원한 바람사이에서 불어오는 바람과 매미소리 들으며 더위를 잊었다. 가을이면 노란 국화와 단풍감상, 그리고 누각에 앉아 휘영청 밝은 달 아래에서 흥취에 젖었고, 겨울이면 정원에 소복하게 쌓인 눈을 바라보며 향 피우고 차마시며 고요함을 즐겼다.

동가의 정원은 보는 정원이자, 듣는 정원이었다. 봄을 알리는 새들의 지저귐과 꽃망울 터지는 소리부터, 여름철 대숲을 흔드는 바람소리와 파초에 떨어지는 빗물소리, 가을이면 방안으로 스며드는 바람에 솨아솨아 창호지소리, 겨울이면 넓은 잎사귀에 사락사락 눈 쌓이는 소리 등 소리의 정원이었다. 또한 동가의 정원은 향기로운 꽃내음과 바람에 실려 오는 차향기가 코끝을 간질이는 향기의 정원이었다. 산수화를 펼쳐놓은 듯한 정원은 사시사철 움직임과 고요함의 변화를 반복하며 숙선옹주의 오감을 자극하며 아름다움으로 물들였다.

자연의 일부를 끌어들인 정원에서 숙선옹주는 와유(臥遊)의 즐거움을 누렸다. 숙선옹주는 하늘빛을 머금고 따사로운 햇살과 달빛으로 조명을 밝힌 정원에 계절 따라 피고 지는 꽃과 나무, 풀벌레와 산새들의 지저귐을 들으며 소소한 즐거움을 누렸다. 또한 숙선옹주에게 정원은 자연의 운치를 즐기기 위한 방편임과 동시에 마음을 닦고 덕을 기르는 수양의 방편이었다. 자연에 순응하여 일어나는 정원의 생기는 감상자인 숙선옹주의 마음에 작용하여 빼어난 운치를 낳게 심원한 생각에 이르게

---

49) 『海居齋詩抄』 首編에는 홍현주가 17세(1809) 때 동가의 아름다운 경치 10가지를 꼽아 지은 〈東嘉十景〉과 〈동가십경〉을 지어 아버지께 보여드리자 아버지와 어머니, 그리고 석주와 길주 형까지 차운한 시, 〈동가십경〉이 부록으로 붙어 있고, 끝부분에 아버지 홍인모의 跋이 있다. 오누이 정이 애틋했던 홍원주 역시 그녀의 시집, 『幽閒集』에 〈동가십경〉을 차운한 시가 기록되어 있다.

했다. 이와 더불어 정원은 숙선옹주에게 생활의 쉼터이자, 그리움을 달래주는 치유의 공간이기도 했다. 숙선옹주는 자연을 닮은 정원에서 때때로 차를 다려 마시며, 봄빛 물든 자연과 그날의 흥취를 오래토록 남기고 싶어 시로 읊곤 했다.

개울가 푸른 이끼 낀 돌에 앉아	澗邊坐青苔
솔잎 태워 차를 달인다	烹茶燒松葉
차 마신 뒤 시 읊으니	傾盃後吟詩
꽃 사이로 흰나비들이 춤을 추며 날아 다닌다	花間戲白蝶[50]

꽃들 사이로 나비들이 춤추는 화창한 봄날, 맑은 시냇가 푸른 이끼에 앉아 차를 달여 마시는 숙선옹주의 모습이 시중유화(詩中有畫)이다. 숙선옹주가 펼친 찻자리에서 화사하고 사랑스런 풍치가 느껴진다. 봄은 자연을 꽃과 나비세상으로 아름답게 꾸미더니 숙선옹주의 마음 또한 설레게 했다. 졸졸졸 흐르는 개울물을 길어 달인 향긋한 차는 그녀의 감성을 부풀리며 봄빛으로 물들인다. 한 모금의 차는 흥이 되고, 또 한 모금의 차는 시가 되었다. 향긋한 차향에 취한 숙선옹주와 봄꽃에 반해 꽃무더기에서 노니는 나비 모습에서 봄을 만끽하는 환희가 피어오르며 평온해진다.

자연에서 봄을 만끽하며 즐긴 찻자리는 숙선옹주만을 위한 자리가 아니다. 그곳은 자연과 사람과 차가 조화롭게 어우러진 향기로운 공간이다. 하늘 맑은 어느 날, 개울에서 흐르는 물소리, 물 끓는 소리, 새들의 지저귐은 흰나비 떼의 군무(群舞)를 반주하고 있고, 차를 다리자 솔잎 태운 향과 은은한 차향은 코끝을 맴돌고 있다. 적막한 세계에 차와 나비는 스며들어 생기를 주며 운치있는 찻자리를 마련해 준다. 고요함 속의 달인 차, 흰나비 떼의 군무는 자연스럽게 생동하여 변화하며 숙선옹주를 감동시킨다.

야외에서 즐기는 우아하고 멋스러운 정취(情趣)는 숙선옹주의 〈우(又)〉에서도 잘 드러나 있다.

---

50) 淑善翁主, 『宣言室卷』, 〈偶吟〉.

해질 무렵 난간에 홀로 기대고 서니	夕陽獨倚欄
봄기운은 온 천하에 완연하네	春色滿山家
돌아오는 새는 대숲으로 날아들고	歸鳥投竹林
시냇가에 앉아 차를 달이네	溪邊坐烹茶[51]

봄기운이 가득한 어느 봄날, 숙선옹주가 시냇가에 앉아 차를 달이는 모습을 그리고 있다. 따사로운 햇살은 꽁꽁 언 땅 녹이며 연둣빛 새싹을 틔우고, 얼음을 녹이며 맑은 시냇물 흐르게 하며 봄을 알린다. 만물이 움츠린 겨울이 지나고 봄 햇살 비추자, 이곳저곳에서 기지개 활짝 피는 소리가 들린다. 차는 숙선옹주에게 온몸과 마음으로 봄을 느낄 수 있도록 움츠린 몸에 따뜻한 온기를 주었다. 자연의 일부가 된 숙선옹주는 향긋한 차를 마시며 기운을 충전한다. 차는 활력을 준 참 좋은 음료다.

V. 나가며

이 장에서는 숙선옹주의 시문집과 연회기록, 그리고 남편 홍현주와 시댁 식구들의 기록을 통해 숙선옹주의 차생활을 살펴보았다. 특히 숙선옹주의 차생활과 차생활 속의 감성이 숨김없이 표현되어 있는 시를 중심으로 논의했다. 숙선옹주의 차생활에 보이는 특징적인 모습을 세 가지로 간추려 보면 다음과 같다.

첫째, 숙선옹주의 차생활은 자연과의 소통의 시간이다. 숙선옹주는 후원과 동가 등의 정원에서 낮은 마음으로 소요(逍遙)하며 차를 즐겼다. 정원을 거닐며, 정자에서 아름다운 경치를 바라보며 그녀는 시시때때로 변화하는 자연을 온전히 느꼈다. 유희의 장소이자, 수양의 공간인 정원에서 숙선옹주는 차를 달여 마시며 자연

---

51) 淑善翁主, 『宣言室卷』, 〈又〉.

을 온전히 향유하였고, 맑고 따뜻한 기운을 받곤 했다. 이때 차는 숙선옹주가 아름다운 자연의 변화를, 고요한 은일의 세계를, 맑고 밝은 기운을 온 몸과 마음으로 받아들이도록 안내하는 친절한 안내자였다.

둘째, 숙선옹주의 차생활은 가족의 유대를 강화하는데 일조했다. 숙선옹주는 왕녀이자 사대부가의 부녀자로서의 삶을 살았다. 정조의 딸로 태어난 숙선옹주는 순조의 여동생이자 효명세자의 고모이며, 헌종의 고모할머니다. 또한 홍인모와 영수합서씨의 며느리이자 홍현주의 아내로, 명문가 풍산 홍씨 가문의 일원이었다. 차생활은 왕실가의 친정과 사대부가의 시댁식구들 모두가 공·사적으로 즐겼던 시간이었다. 차는 왕실의 공적인 자리에서는 의식음료로, 사적인 자리에서는 건강을 지키고 활력있는 생활을 유지하는 약용과 기호음료로서 제 역할에 충실했다. 특히 예의와 공경의 마음, 사랑과 효의 윤리가 담긴 숙선옹주 차생활은 낯선 시댁의 문화에 쉽게 스미는데 큰 역할을 하였다. 숙선옹주에게 다담은 이해와 배려, 공감하는 가운데 교감하는 시간이자, 아름다운 추억을 만들어간 시간이었다. 즉, 가족과 함께한 차와 시가 익어가는 자리는 행복을 일구는 맛남의 자리였다.

셋째, 숙선옹주의 찻자리는 흥과 온화한 정취가 흐르는 즐거운 자리였다. 숙선옹주는 타고난 맑고 밝은 성품과 사랑과 배려 속에 살았던 환경 덕분에 긍정적 에너지가 넘쳤다. 차는 그녀의 밝은 에너지를 발산하는데 일조했다. 찻자리가 자연이면 사시가흥(四時佳興)이 절로 읊어졌고, 만남의 자리면 애정을 절로 드러냈다. 그녀의 밝음이 차의 맑은 기운과 맞닿아 아름다운 자리, 흥취가 흐르는 자리가 되었다.

문화란 삶의 방식이자 가치관이며, 시간의 흐름에 따라 변화해가는 역사의 산물이다. 숙선옹주가 삶을 살았던 시기는 차문화에 있어 새로운 기류가 흐르는 시기이다. 18세기 이후, 조선은 중국에서 벗어나 독자적인 문화를 구축하려는 움직임이 일어났다. 차문화 역시 이와 같은 시대적 인식에 동참했다. 18세기 중엽이후, 중국에서 수입하여 향유했던 차문화는 19세기에 이르자 정약용의 죽로차, 초의선사의 초의차 등 조선식 제다법의 탄생하며 새로운 차문화를 형성해갔다. 경화사족은 조선의 문화유전인자를 담아 태어난 조선 차의 열렬한 팬이었다. 당시 차 마니아인 경화사족의 중심에 홍현주 가문이 있었다. 홍현주 가문에서는 가족이 즐기는 문화를 만들며, 집안 고유정서를 만들어갔다.

홍현주 집안에서 차는 시와 더불어 화목하고 평등한 가풍을 일구는 데에도 일조했다. 남과 여, 그리고 부부유별이 사회윤리였던 시대, 홍인모 가족에게 별(別)은 공경이요, 효였다. 평등한 가풍 속에는 예의와 공경의 마음, 사랑과 효가 마음의 바탕에 깔려 있었다. 이러한 윤리가 바탕이 된 가족문화 속에서 홍현주가의 차생활과 숙선옹주의 차생활은 유지되었다. 왕실가와 사대부가, 부모와 자식, 형제와 자매, 즉 어우러지기 어려운 수직과 수평관계를 숙선옹주는 겸손한 성품과 더불어 시와 차생활로서 풀어갔다. 즉, 숙선옹주는 공경과 효가 담긴 차생활과 시로서 가족들과 교감했다. 그녀의 차생활은 시와 더불어 남녀가, 신분이 불평등의 시대에 평등으로 안내하는 행복한 습관이었다.

우리는 전화, 편지뿐만 아니라 메일, 소셜 네트워크, 트위터, 페이스북 등 소통을 위한 여러 커뮤니케이션 수단들이 즐비한 시대에 살면서도 오늘날을 소통의 부재시대라고 말한다. 이는 건강한 감성의 소통이 부족하기 때문이다. 차는 고요한 마음이 되어 대화의 시간을 마련하는데 좋은 음료이다. 다담은 서로를 알게 하고, 통하게 하는 시간을 마련해 준다. 감성의 표출이 어려운 시대, 숙선옹주는 만남에서 차를 공통분모로 하였고, 다담에서 공감이라는 교집합을 만들었다. 숙선옹주는 오감을 만족시키는 차로서 보다 자유롭게 만나 교감하며, 감성과 문화를 소통했다. 오감을 만족시키는 즐거움과 함께 마음의 거리를 좁혀가는 시간이 절실한 오늘날, 숙선옹주의 차생활은 좋은 본보기가 된다. 오늘날 사회에서 숙선옹주의 공경과 예, 효와 사랑이 담긴 차로서의 소통에 대한 연구는 지금 우리에게 절실한 과제라 생각한다. 여기에 더하여 자연의 맑고 밝은, 그리고 따뜻함이 스며있는 숙선옹주의 차생활을 비롯한 선인들의 차생활을 좀더 심도 깊게 연구하여 현대인들의 고단함을 치유할 수 있는 우리식 차 치유법이 개발되는 계기가 되었으면 한다.

이와 더불어 그동안 차계에서 왕실 여성들의 차생활에 크게 주목하지 않았던 연구 또한 관심을 가져야 할 때이다. 조선시대 왕실은 음식문화가 가장 발달한 곳이자 당대의 음식문화를 이끌어 갔던 곳이다. 조선시대를 대표하는 왕실의 차문화를 이해하는 또 하나의 키워드는 여성의 차생활이다. 왕실의 여성들은 분명 조선왕실의 차문화의 한 축을 담당하고 있었다. 당대의 최고의 문화가 집약되어 있는 왕실의 차문화는 품격있는 우리 차생활을 엿볼 수 있는 역사의 현장이다. 이에 대한 다각도의 연구는 오늘날 우리 차문화를 일구는 데에도 아주 훌륭한 재료가 된다. 이에 숙선옹주와 같이 왕실 여성들의 차생활은 분명 중요한 단서가 될 것이다.

【참고문헌】

『순조실록』
『정조실록』
『헌종실록』
淑善翁主,『宜言室卷』
洪吉周,『峴首甲藁』
洪吉周,『縹礱乙幟』
洪吉周,『沆瀣丙函』
洪奭周,『淵泉集』
洪顯周,『海居齋詩集』
孝明世子,『敬軒集』

김상보,『조선시대 궁중의궤음식문화』, 수학사, 1995.
김상보,『조선시대의 음식문화』, 가람기획, 2006.
김미란,「숙선옹주 한시 연구」,『온지논총』12집, 온지학회, 2005.
오구니 이타로 외 지음, 정란희 역,『만병을 고치는 녹차혁명』, 예담, 2003.
신명호,『조선의 왕』, 가람기획, 1999.
정은희,「19세기 조선 사대부가 여성의 차문화 연구」, 원광대학교 박사논문, 2010.
-----,「영수합 서씨의 차생활 연구」,『차문화 · 산업학』19집, 국제차문화학회, 2011.
-----,「活讀書人 홍길주의 다관과 차생활 연구」,『한국차문화』2집, 한국차문화학회,
　　　2011.
-----,「홍원주의 차생활 속에 나타난 의식세계」,『한국차문화』3집, 한국차문화학회,
　　　2012.
지두환,『정조대왕과 친인척』1, 역사와 문화, 2009.
최연미,「조선시대 여성저자의 편집 및 필사 간인에 관한 연구」, 성균관대학교 박사학
　　　위 논문, 2000.
최영창,「정조와 신하들이 나눈 '계시' 첫공개」, 문화일보, 2009년 6월 15일.

최종덕, 『창덕궁』, 눌와, 2011.
한국학중앙연구원 편, 『조선후기 궁중연향문화』 권2, 민속원, 2005.
한복진, 『조선시대 궁중의 식생활문화』, 서울대학교출판부, 2005.

<출전> 『한국차문화』 제4집, 한국차문화학회 (2013)

삼호정시사의 동인을 통해본 조선시대 소실의 차생활

I. 들어가며

영·정조 시대 이후 개방적인 가풍의 사대부가 여성들은 삶과 살림살이, 그리고 심상을 기록으로 남길 정도로 문화적 역량이 크게 신장되었다. 이 때 사대부가 여성은 본처는 물론이고 소실[52] 또한 포함하고 있다. 하지만 신분사회였던 조선시대인 만큼 본처와 소실간의 신분 차이만큼 문화를 누리는 장소, 대상, 목적 등 거의 모든 문화생활의 모습이 달랐고, 정서 또한 달랐다. 이는 그들의 차생활에서도 뚜렷이 느낄 수 있다.

정실부인에게 차생활은 내외법을 초월한 평등한 부부상, 형제자매가 함께한 화목한 가족상을 만드는데 일익을 담당했고, 무엇보다 다양하게 실생활에 활용되며 음료뿐만 아니라 생활에 유익한 자원으로 활용했다. 이에 반해 소실은 집안에서 이루어지는 가족 차모임은 엄두조차 낼 수 없었지만 남성 문인들과의 문학적 교유는 상당히 활발하게 이루어졌다. 소실이었기에 시재(詩才)를 바탕으로 집 밖 사회에 보다 적극적인 참여가 가능했다. 대표적인 예로, 김운초(金雲楚, 1790-?)·김금원(金錦園, 1817-?)·박죽서(朴竹西, 1817?-1851?) 등의 시재가 뛰어난 소실들은 남성들의 시회(詩會)에 참석하곤 했는데, 이들이 만난 남성문인들은 대체로 조선 후기를 대표하는 차인들이었다. 집안과 시회에서 자연스레 차를 접한 그녀들은 일상과 심상을 시로 읊곤 했다. 차 관련 시를 남긴 김운초·김금원·박죽서는 서녀 또는 기녀의 신분이었다가 소실이 된 이들인데 후세 또한 없어, 외로움이 벗이

---

52) 조선시대는 축첩(蓄妾)이 공인된 시대로, 첩은 소실(少室) 소가(小家) 측실(側室) 부실(副室) 등으로 불리었다. 본 논문에서는 소실로 부르기로 한다.

된 삶이었다. 삶을 시로 풀었던 그녀들의 차 관련 시를 보면, 만남과 헤어짐에서 오는 기다림과 그리움, 공허함 속에 갖게 된 취미생활인 독서와 시회, 그리고 자연 관조와 술과 차를 가까이한 생활 등을 발견할 수 있다.

김운초·김금원·박죽서는 경춘(鏡春)·경산(瓊山)과 서울 한강변의 삼호정(三湖亭)에서 풍류시회를 자주 펼쳤다. 삼호정에서 그녀들은 숨죽이며 살던 삶을 토해냈고, 자연을 감상하고 차와 술을 마시며 흥겨운 시간 속에 끈끈한 동지애를 쌓아갔다. 여성들이 규방을 벗어나 소실이 아닌 한 인간으로서 서로를 인정하며 시사(詩社)라는 시모임으로 사회적 관계를 맺었다.[53] 다섯 명의 감성이 자유롭게 펼쳐진 삼호정시사(三湖亭詩社)에서 혹은 차를 즐긴 남성 문인들과의 교유시회에서 차는 그녀들에게 낯설지 않은 음료였다. 이는 삼호정시사의 동인(同人) 중 시집을 남긴 여성들의 기록에서 잘 말해주고 있다.

이 장에서는 조선시대 삼호정시사의 동인을 통해서 조선시대 소실들의 차생활을 살펴보고자 한다. 경화사족(京華士族)과 중인층이 시사(詩社)활동을 활발히 전개된 19세기에 소실 신분의 여성들의 시모임인 삼호정시사의 동인을 중심으로 차생활을 더듬어봄으로써 조선시대 여성 차생활 이해의 기반을 마련하고자 한다. 먼저 삼호정시사의 형성 배경과 삼호정에서의 동인들의 교류 등 삼호정시사의 형성배경을 살펴본다. 이어 위안과 극복의 음료, 독서와 풍류생활 등 일상사의 정서를 통해 차의 모습을 분석했다. 특히 생활환경에 따른 정서와 가치관 등이 차생활의 중요한 요소로 자리한 가운데 소실들이 어떠한 모습으로 차생활을 하였는지 파악한다. 마지막으로 여행지에서의 휴식을 차와 함께 즐긴 모습의 분석을 통해 일산생활에서 차의 면모를 고찰한다. 여성의 공간인 규방을 벗어나 여행체험은 넓은 세계를 보며 시야를 넓힘과 동시에 자아를 발견한 시간이었다. 행장에 꾸렸던 차와 차도구는 비상약이요, 휴식과 풍류의 매개체였으며, 자아발견을 위한 조력자였음을 고찰한다.

---

53) 김금원의 『호동서락기』는 한 인간으로서 자전적인 삶을 남기고자 하여 탄생한 글로, 금원이 유람했던 곳에 대한 기록을 상세히 기록한 후, 한양에서의 생활을 기록하고 있다. 그리고 네 명의 시우(詩友)들은 정·경춘(訂·鏡春), 제·운초(題·雲楚), 서·경산(書·瓊山), 발·죽서(跋·竹西)을 덧붙였다.

Ⅱ. 삼호정시사의 형성 배경

1. 문단형성의 사회적 배경

영·정조 시대에 접어들며 정치가 안정되고 상공업이 발달하자 문예 부흥이 이루어졌다. 18세기의 문예부흥은 19세기 초로 이어지며, 독서와 창작 등 학문과 문학에 새로운 기풍이 다져지고 역동적인 사회가 전개되었다. 특히 경화사족들은 청나라에서 다량의 서적, 골동품과 서화 등을 구입해 와, 이를 감상하는 열풍이 불었다. 경화사족의 문화는 점차 중인층과 사대부가 여성들에게 확산되었다. 다양한 장르의 독서, 골동서화와 화훼 감상 등 경화사족의 취미생활은 곧 사대부 여성들의 사고를 넓히고 자의식을 깨우치는데 일조했다. 일부 선진 사고를 지닌 가문에서는 집안 여성의 학구열을 북돋아주었고, 문집 출간을 적극 돕는 등 여성들의 문학 활동을 인정하는 모습도 보인다.

당시 경화사족들은 당색(黨色)을 넘어선 개방적인 만남을 즐기며 활발한 교유를 한다. 신분을 넘어선 시사(詩社)가 조직되었고, 같은 취미를 지닌 동호인들끼리 모임을 결성하는 등 많은 경화사족들이 취미가 보다 깊어진 문예활동을 즐겼다. 노론계열의 지식인과 서얼계층이 활약했던 백탑시사(白塔詩社)는 남인과도 교유를 맺었다. 소론 역시 채제공(蔡濟恭)의 풍단회(楓壇會), 목만중(睦萬中)의 서원시사(西園詩社)는 강세황(姜世晃) 중심으로 소북·남인(小北 南人) 문사들이 뭉친 안산사단(安山詞壇)과 연결되었다.[54] 정약용(丁若鏞) 중심의 15인의 문우 모임 죽란시사(竹欄詩社), 서유영(徐有英) 중심의 남사(南社)와 낙산시사(駱山詩社), 천수경(千壽慶) 중심의 중인층의 문학모임인 옥계시사(송석원시사, 玉溪詩社 (松石園詩社)), 그리고 금서사(錦西社), 비연시사(斐然詩社) 등 친분과 취의(趣意)에 따라 문단을 형성해 문학

---

54) 김여주, 「조선후기 여성문학의 문학사적 고찰」, 『교육연구』 제38집, 성신여자대학교 교육문제연구소, 2004, pp. 116-118 참조.

중심의 문화 활동이 이루어졌다.

문학적 재능를 맘껏 펼치며 사교하는 시사는 당색과 신분, 연령 등 사회적인 제약에서 자유로워지며 상상의 공간을 제공하는 창작공방이었다. 유교사회의 기본 질서가 문화 활동에서는 어느 정도 깨진 모습이었다. 김운초·경산·박죽서·김금원·김경춘 등 이에 동참한 여성들은 시사에서 사회로 향한 열망을 어느 정도 해소할 수 있었다. 그녀들은 시를 주고 받으며 시재를 격려했고, 삶과 심상을 공감하고 지지하며 우의를 다졌다. 시사에서 시와 술, 차는 신분제한에 얽매인 중인층과 소실들의 문예취향을 한껏 발산시키며 결속케 했고, 용기 내어 솔직한 감성을 표출할 수 있는 돌파구였다. 서로의 시작에 희노애락을 느끼며 공감했고, 개성을 발휘할 수 있도록 재능을 존중했다. 그녀들이 시사까지 결성할 수 있었던 데에는 그녀들의 재능을 발견하고 격려해준 남편에 있었기에 이처럼 독특한 문화를 꽃 피울 수 있었다.

개방화된 시사는 당시 안정되고 풍요로운 사회의 산물이었다. 골동서화를 즐기는 경화사족, 문화 향유층으로 두각을 나타내기 시작한 중인층, 자신의 생각과 감성을 표출하기 시작한 여성들 등과 그들만의 혹은 이들이 서로 어우러진 시사가 그 예다. 이들이 모인 곳에는 으레 시 짓고 그림 그리며 거문고를 타는 등의 문화 활동이 이루어졌고, 주연(酒宴)과 더불어 다연(茶宴)이 베풀어졌다. 학문과 삶의 철학이 비슷한 이들은 시사를 조직해 서로를 지원하며 소통했다. 이렇듯 사대부에서 중인층, 나아가 여성들에게로 확산되며 조선후기 특징적인 문학적 성과를 낳는다.

2. 삼호정시사 동인의 교류

서유본가, 홍인모가 등 몇몇 사대부가 집안에서는 집안 여성 개개인의 감성을 표출한 시와 지식을 서술한 문장을 모아 문집을 출간했다. 또한 시재에 능한 여성들은 남편과 자녀, 혹은 가족 모두가 참석한 시회에 참석했고, 벗들과 시회를 갖는 등 여성들의 문학활동이 활발해졌다. 특히 시재에 뛰어난 소실, 운초·경산·죽서·금원·경춘은 풍류를 즐기는 그들만의 문화공간을 만들었다. 운초와 경산을 비롯한 소실들은 오강루(伍江樓)와 일벽정(一碧亭) 등 자연경관이 빼어난 곳에 위치한 정자에서 시모임을 가지며 여성들만의 시회(詩會)의 꿈을 키웠다. 소실들의 모임은 같은 처지라는 동류의식이 강해지면서 점차 빈번하게 이루어졌다.[55] 소실들은 이제 취흥(醉興)의 보조자가 아닌 주관자로서 문학공동체인 시회에 참여함으로써 스스로의 문화를 만들어갔다.

김덕희(金德喜)는 벼슬에서 물러나자 금원[56]과 한가로운 노년을 즐기기 위해 한양의 한강변에 삼호정을 마련했다. 김금원은 그의 동생 경춘, 이웃에 사는 경산, 고향친구인 죽서, 기녀일 때 친분을 맺었던 운초를 초대해 삼호정에서 같은 곳을 바라보며 감흥을 주고받았고, 회포를 푸는 등의 모임을 자주 가졌다. 이들은 삼호정에서 당시 남성들의 전유물인 나들이를 겸한 야유회를, 풍류의 친목회를 가졌다. 이를 삼호정시사(三湖亭詩社)라 부른다.[57] 삼호정시사의 주요 구성원은 운초·경산·죽서·경춘·금원, 5명으로, 모두 소실이다. 신분이 비슷하고 시재가 뛰어난 이들은 품은 생각과 뜻이 맞았고 경제적인 여건도 갖추고 있어, 서로 어울려 풍광을 즐기고, 음악과 벗하며 시를 주고받는 여유로운 시간을 보낼 수 있었다.

다섯 명의 벗들은 아름다운 꽃과 새, 구름과 안개, 바람과 비, 눈 덮인 정자 등 경치 좋은 삼호정에 모이면 담백한 시모임을 가졌다. 이들이 모이면 거문고를 뜯고, 음악을 감상하며 맑은 흥을 풀어내면서 시를 읊곤 했다. 이들의 시는 때론 외

---

55) 金雲楚, 『雲楚堂詩稿』, 〈贈嶺南老妓三首 其一首〉, 〈山居〉, 〈一碧亭小集〉, 〈仲秋望月 奉和老爺 寄瓊山韻〉, 〈戲題; 右屬瓊山〉, 〈一碧亭詩會〉.

56) 김금원(金錦園)은 강원도 원주출생으로, 侍郎 김덕희의 소실이다. 금원은 기녀 혹은 중인의 신분으로 알려졌다. 19세기 중반 집필된 한글 여성시집, 『綺閣開筆』의 저자, 綺閣은 충남 노성에서 태어나 명문가로 시집간 여성으로 추정되고 있는데, 그녀의 문집에는 김금원과 헤어진 뒤 조카딸인 김금원을 그리워하는 마음을 표현한 〈贈錦園姪女〉가 있다. (권세진, 〈순한글 여성시집 '기각한필' 첫 발견〉, 세계일보, 2007년 6월 28일자) 『阮堂全集』 제2권 『書牘』의 〈上再綜兄 道喜氏〉에서도 김정희는 금원을 가리켜 집안사람이라 하고 있다. 금원은 『湖東西洛記』에서 가난한 집안에 태어났다고 하였고, 김덕희의 소실이 되었다고 하였다. 『綺閣開筆』의 〈贈錦園姪女〉과 『阮堂全集』의 〈上再綜兄 道喜氏〉를 통해 금원의 신분을 유추해보면, 몰락한 양반가의 자제 혹은 서녀로 추정된다.

57) 김지용은 「三湖亭詩壇의 특성과 작품」(『아세아여성연구』16집, 1977)에서 '三湖亭詩壇'이라 명명하고, 다섯명의 소실 시인들의 시세계를 살폈다.

로웠고, 때론 슬펐고, 때론 사랑스러웠고, 때론 굳셌고, 때론 맑고, 때론 고상했다. 우열은 가리기 보다는 절친한 친구들끼리 분위기에 취해 노래한 아취가 가득한 시회였다. 삼호정에 모인 그들은 보이고 느끼는 대로 경치에 취해 흥얼댔고 감흥에 젖어 시를 읊곤 했다.

자신들의 삶을 이해해주고 적극 후원해 준 남편과, 시재를 인정해준 남성문인들이 버팀목으로 자리했기에 신분적 한계를 딛고 시적 재능을 펼친 시모임을 이룰 수 있었던 듯하다. 자연스럽게 만들어진 시회에서 규방 내 소재에 국한하지 않고 자연 등 비교적 자유로운 소재로 소통했다. 다섯 명의 애정 담긴 공동 결과물이 태어난 삼호정은 그들의 문학살롱이자 소통의 공간이었다. 운초 · 경산 · 죽서 · 경춘 · 금원은 끈끈한 자매애를 보이며, 삼호정에서만큼은 여성으로, 부수적인 삶을 살아야하는 소실로 존재하지 않고, 한 인간으로 존재하며 각자의 개성과 감성을 표출했다.

서호의 아름다운 경치, 이 정자 앞에 펼쳐졌으니	西湖形勝在斯樓
자유롭게 올라가 바라보며 노닌다	隨意登臨作敖遊
양쪽 언덕의 비단물결은 봄풀의 어우러짐이고	西岸綺羅春艸合
강물은 금빛 물빛 되어 저녁노을과 흐른다	一江金碧夕陽流
구름 끝 작은 마을, 돛대 한 척 보일 듯 말듯	雲垂短巷孤帆隱
꽃 지는 한적한 물가, 피리소리로 구슬프다	花落間磯遠邃愁
끝없는 바람과 안개 모두 다 걷히니	無限風烟收拾盡
단청 칠한 난간에서 시주머니만 제 빛깔 발한다	錦囊生色畵欄頭[58]

어느 봄날 아름다운 한강변에 자리한 삼호정에서 서호를 바라보니, 노을 물든 물빛이 아름답기 그지없다. 구름 끝자락에 작은 마을, 아득히 보이는 돛배, 피었단 진 꽃, 구슬프게 흐르는 피리소리를 금원은 보고 듣고 느낀다. 저녁노을 물든 어느 봄날의 아름다움은 금원을 우울에 빠져들게 한다. 얼마나 지났을까. 하염없이 불어

---

58) 金錦園, 『湖東西洛記』, 〈龍山三湖亭〉. 이능화, 『조선여속고』, 동문선, 1990, p. 458.

낸 바람과 짙게 드리워진 안개가 걷히더니, 이를 보고 금원의 마음 또한 이내 밝아진다. 금원은 그 마음 그대로 시에 담아 읊는다. 그 시는 우울한 아름다움이고, 벗들이 있어 행복하지만 왠지 마음 한 켠은 쓸쓸한 금원의 심사(心思)이기도 하다.

고여 있는 맑은 물, 거울 되어 새롭게 단장하고	淸流端合鏡新粧
쪽진 머리 같은 산, 초목들은 치마 같네	山學峨髻草學裳
별포(別浦)에 날아다니는 무리지은 새떼	別浦來翔無數鳥
물가에 때때로 피어나는 이름 모를 향기	芳洲時有不知香
소나무 창가에 비친 달빛, 이불 얇아 비추고	松窓月入衾還薄
오동잎 펄럭이자 이슬 더욱 반짝이네	梧葉風飜露更光
봄 제비와 가을 기러기, 모두 신의가 있듯이	春燕秋鴻都是信
미리 슬퍼하며 애태울 필요 없네	未須迢悵枉回腸[59]

　해가 뜨고 지고, 달이 뜨고 지고를 반복하며 하루가 지나고, 하루가 더해가며 사계를 보낸다. 또한 봄·여름·가을·겨울, 사계에서 약속하듯이 꽃이 피고 지고, 새들이 날아오고 떠나기를 반복한다. 반복된 자연현상에서 우리의 삶이 벗어나는 법이 없듯이 일희일비(一喜一悲)할 필요없다며 운초는 자신을 다독이고 있다. 자연현상에서 운초는 밀려오는 슬픈 감정을 지우고 있다. 자연이 주는 위로도 좋지만 운초에게는 쓸쓸할 때에 따뜻하게 감싸주고, 외로울 때에 따뜻한 가슴 내어주고, 슬플 때에 위로의 말 건네주고, 그리울 때에는 만날 수 있는 벗들이 있었다. 삼호정에서 만난 벗들이 바로 그런 벗들이었고, 그래서 운초는 삼호정시사의 벗들을 좋아했다. 기다림에 익숙한 소실이지만 떨칠 수 없는 그리움에 쓸쓸해진 마음을 위로해 주는 삼호정의 벗들이 있어, 결코 애태울 필요 없다고 운초는 시에서 표현하고 있다.

봄날을 반기는 마음 같아서, 서로 만나 화창한 날씨 만끽하네	春意相逢惜艶暉
버들강아지 햇눈 틔우고, 살구나무 꽃볼이 도톰해	柳眉初展杏腮肥

---

59) 金雲楚, 『雲楚堂詩稿』, 〈三湖亭 晚眺〉. 김명희·박현숙, 『조선시대 여성 한문학』, 이회문화사, 2005, pp. 67-68 참조.

시감을 찾다가 꽃구경 실컷 즐겼네   尋詩厚餉看花福

누구일까, 이리도 좋은 시간 우리 다섯 신선께 준 이는   誰遣仙娥共息機[60]

   삼호정은 규방을 벗어나 가족이나 친지가 아닌 사람들과 정을 맺은 친교의 공간이었다. 삼호정은 다섯 시우들에게 특별한 의미의 공간일 뿐 아니라 규방이 아닌 밖에서 그들만의 세계, 시재를 뽐낸 장이라는 의미에서 조선 여성사에 중요한 의미를 지닌 공간이다. 다섯 명의 시우들이 만들어간 문화모임 공간, 삼호정은 자유롭게 담론과 사교를 즐기는 곳으로 일상성으로부터 해방된 가벼운 일탈의 공간이요, 자연의 풍취를 함께 느끼고 호흡하며 창작하는 창조의 공간이었다. 집안에서 소외된 계층인 소실들은 시모임을 통해 자연을 관조했고, 상상의 날개를 펼치며 시를 읊었다. 친목도모를 위한 야회 시회는 스스로에게 자부심을 충족시킨 시공간이었다. 다섯 명의 시우들은 끈끈한 연대 속에서 각자가 지닌 재능을 포기하지 않고 시를 읊고, 인생을 논하고 자연을 노래하며, 문학공동체인 여류시단 삼호정시사를 형성했다.

Ⅲ. 일상사의 정서

1. 그리움과 마음의 평정을 위한 매개체로서의 차

   사대부가 여성들이 대부분의 시간을 보내는 규방은 활동을 제한시키는 격리의 공간인 동시에 여성들만의 문화공간이기도 하다. 여성들은 규방에서 자수와 바느질, 그리고 독서 등을 주로 하며 지아비를 기다렸다. 자수, 바느질, 독서 등은 사대

---

60) 金錦園, 『湖東西洛記』, 〈吟四絶詩〉 중 봄 부분의 시.

부가 여성으로서 자질을 갖추기 위한 끊임없는 단련이기도 했지만 그리움과 외로
움을 달래는 행위이기도 했다. 외로움과 그리움은 소실의 삶 전반에 흐르는 감정
이었다. 그들은 자수 바느질 독서 등으로, 혹은 차나 술을 마시며 켜켜이 쌓인 외
로움과 그리움을 삭혔다.

경당다례 끝내고서 지는 해를 바라보네	山扃茶罷對殘暉
단풍잎은 쓸쓸히 떨어져 엉성해져 가네	楓葉蕭蕭漸看稀
아득한 들판에 짝 잃은 외로운 새, 저 멀리 날아가고	野色蒼茫孤鳥遠
하늘빛은 깃발 휘날리듯 저녁 뭉게구름 속으로 사라지네	天光旖旎暮雲飛
평소에 말하려고 품은 생각, 이제 다 그림되어 버렸고	細論素抱心如畵
무심코 꺾어 쥔 국화꽃, 이슬에 옷 적시네	暗拾黃花露泫衣
머나먼 한양 되돌아 생각해도 황홀한데	洼極京都還恍惚
이 넋은 기러기 따라가고파, 언제 가서 뵈오리	魂隨鴻雁幾時歸[61]

운초의 많은 시에 보이는 밝음과 당당한 자부심 등 긍정적인 기운은 〈강좌추사
(江左秋思)〉에 보이지 않는다. 〈강좌추사〉에는 가을날에 빗대어 자신의 쓸쓸하고
외로운 마음, 님을 향한 그리움을 솔직하게 토해내고 있다. 해질녘 다례를 마치고
돌아본 자연에서 운초는 자신의 모습을 발견하고, 자신의 삶을 감정을 실어 읊고
있다. 다례(茶禮)를 마치고 바라본 석양, 단풍잎 떨어진 앙상한 나무, 아득한 들판
의 짝 잃은 외로운 새 한 마리 등 운초의 눈에 펼쳐진 늦가을 석양 무렵은 운초처
럼 쓸쓸하기만 하다.

평소 활달한 운초이지만, 자신도 모르게 눈물이 옷을 적실 정도로 김이양(金履
陽)을 향한 그리움이 컸다. 운초는 그리움에 초연하고자 혹은 그리운 님과 빨리 함
께하는 날이 오길 다례(茶禮)에서 정성된 마음으로 차를 올렸을 것이다. 혹은 청정
한 의식 속에 맑아진 마음으로 차를 올리며 님을 위한 기도를 했을 것이다.

---

61) 金雲楚, 『雲楚堂詩稿』, 〈江左秋思〉.

운초가 그리워하는 임, 김이양은 50여년의 나이 차이를 극복하고 운초와 시로서 마음 통하며 생의 마지막날까지 함께 한 지아비이다. 운초에게 김이양은 그의 재능을 인정해준 시우(詩友)였고, 지기(知己)이며 연인이었다. 김이양은 운초에게 당대에 시문(詩文)으로 이름을 떨친 신위(申緯), 이만용(李晩用) 등의 경화사족들과 교류할 수 있도록 주선했다. 운초가 만난 신위, 이만용 등 경화사족들은 차를 즐겨 마셨던 이들로, 이들과의 만남을 통해 운초는 자연스럽게 차를 가까이에서 접할 수 있었던 것으로 보인다. 이후 차는 술과 함께 운초의 그리움에 젖은 마음을 달래주는 위로의 음료였다고 짐작된다.

서녀로 자라 소실이 된 죽서는 평생을 기다림과 그리움에 쌓여 살았다. 죽서는 자신의 삶을 숙명처럼 받아들이지 않고, 자연과 시우들, 독서와 시작, 차와 술로 벗하며 극복해간다.

쑥대문은 종일토록 열린 적 없고	蓬門盡日未曾開
책상에 쌓인 책들에는 먼지만 가득	堆案詩書已滿埃
몽롱하게 취한 낮잠에 자주 베개를 가까이 하고	吾睡朦朧頻墜枕
이별 생각에 쓸쓸해져 술 마시네	離懷寂寞試含盃
봄은 꽃잎과 함께 당당히 떠나가고	春將花事堂堂去
바람은 차 연기 살랑살랑 보내오네	風送茶煙細細來
미련하고 게을러도 자포자기 할 필요 없나니	昏惰不須仍自棄
사람들 가운데 누가 어질면서도 재능있는 경지에 들까	人間誰復入乂才[62]

죽서는 태어나면서부터 그리움과 외로움이 동반한 삶을 살아야한 서녀였다. 소실이 되어서도 어릴 적부터 익숙한 그리움과 외로움은 죽서의 일상에 머물러있었다. 죽서는 늘 지아비와 친정의 가족들, 지아비와 벗들을 그리워했다.[63] 자신의 재

---

62) 朴竹西, 『竹西詩集』, 〈次韻〉.
63) 님을 그리며 〈寄呈〉, 〈卽事〉, 〈絶句〉, 〈病中〉, 〈奉呈〉, 〈遺懷〉, 〈述懷〉 등의 지를 지었고, 친정을 그리워하며 〈懷伯兄〉, 〈憶兄〉, 〈思故鄕〉 등의 시를 지어 마음을 달랬다. 그리고 〈連見錦園書〉, 〈秋日寄錦

능을 인정해준 지아비와 동류의식으로 한데 뭉친 시우들은 잠시 위로가 될 뿐, 외로움과 그리움은 완전히 해결할 수 없는 감성이었다.

〈차운(次韻)〉에서도 나타나듯이 죽서는 그리움과 외로움에 지친 자신의 삶을 담담하게 받아들인다. 일상이 되어버린 그리움과 외로움으로 무기력해 질 때면 독서도 멀리하고 술만 마시기도 하지만, 자연에서 순환의 삶을 배우며 이내 극복하곤 했다. 이때 바람결에 불어온 차 기운은 죽서를 탈세속적인 세계로 안내한다. 죽서는 차 기운을 흡입하며 깨우치며, 마음의 평정을 되찾고 있다.

죽서에게 차는 외로움에 지친 마음을 정화시켜주는 음료이자, 힘든 세상을 건너는 방도였다. 임을 향한 기다림과 그리움에 좋아하던 독서도 멀리하고 술에 의지하는 죽서에게 어디선가 보내온 차 연기는 차향과 함께 우울한 감각을 깨운다. 죽서에게 전해온 맑은 향기를 실은 차 연기는 기다림에 지쳐 무기력해진 심신에 스며들어 새로운 기운을 준다. 바람결에 실려 온 차 향기는 죽서에게 삶의 자세를 긍정적으로 보는 마음의 눈을 주었고, 적극적인 삶의 의지를 심어주었다. 죽서에게 차는 마음의 위안을 주는 벗이기도 하지만 고단한 마음을 맑은 차로 씻어낸 정화와 각성의 음료라 하겠다.

2. 지적취향, 독서

18세기에 이어 19세기는 서적의 홍수시대다. 지식과 수신(修身), 교양뿐만 아니라 오락 등등 박학(博學)의 시대로, 다양한 책들은 독서 인구를 확산시키는 계기가 되었다. 중인층과 여성은 새로운 독자층으로, 독서인의 대열에 합류했다. 이덕무(李德懋)는 가벼운 책과 흥미위주의 소설을 탐독하는 여성들의 독서습관을 보며 고전(古典)을 탐독할 것을 권할 만큼 여성들은 넓은 독자층을 형성하고 있었다. 물

園〉, 〈再疊〉, 〈謾吟〉, 〈冬夜〉 등의 시를 지으며 벗을 그리워했다. 지아비와 친정 가족들, 그리고 시우는 죽서에게 한없는 그리움의 대상이었다.

론 깊이있는 전문서, 고전을 탐독하며 학문적 역량을 키워간 여성 또한 있었다. 독서인 여성의 범위는 서녀(庶女)와 소실(小室) 외에도 개방적인 사고를 지닌 사대부가의 정실부인과 자녀들 모두를 포함하고 있었다.

어릴 적부터 허약한 죽서가 안쓰러웠던 부모는 가사일 보다 그녀가 좋아하는 글공부를 시켰다. 죽서는 곁에 있는 아버지의 글 읽는 소리를 완벽히 암송할 정도로 총명했다. 자라면서 바느질하는 틈틈이 『소학(小學)』과 경사, 그리고 옛 작가의 시문(詩文)을 탐독했다.[64] 죽서는 공부한지 얼마 되지 않아 경사(經史)를 이해할 정도였고, 익힌 고금(古今)의 문장으로 시문을 지을 정도로 학식과 문재가 뛰어났다.[65]

죽서에게 독서는 즐거운 오락이자, 바른 삶으로 인도하는 스승이었으며,[66] 마음 따뜻한 벗이었다. 죽서의 탐독벽(耽書癖)은 좋은 시 창작을 위함도 있었지만[67] 정연한 행동과 선비다운 풍모, 우아한 사대부가 여성으로 성장하는데 밑거름이 되었다.[68] 독서는 고독한 시간을 지탱하는데 큰 힘이었다. 책은 죽서가 마음이 흔들릴 때면 마음을 붙잡아주었고, 외로울 때면 따뜻한 이야기로 감싸주었고, 따분할 때면 재미난 이야기로 웃음을, 지식에 목마를 때면 심오한 말씀으로 깨우침을 주었다. 죽서는 경전에 담긴 성현의 말씀을 통해 조언을 들었고, 유교적 윤리를 익혀 사대부가답게 수신에도 힘썼다.[69] 죽서의 탐서벽은 자신의 심상을 오롯이 담아내는 '시'를 잉태하곤 했다. 시작과 함께 죽서는 차와 술를 가까이 두고 마시며 삶의 여유를 찾곤 했다.

---

64) 洪翰周, 『竹西詩集』, 「序」. 『죽서시집(竹西詩集)』의 서문은 죽서의 남편 서기보(徐箕輔)의 6촌형인 서돈보(徐惇輔)가 지은 것으로 적혀있으나, 실은 홍한주(洪翰周)가 대신 쓴 것이다. 홍한주의 『해옹시문고(海翁詩文藁)』(규장각본)의 이본인 『해옹존고(海翁存藁)』(장서각본) 권10에 「죽서시집인(竹西詩集引)(原註:代人作)」으로 수록되어 있다. 홍한주는 당대 사대부 문인뿐 아니라 여류문인들과도 활발한 문학적 교유를 가졌다. 장효현, 『徐有英 文學의 研究』, 아세아문화사, 1988, pp. 91-92. 참조.

65) 金錦園, 『湖東西洛記』.

66) 「終南小屋結幽期 滿案詩書卽我師 」, 朴竹西, 『竹西詩集』, 〈九三 開詠〉; 「先賢遺訓餘經籍 指路明明却不疑」, 朴竹西, 『竹西詩集』, 〈詠懷〉.

67) 朴竹西, 『竹西詩集』, 〈有感〉

68) 洪翰周, 『竹西詩集』, 「序」.

69) 김여주, 「조선후기 여성문학연구 Ⅲ-박죽서의 한시를 중심으로-」, 『한국한문학연구』 제32집, 한국한문학회, 2003, p. 391 참조.

밀려오는 싸늘함이 격자창을 뚫는데	陳陳輕風乍透欞
발을 낮게 드리우고 『다경』을 읽는다	低垂簾箔點茶經
산은 그 기운으로 잔설은 더욱 하얀데	雪因山氣殘猶白
봄기운 맞은 풀은 추위에도 더욱 푸르다	草得春心凍更青
시심(詩心)은 예나 지금이나 달밤에 정취가 이어지고	詩境現前通夜月
이름난 술은 예부터 일월성신에 쓰여 있다네	酒名從古列天星
덧없는 세상, 내 삶도 이처럼 살아간다면	浮生若此能消受
흐르는 세월, 잠시도 멈추지 않음이 한스럽네	只恨流光不暫停[70]

싸늘한 바람이 창문을 뚫어 한기가 스민 어느 이른 봄날, 발을 낮게 드리우고 독서하는 죽서의 모습이다. 독서는 자유롭지 못한 죽서에게 다양한 사람들과의 만남을 주선했고, 넓은 세계로 안내했으며, 재미난 소일거리를 마련해주었다. 그녀의 시재는 멋진 지우(知友)들과의 만남을 주선했고, 이는 죽서의 삶에 있어 즐거운 탈출구가 되었다. 죽서와 시회에서 함께 한 사대부들과 그녀의 지우들은 대체로 차에 관련한 시를 읊을 정도로 차를 즐겨 마셨다. 그녀의 차생활은 자연스럽게 육우(陸羽)의 『다경(茶經)』 등 차 관련 책을 읽는 데로 안내했다.

3. 차생활로 즐기는 풍류

삼호정시사의 동인들은 대체로 금원의 삼호정에서 모였지만 운초의 오강루(伍江樓), 경산의 일벽정(一碧亭) 등에서도 모여 풍류를 즐겼다. 그들의 정자와 별장에서 여성 동인들이 주관한 시회뿐만 아니라 남편이 주관하는 시회 역시 자주 열렸다. 아내의 재능을 인정한 남편들은 당대의 문인남성들과의 시회자리에 동석해 문학적 교유를 할 수 있도록 길을 열어주었다. 삼호정시사의 동인들은 남편 덕분에 신위, 서유영, 홍한주, 이만용 등의 학문이 깊고 차를 즐긴 문인들과 교유할 수

---

70) 朴竹西, 『竹西詩集』, 〈早春書懷〉.

있었다.

죽서는 서기보(徐箕輔)의 소실로, 서유구(徐有榘) 가문과 같은 달성 서씨 집안이다. 개방적 사고와 아내의 시재를 높이 샀던 서기보는 죽서가 같은 집안의 서유영 외에도 홍한주, 서득순 등 당대 문인들과 교유하는데 물심양면으로 도왔다. 서유영과는 시회에서 화답형식으로 시를 짓곤 했는데, 서유영은 죽서의 재능에 감탄하며 '시녀낙선(詩女洛仙)'이라 칭했다.[71] 죽서와 함께한 시회의 즐거움을 노래할[72] 정도로 그녀의 출중한 시작에 감탄한 홍한주는 『죽서시집(竹西詩集)』의 서문을 지었다.

금원은 서유영[73]과 문학적 공감대를 형성하며 교유했다. 서유영은 김덕희의 소실이 되기 전 금원이 잠시 기생이었을 때, 금원의 재예(才藝)를 칭송하는 〈관동죽지사, 원주;증시기금앵(關東竹枝詞, 原註;贈詩妓錦鸎)〉를 읊었다. 이때 금원은 서유영을 비롯한 홍재봉, 홍우건, 최헌수 등의 문인들과 시회에서 교유하곤 했다. 서유영과 가장 친한 벗인 홍한주 역시 시회에 참석해 금원과 시를 창화한 내용을 『해옹시고(海翁詩藁)』에 기록해 두었다.[74] 금원과 서유영, 홍한주, 신위 등의 경화사족들은 시로써 교유하며 다연(茶宴)을 펼치곤 한 당대 최고의 문인들이었다. 특히 오강루에서 열린 김이양의 87세 생일연회는 신위, 이만용 등의 차인들과 함께 금원, 경산, 운초 등의 삼호정의 동인들이 참석한 생일축하 시회였다.[75]

삼호정시사의 동인 중 한명인 운초는 자유로운 삶을 즐겼던 관서지방의 이름난

---

71) 朴竹西, 『竹西詩集』, 「奉和雲皐」5首 중 「再疊」註에 '雲皐盛稱詩女洛仙故及之'라 설명하고 있다.

72) 洪翰周, 『海翁詩藁』卷三 「南園唱酬集鈔」, 〈暮春會飮竹西雲皐第 澹湖 ,石經 ,東亭 石楠 皆與焉〉.

73) 서유영(徐有英, 1801-1874?)은 서유구와는 삼종형(三從兄)이 되는 사이이다. 서유영은 세거지인 서울과 경기도 양주에서 남사(南社), 낙사(洛社), 낙산시사(駱山詩社) 등의 시사를 결성해 활발한 문학활동을 했다. 함께 어울려 문학 활동을 한 문우(文友)로는 서유구, 홍한주, 홍길주, 홍현주, 윤정현, 서기보, 이만용, 정학연 정학유 형제 등으로, 당색을 뛰어넘은 만남이었다. 특히 서유영의 반려자와 같은 벗 홍한주(洪翰周, 1798-1868)는 홍석주와는 재종제(再從弟) 사이로 서유영은 홍한주를 통해 홍석주 형제와도 가깝게 지냈다.

74) 洪翰周, 『海翁詩藁』卷三, 「南園唱酬集鈔」.

75) 申緯, 『警修堂全藁』册二十七九, 「金淵泉八十七叟 以席上三女史詩屬和 」, 李晚用, 『東樊集』卷三, 「和江樓韻 呈淵泉奉朝賀」.

시기(詩妓)이자 김이양의 소실이다. 운초의 신분이 말해주듯이 그녀는 기녀로서, 김이양의 아내로서 사대부들의 문학 공동체인 시사에 참여하곤 했다.

유유히 흘러가는 세월, 끝이 없고	年光冉冉去無涯
세상 일 겪다보니 머리는 백발이 되어버렸네	人事相關髮已華
밤빛은 영명할 시각에	夜色靈明侵漏箭
고이 감춘 춘심, 저 매화가 보여 주네	春心隱約見梅花
당대의 어진 선비들, 조용한 농막 찾아 산으로 모두 떠나버려	時賢畢至山陰墅
다설(茶雪)은 관리 집에서 논하게 되었네	茶雪爰論學士家
술잔과 문장은 의기(意氣)가 혼탁해	樽酒文章渾氣像
으레 모임에서는 반공(半空)의 노을만 짓네	也應團作半空霞[76]

사당에 납평제를 지낸 후, 참석한 모임에서 제공(諸公)의 시를 화운한 〈납야봉화제공(臘夜奉和諸公)〉이다. 모임에 참석한 운초는 사대부들의 시에 즉각적으로 화운하며 취흥(醉興)을 북돋았다. 동지로부터 셋째 술일(戌日)인 납일(臘日, 臘平)에는 종묘사직에서 대제(大祭)를 지내고, 일반 백성들도 집에서 제사를 지냈다. 제사를 마치면 시회는 주연(酒宴)이 되었다. 납일 밤에 눈이 내리면 다음 해에 풍년이 든다 하여 납평제 후 시회는 대체로 '눈'을 주제로 한 시회였다. 운초는 납평제 후 시회에서 당시 우울한 시대상을 진솔하게 노래한다. 시회는 어진 선비는 은자(隱者)가 되어 참석치 않고, 남은 관리들만이 모여 시 읊으며 주연을 베푸는 광경을 보며, 운초는 시회가 그저 즐거움만을 위한 자리인 것 같아 쓸쓸하다고 읊고 있다.

---

76) 金雲楚,『雲楚堂詩稿』,「臘夜奉和諸公韻」.

IV. 여행지에서의 휴식과 차

1. 여성의 체험공간 범주

주로 양반 부녀(婦女)에게 요구된 내외법은 집안의 가옥구조, 남녀칠세부동석(男女七歲不同席), 여성의 외출 제한 등 일상에서 쉽게 찾을 수 있다. 내외법이 적용된 한옥의 가옥구조를 보면, 여성의 공간인 안채와 남성의 공간인 사랑채로 나뉘어져 있으며, 안채와 사랑채 사이에는 중문이 있어, 남녀의 공간을 확실히 분리해 두었다. 생활공간 분리뿐만 아니라, 여성들의 문밖출입 역시 제한되었다. 여성들은 안채, 즉 규방에서 대부분의 시간을 보냈다. 안채는 여성의 삶을 한정시킨 반면에 집안 내 여성의 고유한 영역, 즉 독자영역을 확보해 주기도 했다. 이는 여성들의 활동영역을 가정 안으로 제한한 내외법이 적용된 유교사회였기 때문이다.[77]

남녀 간의 구별의식은 남녀의 삶 전체에 적용되며, 삶의 내용을 확연하게 구분했다. 조선 초기부터 상사(上寺) 금지와 사신행위(祀神行爲) 금지 등 여성들의 행동을 규제한 금지조항을 무수히 만들어 여성의 생활을 적극적으로 간섭했다. 내외의 관습은 16세기 중반에 이르자 사대부가 여성들의 일상생활에 완전하게 자리했으며, 조선후기로 갈수록 중인층의 여성들에게까지 영향을 미쳤다.

여자가 집에만 있어야 한다는 계율은 결혼 후 더욱 공고했고, 이는 사대부가에서 중인층까지는 마땅히 지켜야하는 한 유교사회였다. 이에 해당하는 부녀자들은 밀폐된 가마를 타지 않고는 대낮에 외출할 수 없었다. 밤이 되어야 시중드는 하녀와 하인을 대동하고 쓰개치마로 얼굴을 가린 채 잠시 외출할 수 있었다. 이 역시 남편의 허락 없이는 가능했다. 하층의 여성을 제외한 여성들은 모두 지켜야하는 법질서로, 이는 19세기 말엽까지도 지속되었다.

---

77) 김언순, 『조선시대 여훈서에 나타난 여성의 정체성 연구』, 한국학중앙연구원 박사학위논문, 2005, p.80 참조.

2. 여행체험을 통한 자아의 발견

여성의 생활 공간이 집안으로 한정된 유교 이념이 강화된 시대 상황에서도 여행을 체험한 여성들이 있었다.[78] 그녀들의 기록을 보면, 대부분 사적인 개별 여행이 아닌 남편과 아들 등 남성 가족 구성원의 이동으로 인한 공적인 차원에 의해 여행이었다. 가족과 동행한 공적인 일로의 여행이지만 여성들은 비일상적인 체험, 즉 여행을 통해 그동안 제한된 생활에서 오는 억압된 욕망을 조금이나마 해소할 수 있었다. 여성들은 여행이란 새로운 경험을 하며 유교적인 규범과 자유로운 욕망 사이에서 갈등했고, 여행 후일담을 기록하면서 자신의 삶을 돌아보기도 했다.

금원은 혼인 전과 후의 여행체험을 『호동서락기』에 담았다. 첫 번째 여행은 1830년 봄, 14세에 남장을 하고 떠난 여행으로, 금호사군(錦湖四郡)의 명승을 시작으로, 금강산과 관동팔경, 설악산을 거쳐 한양을 유람했다. 두 번째 여행은 지아비의 부임지인 의주에서 관서지방을 여행했다. 금원은 1850년 여행지에서 풍광과 전설, 풍속과 생활모습 등 세밀히 살핀 바와 자신이 느낀 정취를 산문과 시문으로 저술했다. 기행문이자 회고록인 책의 제목은 그녀가 여행한 금호사군이 위치한 충청도 호서지방의 호(湖), 금강산과 관동팔경, 설악산의 동(東), 평양과 의주 등 관서지방의 서(西), 한양의 낙(洛)을 따 와 『호동서락기(湖東西洛記)』라 이름 했다.

금원에게 여행은 미지의 세계를 새롭게 발현된 자아와 관계 맺으며 차츰 친숙해지는 시간이었다. 특히 혼인 전 금원이 홀로 한 여행은 스스로 여행을 계획하고, 실천에 옮긴 결연한 일탈이었다. 어려서 문자를 깨우친 금원은 경사와 문장에도 식견이 있어 시문을 짓는 능력이 출중했다. 문재를 갖춘 금원은 스스로 호를 지을 만큼 시대를 앞선 당찬 여성이었다. 금원은 가부장적 사회에서 규방에 갇혀 지내야하는 여성의 삶에 순응하지 않고, 여행을 통해 거부 의사를 당당히 밝혔다.

남자는 집 밖의 세상에 뜻을 가지고 있는 것을 귀하게 여겼다. 그러나 여자는 규문 밖을

---

78) 意幽堂 南氏의 『意幽堂日記』, 延安 李氏의 『夫餘路程記』, 恩津 宋氏의 『錦行日記』, 金錦園의 『湖東西洛記』 등의 기록에서 사대부가 여성의 여행체험을 엿볼 수 있다.

나가지 못하고, 오직 음식 만드는 일이나 논하는 것으로 만족해야 했다. …… 여자는 세상과는 절연된 깊숙한 규방에서 생활한 탓에 스스로 그 총명함과 식견을 넓힐 수 있는 기회를 갖지 못한 채 자취 없이 사라지고 만다면 참으로 슬픈 일이 아니겠는가. …… 남자로 태어나지 않고 여자로 태어난 것은 불행한 일이요 부귀한 집안에 태어나지 못하고 가난한 집안에 태어난 것 또한 불행이다. …… 여자로 태어났다고 규방 깊숙이 들어앉아 여자의 삶을 살아가는 것이 옳은 일인가! 한미한 집안에서 태어났다고 세상에 이름을 떨칠 꿈을 단념하고 분수대로 사는 것이 옳은 일인가! 세상에는 詹尹의 거북이 없으니 屈子가 점친 것을 본받는 것 또한 어렵다. 이르기를 책략은 짧으나 지략은 넉넉하거든 그 뜻대로 결행하라 하였으니 내 뜻은 이에 결정되었다.[79]

금원이 규방을 나와 전국 명승지를 유람한 것은 시대와 성별을 넘는 도전이었다. 금원은 가부장적 질서 속에서 여성으로서의 윤리, 한미한 집안의 자녀로서의 한계 등 일찍부터 삶의 한계를 자각하며, 사회 전반에 흐르는 규범에 순응하는 삶에 반론을 제기한다. 열네살 소녀, 금원은 부당한 제도에 자신의 삶을 맡기지 않고, 당당히 넓을 세상과 마주친다. 주체적 의지로 오랜 기간 쉽지 않은 여행길이었지만 그녀는 몸소 체험하며, 많은 것을 느낀 시간이었고, 그녀의 바람대로 자신의 흔적을 세상에 남긴 시간이었다. 즉, 금원에게 여행은 한미한 집안, 그리고 여성이라는 질곡에서 벗어난 시간이었다.

금원에게 여행은 견문과 사고를 넓히는 과정이었고, 자연 속과 마주하며 깨닫는 수신의 과정이었다. 금원은 여행을 위해 꾸린 행장에 산수유기 기록을 위해 시통(詩筒), 시전(詩箋), 운패(韻牌)를, 풍류를 즐기기 위해 다기(茶器)와 주기(酒器)를, 유람을 무사히 마실 수 있도록 책과 부적 등을 챙겼다.[80] 이는 당시 사대부들사이에 유행한 명승유적 유람시 지참한 필수품이었다. 서유구는 「이운지(怡雲志)」에 기록한 '名勝遊衍'을 보면 다음과 같다.

먼 여행의 숙박에 풍로를 휴대하기란 쉽지 않다. 게다가 갑자기 차 부뚜막을 설치하기도

---

79) 金錦園, 『湖東西洛記』.
80) 金錦園, 『湖東西洛記』.

어렵다. 이럴 때 鍮鑞을 가지고 다음과 같이 茶罐을 만든다. 모양은 물부리도 없고 손잡이도 없이 항아리나 동이처럼 만든다. 안쪽 바닥 한가운데 놋쇠로 만든 통을 세운다. 통모양은 배는 불룩하고 주둥이는 좁으며 높이는 다관보다 4-5분 높게 한다. 통의 바깥에 물을 부은 다음 통 속에 숯을 담아 지피면 연못이 섬을 감싸고 있는 듯하므로 통이 달구어짐에 따라 물이 끓는다. 숯 2-3덩이를 가지고 10잔 정도의 차를 끓일 수 있다. 다관의 마개도 鍮鑞으로 만든다. 통의 주둥이에는 마개를 쓰지 않는다. …… 이러한 방법도 있다. 붉은 구리로 茶罐을 만들되 쇠뿔모양으로 만들고, 위에 마개를 달아 여닫을 수 있게 한다. …… 찻잔이나 茶盒은 작은 박으로 만들면 한껏 아취가 느껴지고, 먼 곳을 갈 때 휴대하기에 편리하다. 茶具를 담는 큰 궤짝은 바깥부분은 삼나무로 만든다. 아래에는 속 상자를 만들어 숯을 갈무리하고 위엔 세 칸의 撞을 만든다. 당의 높이는 속 상자보다 배로 높게 한다. 가운데의 당에는 鍮鑞으로 만든 다관 하나와 나무로 만들어 옻칠을 한 茶舟 10벌을 보관한다.(다관의 앞뒤로 칸을 나눈다.) 오른쪽 당에는 도자기 찻잔 5-6개와 박으로 만든 찻잔 3-5개를 넣는다. 왼쪽 당에는 나무 차통, 박 차통, 납 호리병을 갈무리하되 각각의 통 속에 종류별로 아주 여린 찻잎부터 경화된 찻잎에 이르기까지 나누어 담는다. 큰 궤짝에 개폐문을 하나 설치하여 자물쇠로 열고 닫는다.[81]

먼 여행길을 나설 때, 차를 즐긴 선비들은 다관과 땔감, 찻잔과 잔받침, 차통, 물병 그리고 차 등을 담은 다구상자(茶具箱子)를 챙겼다. 차를 즐긴 이들의 여행에는 피로함을 풀어주고, 수신과 풍류의 시간을 갖기 위해 차 도구는 여행 필수품이었다. 이들은 풍류의 찻자리를 위해 찻잔에 문양을 새긴 사치를 부리기도 했다.

고단한 여행길에서 갈증을 풀어준 차는 휴식처이자, 건강을 지켜주는 비상약이었고, 무엇보다 여행에서 느낀 다양한 정서를 노래하는데 함께 자리한 벗이었다. 여행은 금원에게 그녀의 오래된 꿈을 실현한 과정이요, 결과물이었다. 그녀는 의림지에서 단양팔경, 금강산 등 명승고적 직접 눈으로 확인했고, 여행하는 동안 자연의 변화를 몸소 체험했다. 온 몸으로 규범에 갇힌 운명을 깨트리고 실행한 여행에서 얻은 자연이 주는 감동은 실로 엄청났다. 감흥이 밀려올 때면 마음에 이는 감동을 그대로 시로 읊었고, 차를 마시며 오래도록 감동의 여운을 만끽하곤 했다.

---

81) 徐有榘, 『林園經濟志』「怡雲志」卷之八 〈名勝遊衍〉.

차는 마주 대한 소통할 수 있는 매개가 되었고, 자아를 발견하는 깨달음의 과정으로 가는 통로가 되었다. 금원은 차와 함께한 여행을 통해 현실을 직시한 가운데 삶의 의미를 찾고자 했음이 이후 전개되는 삶을 통해 확인할 수 있다.[82] 적극적이고 긍정적인 사고는 금원을 가보지 못한 세계로 이끌었고, 차와 지필묵이 함께한 여행은 깨달음의 시간이 되어 넓고 깊은 시각과 자신을 자각할 수 있는 기회를 제공해 주었다.

3. 여행에서의 휴식

금원이 처음 여행한 노정(路程)은 금호사군(錦湖四郡)과 금강산, 관동팔경, 설악산 그리고 한양이었다. 폐쇄된 현실에서 일탈해 자연의 아름다움과 역사적 현장을 직접 확인한 여행은 매순간 금원에게 감동과 깨달음이었다. 금원은 다양한 자연의 모습을 오감(伍感)으로 느끼며 이를 정밀하고 생생하게 글로 재현했다.

금원이 여행길에서 만난 누정(樓亭)은 여행길의 쉼터요, 풍류공간이요, 수양의 공간이었다. 특히 청간정(淸間亭)은 뒤에는 설악산이 병풍처럼 둘러져있고, 앞에는 탁 트인 바다가 드넓게 펼쳐져 있어, 아름다운 자연을 관망하며 잠시 쉬기에 더없이 좋은 곳이었다. 금원은 청간정에서 파란 바다와 그 위를 나는 갈매기, 바위에 부서지는 하얀 파도는 시각을, 숲에서 노래하는 새소리와 바람소리, 파도소리는 청각을, 자연의 향기는 후각을, 시원한 해풍과 자연의 감촉은 촉각을, 맑은 찻물은 미각을 통해 느끼며 오랜 여행길에 지친 피로를 풀었다.

자연의 한 가운데에서 자연과 금원을 하나로 맺어주는 청간정에서 시시각각으로 변화는 풍광은 경이로움 그 자체였다. 청간정에서 받은 감동을 오래토록 간직하고파 금원은 즉시 차와 지필묵을 찾았고, 느낀 바를 그대로 표출했다.

월출을 보려고 정자에 앉았다. 닭이 울 때가 되자, 홀연히 바다에 긴 구름이 영롱해지면

---

82) 金錦園, 『湖東西洛記』.

서 반원의 달이 숨을 듯 드러날 듯하다 살포시 얼굴을 드러냈다. 찬란한 빛줄기가 구름 끝에서 토해져 나온다. 하얀 연꽃 한 송이가 바다 위를 두루 비추자 드넓은 바다는 파란 유리처럼 보인다. 아름다운 정자 모퉁이에서 바라보니 정자 앞에 호화로운 집의 맑은 행랑처럼 정자 앞에 월출의 장관이 펼쳐졌다. 달이 완전하게 모습을 드러내자 淸風은 서늘하고 마음이 날 듯 가벼워져 밤 깊도록 잠들지 못하고 어린 종에게 차를 부탁하고 시 한 수를 쑨다.[83]

금원은 뉘엿뉘엿 저물어 바다 위 달이 떠오르는 장관을 접하자 먼저 산문으로 그 감동을 표출했다. 청간정 앞에 펼쳐진 월출광경을 접하는 순간, 밀려오는 감동을 금원은 풍부한 감성으로 섬세하게 묘사했다. 금원은 드넓은 바다와 살포시 가리고 있었던 구름, 이제 막 떠오르는 달과 이 광경을 묵묵히 지켜보는 정자가 어우러진 자연이 준 감동을 산문에 이어 함축적인 시로 다시 표현한다.

저녁 구름가로 푸른 조각하늘 터졌네   片天靑綻暮雲邊
천지의 모든 만물은 천지개벽의 순간처럼 새로워라   萬象新同開闢年
눈치 빠른 아이종은 차를 달이려고   解事奚童將煎茗
소나무 숲사이 조각달 비친 맑은 샘물 기른다네   漏松缺月汲淸泉[84]

금원은 월출광경을 푸른 하늘이 터지며 하얀 연꽃 한 송이가 넓은 바다 위에 떠오른다고 노래하고 있다. 경이로운 현장을 목격한 금원은 자연의 아름다움에 취해 밤새 잠을 이룰 수 없었던 금원의 모습이 생생하게 느껴진다. 신비한 자연현상이 아름답게 펼쳐진 청간정은 탈세속적인 공간이었고, 신비로움의 극치였다. 자연의 생생한 운행(運行)현장인 월출을 바라보며 일어난 금원의 감성은 곧 흔쾌함을 얻었고, 삶의 겸허함 또한 깨달았다. 자연과의 교감 속에 물아일체(物我一體)의 경지에 들어가는 풍류를 금원은 즐기고 있다. 이렇듯 금원의 인생에서 가장 적극적으로 자신의 삶을 살았던 순간인 여행지에서 차는 자연과 함께 좋은 벗이 되어 풍취와 깨달음으로 안내하는 통로가 되었다.

---

83) 金錦園, 『湖東西洛記』.
84) 金錦園, 『湖東西洛記』.

V. 나가며

본 장에서는 조선후기 여성들의 차생활을 삼호정시사의 동인인 소실들의 차생활을 통해 고찰했다. 유교적 여성관에 동요가 일어난 19세기, 소실들의 문화공동체인 삼호정시사 동인들의 기록을 찾아 재조명했다. 이는 조선시대 주변인의 차생활을 들여다보는 작업으로서, 그들의 시문을 찾아 구체적으로 살펴보는데 본 연구의 목적을 두었다.

먼저 남성 문인들의 시사활동이 여성들에게 미친 영향과 사회적 관계 속에서 여성 시사가 결성된 요인, 남성문인들과 시사 교유를 통해 차생활에 대한 관심을 갖게 된 배경에 대해 조명했다. 18세기에서 19세기로 이어지는 시기는 어느 때보다도 독서와 창작 등에 새로운 기풍이 일어나는 역동적인 시기이다. 경화사족을 중심으로 한 수집과 독서열풍은 집안 여성들의 학구열을 북돋았으며, 이는 저술작업으로 이어졌다. 또한 당색과 신분을 넘어서 교유가 활발해지며 다양한 문예활동이 폭넓게 이루어졌다. 시사는 사대부가 남성들의 전유물이 아니었다. 중인층은 물론이고 소실들 또한 문예동아리를 만들어 즐기는 등 19세기 문화 풍경은 새롭게 변화고 있었다.

삼호정시사는 여성들 스스로가 만든 문화공간이었다. 남성들의 욕구를 충족하기 위해 마련한 공간이 아닌, 운초·경산·죽서·경춘·금원, 즉 다섯 명의 여성이 시회의 주관자가 되어 참여했다. 그들은 삼호정에서 그들은 자연을 벗한 풍류를 즐겼고, 때론 시로써 회포를 풀었다. 그들이 주체한 시 모임에서는 소실이 아닌 한 인간으로 존재하며 각자의 개성을 자유롭게 뿜냈고 감성을 표출했다. 가족관계 외에 사회적 관계를 맺기 힘든 시대에 그들의 시와 그림을 창작하고 감상하며 즐겼던 모임은 시화와 정으로 맺어진 소실들의 일탈공간이었고, 순수예술의 창작공간이었다.

다음으로 그리움과 마음의 평정을 위한 매개체, 독서가 취미생활인 소실들의 차

관련 책에 대한 관심, 차로써 즐기는 풍류 등을 살펴봄으로써 일상사의 정서를 고찰했다. 임과 친정가족, 벗은 늘 그리움의 대상이었다. 차는 말없는 따뜻한 벗이 되어주었고, 이를 극복할 수 있는 힘을 불어넣어주는 음료였다. 당시 다양한 책들이 유통되며 박학(博學)의 시대가 열리자, 음료인 차는 학문적 관심으로 이어졌다. 차생활을 즐긴 소실들은 다서(茶書)를 읽으며 차에 대한 이해를 높였다. 기생과 서녀출신인 삼호정시사 동인들은 남편들이 주관하는 시회에 함께 참석하며 풍류를 즐기기도 했다. 그녀들이 교유한 문인들은 주로 차를 즐긴 문인들로서 시회를 통해 차는 술과 함께 풍류생활에 즐기는 매개체로 자리하였음을 미루어 짐작할 수 있었다.

마지막으로 여성의 체험공간의 범주와 내외법으로 여성들의 문밖출입이 자유롭지 못한 시대에 여행이 여성에게 주는 의미, 여행에서 차의 역할을 주제로 고찰했다. 독서로 상상한 세상을 직접 보고 싶었던 금원은 사회규범이라는 인습을 박차고 행장을 꾸려 기나긴 여행길에 나선다. 이때 차는 휴식처이자, 건강을 지켜주는 비상약이었으며, 여행에서 느꼈던 다양한 정서와 함께 한 벗이었다. 무엇보다차는 금원의 오랜 여행기간에 동반자가 되며, 풍취와 깨달음의 시간을 제공했고, 넓고 깊은 시각과 자신을 자각할 수 있는 기회를 제공했다.

소실들의 차생활을 살펴보면 그들이 걸어온 삶을 느낄 수 있다. 차라는 음료 속에는 시대상과 가치관, 생활방식을 담고 있으며 소실들의 삶을 이해하는 미시 문화적 요소 또한 녹아있다. 소실들의 삶속에 자리한 차는 그들에게 위안이었고, 극복의 매개체였으며, 감성을 일깨우는 흥이었다. 또한 심신의 휴식과 풍류의 시공간을 제공하였고, 극복의 해결점을 제시했다. 소실과 여성 등 사회적 약자로서, 사회의 주변인으로서의 삶을 살아야만 했던 삼호정시사의 동호인 다섯 명은 그들이 만든 시사에서 당당한 주체자로서 적극적으로 활약했다. 차는 그녀들의 삶에 변화의 토대를 마련해 주었다.

차문화의 변화 방향은 차의 대중화과정과 같은 방향이다. 역사를 거슬러 올라가다보면 차문화가 주춤할 때도 있었지만 생활의 윤기를 주는 기호음료로서, 심신의 건강을 위한 음료로서, 문화를 즐기는 매개체로서, 후세를 위한 로하스

(LOHAS)의 성격이 강한 음료로서 차에 대한 인식이 부족했기 때문이라 보인다. 무엇보다 차는 신분사회에 모든 계층에게 문화 사랑방을 제공해 주었다.

삼호정시사에서 다섯 명이 둘러 앉아 차를 마시며 시회를 펼치는 자료를 아직 찾을 수 없어 안타깝지만, 운초, 금원, 죽서를 통해 차가 그들의 소통과 극복을 위한 음료였음을 짐작할 수 있었다. 차문화가 모두가 즐기는 음료가 되기 위해서는 더욱 다양한 양식으로 소통해야 한다. 치유와 위로의 묘약, 극복의 음료로 음용한 소실들의 차생활은 당시 문화 아이콘으로 자리할 정도로 존재하지는 못했지만, '차'라는 이름만으로도 위로받을 수 있는 치유와 공감의 묘약이었음에는 분명하다.

여성의 문화, 소실의 문화를 폄하하지 말고 소실들의 차문화를 통해 새롭게 차문화를 재발견하는데 노력을 아끼지 말아야 한다. 다양한 계층 여성들의 차문화에 대한 연구는 오늘날 차문화에 새로운 안목을 제공해주며 차문화에 활기를 불어넣어주는데 중요한 역할을 할 것이다. 향후 다양한 계층 여성들의 문화 탐구, 여성작가들의 연구 등이 이루어져 여성들의 차문화를 보다 객관적으로 조명할 수 있는 기반이 이루어져야 한다. 여성들의 차문화에 관한 연구는 현대 차문화의 대중화를 위한 새로운 제안이라 할 수 있을 것이다.

【참고문헌】

金錦園,『湖東西洛記』

金雲楚,『雲楚堂詩稿』

金正喜,『阮堂全集』

朴竹西,『竹西詩集』

申緯,『警修堂全藁』

柳晚恭,『歲時風謠』

李德懋,『士小節』

李晚用,『東樊集』

洪翰周,『海翁詩藁』

김명희 · 박현숙,『조선시대 여성 한문학』, 이회문화사, 2005.

김경미,「조선후기의 새로운 여성문화공간, 삼호정시사」,『여성이론』제5호, 여성문화
　　　이론연구소, 2001년 겨울.

김여주,「김운초의 한시연구」, 성균관대학교대학원 박사학위논문

김지용,「三湖亭詩壇의 특성과 작품」,『아세아여성연구』16집, 숙명여자대학교아세아
　　　여성문제연구소, 1977.

박죽서 저, 허남욱 · 김풍기 역,『조선 여인의 노래』, 동인서원, 1998.

송재소 외 5인 옮김,『한국의 차문화 천년』1 · 2, 돌베개, 2009.

안난욱,「김금원의『호동서락기』에 관한 연구」, 성균관대학교대학원 석사학위논문,
　　　1999.

안대회, 조선의 프로페셔널, 휴머니스트, 2007.

양희,「「삼호정시단」의 한시연구」, 중부대학교 대학원 박사학위논문, 2008.

원주연,「박죽서 한시 연구」, 강원대학교대학원 석사학위논문, 2009.

이능화,『조선여속고』, 동문선, 1990.

이배용 외,『우리나라 여성들은 어떻게 살았을까』1, 청년사, 2002.

이혜순 외 저,『한국 고전 여성작가 연구』, 태학사, 1999.

장효현, 『徐有英 文學의 硏究』, 아세아문화사, 1988.

정진성 譯, 『한국의 차문화 천년』 2, 돌베개, 2009.

정후수, 『조선후기 중인문학연구』, 깊은샘, 1990.

허경진, 『조선 위항문학사』, 태학사, 1997.

허미자 편, 『한국여성시문전집』, 국학자료원, 2007.

한국고전번역원, http://www.itkc.or.kr

권세진, 〈순한글 여성시집 '기각한필' 첫 발견〉, 세계일보, 2007년 6월 28일자.

〈출전〉 『한국차문화』 제1권1호, 한국차문화학회 (2010)

조선후기 차모(茶母)의 유형과 역할

I. 들어가며

1. 문제제기

직업은 사회구성원들의 생산과 소비구조와 사회변화를 대변해 주는 척도이며, 시대의 구조와 변화를 반영한다. 우리의 차문화사를 보면, 정치 · 종교 등 시대의 환경에 맞추어 변형되며 특징적인 차문화를 만들어왔다. 유교에 입각한 사회질서를 확립하고자 한 조선시대에는 국가의 필요에 따라 새로운 직업이 요청되었다. '차모(茶母)'가 그 대표적 예로, 남녀유별과 정절이 유교적 여성관의 근간이 되며 새롭게 탄생된 직업이다. 차모는 엄격한 사회 규범과 신분사회에서 천인이라는 신분과 여성이라는 성적인 귀속을 담보하며 세습적 직업으로 자리했다.

차모는 유교국가 조선에서 전반적인 찻일을 담당한, 즉 특수한 기능을 수행하는 비(婢)로, 점차 직업으로 제도화되었다. 하지만 차문화가 쇠퇴하자 남녀유별의 관념에 크게 개의치 않았던 신분인 차모는 본래의 임무에 더하여 의녀, 기생, 수사관 등의 직종까지 수행하며, 변화된 시대요구에 새로운 직업인으로 적응되어 갔다. 차모의 역할은 시대에 따라 확대 또는 축소되었지만 조선 전시대에 걸쳐 존재하며 기능직 역할을 수행했다. 차모는 최하위 계층이라는 사회적 지위를 세습하는 직업인으로, 조선시대 국가의 필요에 의해 생겨난 사회구성원이었다. 왕실, 관청 등에서 향미로운 차를 내기 위해 부단히 노력한 기능적 공무원이었으며, 의녀, 기생, 수사관 등의 임무를 수행하는 별정직 공무원이기도 하다.

이 장에서는 조선시대 직업인으로서의 차모의 사회적 역할을 고찰하고자 한다. 이를 위해 먼저 관청과 민가에서 차모의 모습을 문헌과 속담 등을 통해 파악한다. 다양한 환경에서 차모의 모습을 추적하는 작업은 기존의 연구와는 다른 시선으로 조선의 차문화사를 모색하는 방법이 될 것이다. 찻일을 담당하는 전문직에 다양한 기능이 덧대어지면서 다기능인(多技能人)으로 변모하는 과정은 조선시대의 변화하는 차문화 모습을 반영한다. 역사 속에 투영된 차모의 역할을 분석함으로 그 존재의 이유를 밝히고, 조선시대 차문화 변모양상에 대한 연구의 폭을 넓히고자 한다.

2. 茶母의 정의와 발음

이의봉(李義鳳, 1733~1801)이 여러 나라의 어휘를 모아 편찬한 사전, 『고금석림(古今釋林)』을 보면 차모를 설명한 글이 보인다.

> 外邑의 茶婢를 茶母라 부르며, 酒婢는 酒母라 부르고, 食婢 또한 食母라 부른다[85].

차모는 조선시대 쓰이는 용어로, 외읍차비(外邑茶婢)를 칭하는 말이라고 설명하고 있다. 황혁(黃赫, 1551~1612)의 『기축록(己丑錄)』에서도 차모의 발음에 관하여 기록하고 있다.

> 황혁이 위관 앞에서 차모라는 말을 지우고는 참모(參謀)라는 두 글자를 남겨 두었는데, 대개 차모와 참모는 음이 서로 비슷한데다 정집의 유부는 참모가 무슨 말인지도 모르고 참모를 차모라고 잘못 말한 것인데, 황혁 등이 고의로 차모를 참모로 한 것이다[86].

이 외에도 한글가사인 이운영(李運永, 1722-1794)의 『순창가』와 김인겸(金仁謙, 1707-1772)의 『일동장유가』를 보면 '다모'가 아닌 '차모'라 지칭하고 있다. 나아가 차모의 발음과 역할에서 파생하여 참모(參謀), 찬모(饌母) 등의 용어가 나타났다는

---

85) 李義鳳, 『古今釋林』 卷27, 外篇.
86) 黃赫, 『己丑錄』 上, 白參議遺事.

주장도 있다. 따라서 본고에서는 다모가 아닌 차모로 발음하기로 한다.

Ⅱ. 관청의 차모

1. 중앙 관청의 차모

1) 혜민국의 차모

조선 초기에 남녀가 내외하는 유교적 여성관과 잡학을 천시하는 풍조로 인해, 신분이 낮은 계층의 여성을 의료인으로 양성할 필요성이 대두되었다. 태종 6년(1406년) 제생원사(濟生院事) 허도(許衜)의 상언(上言)[87]에 따라 창고나 궁사(宮寺)의 동녀(童女)인 관비(官婢)를 뽑아, 여성의 질병을 치료하는 의녀(醫女)를 양성하는 전문교육을 했다. 각사의 관비들을 대상으로 선출된 의녀들은 세종대에 이르러 지방으로 확대되어 선상(選上)토록 하자 지방의 여성들도 의녀의 치료를 받을 수 있었다.

여성의료인을 양성하기 위해 제생원의 훈도(訓導)에 이어 혜민국의 교수와 훈도 등은 진맥, 침구(鍼灸), 약이(藥餌), 부인병(婦人病) 등에 관한 전반적인 의학지식을 가르쳤다. 의술을 가르치기 위해서는 문자의 해득이 선결과제였다. 이를 위해『천자문』·『효경』뿐만 아니라 사서(四書)도 익혔다. 사서의 학습을 통해 도덕교육이 이루어졌으며, 기초적인 의학지식과 의술교육이 함께 이루어졌다.

의녀의 질적 향상을 위해 매월 시험(考講)과 수시로 질문하여 의녀의 학업 성취 정도와 성실함을 살폈다. 특히 예조에서는 의녀의 권징(勸懲)조건을 만들어 학습효과를 높일 수 있도록 제도적 장치를 마련했다. 의녀의 권징조건을 보면, 혜민국 제조(提調)는 매월 고강을 통해 그동안 배운 지식을 시험하여 상과 벌, 2단계로 평

---

87) 太宗實錄 (1431) 권11 . 태종 6년 3월 6일.

가했다. 성적이 우수한 의녀는 월급을 주었고, 성적이 세 차례나 불량한 의녀는 차모로 강등시켰다. 차모로 강등된 의녀는 이후 시험에서 3략(略) 이상이 되어야 본임(本任)인 의녀로 복귀되었다[88]. 이는 시험의 상벌을 통해 우수한 의녀를 배출하고자 함이다.

조선의 역대 임금 중 『의약론(醫藥論)』을 편찬할 만큼 민생의 건강에 관심이 지대한 세조는 의녀교육을 더욱 강화했다. 고강지법(考講之法)을 보면, 3개월 이내에 세 차례 이상 시험에 통과하지 못한 의녀는 혜민국 차모로 남게 하는 징계조항을 만들었다[89]. 생명을 다루는 직종인 의녀는 학업전념과 성실함이 가장 중요한 덕목이다. 의녀로서 체계적으로 교육을 실시함과 동시에 교육기간 동안 주의 깊게 관리 감독했다. 나아가 시험으로 상벌을 줌으로써 학업에 매진케 해 의녀의 의료능력을 향상시키고자 했다.

의녀고강지법은 성종 9년(1478) 더욱 체계화된 교육방침, 〈의녀권과조(醫女勸課條)〉[90]으로 정비되었다. 개정된 내용에는 시험성적에 따른 상·벌의 평가에 변화가 있었다. 매월 상순 중순 하순의 시험 점수를 연말에 통산하여, 불통이 많은 자는 봉족을 빼앗고, 원래의 역(驛)으로 돌려보냈다. 학업 성적이 일정한 수준에 도달하지 못하면, 의녀가 되기 전의 관비로 돌아가야 했다.

2) 의금부와 포도청의 차모

법률·사송(詞訟)·형옥(刑獄) 등에 관한 일을 관장한 형조(刑曹), 왕명을 받들어 추국하는 의금부(義禁府), 강도·절도 등 범죄자를 수색·체포하거나 범죄 예방을 다룬 포도청(捕盜廳), 화성 유수부 비장들의 근무처인 비장청(裨將廳) 등 조선시대 법을 집행하는 사법기관에도 차모가 있었다. 조선중기에 들어서면서 차모는 고유의 임무인 찻일 외에도 수색과 수사 활동에도 투입되어 여성관련 사건의 첩보수집과 수사를 도왔다. 남녀유별의 윤리가 엄격한 조선시대에는 남성이 여성을 수

---

88) 世祖實錄 (1471) 권30. 세조 9년 5월 22일.
89) 成宗實錄 (1499) 권10. 성종 2년 2월 5일.
90) 成宗實錄 (1499) 권89. 성종 9년 2월 16일.

사하는데 한계가 있었다. 차모는 담당 관청의 지휘 하에 여성의 생활공간인 안채까지 들어가 수색했고, 집안의 여비를 유인해 염탐하는 등 직접 수사를 맡거나 수사 보조요원으로서 역할을 담당했다.

차모는 여자 수사관으로서 갖추어야할 신체조건과 체력 등의 자격조건이 있었다. 차모는 첫째, 키가 5척이상 커야 하고, 둘째, 쌀을 다섯 말 정도는 가볍게 들 정도로 기운이 세야 했다. 셋째, 막걸리 세 사발을 숨도 쉬지 않고 단번에 마실 정도로 호탕해야 하고, 넷째, 시아버지나 지아비의 이름도 서슴없이 부를 정도의 괄괄한 성격에 담력도 세야 했다. 신체조건과 담력을 갖춘 사법기관에 소속된 차모는 궁중과 사대부의 역적모의는 물론 민가의 형사사건에도 투입되곤 했다. 이때 차모의 임무는 죄인으로 의심되는 여성과 그 주변을 수색하고 정탐하는 특수임무였다. 특수임무를 맡아 출동할 때면 차모는 두 척쯤 되는 쇠도리깨와 오랏줄을 치마 속에 감추고 정탐했다. 수색과정에서 죄가 분명하다고 생각되면 즉시 치마 속에 감춘 쇠도리깨로 문을 부수고 들어가 죄인을 오랏줄로 묶어 체포했다. 사법기관의 차모는 통부(通符)를 지니고 있어 수사에 불응하거나 신분을 밝혀야 할 때 내보이며 순조로운 수사를 진행했다. 통부는 주로 평민층에 통용되는 신분증이다. 하지만 양반을 검거할 때에는 통부가 통용되지 않았고, 포교가 자주통부(自主通符)라는 체포영장을 내보여야 했다. 차모에게 자주통부는 없었지만 쇠도리깨가 있으면 양반 집에 창문을 부수고 들어갈 수 있었다. 이때에는 어느 정도 면책까지 주는 특혜가 있었다.[91]

역사상 중요한 사건에는 곧잘 비밀 여성 수사관, 차모가 등장했다고 송사 김화진은 전한다. 포도청이나 의금부 직제에 차모는 없었지만 정여립, 심기원, 김자점 등이 역모를 꾀했을 때 정탐 수색하는 임무를 맡아 수행했다는 이야기를 구한말 포교를 지낸 사람에게 직접 들었다고 술회하고 있다.[92] 이와 같은 사실을 입증해 주듯 수사요원으로 활약한 차모를 그린 전계소설(傳系小說)이 있다. 송지양(宋持養)의 『낭산문고(朗山文稿)』에 실린 『차모전(茶母傳)』으로, 의로운 차모, 김조이(金召史)

---

91) 송백헌, 〈여자경찰관의 효시-茶母〉, 한국대학신문, 2003년 11월24일.
92) 이경재, 『청계천은 살아있다』, 가람기획, 2002, pp. 166-168 참조.

에 관한 이야기이다. 송지양은 경기·충청·황해 삼도에 큰 가뭄이 들자 금주령(1832, 순조 32)이 내려진 시기에 한양의 경조부 밀주단속반 차모 김조이의 미담을 그렸다.[93] 당당하고 주체적인 삶을 이끌어간 김조이를 통해 당시 여자 수사관으로서의 차모의 역할을 짐작할 수 있다.

무예를 익힌 차모는 법을 집행하는 사법기관 외에도 왕실 경호실인 장용청에도 배치되었다. 정조가 왕위에 오른 후, 왕권을 강화하기 위해 설치한 정조의 친위부대, 장용청에는 장교급 무관과 업무를 지원하는 교련관, 패장, 침의, 서리, 궁시인 등 여러 직종의 관원들이 배치되었다. 그중에 차모도 2명이 포함되어 있었다.[94] 이를 보면 차모는 내외 구분이 엄격한 조선시대에 탄생한 특수한 직업이었다 할 수 있다.

3) 기타 중앙 관청의 차모

궁중의 식생활을 담당한 차비(差備) 중 상위직급인 반감(飯監)·별사옹(別司饔)·상배색(床排色) 아래, 담당업무에 따라 적색·반공·포장·주색·차색·병공·증색·수공·별감(炙色·飯工·泡匠·酒色·茶色·餠工·蒸色·水工·別監)이 있다. 그중 차색은 궐내에서 찻일을 담당한다. 내시들이 거처하는 다인청(多人廳)에도 상차(尚茶)가 있어 다과를 담당했다. 차색과 상차는 남성들이지만, 여성인 차모 역시 궐내에서 찻일을 담당했다. 차모는 국장을 치른 후에 삼 년 동안 신위를 모시는 혼전(魂殿), 국가의 제사 주관과 시호에 관한 일을 담당한 봉상시(奉常司), 돗자리(席子)·유둔(油芚) 등 궁중에서 사용하는 물품을 조달·관리하는 장흥고(長興庫), 궁중의 가마와 마필 그리고 목장 등을 관장한 태복시(太僕寺) 등 궐내 기관에 배치되었다. 또한 궁중에서 사용하는 어류·수육·식염·연료·횃불·진상물에 관한 일을 맡아보는 사재감(司宰監)에도 차모가 배치되었는데, 신택권(申宅權)의 〈사재감차모휴주래현희제(司宰監茶母携酒來現戱題)〉에서 이를 확인할 수 있다.

---

93) 김건우 편역, 『나는 당당하게 살겠다』, 문자향, 2003, pp. 18-22 참조.
94) 正祖實錄 (1805) 권37. 정조 17년 1월 12일.

우매한 할머니 작은 항아리 들고 오는데 무슨 물건인가	何物癡婆挈小壺
주머니를 기울여 웃으며 담배를 주네	傾囊笑贈淡巴菰
만약 40년 전에 나를 만났더라면	若逢四十年前我
그 사람도 꽃과 같아서 외롭지 않았을텐데	渠亦如花興不孤
손에 든 담배는 석상의 화로요	手裏烟茶席上鑪
지난 여러 해 동안 고각에서 하루에 세 번씩이나 불렀네	經年高閣日三呼
한벽한 선원직 모르고	不知閒僻璿源直
무슨 은혜로운 정이 노장부에게 있겠느냐	何有恩情老丈夫[95]

술을 가져와서 담배까지 준 사재감의 노파 차모에게 신택권이 장난을 걸며 지은 시이다. 사재감에서 차를 달이는 찻일뿐만 아니라 술심부름과 시중 등 허드렛일까지 도맡았던 차모는 위 시로 보아 연령의 제한이 없었던 것으로 보인다.

이 외에도 차모는 왕실의 혼인 국장과 같은 가례뿐만 아니라 연회·궁궐 건설 및 중수 등의 왕실과 국가의 주요행사에 배정되어 차내는 일을 했다. 왕실 행사는 대체로 임시 설치된 도감청에서 주관하는데, 차모는 행사의 구성요원으로 배정되었다. 행사가 진행되면 각 기관에서 차출되어 온 차모들이 찻일을 맡았는데, 이때 당보아(唐甫兒), 당대첩(唐大貼), 도동해(陶東海), 표자(瓢子), 사발, 수건 등의 물품을 준비해 주어 예연(禮宴)에 차질이 없도록 했다.[96] 차모가 왕실과 국가의 각종행사를 위한 준비요원으로 자리할 만큼 차는 왕실 의식과 잔치에 긴요한 음료였다.

2. 지방 관청의 차모

1) 관아의 차모

지방의 관아에서는 관리들의 차 심부름이나 허드렛일을 맡은 여비(女婢), 차모가 있었다. 차모는 차시중과 같은 기본적인 역할 외에도 관기의 역할을 했다. 이러

---

95) 박윤수, 「다모의 역사적 실체」, 『한국다문화연구지』13, 2004, pp. 59~71.
96) 都監廳, 嘉禮都監儀軌英祖貞純王后. 1759년 6월.

한 역할들로 인해 차모는 차비(茶婢), 차희(茶姬), 차기(茶妓) 등으로 불렸다. 조선시
대 대표적 제다인(製茶人)이자 음다인(飮茶人)인 정약용의 시에는 차를 내는 소기
(小妓)가 보인다.

동산의 수목 우거지고 물가의 난간 서늘한데	園木陰陰水檻涼
꾀꼬리의 울음 뒤에 여름 햇살 더디구나	栗留啼後日初長
천문지를 읽고 난 뒤 할 일 없어	星經讀罷無餘事
황정경의 첫째 장 한가로이 옮겨 쓰네	閒撝黃庭第一章
더운 날씨로 빈 뜨락에 푸른 이끼 자랐는데	一暖庭空長綠苔
잠 푹 자고나자 머리의 주렴이 반쯤 풀렸네	一場眠罷半簾開
수면 위로 나온 새끼물고기 한 번 보소	試看水面魚苗出
부슬부슬 가랑비 내리기 때문일까	爲有廉纖小雨來
어린 기생 차를 들고 사립문에 이르자	小妓傳茶到竹扉
패옥소리 글 읽는 방 들어오지 않게 하네	不敎環珮入書幃
이화원에 맛좋은 춘주 많이 있어	梨花院裏饒春酒
이따금 얼굴빛이 붉그스레 할 정도로 취기 이네	時見紅顏帶醉歸[97]

　　정약용은 아버지가 경상도 예천 현감으로 봉직하실 때(1780), 반학정(伴鶴亭)에
서 독서와 시작(詩作)을 하며 지냈다. 이 시는 여름날 예천의 반학정에서 읊은 〈하
일지정절구(夏日池亭絶句)〉중 일부분이다. '小妓傳茶到竹扉'부분을 보면, 차를 내온
이를 소기(小妓)라 표현하고 있다. 당시 지방 관아의 관비인 차모는 차 심부름 외
에도 기생으로서의 역할도 했는데 어린 나이여서 '소기'라 이름한 듯하다.
　　지방관아에서의 비의 역할은 이운영의 『순창가』에서 확인할 수 있다.

　　기싱이라 ᄒᆞᄂᆞᆫ 거슨 가련ᄒᆞᆫ 인싱이라

---

97) 丁若鏞『與猶堂全書』1集卷1,〈夏日池亭絶句〉.

견답 노비가 어딘 잇스오며
쏠 흔 줍 돈 흔 푼을 뉘라셔 쥬을넌가
먹습고 닙습기를 제 버러 ᄒ옵ᄂ되
교방 습악의 오일마다 되령ᄒ고
셰누비 빵침질과 셜면즌 소음뀌기
관가 이력 맛ᄌ와셔 쥬야로 고초옵고
되소 별셩이 오락가락 지나갈졔
차몽 슈쳥이야 구실노 나셧ᄂ되
흔 벌 의복이나 하쥬케나 아니ᄒ고
큰 머리 노리개를 남만치나 ᄒ노라니
기싱인 쥴 원ᄒ더니[98]

 억울하게 누명을 쓴 의녀들이 죄 없음을 해명하는 과정에서 삶에 애환을 하소
연하는 장면이다. 『순창가』에서 의녀로서만이 아닌 기생이자 차모로 살아가는 고
달픈 일상을 하소연하며, 힘들고 고된 삶을 토로하고 있다.
 『순창가』에서 의녀는 기생이자 차모였다. 『순창가』의 앞부분을 보면 자신들을
의녀라 소개하고 있다. 그런데 위의 인용한 부분에서는 기생이라 표현하고 있다.
지방의 관비(官婢)가운데 뽑힌 동녀들은 침구술을 익혔는데, 이때 기업(妓業)을 겸
행했기 때문에 약방기생이라고도 불렸다. 관아에서 의녀의 역할이 위축되면서 의
녀는 연회에 참석하고 사신을 접대하는 등 기생의 역할도 겸했다. 지방 관아의 의
녀들은 지방 관아의 교방에서 5일마다 가무 시서화 행의(行儀) 등을 연마해, 흥을
돋우고 수청을 드는 일로 먹고 입는 것을 스스로 해결할 정도로 궁핍했다. 거기에
바느질과 솜 펴기 등 밤낮으로 힘든 기역(奴役)은 물론이고 차모의 역할까지 도맡
아 하는 힘든 일상이었다.
 의녀는 기생의 역할은 물론이고 차모의 역할도 했다. 『순창가』에 '차모야 수청
이야 구실로 나섰는데'라는 글에서도 보이듯이, 관아의 의녀의 역(役)은 관아에 몸

---

98) 이상보, 『18세기 가사전집』, 민속원, 1991, p. 335 참조.

(奴役)을 바치고 거기서 밥을 먹는, 즉 나라에 바치는 구실 드는 역(役)이다[99]. 의녀는 기생으로 연회에 참석하여 그동안 익힌 기예로 흥을 돋우고 밤이면 잠자리가 배정되어 시침(侍寢)을 들기도 했으며, 차 시중을 드는 차모의 역할까지 전담하는 등 여성이 할 수 있는 관아의 잡다한 일을 도맡아 했다.

'차모'는 글자에서 알 수 있듯이 대부분 여성이 담당했지만 간혹 남자 차모도 보인다. 그 예는 『교거쇄편(郊居瑣篇)』에서 찾을 수 있다.

> 조판서(遠命)는 성품이 검약하여 北伯이 되어서 항상 남자 차모(관비인데 차를 담당하는 관비를 말한다)를 두었는데, 임기를 마치게 되자 누각에서 베푸는 연회에 초청장을 두루 보내 백성들을 즐겁게 했다. 가무가 있는 연회가 베풀며 상으로 대구(입이 큰 물고기) 두 마리를 주었다. 후에 조판서가 병이 들어 재종 풍원(豊原, 顯命)에게 보내는 편지에, "나는 이렇다 할 게 없어 죽어서 그리고 죽은 후에 사람들이 무어라 부르겠는가." 풍원이 말하기를 "정론(定論)은 무어라고 하던가요.""정간(貞簡)이라 하는데 지나친 것은 아닌가." 풍원이 웃으면서 말하기를, "남자 차모를 두었으니 貞이라고 말하지 않겠습니까. 두 마리의 대구로서 상을 주었으니 간(簡)하다고 하지 않겠습니까." (조원명이 세상을 떠난) 후에 시호를 의논할 때 정조대왕은 '정간'이라고 쓴 곳에 낙점을 하니 이는 우연이 아니다[100].

조원명(趙遠命, 1675-1749)이 함경도 관찰사로 있을 때 남자 차모를 두었다는 글이다. 조원명은 판동령 부사, 함경도 관찰사·평양 감사 등을 지낸 인물이다. 조원명은 인삼밭의 폐해를 고치고, 10리나 되는 만세교(萬歲橋) 보수 등 지방 관찰사로 있으면서 많은 선정을 베풀었다. 조명원이 50여 년 동안 청렴하게 봉직하고, 지방행정관으로 선정에 베풀자, 정조는 '정간(貞簡)'이라는 시호를 내렸다. 조명원이 평양감사를 지내고 돌아온 행장이 말 한 필일 정도로 그의 관직생활은 청렴했다. '남차모(男茶母)'를 지방관아에 배속한 것 역시 부임지에서 검소하고 청렴한 그의 생활을 단적으로 보여준 예이다. 잦은 연회는 국세를 낭비하는 일을 초래하기 쉽고, 백성을 위한 선정이 관심 밖이 되기 일쑤라 생각한 조원명의 특단의 조치다. 북백(北伯)의

---

99) 안길정, 『관아이야기』, 사계절, 2000, p. 80.
100) 박윤수, 「다모의 역사적 실체」, 『한국다문화연구지』13, 2004, pp. 59-71 참조.

임기동안 조원명은 연회 때 조흥(助興)역할을 한 여자 대신 남자로 차모로 둔 일만 보아도 유흥보다는 선정에 힘썼던 관리였음을 알 수 있다. 이는 차모가 여성이라는 사회의 통념을 깨고 남자도 차 다리는 일을 수행한 중요한 사례다.

조원명의 기록 외에도『숙종대왕실록찬수청의궤(肅宗大王實錄纂修廳儀軌)』,『국애시원역등성책정식(國哀時員役等成册定式)』등의 기록에 남자 차모가 존재했음을 찾을 수 있다.[101] 기녀와 의녀 등의 부가적 일을 함께 동반하는 곳이 아니면 찻일 담당은 반드시 여자만의 고유한 일이 아니었음을 증명해준다.

2) 역원의 차모

역원(驛院)은 중요한 통로와 인가가 드문 곳에 위치한 여행 편의시설이다. 역(驛)은 공문이나 중요한 군사정보의 전달, 사신왕래에 따른 영송과 접대, 공무로 출장하는 관리의 숙식제공, 필마(馬匹) 공급 등의 편의를 제공했다. 원(院)은 출장하는 관원들을 위한 숙식 외 일반 민가의 여사(旅舍)로도 사용되었다. 원은 원주(院主)가 이용 빈도에 따라 원주전(院主田)을 지급받아 거기에서 나오는 소산으로 운영했다.

역원이 원활하게 운영되기 위해서는 많은 일손이 필요했다. 역의 규모에 따라 종사하는 인원은 10명 안팎에서 수백 명에 이르기까지 다소 차이가 있다. 19세기 말엽 평안도 지방의 제도와 재정, 사회실정이 상세하게 기록된『관서역지(關西驛誌)』에는 어천역(魚川驛)에 대한 기록이 있다. 어천역은 중국사신이 오가는 통로인 의주로의 한 노정으로, 평안도 영변에 위치해 있다. 그곳에서 종사하는 역속 중, 주탕과 차모가 보인다. 주탕은 주탕비 또는 기생이라 불리는데, '주탕비(酒湯婢)'에서 '비'가 암시하듯이, 주탕은 관청에 몸을 바치고 거기서 밥을 먹는 여자종을 말한다. 주탕은 관아와 역에 소속되어 손님을 접대하는 일 외에도 차를 내고, 술안주를 만드는 등의 허드렛일도 했다[102]

역원에서는 관아와 마찬가지로 차모와 기생, 의녀를 구분하지 않고 세 가지 역할을 모두 도맡아 행한 기록을 어렵지 않게 찾을 수 있다. 기생과 의녀가 차 시중

---

101) 박윤수,「다모의 역사적 실체」,『한국다문화연구지』13, 2004, pp. 59-71 참조.
102) 김상보,『조선의 음식문화』, 가람기획, 2006, p. 45.

도 했지만 차모가 수청을 들기도 했다. 김인겸의 『일동장유가』에서 8월 3일 한양을 출발하여 용인, 문경, 예천, 안동, 경주, 울산을 거쳐 부산에 도착하여 일본에 떠나기 전까지, 그리고 귀로에 올라 부산에서 한양에 올라 영조께 복명(復命)하기 전까지 우리나라에서의 여정을 기록한 대목에 차모의 모습이 자주 등장한다. 통신사 일행의 첫 번째 휴식장소인 양재역에서부터 차모가 보인다.

> 삼십니 냥지 역을 어듭게야 드러가니
> 각 읍이 듸령하여 지공을 ㅎ는고나
> 각상통인 방ㅈ 츠모 일시의 현신흔다[103]

통신사 일행이 도착하자마자 음식이 성대하게 차려졌는데, 음식상의 시중을 들기 위해 통인, 방자, 차모 등 관비들이 각 고을에서 차출되었다는 내용이다. 대규모의 통신사 일행을 시중들기 위해서는 양재역에 예속된 관비들만으로는 부족하여 각 고을에서 관비들이 차출되어 시중을 들었다. 이어 8월 11일에 도착한 예천역에서는 차모의 역할이 구체적으로 보인다.

> 동졍ㅈ 지나와셔 예천읍니 드리드라
> 뭇기싱 블너 세고 기즁의 말지 기싱
> 늙고 얽고 박박싀을 갈회고 갈희여셔
> 니방의게 분부ㅎ고 병방츠모 정흔 후의
> 의막의 안져드니 젼비로 몬져 와셔
> ㅅ방의 잠간 뵈고 내게로 급히 와셔
> 우스며 이른 말이 쳥흔 말 엇디 된고
> 거동이 절도ㅎ되 우슘을 겨요 참고
> 은근이 디답ㅎ되
> 동힝의 그만 쳥을 내 어이 허루ㅎ리
> 츠듕의 제일싴을 갓가스로 뒤져내여

---

103) 김인겸 원저, 최강현 역주, 『일동장유가』, 보고사, 2007, p. 27.

그딕 츠모 정ㅎ엿닉

햐쳐로 어셔 가셔 블너 보면 아니 알가

셔시옥진 절대식도 이에셔는 못 나으리

오늘밤 합침ㅎ고 내덕으로 아오소셔

....

안방의 겨요 들며 ㅅ령 블너 분부 되

이 고을 슈쳥츠모 어이 아니 현신ᄂ니"

급히 와 목마르니 츠 냉콤 가져오라

이윽고 현신ᄒ니 져 츠모 뫼양 보소

뿍갓흔 져른 머리 실노 짜하 마조 믹고

눈꼽씨인 오흰 눈을 히 부싀여 겨요 쓰고

옷조롱 갓흔 낫치 멍셕쳐로 얽어고나

무명반물 뒤롱다리 귀신지 담복 쓰고

헌 져구리 자른 치마 현슌빅결 ㅎ여셰라

동구안 삼월이는 예 비ㅎ면 일식이라

츠 부어 손의 들고 쓸의 와 조춤홀 졔

밋살이 터져던지 방귀 조금 쒸거고나[104]

여색을 밝힌 병방군관(兵房軍官)이 색향(色鄕)인 예천에 도착하면 가장 예쁜 미인을 추천해 달라고 부탁하자 김인겸은 병방군관이 얄미워 가장 늙고 박색인 차모를 골라주어 실망시킨다는 내용이다. 차모는 차를 접대하는 일 외에도 기역(妓役)까지 담당하는 관비로 관물(官物)이었다. 통신사가 창원, 비안, 영천, 영일, 진해, 영산 등 역원에 도착하면 통인, 방자, 차모 등이 일손을 거들었다. 통신사 일행이 머무는 동안 역원에 예속된 차모는 차 시중을 들었고, 차담상을 내오며, 연회에서 음주가무, 수청 등의 접대와 여성 관비가 하는 잡다한 일을 수행했다.

---

104) 김인겸 원저, 최강현 역주, 『일동자유가』, 보고사, 2007, pp. 37-40.

Ⅲ. 民家에서의 차모

1. 양반가의 차모

취미와 뜻하는 바가 같아 서로 좋아하고 통하는 벗들과 만나 찻자리를 펼치며 담소를 나누는 양반들의 즐거운 모임은 옛 그림에서 어렵지 않게 만날 수 있다. 벗들과의 찻자리는 시서화를 창작하고 감상하면서 풍류를 즐기는 일상의 여유가 느껴진다. 이처럼 친목도모의 사교와 접대의 모임, 여가 모임에서의 찻자리는 대체로 차를 다리는 차모 혹은 시동(茶童)을 거느리고 차를 마셨고, 금기서화(琴碁書畵)를 즐기며 관심사와 취미, 지식을 공유하거나 골동감상과 금기서화를 즐겼다. 이에 관한 자료는 아회도(雅會圖)와 계회도(契會圖)에서 쉽게 찾을 수 있는 있다.

〈십로도상계축(十老圖像契軸)〉는 귀래정 신말주(歸來亭 申末舟, 1429-1504)가 71세 되던 해 덕망이 높은 동향의 원로들과 결성한 계회를 그린 그림이다. 신숙주(申叔舟)의 아우인 신말주는 관직에서 은퇴한 뒤 전라북도 순창의 남산 정상에 귀래정을 짓고 살았다. 신말주는 그곳에서 이윤철(李允哲), 안정(安正), 장조평(張肇平) 등 9명의 덕망이 높은 동향의 원로들과 모임을 결성하여 친목을 도모하는 풍류를 즐겼다.

〈그림 1〉 십로도상계축(十老圖像契軸)[108]

후손인 신경준(申景濬, 1712-1781)의 아들 신상렴(申尙濂)이 가전(家傳)되어온 〈십로도상계축〉을 강세황(姜世晃)에게 보여주며 새로이 그림을 그려달라 부탁하자,

---

105) 국립중앙박물관, 『조선시대 풍속화』, 한국박물관회, 2002, p. 234.

강세황은 김홍도(金弘道)와 함께 이모본(移模本, 1790)을 그린다. 스승인 강세황은 발문과 머릿그림 〈송정한담도(松亭閑談圖)〉를, 김홍도는 원본을 토대로 계회 참석자의 모습을 화면에 담았다. 김홍도의 그림에는 차를 준비하는 차모의 모습이 담긴 다화(茶畵)로, 장조평의 모습이 담긴 부분이다.

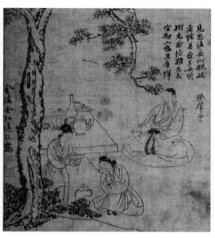

(그림 2) 십로도상계축의 장조평도(張肇平圖)　　　(그림 3) 십로도상첩(十老圖像帖)의 장조평도[109]

'옛 어진 사람들의 발자취를 흠모하면서 오늘날 추모하는 것을 감개무량하게 느낀다'라고 강세황이 〈십로도(十老圖)〉를 보고 느낀 감상을 발문에 기록했듯, 김홍도는 아름다운 산수가 펼쳐진 귀래정에서 덕망 높은 원로들의 모습을 원작을 바탕으로 아회장면을 묘사했다. 그 중 〈장조평도〉의 원본에는 모임의 음식을 준비하는 두 명의 여인과 온화한 미소를 띠우고 탁자에 앉아 있는 장조평의 모습이 보인다. 원본의 〈장조평도〉를 김홍도는 기물의 배치, 기물 수 등을 약간 다르게 표현했다. 원본에는 장조평의 앞 탁자에는 술이 담긴 항아리들이 가득 놓여있고, 앞에는 주안상을 준비하는 두 명의 여인이 보인다. 하지만 김홍도는 탁자에 가득 놓인

---

106) 리움 편,『화원』, 리움, 2011, p. 161.

술항아리를 줄이고 여인들의 모습 또한 다르게 표현하고 있다. 음식을 준비하는 두 여인의 모습을, 한 여인은 다로에 탕관을 올려두고 정성을 다해 차를 달이는 모습으로, 또다른 한 여인은 다식접시를 공손히 들고 있는 모습으로 그렸다. 즉, 차로 즐기는 계회의 모습을 담았다.

연회는 화려하지는 않지만 가무와 다담을 즐기는 선비들의 풍류가 느껴진다. 비교적 차를 주제로 한 그림을 많이 그린 김홍도는 신말주 원본의 인물이 심의를 입고 복두를 쓴 고사문인(高士文人), 즉 원본을 바탕으로 그리되 시대적 번안으로 계회장면을 그린 것으로 보인다. 김홍도의 시대에 차는 술과 함께 선비들의 풍류 음료였다. 나아가 차는 예의로움과 맑은 선비의 모습을 담은 음료였다. 김홍도는 풍류와 수신, 청신(淸新)한 휴식과 예의로움 등을 상징한 음료인 차야말로 덕망이 높은 선비들이 결성한 계회에 어울리는 음료라 생각하여 덧붙인 그림이라 판단된다.

조선시대 명사(名士)들의 일화·시화·항담(巷談)·소화(笑話) 등을 모은 『기문총화(記聞叢話)』에는 음주가무를 너무 즐긴 나머지 몰락하게 된 양반들의 이야기들이 많이 나타난다. 음주가무를 즐겨 가산을 탕진한 양반의 이야기 속에 차모가 보이는데, 본임인 찻일을 돕는 차모가 아닌 기생의 역할을 하는 차모의 모습이다.

　　　왼쪽에는 주비를, 오른쪽에는 다모를 끼고(...左酒婢右茶母...)[107]

차를 끓이고 대접하는 일 외에도 기생의 일까지 겸해 차모를 차기(茶妓)라 부르기도 했다. 이는 오도일(鳴道一)의 시, 〈야좌삼첩(夜坐三疊)〉에서도 찾을 수 있다.

발과 휘장 그림자 위치, 바뀌는 것 보니 새벽기운 짙은데	簾帷如水曉痕濃
비바람 휘몰아쳐 정원수, 심하게 흔들리네	庭樹風高雨急春
단잠 자고 있는 글벗 두드려 깨우고	蹴起詩朋酣寢熟
차기 부르니 할 수 없이 나오네	喚來茶妓出曚懂[108]

---

107) 박윤수, 「다모의 역사적 실체」, 『한국다문화연구지』13, 2004, pp. 59~71.
108) 吳道一 , 『西坡集』卷6, 〈夜坐三疊〉, http://www.itkc.or.kr.

오도일은 술을 너무 좋아해서 그를 아끼던 숙종이 술을 삼갈 것을 간곡하게 타이를 정도였다. 오도일은 술이 지나쳐 아프면 술 대신 차를 마시며 심신을 보(保)하곤 했다. 〈야좌삼첩〉를 보면, 비바람 휘몰아쳐 새벽에 깬 오도일은 옆에서 곤히 자고 있는 벗을 깨워 따끈하게 다려 온 차를 마시자고 노래한다.

애주가인 오도일 집의 비는 차모와 기생의 역할이 따로 구분되어 있지 않은 것으로 보인다. 숙취해소에 최고인 차는 술자리의 불가분관계였을 것이다. 그러기에 오도일은 '차기(茶妓)'라는 용어를 사용했다고 보여진다. 이 시의 내용을 자세히 살펴보면 당시의 모습이 그려진다. 비오는 날, 기온이 뚝 떨어지면 따끈한 차가 그립다. 애주가인 오도일은 새벽에 세찬 비바람 소리에 잠에서 깨어나자 한기를 느꼈을 테고, 이때 차가 가장 먼저 생각났을 터다. 차모와 기녀의 역할을 겸한 차기는 오도일을 위해 따끈한 차를 내어온다. 차기가 내어온 따끈하고 향기로운 차는 오도일과 벗의 숙취를 해소시켜주었고, 몽롱한 정신을 깨우며, 포근하고 향기롭게 적셔주기에 충분한 음료였다.

시에 차에 관한 내용이 많이 보이는 이민보(李敏輔)의 〈야범주중설립당(夜泛舟中設笠鐺)〉의 일부분이다.

강 가운데 떠있는 배는 마치 집과 비슷하고	江中舫如屋
풍로 위 솥은 삿갓과 흡사하네	爐上鼎似笠
요리사는 나물과 고기 준비하자	庖人具蔬肉
차희는 술그릇 내어 따르네	茶姬進酒榼[109]

〈야범주중설립당〉의 첫 번째 수(首)로, 마치 한 폭의 동양화를 시로 풀어낸 듯하다. 강물에 띄운 배 안에는 풍로, 술과 안주, 요리사와 차희(茶姬) 등 풍류를 즐긴 만반의 준비가 다 되어 있다. 고요히 흐르는 강물에 띄운 배에서 차희가 따라주는 술 한 잔에서 한적함과 여유로움이 느껴진다. 마지막 수에 '차희'가 보인다. 위의 시에서도 알 수 있듯이 차희는 차모의 다른 이름으로, 차시중과 더불어 차를 따르

---

109) 李敏輔, 『豐墅集』 卷3, 〈夜泛舟中設笠鐺〉, http://www.itkc.or.kr.

며 연회의 흥을 돕는 기생의 역할도 했다.

2. 항간(巷間) 찻집의 차모

오랜 옛날부터 구전된 풍자 · 비판 · 교훈 · 유희 등을 내포한 구절이나 짧은 문장이 속담이다. 속담은 서민들의 생활과 이와 관련된 사물, 자연현상 등의 비유로 생성된 사회의 소산물이다. 사회에서 민중들의 절대적인 공감을 얻었을 때 비로소 속담은 생명력을 얻게 된다. 예부터 민간에서 교훈이나 풍자를 담아 비유의 방법으로 많이 쓰인 속담은 조상들의 사고와 정서, 생활 모습 등을 반영하고 있다. 속담은 민중 속에서 생사고락을 함께하였기에 차모와 관련된 한 속담을 통해 민중 속에서의 차모의 역할을 연구하는데 중요한 역할을 한다. 차모에 관한 속담으로는 '이것은 다방골 잠이냐', '다방골 다모의 속곳가랑이냐', '모전다리 차모의 겨드랑이' 등이 20세기 초반까지도 공감을 얻으며 존재했다.

'이것은 다방골 잠이냐'는 늦잠 자는 것, 즉 게으름을 비유하는 속담으로, 상업지구인 다방골의 상인들이 밤늦도록 장사하다가 잠이 들어 이튿날 해가 중천에 뜬 후에야 일어난다는 말에서 유래했다.[110] 18세기 이후 서울은 상품유통이 자유롭게 되면서 시전, 점포상업 등 일반백성을 대상으로 상거래가 운영되었다. 서울은 최대의 소비도시로 자리하자, 물품을 사고파는 상거래뿐만 아니라 음식점, 다방, 색주가 등 서비스업도 발달했다. 한양의 상업기능이 성장함에 따라 도심 곳곳에 거래와 휴식 등을 위한 공간 또한 성업을 이루었다. 특히 청계천 북쪽의 운종가를 중심으로 주로 다동 즉 다방골(서울 종로구 서린동과 다동), 상사동(청진동과 종로 1가동사이의 지역) 등 지역에는 시전 상인들이 모여 살면서 상가밀집지역이 형성되었다.[111]

다방골, 무학재 홍제원 등 상거래와 교통의 중심지에는 찻집이 성업했다. 찻집이 거래와 휴식처 등의 역할을 담당하며 민중의 생활에 자리하면서 차모에 대한

---

110) 백과사전출판사편, 『조선속담집』, 민속원, 1997, p. 33.
111) 고동환, 『조선시대 서울 도시사』, 태학사, 2007, pp. 383-384 참조.

속담 또한 생겨났다. 여자가 끼와 요염을 부릴 때 '다방골 다모의 속곳가랑이냐'고 빗대는 속담이다. 다방골 가게의 뒤뜰 툇마루에서 차를 다려 파는 차모가 있어 찻집 영업을 했다. 이곳에서는 전주(廛主)와 손님이 툇마루에 걸터앉아 흥정을 하곤 했는데, 이때 차모의 차와 넉살이 한몫하며 거래가 성사되곤 했다.[112] 다방골 차모는 치마 속의 다리속곳을 보일락 말락 하며 손님을 유혹했다는 '다방골 차모의 속곳가랑이냐'와 비슷한 속담으로 '모전다리 차모의 겨드랑이'가 있다. 다방골에 위치한 모전다리(毛廛橋, 서울시 종로구 서린동) 찻집의 차모는 짧은 저고리를 입고 슬쩍 드러내며 요염한 자태로 차를 팔았다고 한다.[113] 두 속담 모두 다방골 찻집의 차모의 대한 속담으로, 당시 감질나게 하는 사물을 비유하는 말로 쓰였다.

넉살과 끼가 다분했던 다방골 모전의 차모와 더불어 갓을 취급하는 갓전의 차모 또한 유명했다. 갓전의 차모는 갑오개혁 후 궁중에서 감원당한 궁녀들이 궁을 나와 개업한 찻집으로 예를 갖춘 차모로 유명했다.[114] 갓은 중인이상의 기혼자가 외출시 상투를 보호하기 위해 쓰는 관모이다. 위엄을 상징하였던 갓이었던 만큼 이를 취급하는 상점주나 찾아온 손님은 예의를 갖추어 손님을 맞이하는 찻집을 찾았을 것이다. 갓전 주변에서는 궁을 나와 개업한 궁녀들이 차모로 일한 찻집이 성업했다.

Ⅳ. 차모의 역할

1. 차를 내는 역할

차모는 찻일을 담당하는 전문성을 지닌 기능직 비(婢)이다. 조선후기에 들면서

---

112) 이규태, 『한국인의 밥상문화』 1, 신원문화사, 2000, p. 134.
113) 김명배, 『다도학』, 학문사, 1993, p. 322.
114) 이규태, 『한국인의 밥상문화』 1, 신원문화사, 2000, p. 134.

본업인 찻일에만 전념하지는 못했지만 조선 전 기간에 걸쳐 궐내와 관청, 양반가와 민가 등에 차모는 존재했다.

궐내에서 차모는 차색과 상차 등과 함께 찻일을 담당했다. 특히 왕실의 연회, 혼인, 궁궐 건축 및 중수 등의 왕실과 국가 주요 행사에는 임시로 배정되어 차내는 일을 했다. 『창덕궁 창경궁수리도감의궤』, 『고종진찬의궤』, 『숙선옹주가례등록』, 『가례도감의궤영조정순왕후』 등의 기록에서 이에 대한 다양한 사례를 찾을 수 있다. 관청에서는 취반비와 함께 차모는 관노비로, 관리들이 음료와 수신을 위해 음용하고플 때, 연회 등 손님맞이 접대가 있을 때, 차를 다려 내는 일을 담당했다. 「일동장유가」에는 찻일을 담당한 차모의 역할을 보다 구체적으로 보여준다. 1763년(영조 39년), 조선통신사 일행이 8월11일에 잠시 휴식을 취한 예천역에서의 내용 중 차모의 역할에 대한 부분이다.

> 이 고을 슈청ᄎ모(守廳茶母) 어이 아니 현신(現身)ᄂ니
> 급히 와 목마르니 ᄎ(茶) 냉콤 가져오라[115]

예천역에서처럼 사신단이 노정에서 휴식과 숙식을 취하고자 역원에 들렀을 때, 차모는 차와 함께 병과류를 차린 차담상(茶啖床)을 사신단 일행에게 올렸다. 이와 같은 예는 김인겸 일행의 노정인 의흥, 창원, 영일, 김해, 영동, 신흥 등에서 보일 만큼, 찻일을 하는 차모의 모습은 「일동장유가」에서 쉽게 찾을 수 있다.

조선후기에 들면서 경화사족을 중심으로 차를 음용하는 선비들이 점차 많아졌다. 그들에게 차는 수신의 음료이자, 풍류음료였다. 사족들은 수신을 위해 찻일을 도맡기도 했지만 다동이나 차모에게 맡기는 예 또한 많았다. 선비들은 차를 마시며 자연과 정원, 골동서화 등의 감상과 더불어 악기를 연주하고 시서화를 창작하며 한아(閒雅)한 생활을 즐겼다. 이때 선비들에게 차는 술과 함께 풍취를 돋우어주는 조흥음료(助興飲料)다.[116] 차모는 심신을 맑게 하고 풍류를 즐기는 선비를 위해

---

115) 김인겸 원저, 최강현 역주, 『일동자유가』, 보고사, 2007, pp. 39-40.
116) 정은희, 『19세기 조선 사대부가 여성의 차문화 연구』, 원광대학교 박사학위논문, 2009, p. 145.

향기로운 차를 다려 찻자리가 가회(佳會)가 될 수 있도록 했다.

조선 후기는 상층뿐만 아니라 서민층에서도 골동서화 수집과 감상, 화훼 등의 새로운 생활취미가 꽃피면서 유흥문화가 발달했다. 문화소비도시로 급부상한 서울의 찻집은 유흥과 상거래의 공간이자 휴식 공간이었다. 찻집에서 차를 다려내는 차모는 관비가 아닌 상인이었다. 예를 갖춘 차모도 있었지만 끼와 넉살로 호객행위를 하는 차모도 있었다. 다양한 모습의 차모지만, 이들에게 공통점은 편안한 자리를 제공함과 더불어 향미로운 차를 내는데 있다 하겠다.

일반적으로 차를 잔에 따를 때에는 반드시 잔을 데워 뜨겁게 해야만 찻물이 매끈하게 모인다. 만약 차가우면 찻물이 제대로 우러나지 않는다.[117]

최한기의 『농정회요(農政會要)』에서도 보이듯이 예온(豫溫)한 찻잔은 차의 향미를 제대로 살리는데 중요한 요소이다. 구하스님, 효봉스님 등이 즐겨 찾던 쌍계사 부근에서 전통찻집의 차모는 찻잔의 예온(豫溫)이 차의 향미를 살린데 일조한다는 사실을 오랜 찻일을 통해 알고 있었다. 차모는 늘 밝은 모습으로 손님을 맞이하고, 찻잔이 비면 바로 차를 따라 주는 등 정성스럽고 친절함으로 즐겁고 편안한 찻집 분위기를 만들었다.[118] 이는 정성과 친절이 차의 향미를 살리는데 큰 힘을 발휘한다는 것을 잘 알고 있었다. 조선후기의 차모 역시 향미로운 차를 내기 위한 비법과 마음가짐을 충분히 인지해 차를 다렸음이 짐작된다.

2. 기녀의 역할

최하위 신분인 차모는 물(物)로 인식되며, 차를 다리는 본업 외에도 주연에서의 취흥을 돋우는 역할, 수청 등 기역(妓役)까지 대행했다. 오도일은 〈야좌삼첩〉에서

---

117) 崔漢綺, 『農政會要』 卷17, 治膳, 茶湯.
118) 이규태, 『개화백경』, 신태양사, 1969, p. 96.

차모를 차기로 읊었고, 이민보는 〈야범주중설립당〉에서 술을 따르는 차희가 술을 따른다(茶姬進酒榼)고 읊었던 것처럼 차모는 기생이기도 했다.

김인겸의 『일동장유가』에서 보면, 김인겸 일행이 잠시 묵은 관아나 역원에서 연회에 참석하고 수청을 드는 모습을 어렵지 않게 찾을 수 있다. 통신사 일행이 오면 관아나 역원의 차모는 연회석상에서 조홍을 하는 일 외에도 밤이 되면 사신이나 고관의 잠자리 시중을 드는 방기(房妓)의 역할을 했다. 기역까지 담당하는 관비였던 차모는 때론 아이가 태어나 어머니의 신분을 세습했다.

> 니보령(李保寧) ᄌ문이가 정묘년 일본갈 제
> 여긔 기싱 슈청(守廳)ᄒ여 딸ᄒ나히 잇다 ᄒ고
> 나려올 제 간청ᄒ되 속신ᄒ여 달라커늘
> 들으매 측은ᄒ여 말 내리며 무러보니
> 시년(時年)이 십오셰요 비장ᄎ모 뎡(定)ᄒ다니
> 욕볼까 블상ᄒ야 내 ᄎ모(茶母) 상환(相換)ᄒ여
> 급급(急急)히 블너다가 ᄎ담상(茶啖床) 니여 쥬고
> ᄌ문의 말 다 젼ᄒ니 우는 거동 참혹ᄒ다.
> 원ᄃ려 이 말ᄒ고 써혀 쥬라 간쳥ᄒ니
> 대비(代婢)쥬면 면역(免役)ᄒ지 그겨는 못ᄒ다니[119)]

의흥에 도착한 김인겸은 이자문(李資文)으로부터 정묘년(영조 24년, 1748)에 통신사의 수행원으로 일본에 갔을 때 수청을 들어 태어난 딸을 속신(贖身)해 달라는 부탁을 받았다. 의흥에 도착하여 찾아보니, 15살이 된 이자문의 딸은 이미 비장(裨將)의 차모로 배정되어 있었다. 김인겸은 자신에게 배당된 차모와 바꾸어 이자문의 딸과 밤을 지새며 그간의 사정을 이야기한다. 측은한 마음에 원님에게 관비에서 풀어줄 것을 부탁하지만 거절당한다는 내용이다. 공노비인 관비는 국가의 재물로 간주되었으며, 종모법(從母法)에 의해 어머니의 역(役)을 세습한 신분이다. 김

---

119) 김인겸 원저, 최강현 역주, 『일동자유가』, 보고사, 2007, pp. 44-45.

인겸은 관아에 이자문의 딸의 속신을 부탁하지만 이에 상응하는 돈을 주지 않으면 속신해 줄 수 없다는 답변을 듣는다.

18세기는 신분의 변동이 심했던 시기이다. 두 차례의 전란으로 사회가 급속히 혼란해지면서 도주하는 노비가 증가하고, 납속책을 통해 신분상승의 길을 열어주는 등 봉건적 신분구조가 붕괴되어갔다. 돈만 있으면 관비가 양민이 될 수 있지만 이 또한 쉬운 일은 아니었다. 관아나 역원에 예속된 차모의 삶은 경제적으로 매우 힘들었다.

> 허다흔 관속(官屬)들이 의복을 푸라먹고
> 무올로 돈니면셔 버러먹기 티반이오
> 내 츠모(茶母) 은힝(銀香)이가 슈식(首飾)을 미식(賣食)ᄒ고
> 밋머리로 스환(使喚)ᄒ니 소견(所見)이 불샹ᄒ다[120]

관에 배속된 차모는 기생의 역할까지 담당한 관비였다. 특별한 직능인이지만 공천(公賤)이었기에 경제적으로는 열악한 처우를 받았다. 관에서 다양한 역할, 특히 기생으로서의 삶은 경제적으로 보탬이 되었을 것이다. 따라서 차모에게 기생의 머리장식은 필수품이었다. 하지만 관비인 차모는 기생으로서 매력을 발산하기 위한 치장한 머리 장식을 팔정도로 먹고살기 힘들어 몸에 지닌 것을 팔정도로 힘들었다.

차모는 기생으로서 공·사적으로 열린 연회에 참석한 경우가 많아졌다. 남녀가 유별한 사회에서 차모는 기생으로서의 역할 또한 충실히 이행했다. 차모가 본래의 목적인 찻일과 관련된 임무가 변질되어 조흥과 위안, 수청 등 기생의 역할을 수행했다는 사실은, 차모가 전문인으로서 인정받기 보다는 노비로서 천시 받은 사회임을 여실히 보여준 예이다.

---

120) 김인겸 원저, 최강현 역주, 『일동자유가』, 보고사, 2007, p. 423.

3. 의녀의 역할

내외법(內外法)과 수절(守節)을 지향한 유교사회인 조선시대는 남의(男醫)의 여성 진료가 제약을 받자, 여성 의료인을 양성하는 의녀제도를 만들었다. 여성 환자의 진료를 남의가 할 수 없기 때문에 신분이 낮은 계층의 10대 초반 소녀들이 의녀 후보가 되었다. 의녀 교육생들은 심성을 수양하는 기초학문을 연마한 후에 『직지맥(直指脈)』, 『동인경(銅人經)』, 『가감십삼방(加減十三方)』, 『부인문(婦人門)』, 『산서(産書)』 등 부인병에 대한 전반적인 기초지식을 습득하고, 매월 고강을 통해 전문 직업인인 의녀가 되었다.

시험에 통과한 의녀는 의료인으로 제몫을 담당할 수 있었지만 시험에 불통한 의녀는 차모로 강등함으로써 생사를 다루는 직업인으로 신중을 기했다. 의녀는 생명과 건강한 생활을 위한 직업인이기에 권징법을 통해 교육에 심혈을 기울였다. 강등된 의녀는 혜민국의 차모로 있으며 그 역할을 다했다. 의료기관을 보다 효율적으로 운영하려면 환자를 직접 대하며 의술을 펼치는 의관과 의녀를 보조하는 인력이 필요했다. 강등된 차모는 의학에 대한 기초 지식이 내재된 자로써 보조 역할하기에 더없이 좋은 인재이다. 또한 『동의보감(東醫寶鑑)』 등의 의서와 『산림경제(山林經濟)』, 『규합총서(閨閤叢書)』 등의 생활백과사전류와 많은 기록물에서도 알 수 있듯이, 차는 치료와 질병예방 등에 효과적인 건강음료다.

의녀에서 강등된 차모는 본 임무인 차를 다리는 일 이외에도 혜민국의 의료인으로써 한몫을 담당했음을 영조 14년 의녀 취섬의 모역(冒役) 사건에서 짐작할 수 있다. 불성실한 의녀 취섬을 벌하려 하자 취섬은 임신 5개월이라 주장한다. 이에 월령의관(月令醫官)과 차모비(茶母婢)로 하여금 임신여부를 조사하라는 명을 한 것[121]을 보면 차모는 기초적이지만 의술을 갖춘 의료인이었다. 생명과 건강을 다루는 직업인만큼 성실함과 끝없는 노력을 요구한 의녀교육에서 탈락하여 차모로 강등되었지만, 최선을 다해 그 역할에 임했다.

---

121) 『承政院日記』 책 879, 영조 14년 10월 15일.

중앙에만 한정된 의녀제도가 지방으로 확산되었지만 양난 이후 사회 전체적으로 기반이 흔들리면서 의녀교육과 활동은 축소되었다. 그 결과 지방 관아와 역원의 의녀는 차모는 물론 기생 역할까지 하는 결과를 낳았다.[122] 순창의 하리와 기생의 갈등을 다룬 이운영의 『순창가』를 보면, 의녀의 지방 관아에서의 역할이 보인다.

> 기싱이라 ᄒᆞ는 거슨 가련ᄒᆞᆫ 인싱이라
> 젼답 노비가 어듸 잇ᄉᆞ오며
> ᄲᆞᆯ ᄒᆞᆫ 줌 돈 ᄒᆞᆫ 푼을 뉘라셔 쥬을넌가
> 먹습고 닙습기를 졔 버러 ᄒᆞ옵ᄂᆞᆫ듸
> 교방 습악(敎坊習樂)의 오일(伍日)마다 딕령ᄒᆞ고
> 셰누비 ᄲᆞᆼ침질(雙針)과 셜면ᄌᆞ(雪面子) 소음쮜기
> 관가 이력 맛ᄌᆞ와셔 쥬야(晝夜)로 고초옵고
> 딕소 별셩(大小別星)이 오락가락 지나갈졔
> ᄎᆞ모(茶母) 슈청(守廳)이야 구실노 나셧ᄂᆞᆫ듸
> ᄒᆞᆫ 벌 의복이나 하쥬케나 아니ᄒᆞ고
> 큰 머리 노리개를 남만치나 ᄒᆞ노라니
> 기싱인 쥴 원(怨) ᄒᆞ더니[123]

억울하게 누명을 쓴 츈운신, 도화신, 슈화신, 차겸신 등 의녀들은 무죄를 설명하며 고달픈 일상을 하소연하고 있다. 지방관아의 의녀는 낮에는 차 시중은 물론 연회에서 기예로 흥을 돋우었고, 바느질과 솜 펴기 등 잡다한 노역까지 도맡았으며, 밤이면 잠자리에 배정되어 시침을 드는 등 힘든 일상이었다. 지방 관아에서 관비 신분의 차모, 의녀, 기생은 역할을 구분하지 않고, 이 모두를 병행했다.

---

122) 정영선, 『한국차문화』, 너럭바위, 1998, p. 177.
123) 이상보, 『18세기 가사전집』, 민속원, 1991, p. 335.

4. 여자 수사관으로서의 역할

남녀의 구별이 엄격한 조선은 안채를 수색하거나 여성 용의자나 죄수를 다룰 때 남성 포졸이 아닌 여성이 필요했다. 관비인 차모와 의녀는 남성들이 할 수 없는 수사를 맡거나 수사 보조자로 좋은 조건을 갖추고 있었다. 영조 14년, 의녀 취섬의 수사과정에 차모가 참여한 기록이 있다.[124] 내의원 차모는 의료인으로서 지식을 갖추었기에 간심(看審), 즉 죄인 여부를 조사하는 역할을 수행했다. 여성 용의자나 범법자 수사에서 수색이나 간심 등이 필요할 때 차모는 해당분야에서 필요로 한 조사하는데 충분한 자질을 갖추고 있었다.

사헌부, 의금부, 포도청 등에 소속된 차모는 상관의 지휘 하에서 움직이는 수사관이었다. 중앙과 지방의 행정을 감찰하고, 풍속을 바로잡고, 지위고하를 가리지 않고 관료의 전횡과 국왕의 전제를 견제한 사헌부 관헌들의 주된 일 중 하나는 다시(茶時)를 행하는 일이다. 사헌부 관헌들은 차 마시는 의례에서 치우침이 없이 엄정하고 신중하게 중요한 사안을 논의하고 합의했다. 사헌부의 다시의식은 일상적으로 행해진 만큼 사헌부에 소속된 차모는 찻일을 담당하는 일과 더불어 감찰의 수사를 보조하는 역할을 했다.

왕명을 받들어 높은 신분의 범죄나 역모사건 등의 정치적 성격이 짙은 죄인을 추국하는 국왕 직속의 사법기관인 의금부에서도 차모는 여성 범법자나 혐의자를 수색하는 임무를 담당했다. 포도청은 좌·우 포청에는 각각 포도대장이 있었고, 그 아래에서 종사관이 포도대장을 보좌하며 서울의 치안을 책임졌다. 포도청의 포교는 범죄를 예방하기 위한 순찰이나 범죄자를 검거하는 등의 실무를 맡았다. 이 포교를 보좌하는 이들이 포졸과 차모다.[125] 포도청의 차모 역시 수사권한이 부여되어 남자들이 할 수 없는 여성관련 수사를 맡거나 수사 보조요원으로 활약했다.

범죄를 예방하고 범인을 색출하기 위해 사법기관에서는 차모가 절대적으로 필

---

124) 『承政院日記』 책 879, 영조 14년 10월 15일.
125) 이욱, 『나그네(捕校)와 다모(茶母)』, 내일을 여는 역사 9권 3집, 2004, p. 272.

요했다. 남녀의 구별이 엄격한 사회에서 큰 죄를 지었다하더라도 남성 수사관은 안채와 같은 여성들만의 공간을 자유로이 출입할 수 없기 때문에 사건을 해결하는데 한계가 있었다. 사법관에서 차모는 각종 사건의 현장 조사원으로 여성과 관련된 정보수집과 수색, 검거와 압송 등의 수사에 참여해 유용하게 활용되었다. 천한 신분의 차모에게 수사 권한을 부여함으로써 궁중은 물론 민간의 사건 해결에 일조했던 것이다.

V. 나가며

엄격한 유교적 윤리관은 '여성'과 '신분'이라는 두 굴레를 씌워 여성의 삶을 제한했지만 신분이 낮은 여성에게는 이러한 사회적 규범이 적용되지 않았다. 오히려 시대적 제약을 넘어서 국가에 필요에 따라 특수직을 전문적으로 수행했다. 그 대표적인 예가 차모로, 차모는 조선시대 이와 같은 환경으로 새롭게 생겨난 전문 직업인이다. 차모는 찻일이라는 본래의 임무 외에도 기생, 의녀, 수사관 등 특수한 다방면의 역할을 부수적으로 수행했다. 즉, 차와 의약에 대한 지식, 가무 등 특수한 기능을 지닌 여성이었지만, 신분이 낮은 계층만이 차모의 역할을 수행할 수 있었다. 이들이 자신의 의지대로 직업을 선택한 것은 아니지만 여성의 활동이 제약을 받던 시기에 차모는 심신의 휴식과 풍류, 수신을 돕는 티 소믈리에였고, 환자를 치료하는 의료인이었으며, 전통음악과 춤의 보존자요, 사법기관의 최전선에서 활약한 수사관이었다.

조선후기 차모의 모습과 그 역할을 통해 밝혀진 차모의 성격을 요약하면 다음과 같다. 첫째, 차모는 유교적 사회질서 속에서 여성의 직업으로 탄생되고 유지되었다. 부부유별과 정절관에 의해 남성과의 접촉이 원활하지 않았던 시대에 차모는 남성 지배계층을 위해 찻상을 대령하는 일 외에도 의녀로서 여성의 질병을 치료했고, 기녀로서 연회에서 조흥하는 역할과 형사로서 여성만의 공간에 들어가 수색하고, 여성의 몸을 간심하는 등 다양한 역할에 참여했다. 다양한 일을 수행하기 위해서는 남성과 불가피하게 접촉해야만 했다. 이 때문에 당시 사회에서 노비 신분인 차모가 적임자였다.

둘째, 차모는 능력과 개인의 선호도에 따라 자발적으로 택한 직업이 아닌 신분제에 의해 세습된 직업이다. 차모는 유교이념에 합당한 사회를 위한, 강화된 지배계급을 위한 신분에 의한 일종의 신역(身役)이다. 차모는 대체로 남성의 지휘를 받는, 혹은 보조하는 역할을 수행했다. 천민과 여성이라는 신분과 성의 제한을 받으며 주어진 역할을 수행했던 봉건사회의 특성을 충실히 반영하고 있었다.

셋째, 차모는 전문직 여성이다. 가정의 울타리에서 벗어난 사회적 존재로, 유교적 여성상을 벗어난 활동범위에서 기능을 수행했다. 하지만 차모에 대한 시대적 요구는 찻일을 전담하는 전문직외 기생, 의녀, 형사의 역할도 한 다재다능한 여성 기능인이었다. 조선후기로 오면서 차에 대한 수요가 줄어들자 다른 기능이 추가되었다. 차모의 다양한 역할은 조선시대 여성의 삶에서 연상되는 고정관념을 깨뜨리는 일이었다. 역사 속에 투영된 차모의 역할은 시대의 변화에 따라 변모했다. 차모는 세습직이었지만, 교육의 기회가 제공되었고, 사회를 위한 공공서비스직으로 보람을 얻을 수 있었다.

차문화에는 시대의 삶과 정신이 담겨있다. 일상의 기호와 건강생활을 위해 존재했던 전문기능직 차모 역시 시대의 흐름과 당시를 살아가는 삶을 대변하고 있다. 참살이와 전통문화의 복원에 관심이 있는 현대시대에 차모의 사회적 기능과 역할은 각별한 의미를 갖는다. 차모의 사회적 역할에서 찻일과 질병의 치료와 예방을 담당했음을 주목해야 한다. 차를 주로 소비한 사대부가의 남성 중심으로 조선시대 차문화를 연구한 기존 연구방향의 폭을 넓혀 여성, 그리고 찻일을 담당한 직능인인 차모에 관한 연구가 보다 심도있게 진행되어야 한다.

【참고문헌】

都監廳, 『嘉禮都監儀軌英祖貞純王后』

『成宗實錄』

『世祖實錄』

『承政院日記』

嗚道一, 『西坡集』

李敏輔, 『豐墅集』

李義鳳, 『古今釋林』

丁若鏞, 『與猶堂全書』

崔漢綺, 『農政會要』

『正祖實錄』

『太宗實錄』

黃赫 『己丑錄』

고동환, 『조선시대 서울 도시사』, 태학사, 2007.

국립중앙박물관, 『조선시대 풍속화』, 한국박물관회, 2002.

김건우 편역 (2003), 『나는 당당하게 살겠다』, 문자향, 2003.

김명배 (1993), 『다도학』, 학문사, 1993.

김상보 (2006), 『조선의 음식문화』, 가람기획, 2006.

김인겸 원저, 최강현 역주, 『일동장유가』, 보고사, 2007.

리움 편, 『화원』, 리움, 2011.

박윤수, 「다모의 역사적 실체」, 『한국다문화연구지』 13권, 2004.

백과사전출판사편, 『조선속담집』, 민속원, 1997.

송백헌, 〈여자경찰관의 효시-茶母〉, 한국대학신문, 2003년11월24일.

안길정, 『관아이야기』, 사계절, 서울, 2000.

유남옥 · 조희선, 「조선시대 계회도에 나타난 다례양상」, 『한국차학회지』 13권 2집,
    2007.

이경재,『청계천은 살아있다』, 가람기획, 2002.

이규태,『한국인의 밥상문화』 1, 신원문화사, 2000.

-----,『개화백경』, 신태양사, 1969.

이상보,『18세기 가사전집』, 민속원, 1991.

이욱,「나그네(捕校)와 다모(茶母)」,『내일을 여는 역사』 9권 3집, 2004.

정영선,『한국차문화』, 너럭바위, 1998.

정은희,『19세기 조선 사대부가 여성의 차문화 연구』, 원광대학교 박사학위논문, 2009.

〈출전〉『한국차학회지』제18권, 제1호, 한국차학회 (2012)

세시기(歲時記)를 통해 본 민중의 차문화

- 18세기 후반-19세기 전반기 세시기를 중심으로-

Ⅰ. 들어가며

세시기(歲時記)는 우리 조상들이 해마다 주기적으로 행하는 세시풍속을 기록한 글이다. 세시풍속은 오랜 시간 자연환경이나 생업, 종교, 통치이념과 공동체의 가치관 등의 영향을 받으며 얻은 생활의 소산물로, 민족 또는 촌락마다 관행되어지는 것이 상례이다. 이처럼 세시풍속은 한 민족에 의해 발생되고 전승되어 온 고유의 것도 많지만 교류를 통해 전래되거나, 수용된 외래 관습이 시대의 변천에 따라 개성이 가미되어 역사성과 사회성을 띤다.

세시기를 기록한 작가들은 한양과 향촌에서 행해진 민중의 관습과 생활풍속과 규범 등을 진솔하게 표현한다. 세시기에는 서울의 도시 상황과 생활, 향촌에서의 생업과 놀이, 전승된 민간의식과 민간신앙 등 생활현장에서의 민중들의 모습과 세태를 사실적으로 묘사하고 있다. 따라서 세시풍속에는 일상생활과 의식이 응집되어있고, 그동안 지켜 내려온 독창적인 문화적 전통이 용해되어 있다.

당대 생활문화의 창출 주역인 민중이 행하는 생활 관습에는 그들의 일상과 사상, 전통 등이 스며있는 차문화가 자리하고 있었다. 18세기 중엽 이후부터, 경화세족들에 의해 비롯된 조선 후기 차문화는 민중의 공감을 얻으며 계층과 지역이 확대되어갔다. 하지만 19세기 중엽이후 내우외환을 겪으며 차생활은 더 이상 일상의 생활양식이 되지 못했다. 민중의 차문화는 중국의 차문화와 비슷한 보편성을 띠면서도 우리만의 독특한 개성이 드러나 있다. 차문화는 오랜 시간에 걸쳐 생활환경과 자원 등에 영향을 받으며 민중의 마음과 생활에서 점차 자리 잡아갔고, 토착화되었다.

비교적 기록물이 많이 남겨진 왕실과 사대부들의 차문화에 대한 연구는 많이 이루어졌지만 민중의 차생활에 관한 연구는 아직까지는 활발하지 못하다. 특히 세시풍속을 통해 선조들의 차생활에 대한 연구 성과는 거의 전무하다. 이 장에서는 민중의 의식과 생활상, 그리고 정서를 사실적으로 표현하고 생활양식을 구체적으로 다룬 세시기를 중심으로 조선후기 특히 18세기 후반에서부터 19세기 전반까지의 민중의 차문화를 고찰하고자 한다. 이를 위해 먼저 세시기가 본격적으로 출현하게 된 시대적 배경을 살펴본 후, 세시기에 나타난 차생활을 살펴보고자 한다. 식식(時食)인 차음료와 차음식, 잠신제의 제물, 연말에 마음을 나누는 선물 등의 모습을 해석함으로써 민중의 차생활의 특징과 차가 가지는 기능을 고찰하고자 한다.

II. 18-19세기 세시기 출현

1. 시대적 배경

조선의 통치이념을 확립하고 문화를 형성하는데 중요한 역할을 담당한 성리학은 조선중엽이후 예설(禮說), 이기설(理氣說) 등의 논쟁이 거듭되면서 점차 주도적 기능을 상실한다. 17세기 말부터 18세기에 접어들면서 성리학은 조선 고유문화의 뿌리가 된 조선성리학이 자리하며 조선의 고유색을 드러냈다.[126] 또한 임진왜란과

---

126) 최완수, 『조선왕조의 문화절정기 진경시대』, 돌베개, 1998, p. 13.

병자호란 등 국난(國亂)으로 정치·사회·경제 질서가 흔들리자 양명학(陽明學)·실학(實學)·서학(西學) 등의 사상을 수용해 새로운 길을 모색하고, 동시에 국난의 후유증을 극복하고자한 일련의 발로에서 문화적 자존심이 곳곳에 나타났다. 이는 문화적으로 열등한 만주족이 청나라를 건설하자, 문화자존의식이 조선사회 전반에 팽배해지며 조선중화주의사상과 조선의 독자적 문화가 발현되었다.

청은 점차 문화대국으로 자리 잡아갔다. 청에 다녀간 경화사족이 중심이 된 실학자들은 실사구시(實事求是)와 무징불신(無徵不信)의 학문정신과 함께 청의 문화를 조선에 수용하고자 했다. 당대의 현실에서 사상체계를 세우려는 실학의 대두와 함께 농공상업 발전으로 경제력을 갖춘 부민(富民)이 형성되며 문화는 점차 민중의 삶을 반영했다. 역관·의관·서리 등 중인계층은 부를 축적하면서 경화사족들과 함께 당대 문화예술을 즐기는 주체가 되었다. 자영농이 늘어나고, 부를 축적하는 계층이 중인층으로 확산되며 활발해진 상품유통은 도시화를 촉진시켰고, 도시의 유흥문화는 번성해졌다. 이와 같은 사회·경제적 변화는 기층민의 각성에 따른 민중적 역량의 신장과 함께 사대부들의 민중에 대한 인식에 변화를 가져왔다.

신분질서의 동요와 민중역량의 성장, 시장경제의 발달과 도시화, 체제 모순의 가속화 등 조선후기 사회·경제의 변화를 바로 보고자 한 실학자들은 민중에 대한 관심과 함께 조선 고유의 역사와 문화에 깊은 관심을 보였다. 고유문화와 민중의 일상에 대한 관심, 고유문화에 대한 다양한 견문과 현실체험은 18-19세기 작가들이 세시기를 창작함에 있어 중요한 요소로 작용했다. 따라서 당시 세시기를 집필한 대부분의 작가들은 조선 고유의 풍속에 새로운 가치를 부여하고, 기록·보존하려는 자긍심의 발로로 집필하였음이 유만공(柳晩恭)의 「세시풍요(歲時風謠)」와 추재 조수삼(趙秀三)의 「세시기(歲時記)」 서문에서 확인할 수 있다.

이 나라를 세운지 벌써 460년이 되었다. 들에는 경계를 알리는 북소리가 사라지고, 백성들은 풍요로움을 즐기는데 공로가 있어, 모두가 태평 성대한 시대를 누렸다. 더구나 한양은 사방의 한 가운데 자리하고 있어 배와 수레가 모여드니 화려하고 사치스러운 풍습이 생겨났다. 그리하여 좋고 아름다운 시절이 되면 구경하며 노닐며 잔치를 벌인다. 이처럼 즐거운 모임이 매달 있으니 이는 하늘이 내려준 것으로, 함께 아름다움을 즐기며 경사스러움은 빛난다. 예로부터 평화로운 시대에 태어나 살면서도 스스로 깨닫지 못한 사람들이 어찌하여 우리처럼 있었겠는가! 간송 유만공은 한양의 남녀, 모든 이들이 좋은 시기와 절기마다 잔치를 벌이고 즐기던 풍속을 200 짧막한 시로,「세시풍요」라 명명했다.[127]

　　동방은 기자성인이 가르침을 세운 후로 오랑캐에서 중화로 바뀌었다. 이를 계승한 우리 조선은 민속이 아름답게 빛나서 신라와 고려의 비루한 문화가 씻겨진지 이미 오래되었다. 세상은 태평하여 인재는 많고 물산은 풍족하여 철마다 즐겁고 나날이 노닐며 감상할 것이 제법 많아 예부터 '소중화'라 칭할만하다.[128]

세시기는 발전된 문화에 대한 자긍심으로 기록했고, 세시기에 예로부터 전승된 습속과 오늘의 번성한 문화를 기록·보존하고자 했다. 차문화 역시 중국에서 수입한 모방문화였지만 이 시기에 이르면 점차 고유색을 드러내며 개성적인 차문화의 모습을 보인다. 정약용과 초의 의순 등은 제다법을 창안하고, 경화사족을 중심으로 시사(詩社)와 학문적 논의·풍류 등 만남의 자리를 통해 보급함으로써 우리식의 차문화를 향유했다.

2. 세시기의 출현과 특성

양난 이후 실학적 사고를 지닌 선비들이 주축이 되어 민족자존의식이 표출되며 조선사회는 새로운 단계로 진입했다. 민족의식이 강해지면서 조선의 현실에 눈을 돌리게 되었고, 이로써 사대성(事大性)을 탈피한 소중화론(小中華論)은 학술과 문화 예술계에 새로운 바람을 일으키며 우리 문화 주체성에 대한 자신감으로 드러나기 시작했다.

---

127) 柳晚恭,『歲時風謠』,「張之琓, 序」, 1885.
128) 趙秀三,『秋齋集』卷 8.「歲時記 序」, 1795.

조선성리학은 문화예술계에서 문화의 가치를 먼저 표출했다. 미술계에서는 조선의 산천을 답사하여 실경을 화폭에 담은 진경산수화와 민가의 생활을 담은 풍속화를 탄생했고, 문학계에서는 박지원, 정약용 등에 의해 자주적 민족 문학론이 주창되었다. 문화계 전반에서 일어난 주체에 대한 자각의 붐은 세시기의 출현으로 이어졌다. 민중의 생활풍속을 다룬 세시기는 열린 사고를 지닌 지식인에 의해 태어난 부산물이었다. 글 쓰는 선비들은 우리나라 민중의 삶에 관심을 갖기 시작했다. 그들은 피지배층이자 생산자인 민중을 주체로 하여 그들의 삶의 터전과 생활풍속, 민간에 전승된 생활습속 등을 여과 없이 기록했다. 조선 문화에 대한 자긍심은 생활터전인 자연과 민중의 삶이 표출된 풍속 등을 재인식하며 사실적으로 표현하는 진경문화를 세시기로 표출했다.

김려, 신위 등은 지방관 시절에 직접 목도한 민중의 생활을 묘사했으며, 신광수, 위백규, 정약용, 정학유 등은 여행과 향리에서의 체험과 지방민들의 생활상을 노래했다. 박제가, 이덕무, 유득공 등 중인 실학자 역시 한양의 백성과 북방민, 그리고 농어민 등 향촌의 풍속과 민중의 생활상을 진솔하게 그렸다. 실학자 문인들의 세시기는 실학사상에 입각하여 당대 조선사회의 현실을 진단하고 민중의 생활을 반영했다. 마성린, 조수삼, 김형수 등 위항시인들 역시 민족 고유의 문화와 동시대를 살고 있는 서민들의 생활상을 기록했다.

『증보산림경제(增補山林經濟)』·『규합총서(閨閤叢書)』·『임원경제지(林園經濟志)』 등의 백과사전에는 전국의 세시풍속은 물론이고, 전통문화와 관혼상제, 민간신앙과 민간의료 등과 연관된 풍속을 폭넓게 다루고 있다. 이 외에도 『택리지(擇里志)』 등의 지리서에도 생활풍속을 기록하고 있다. 특히 현실의 생활문화를 개혁하고자 했던 실학자들은 서민의 생활에 초점을 맞추어 우리 민족 고유의 풍속과 민중의 생활현장에 깊은 관심을 사실적으로 기록했다. 18 19세기 민족 고유의 세시풍속과 민중들의 생활을 기록한 작품들을 보면 〈표 1〉과 같다.

<표 1> 18-19세기 민중의 세시풍속과 일상생활을 기록한 작품들

장르	작가	작품명	수록문헌
시	李衡祥(1653-1733)	農謳	甁窩集
	李夏坤(1677-1724)	元夕, 康津雜詩, 錦城歌, 元朝戲作	頭陀草
	趙觀彬(1691-1757)	耽羅雜詠	悔軒集
	崔成大(1691-1761)	古艶雜曲, 新聲艶曲	杜機詩集
	申光洙(1712-1775)	關西樂府, 金馬別歌, 寒碧堂十二曲, 成都樂府	石北集
	洪良浩(1724-1802)	北塞雜謠, 洪州風謠詩	耳溪集
	馬聖麟(1727-1798)	弄題俗談	安和堂私集
	李彦瑱(1740-1766)	衚衕居室, 擬古田家四時詞	松穆館集
	李德懋(1741-1793)	歲時雜詠	靑莊館全書
	李安中(1752-1791)	肥年詞, 跳跳曲, 上元謠, 又五絶	玄同集
	姜彛天(1760(?)-1801)	漢京詞	重菴稿
	丁若鏞(1762-1836)	饕城雜詩, 長饕農歌, 耽津農歌, 耽津漁歌	耽津漁歌
	趙秀三(1762-1849)	北行百絶, 秋齋紀異, 外夷竹枝詞, 上元竹枝詞	秋齋集
	金鑢(1765-1821)	上元俚曲(遺稿), 牛山雜曲(叢書), 黃城俚曲(遺稿)	潭庭叢書, 潭庭遺稿
	申緯(1769-1847)	貊風十二章, 觀劇絶句	警脩堂全藁
	李學逵(1770-1835)	江滄農歌, 金官俗詩, 金官竹枝詞, 己庚紀事詩	洛下生集
	洪錫謨(1781-1850)	都下歲時紀俗詩	陶厓詩集
	丁學游(1786-1855)	農家月令歌	
	柳晚恭(1793-1869)	歲時風謠	
	權用正(1801-?)	歲時雜詠,	漢陽歲時記
	張之琬(1806-1856)	平壤竹枝詞	
	黃玹(1855-1910)	上元雜詠	梅泉集
	金逈洙(1800년대)	農家十二月俗詩	嘯堂風俗詩
	漢山居士(1800년대)	漢陽歌	
시+산문	趙秀三(1762-1849)	歲時記	秋齋集
	趙雲從(1783-1820)	歲時記俗	勉菴集
	權用正(1801-?)	漢陽歲時記	小遊雜著
	崔永年(1856-1935)	名節風俗	海東竹枝
산문	柳得恭(1749-1807)	京都雜志	
	金邁淳(1776-1840)	洌陽歲時記	
	洪錫謨(1781-1850)	東國歲時記	
지리지	李重煥(1690-1752)	擇里志	
백과사전	洪萬選(1643-1715)	山林經濟	
	柳重臨(1700년대)	增補山林經濟	
	李瀷(1681-1763)	星湖僿說	
	安鼎福(1712-1791)	雜同散異	
	李肯翊(1736-1806)	燃藜室記述	
	憑虛閣李氏(1759-1824)	閨閤叢書	
	徐有榘(1764 1845)	林園經濟志	
	李圭景(1788 1856)	五洲衍文長箋散稿	

전통문화에 대한 학문적 관심은 당대 한양과 향촌의 고유한 풍속과 생활양식을 기록한 세시기의 출현으로 이어졌다. 세시기 중, 유만공의 「세시풍요」, 김형수의 「농가십이월속시」, 홍석모의 「도하세시기속시」와 『동국세기』, 유득공의 『경도잡지』, 홍만선의 『산림경제』, 류중림의 『증보산림경제』, 빙허각이씨의 『규합총서』 등의 기록을 보면, 차생활이 차 생산지보다 훨씬 넓은 지역에서 행해졌음을 알 수 있다.

Ⅲ. 세시기에 나타난 차생활

1. 시식(時食)과 차

1) 초가을의 저장음식, 차

찻잎은 차 생산지가 아닌 곳에서도 음식의 재료로 쓰였다. 찻잎을 재료로 한 음식은 차 생산지보다 훨씬 폭넓은 곳에서 먹어왔다. 정학유의 「농가월령가」를 선별하고 추가한 김형수의 「농가십이월속시」의 9월 부분을 보면, 추수의 계절을 맞아 농작물을 거두며 감사의 마음을 세밀하게 묘사하고 있다. 벼, 콩, 조 등 논밭에서 거둔 농작물과 가축 기르기, 섬 엮기와 짚 널기, 그리고 면화를 타는 등 수확의 계절인 9월의 농사일은 고단하지만 도와주는 이웃이 있어 기운을 낼 수 있었다. 주인은 햅쌀로 지은 밥에 정성껏 준비한 찬으로 한 점심으로 울력에 참여한 이웃에게 감사의 마음을 표현했고, 휴식시간에는 자연스럽게 오락의 장이 펼쳐졌다.

곡식을 거둬들일 때면 산과 들에 단풍이 곱게 물들었다. 이웃과 지인들은 중양절이면 삼삼오오 함께 수유주머니를 차고 경치 좋은 곳에 찾아가 술과 음식을 서로 권하고 단풍을 감상하며 풍류를 즐겼다. 9월의 노래처럼, 수확의 계절인 9월은 농작물의 수확으로 가장 바쁜, 즉 힘든 달임과 동시에 등고(登高)와 민속놀이 등으로 흥겨운 달이기도 했다. 이와 동시에 수확한 농작물로 조상님께 차례를 지내며 한 해 동안 돌봐주심에 대한 감사와 복덕을 빈 감사와 보람의 달이기도 했다.

때는 바야흐로 늦가을, 9월이라	時維季秋爲玄月
한로와 상강, 두 절기가 있네	寒露霜降是二節
9월은 기러기 돌아오고, 참새는 조개되며	六候雁賓雀化蛤
초목은 낙엽되어 떨어지고, 국화 향기는 그윽하네	草木黃落菊香泄
(중략)	……
나락을 방아 찧어 햅쌀 마련해야하는데	羅祿碓窩春辦米
어느 틈에 보채는 아이 돌볼까	何暇能血啼兒流
정오 점심시간 되자 밥숟가락 술술 넘어가네	亭吾點心飯滑匙
향긋한 술과 부드러운 닭고기, 그 사이에 게장	酒香雞軟間蟹黃
어하젓, 찻잎 장아찌	醢是魚蝦醬茗折
순무김치 · 배추김치, 최고로 맛나네	菁根菘葉菹味長
수확기인 가을철에는 나그네도 부르는데	秋熟時猶請過客
하물며 한 동네 한 들에서 농사를 지음에랴	何況一隣一坪農
없이 살지만 서로 도우며 어려움을 이겨내고	相助罣竭救患難
좋은 때 만났으니 즐거움도 함께 하세	幸逢好會樂亦同[129]

작업현장에서 새참 때가 되면 이웃과 지나가는 나그네까지 불러 함께 나눠 먹었다. 함께 노동을 한 이웃들과의 점심식사는 이웃과의 화목과 협동의 원동력이다. 고된 농사일 도중, 함께 한 이웃들과 점심식사는 달콤한 휴식이요, 기운을 북돋아주는 에너지원으로, 이웃과의 정을 쌓는 시간이 있는 그곳은 풍류의 공간이었다. 공식(共食)한 점심식사의 차림을 보면, 햅쌀로 지은 밥과 술과 함께 고기요리와 저장음식이다. 저장음식으로 차려진 밑반찬을 살펴보면, 어하젓, 찻잎을 넣어 담근 장 즉, 찻잎 장아찌, 순무와 배추김치 등이다.

찻잎을 넣어 담근 장, 즉 찻잎 장아찌는 밥숟가락이 술술 넘어가는 점심 반찬이었다. 좋은 장만 있으면 반찬 걱정을 하지 않는다는 말처럼 장은 우리 음식의 기본

---

129) 金迺洙, 『嘯堂風俗詩』, 「農家十二月俗詩」, folkency.nfm.go.kr.

식품이다. 따라서 장 담그기는 부녀자의 중요한 연중행사로,『증보산림경제』에 40여 가지가 넘는 가공법이 기록되어있을 만큼 우리나라는 장문화가 발달했다. 찻잎이란 좋은 재료를 장류 외에는 별다른 첨가물없이 담박하게 조리한 찻잎장아찌는 찻잎의 맛과 향이 그대로 살아있다. 불에 익히지 않고 만든 생식, 찻잎을 넣어 담든 장은 불에 익히지 않은 생식으로 바쁜 시기에 더없이 좋은 건강지킴이였다.

부식(副食)이 많지 않았던 조선시대에 저장음식인 장류는 연중 상비해 두고 먹는 반찬의 맛을 내는 조미품(助味品)이자, 계절의 변화를 느낄 수 있는 계절의 특미요, 밑반찬이었다. 찻잎을 장의 주재료로 활용한 찻잎 장아찌에 대한 정확한 제조법은 아직까지는 확인할 수 없지만, 일손이 부족한 수확철에 반찬 걱정이 필요 없는 밑반찬이었고, 많은 에너지원이 필요한 시기에 입맛을 돋우는 부식이었다. 쌉싸래한 찻잎의 향미가 스민 장은 계절 장으로 먹거리가 단조로운 밥상에 변화를 주고, 농사일로 지치고 배고픈 농민들의 입맛을 돋우는데 큰 몫을 했을 것이다. 이렇듯 찻잎 특유의 향미를 느낄 수 있는 장은 밥상의 별미요, 저장발효음식이요, 주부가 식사 준비에 조금의 시간도 할애하지 못한 바쁜 계절에 요긴한 밑반찬이었다고 판단된다.

한 사회의 식문화는 영토의 지리적 위치, 즉 풍토와 밀접한 연관이 있으며, 종교, 문화의 유입도 영향을 미치며 형성된다. 찻잎을 넣어 담근 장처럼 찻잎을 주(主)재료로 만든 저장 발효음식은 중국과 일본 그리고 동남아시아에서도 발견된다. 미얀마의 라펫-소(leppet-so), 타이의 미앵(Mieng), 중국 윈난성(雲南省) 푸랑족(布朗族)의 주통산차(竹筒酸茶), 일본 도쿠시마(德島)의 아와반차(阿波番茶)와 코치현(高知縣)의 고이시차(碁石茶), 도야마현(富山縣)의 구로차(黑茶) 등이 그 대표적 예로[130], 차산지에서 먹거나 마시는 차 발효음식이다.

한 민족이 처하고 있는 지리적 위치에 따라 문화의 원류와 유입경로가 결정되고, 지세·기후와 같은 풍토적 여건에 따라 주요 산물의 품종이 정해진다. 기본음식은 대체로 고을의 산출물로 개발하게 되는데, 조리·가공법은 그 고장의 기온

---

130) 정은희,『19세기 조선 사대부가 여성의 차문화 연구』, 원광대학교 박사학위논문, 2010, p. 65.

을 비롯한 자연환경에 맞추어 개발된다. 물론 한민족이 겪어온 정치 · 경제 · 문화의 변천과 발전내용이 식생활의 유형이나 풍습에 크게 영향을 미쳐 변화의 요인이 되지만, 자연환경에 상응하여 형성된 토착적 음식문화의 특성이 바탕이 되어 고유한 식문화의 기본이 형성된다.[131] 찻잎 장아찌 제조법에 대한 자료가 충분하지 않아 연관성을 쉽게 단정하기는 어렵지만, 찻잎을 이용한 음식을 먹는 한국을 비롯한 중국, 일본, 미얀마, 타이 등 나라들은 모두 차산지국이자 농경국가, 그리고 불교문화가 자리하고 있다는 유사점이 발견된다. 특히 이들 나라에서 계절에 따른 자연의 섭리로 개발된 저장음식이 차에도 적용되었다는 점은 세계 차문화를 연구하는데 꼭 필요한 작업이라 생각된다.

2) 겨울음료, 차

납설수(臘雪水)는 예로부터 많은 효험이 있는 물이라 여겨왔다. 잘 사는 집에서는 장독대를 양(陽)독대와 음(陰)독대를 나누어 배치했다. 납설수는 음독대에 받아두고 가정생활에 긴요하게 쓰였다. 예를 들어 납설수를 김장독에 넣으면 김치맛이 오랫동안 변하지 않고, 술을 담그면 쉬지 않고, 옷과 책에 바르면 좀을 막을 수 있으며, 환약을 빚거나 약을 달이면 약효가 좋고, 눈을 씻으면 안질에 걸리지 않을 뿐더러 눈이 밝아지고, 독을 풀어주는 등의 효과를 발휘했다. 납설수로 담근 장으로 간을 맞춘 음식은 쉽게 쉬지 않으며, 여름에 화채를 만들어 마시면 더위도 타지 않고, 봄에 오곡의 씨앗을 납설수에 담갔다가 논밭에 뿌리면 가뭄을 타지 않고, 돗자리에 납설수를 뿌려두면 파리 · 벼룩 · 빈대 등 물 것이 생기지 않으며, 머리를 감으면 윤기가 더 나고 얼굴을 씻으면 살결이 희어지면서 기미가 죽는다고 하여 납설수는 찻물 외에도 약을 달이는 물, 술 담그는 물, 미용 등에 효험있는 귀한 물로 아꼈다. 홍석모는 서울의 세시풍속을 노래한 「도하세시기속시」〈납설〉에서 납설수의 효험과 함께 찻물로서도 최고라고 밝히고 있다.

---

131) 윤서석, 『한국음식』, 수학사, 1984, pp. 12-13.

삼백으로 한 해 농사 점을 치고	三白元來占歲豐
납일 아침 눈 녹일 물로 벌레 없애지	臘朝雪水祛諸蟲
눈 녹일 물로 끓인 차 맛 그 누가 알리	誰家解得烹茶趣
이름난 샘물만이 상쾌한 건 아니리오	不啻名泉爽滌胸[132]

풍년의 징조인 섣달 이전에 세 차례 내리는 눈(三白), 즉 납설수를 받아두었다가 살충약으로, 찻물로 활용했음을 노래하고 있다. 특히 홍석모의 '눈 녹일 물로 끓인 차 맛 그 누가 알리. 이름난 샘물만이 상쾌한 건 아니리오.(誰家解得烹茶趣 不啻名泉 爽滌胸)'라는 구절에 해거위 홍현주(海居尉 洪顯周, 1793-1865)는 동의하고 있다. 홍현주는 〈납설수팽다(臘雪水烹茶)〉에서 도성의 이름난 통정(桶井)과 미천(尾泉)의 샘물로 차를 다리는 것보다 납설수로 다리면 차 맛이 훨씬 더 좋다고 밝히고 있다.

겨울 12월 계미 납일,	冬十二月癸未臘
남창에서 대낮까지 실컷 잤네	日高睡足南窓榻
구름이 대 사립문 잠궈 찾아오는 이 없어	雲鎖竹關無剝啄
눈으로 두른 매화나무 집, 속세와 떨어져있네	雪擁梅廬絶塵雜
흰 깁으로 봉한 묵은 상자, 가져와	拈取舊篋白絹封
보이차, 월단차 꺼내네	普洱茶膏月團搨
편지 펴니 천 리 밖 그대 얼굴 본 듯	開緘宛見千里面
연남(燕南)에 사는 친구의 마음 담겨있네	燕南故人情周匝
방규 원벽의 차, 곳곳에 넉넉하여	方珪圓璧隨處涴
마른 소나무와 늙은 홰나무 손 가는대로 꺾네	枯松老槐信手拉
오지화로에 수탄 피워 불기운 살아나니	甄爐獸炭火候活
돌냄비에 어안 일고 솔바람 소리 들리네	石銚魚眼松風颯
아이종에게 맡기지 않고 몸소 차 달이니	自煎不敢付童僕
머리에 쓴 오사모, 반쯤 기울어졌네	頭上半欹烏沙匼
꽃무늬 잔에 담아내자 고운 빛 어리고	花瓷盛來有佳色

132) 洪錫謨 編著 秦京煥 譯註, 『서울·세시·한시: 都下歲時紀俗詩』, 보고사, 2003, pp. 582-583.

차 한 잔 마시니 답답한 가슴 뻥 뚫리네	一椀頓開襟鬲闊
통정과 미천은 오히려 둘째이니	桶井尾泉猶第二
차갑고도 빼어난 맛, 갈증 풀기 참으로 좋네	寒英正與渴喉合
병 많은 이에게 오로지 필요한 건 차 마시는 일	多病所須惟茗飮
내년을 위해 남은 차 넣어두네	留待明年剩貯納[133]

아무도 찾아오지 않은 추운 겨울날, 연남의 친구가 보내온 차를 꺼내 마시며 읊은 시이다. 홍현주는 구름이 대 사립문을 잠그고 있어 매화나무 집에 홀로 있다. 세상의 번뇌와 조급함을 잠시 잊어버리자 홍현주의 마음은 고요해진다. 이때 생각한 것이 차다. 납설수에 달인 차는 곧 맑은 세계로 안내해 준다.

친구가 먼 곳에서 보내온 귀한 차를 납설수로 달이는 찻일을 홍현주는 직접 달인다. 홍현주는 다동(茶童)이 맡기기에는 안심이 안 돼 오사모가 반쯤 기울여가며 열심히 홍현주는 차를 다린다. 오롯한 마음으로 달인 차를 아름다운 꽃무늬 자기 잔에 마시니 최상의 향미인 차는 답답한 가슴을 열어주기에 충분하다. 갈증해소와 향미가 일품인 차는, 깊고 고요한 세계로 안내하자 답답한 가슴이 뻥 뚫릴 정도로 환해진다.

고요한 찻자리는 홍현주에게 텅 빔의 공간을 만들어준다. 화로에서 물 끓는 소리, 차 따르는 소리만이 고요한 침묵을 깬다. 고요해 적막하기 까지 한 찻자리는 속세와 잠시 거리를 둔 공간이자 시간이다. 소홀히 할 수 없는 귀한 차를 다력(茶歷)이 깊은 홍현주는 납설수로 정성스레 달여 마신다. 향미를 음미하는 것도 좋지만 순수한 자연의 세계 안내해 줘 더욱 좋아, 차를 상비해 두고 마신다. 특히 납설수로 달인 차는 속세의 소란스러움을 몰아내고 얽매이지 않는 여유로움, 맑은 영혼, 고고한 운치 느끼게 해준다.

홍현주의 〈납설수팽다〉 외에도 조태억의 〈미백진여라어과종 첩운답지(美伯嗔余懶於過從 疊韻答之)〉, 홍길주의 〈납월팔일야 해거약수객래회(臘月八日夜 海居約數客來會)〉와 〈지전이소 집우해거교우(至前二宵 集于海居僑寓)〉 등의 시를 보면, 추운 겨울

---

133) 洪顯周, 韓國文集編纂委員會 編, 『海居齋詩鈔』卷第二, 1999, 〈臘雪水烹茶〉, pp. 58-59.

날 심신을 따뜻하게 감싸는 차는 사랑받은 겨울음료 중 하나였다. 납설수로 달인 차는 온 몸을 녹이는 따뜻함은 물론이고, 색향미를 즐기는 풍류를, 그리고 자칫 잃기 쉬운 건강을 지켜주는 음료였다. 무엇보다 납설수로 달인 향기로운 차는 맑은 기운과 고아한 운치를 자아내는 음료다.

납설수는 차를 즐기는 유만공 등 여러 사람들에게 차 맛을 좋게 하는 찻물로 인정받아 활용되었음이 유만공의 「세시풍요」에도 보인다. 유만공은 시에서 '납설수는 차를 달이는데 알맞다(臘雪水 宜煎茶)'는 주석을 달아 납설수가 최고의 찻물임을 강조하고 있다.

매화 띄운 술, 맑은 향기 가득하고	梅花泛酒剩清香
납설수로 달인 차, 과즙보다 낫네	雪水煎茶勝液漿
다른 집에서의 오늘 모임, 돌이켜보며 웃음짓나니	回笑他家今日會
메추리국, 토끼구이로 명절잔치 흉내내네	羹鶉燔兎效烹羊[134]

2. 예(禮)와 차

1) 잠신제(蠶神祭)와 차

농업사회에서 남성이 농사를 짓는 동안 여성은 집에서 길쌈으로 입을 옷을 생산했다. 농업사회인 조선은 농사와 누에를 왕정(王政)의 근본으로 삼아 농사와 함께 뽕나무 재배와 양잠을 권장했다. 여성노동의 상징인 양잠의 풍작을 위해 왕비는 온 나라 여성을 대표해 친잠례(親蠶禮)를 왕실의 공식의례로 거행하곤 했다. 백성의 윤택한 삶을 위해 누에치기를 권장한 왕실에서는 누에신께 제사를 올리고 뽕잎이 돋아나는 3월중 길일을 잡아 뽕을 따는 등 친잠례를 행하며 의료작물(衣料作物)인 양잠을 장려했다.

농상(農桑)을 권장한 왕실의 의지에 실학적 사고를 지닌 선비들 역시 공감하며

---

134) 柳晩恭, 「歲時風謠」.

『삼림경제』·『증보산림경제』·『해동농서』·『규합총서』·『임원경제지』·『농정회요』 등의 백과사전에 농사와 양잠에 대해 꽤 많은 부분을 할애했다. 그 중 양잠에 관한 내용에 왕실의 왕비로부터 민가의 부녀자들이 주관해 제를 지낸 잠신제가 보인다. 18세기는 물론이고 후대에서도 베스트셀러로 읽혀졌던 『산림경제』에서 잠신례를 보면, 다음과 같다.

> 정월 초닷샛날 잠신에게 제사를 지내는데 이 때 잠실은 오방(吾方) 즉 정남(正南)에 있어야 한다. 제사를 지낼 때에는 향과 음식을 갖추고 누에를 칠 여인을 시켜 제사를 드리게 하는데, 이때 술 대신 차를 사용한다.[135]

잠신제는 중국에서 수입하여 우리 문화에 토착화된 풍습이다. 양잠업은 농경지의 소유 유무와 상관없이, 단기간에 소득을 얻을 수 있으며, 원료 구입이 비교적 쉽다는 등의 이점이 있다. 무엇보다 양잠업은 근면·성실한 삶의 자세와 양잠에 관한 지식만 있으면 높은 소득을 창출할 수 있는 매력적인 고부가가치 산업이었다. 나아가 사치풍조의 만연으로 구매력이 증가하고, 장시(場市)가 전국망으로 확대된 상업사회로 전환된 조선후기, 양잠업은 당시 가장 유망한 산업이었다. 이러한 연유로 조선은 양잠업을 권장하면서 중국에서 뽕밭 재배, 양잠 방법 등과 함께 선잠제(先蠶祭)와 친잠례 등의 잠신제를 수용해 매년 행했다. 상품작물재배가 활발히 이루어졌던 시기, 당시 출간된 백과사전류와 〈농가월령(農家月令)〉 등의 농사서의 저자들은 중국의 문헌 속의 양잠에 대한 지식과 더불어 축적된 경험에서 얻은 지혜를 기록함으로써, 민중들이 양잠을 통해 많은 이윤을 창출할 수 있도록 유도했다.

가난한 선비들과 농민들은 넉넉한 삶을 위해 경제작물인 양잠을 선택하여 경영했다. 서유본, 서유구 집안과 정약용 집안이 그 대표적 예이다. 빙허각 이씨는 『규합총서』에 자신의 양잠의 경험을 기록했고, 정학유는 사대부가의 경제활동으로

---

135) 洪萬選, 『山林經濟』 卷之二, http://www.itkc.or.kr.

뽕나무 재배와 누에치기를 권장한 아버지, 정약용의 생각에 공감하며 〈농가월령가〉의 2월령과 3월령에 뽕나무 재배와 누에치기를 기록했다. 김형수는 〈농가십이월속시〉 1월편에, 양잠을 치는 민가에서 풍작을 위해 잠신제를 올리는 풍습을 기록하고 있다.

초하루 초이틀 다 지나고 입춘이 되어	鷄狗日過春又立
판자문에 '신도'를 몇 개나 붙였구나	板扉幾貼神荼字
정월 초닷샛날 누에치는 부녀자들은 누에신께 기원하니	初伍蠶婦祈蠶神
잠실의 오처에 차와 음식 올리네	室當吾處供茶餌[136]

　국가 의례로 행해진 선잠제와 친잠제는 양잠업의 보급에 따라 민가로 확대되었다. 양잠을 치는 민가에서는 정월 초닷샛날이면 정성껏 준비한 음식과 차를 정남쪽을 향해 차려놓고 누에신께 제사지냈다. 이때, 잠신제의 주관자인 부녀자는 누에신께 헌다하며 누에가 잘 자라 좋은 비단을 얻을 수 있기를 기원했다. 잠신제를 지낸 후, 부녀자들은 잠실(蠶室) 수리와 잠박(蠶箔)짜기, 뽕나무 가지치기와 거름주기, 잠실청소와 도구 준비 등을 준비했다.

　양잠업은 기상변화에 따라 밤낮으로 많은 수고로움을 필요로 해 기피한 면도 있었지만 높은 수익이 보장되어, 당시에 많은 사람들의 관심을 받는 유망산업이었다. 특히 농업사회인 조선은 후기에 들며 상업이 활기를 띠자 농민은 물론이고, 양반·중인·노비에 이르기까지 계층을 불문하고 양잠에 종사했다. 관심은 곧 경쟁으로 나타나자, 보다 좋은 품질의 명주를 얻기 위한 기술이 개발되었고, 양잠의 풍농을 기원하는 잠신제는 계속 행해졌으라 추정된다. 실제로 일제강점기에도 왕실의 친잠례는 계속되었다.

---

136) 金逈洙, 『嘯堂風俗詩』, 「農家十二月俗詩」, folkency.nfm.go.kr.

2) 초파일과 차

불교국가인 고려시대는 팔관회, 연등회, 사월초파일, 우란분재 등 왕실이 주관한 불교의례 행사가 많았다. 불교행사는 숭유억불의 조선시대에 이르자 대부분 축소 · 변형되어 민가의 속절(俗節)로 계속되었다. 예를 들어 연등놀이의 경우 국가적 행사는 폐지되었지만 민가에서 초파일의 풍속으로 축제화 되었다. 주요절기마다 민간의 생활양식을 기록한 유만공의 『세시풍요』을 보면, 초파일의 행사가 속절화(俗節化)된 예가 보인다.

초파일의 연등놀이 정월 대보름과 흡사하고	初八燃燈似上元
석가 탄신일의 옛 풍속 남아있네	如來生日舊風存
浴佛의식 구경하러 어느 절에 갈까나	往看浴佛遊何寺
신흥사 아니면 봉은사로 가야지	不是新興卽奉恩[137]

한양에 사는 사람들은 사월초파일이 되면 욕불(浴佛)과 연등놀이를 보기위해 상사(上寺), 즉 신흥사와 봉은사로 간다고 노래하고 있다. 욕불은 석가가 태어날 때 아홉 마리 용이 하늘에서 내려와 석가의 몸을 향수로 씻어주고, 연꽃이 솟아나 떠받쳤다는데서 유래한 인도풍습이다. 사월초파일이 되면, 절에서는 화초로 꾸민 화정(花亭) 가운데 봉안한 탄생불상을 모시고 향탕(香湯), 감차(甘茶), 오색수(伍色水)를 아기 부처상의 정수리에 뿌려 불상을 목욕시키는 의식을 행했다. 초파일이면 사람들은 절을 찾아가 탄생불상에 감차를 붓는 세욕(洗浴)의식을 바라보며 소망을 기원했다. 초파일에 불상을 씻으면 사람과 불법이 구생(俱生)한다[138]는 욕불의식은 불교의례가 민간 습속에 수용되어 속절로 자리했다.

중국에서 연등놀이는 정월 대보름에 행하지만 우리나라는 고려 말부터 사월초파일에 행한 민중들의 행사로 자리한다. 홍현주는 사월초파일의 관등연(觀燈宴)을 찻자리에서 즐기며 있음이 〈남장등석(南莊燈夕)〉에 보인다.

---

137) 柳晩恭, 「歲時風謠」.
138) 尹善道, 『孤山遺稿』卷6, 「別集 對名節策」.

많은 집에서 등불 막 피어오르니	萬戶燈初上
즐거워하는 사람들 충계에 가득하네	欣然客到階
생황 노랫소리 어느 곳에서 요란한가	笙歌何處沸
술병과 벼루는 여기 한가로이 놓여있는데	樽硯此閒排

단출한 여염에 고요히 앉아	靜坐尋常屋
열두거리 두루 바라보네	平臨十二街
붉은 불꽃 기운 다시 바라보고는	更看紅燒別
차솥에 마른나무 지피네	茶鼎煮枯柴[139]

사월 초파일은 절은 물론이고 여염집과 가게, 관청에 이르기까지 등을 달아 불을 밝히는 풍속이 있어, 관등절(觀燈節) 또는 등석(燈夕)이라고도 한다. 민가에서는 마당에 세운 등간(燈竿)에 줄을 매어 수박·연꽃·거북·잉어·누각·부채 등 다양한 등을 달고 불을 밝혔다. 각 가정에서는 아이들의 숫자대로 등을 달면 길하다 하여 집집마다 많은 등을 높이 단 것을 자랑했으며, 여유 있는 집에서는 여러 개의 큰 대나무를 세워 등을 달기도 했다.[140] 초파일 낮에는 절을 찾아 석가의 탄신을 앙축하며 가정의 건강과 행복을 빌었고, 저녁이면 등불을 켜며 불덕을 찬양하고 하루를 즐겼다. 절을 찾은 사람들은 헌다의식을 지켜보며 소원을 빌었고, 저녁엔 다과와 함께 술과 차 등을 준비하며 밤새도록 풍류를 즐겼다.

사월초파일에 조상님께 차가 아닌 대용차(大用茶)를 올리기도 했다. 이문건(李文健)의 1536년 4월 8일 일기에는 '속절이어서 한양의 본가에서는 영좌(靈座)에 올릴 용도로 쓸 개오동나무잎차와 떡·밀가루·과일 등을 보내왔다.'[141]라고 기록하고 있다. 이문건의 경우처럼 초파일에 신주 앞에 대용차를 헌다한 가문도 있었다. 가례는 가가례의 성격이 강해 차를 즐긴 집안에서는 제례에 차가 계속 자리했을 것이라 판단된다.

---

139) 송재소 외 5인, 『한국의 차문화 천년』 1. 돌베개, 2009, p. 218.
140) 국립민속박물관 편, 『조선세시기』 Ⅱ. 국립민속박물관, 2005, pp. 91-92.
141) 정승모, 「세시관련 기록들을 통해본 조선시기 세기풍속의 변화」, 『역사 민속학』 13집, 2001, p. 56.

3) 세궤(歲饋)와 차

'다례(茶禮)'라는 용어는 19세기 문헌에서 어렵지 않게 찾을 수 있는 보통명사로 쓰일 만큼 우리나라는 예로부터 다례문화가 발달했다. 차를 즐긴 집안에서는 조상들께 제사다례를 행했고, 일상생활에서는 예의를 갖추어 손님께 차를 대접하는 접빈다례를 행했다. 기호음료나 약용음료로 편하게 음용하기도 했지만, 차를 다려 마시거나 접빈하는 찻자리는 예를 행하는 자리였다.

육우(陸羽, 733-804)가 『다경(茶經)』에서 '(차는) 행실이 바르고 단정하고 검소하며 겸허하여 덕망을 갖춘 사람이 마시기에 가장 알맞다[142]'고 했듯이 차는 예를 동반하는 경우가 많았다. 우리나라에서 그 기록을 찾아보면, 이하곤(李夏坤)은 차를 달여 손님을 대접함을 맑은 운치[143]라 했고, 유희(柳僖)는 배다(拜茶)를 가리켜 '손님이 오면 절을 하고 앉아 차를 마시게 한다(賓客來使啜則拜坐茶)[144]'라 풀이한 것처럼, 고아(高雅)한 속성을 지닌 차는 손님께 예를 표하는 좋은 음료였다. 비단 손님을 맞이할 때만 차로서 예의로움을 표시하지 않았다. 한 해 동안 감사한 마음을 차에 담아 연말에 선물하기도 했다.

도장자국 완연한 연말 진상품으로 봉한 것	邑饋題封苑印痕
사령들 줄지어 관리들의 집으로 향하네	緱來軍將向朱門
차·엿·소금·건어물과 여러 반찬	茶餹鹽薨零星饌
친지들에게도 나누니 후덕한 은혜구나	波及賓親亦厚恩
평안도와 황해도 군영에서 보내온 풍성한 세궤	歲儀豊厚兩西營
함께 넣어 온 쪽지에 쓰인 물품명, 기쁘게 보네	伴札欣看物物名
가장 청빈한 대간과 시종의 집에는	最是淸寒臺侍屋
문 앞에 놓인 꿩깃이 유난히도 빛나 보이네	門前雉羽頓生光
삼군영의 세궤, 전혀 초라하지 않으니	三營歲饋未全貧
장군의 넓은 인맥 절로 알겠네	自識將軍廣所親

---

142) 姜育發 編, 『中國古代茶書精華』, 남탑산방, 2000, p. 36.

143) 李夏坤 『頭陀草』, 冊四. 〈李使君又疊筵字寄示 次韻奉呈〉.

144) 柳僖, 『物名考』.

| 만짐의 장작과 천 섬의 숯은 | 萬負長柴千斛炭 |
| 몇 집이나 따뜻하게 보낼 수 있을까 | 隆寒能熱幾家人[145] |

섣달의 절일(節日)인 세흘(歲訖)의 풍속을 담은 노래이다. 한 해를 마무리하는
제석이 가까워지면 평안도와 황해도의 병마절도사는 설날에 세찬의 식재료를 조
정의 벼슬아치와 친지들에게 보냈다. 연말이면 팔도의 각 영(營)과 읍(邑)에서는
높은 관리들에게 음식이나 물품으로 인사치례를 하는 풍습 외에도 가난한 친족과
곤궁한 친구들에게도 축원하는 서신과 함께 세찬을 보냈다. 이때 선물의 품목을
기록한 총명지(總明紙)도 보냈다. 한 해가 저무는 섣달그믐이 가까워지면 도성에
서부터 향촌에 이르기까지 지난 한 해동안의 감사와 새해를 축하는 선물을 주고
받았는데, 『세시풍요』, 『경도잡지』, 『한양세시기』 등의 많은 세시기에서 이를 확인
시켜준다. 안부를 물으며 주고받는 세찬으로는 유만공이 언급한 것처럼 차와 엿,
소금, 건어물과 꿩 등의 짐승, 땔나무 숯 등 지방의 특산물이나 생활에 긴요한 물
품이 대부분이었다.

차에는 공경과 감사, 맑음과 곧음, 예의로움의 의미가 내포되어있어 한 해를
마무리하는 날 감사의 마음을 담고, 소망을 담아 전하기에 좋은 품목이다. 또한
차는 평상시에도 마음을 표현하기 좋은 선물이다. 차에 담긴 의미를 잘 알고 있
는 차를 즐겼던 사람들은 평상시에도 다기구(茶器具)를 선물한 예가 많았다. 예
컨대 정약용과 아암혜장과 초의의순, 초의의순과 김정희, 신위, 홍현주 등은 차
를 주고받으며 마음을 나누었고, 정을 쌓았다. 공경과 감사, 맑음과 곧음, 예의로
움과 절개 등의 의미가 담긴 차는 연말연시에 주고받는 대표품목이 되기에 충분
했고, 공적이나 사적으로, 언제어디에서나 누구에게나 기분 좋은 선물이었다.

---

145) 柳晩恭, 『歲時風謠』.

IV. 세시풍속에 나타난 차생활의 기능

세시풍속은 자연 환경적 요인, 종교적 요인, 정치·문화적 요인 등에 의해 형성·정착되고 전승, 변이된다. 시대의 문화적 토양 속에 형성되고 유지, 전승되어온 세시풍속에 차문화가 기록된 것을 보면, 차문화가 민중에게까지 확산되어 향유되었음을 알 수 있다. 민중들의 일상에서 반복적으로 전승되어온 세시풍속에서 차는 다양한 기능을 하고 있었다. 첫 번째는 신과의 소통을 위한 촉매제로서의 역할 즉 기풍·기복(祈豊·祈福)의 종교적 기능이고, 두 번째는 지역성원의 공동체의식 고취와 돈독한 유대관계를 심어주는 사회·윤리적 기능이다. 마지막으로 건강을 위한 휴식과 여가의 기능 등을 수행하고 있다.

1. 종교적 기능

차생활에는 종교적 기능이 수반된다. 그 사례는 잠신제와 초파일의 욕불의식에서 찾을 수 있다. 이는 일상생활에서 신에게 풍요와 풍농, 그리고 건강을 기원하는 즉, 기복과 건강을 기원하는 의례적 행위로, 차의 종교적 기능이다. 양잠업은 근면·성실과 양잠에 대한 지식만이 필요할 뿐, 토지의 유무와 많은 시간을 필요하지 않았다. 더욱이 양잠은 원료 구입 또한 용이한 작물로, 조선후기 최고의 수익을 가져다주는 경제작물이었다. 누에고치에서 만들어진 명주는 귀족계층의 전유물이었지만, 경제력이 있으면 취할 수 있는 사회 분위기가 형성되자 점차 선호하는 계층이 확대되면서 경제적 안정을 주는 의료작물로 자리했다. 이익 창출이 많아 가정경제에 중요한 위치를 차지하게 된 양잠업을 하는 농가가 점차 증가하자 풍년을 기원하는 잠신제 또한 농가의 주요 의례로 자리하게 되었다고 짐작된다.

잠신제에서 음식과 차는 잠신께 풍농의 염원을 전달하는 매개였다. 누에를 치는 부녀자들은 정갈한 심신으로 정성스럽게 차를 올리는 헌다의식을 통해 품질 좋은 명주가 안정적으로 생산될 수 있도록 염원했다. 세심한 보살핌으로 자라게 될 누에를 치기 전에 잠신께 누에가 잘 자랄 수 있는 남쪽에 음식과 함께 올린 차는 잠부(蠶婦)의 기원이 담긴 매개물이었다.

고려시대 국가의 제전인 욕불의식과 연등회는 유교를 국시로 삼은 조선조에 들어서자 민간의 세시풍속으로 자리했다. 초파일이 민가의 명절이 되면서 욕불과 헌다의식 등은 제액초복(除厄招福)하여 건강과 풍요, 그리고 가문의 번영 등을 기원하는 의례로 관행되었다.[146) 잠신제, 초파일 등 일정한 시기에 행해지는 의례에서 차는 집행하는 이의 바람이 신에게 전달될 수 있도록 하는 촉매제로서의 기능을 하고 있다.

기운이 맑은 차는 의식을 거치면서 신과 인간이 교감을 이루도록 하는 의례의 촉매제였다. 정갈한 심신으로 기원의 마음을 담아 정성껏 우리는 차는 올리는 사람의 정성된 마음의 표현으로, 맑은 차 향기는 신에게 인간의 바람을 알려준다. 인간이 신에게 전하는 간절한 기원물인 차는 의식을 거치면서 신과 인간이 연결되어지고, 신성한 신의 음식으로 재탄생된다. 차는 의례가 행해지는 동안 정갈한 심신, 신의 음식으로의 재탄생케 하는 예축의식(豫祝儀式)의 기원물이었다.

2. 사회 · 윤리적 기능

농경사회에서는 무엇보다 생활환경이 같은 사람들과의 협력이 가장 중요한 생활의 지혜였다.[147) 마을마다 오래토록 진행되어온 노동력의 교환, 음식의 나눔, 마을제 등이 그 예이다. 농경사회는 울력, 두레, 품앗이 등 공동 작업이 절실했기 때문이다. 특히 농번기에 일손을 빌려주거나 빌리는 풍습은 자연스럽게 형성되어

---

146) 류종목, 「세시의식에 표현된 가족관과 사회관」, 『한국민속학』 37집, 2003, pp. 57-58 참조.
147) 임동권, 『민속문화의 탐구』, 민속원, 2001, p. 45.

왔는데, 공동 작업은 음식과 불가분의 관계다. 논이나 밭에서의 공동 작업은 식사와 여흥 등의 휴식을 동반하게 되는데, 휴식시간을 통해 이웃과 정을 나누었고, 구성원과의 유대관계는 더욱 돈독해졌다. 작업 사이에 잠깐의 휴식과 식사는 힘든 노동은 즐거운 노동으로 전화(轉化)케 했고, 이웃과의 공동체적 연대가 형성·발전되어 결속이 더욱 공고해졌다. 무엇보다 일손을 멈추고 그늘에 앉아 차려온 음식을 함께 먹는 식사시간은 서로간의 마음을 전하는 친교의 시간이었고, 소속감이 형성되고 연대감이 확인되는, 구성원들간의 공동체의식을 고취하는 시공간이었다.

식사시간의 음식은 먹는 이에게 달콤한 휴식을 제공해주고, 기운을 북돋아주는 에너지원이 된다. 단순히 배고픔을 채우기 위한 음식에서 나아가, 이웃과 마음을 나누는 사교의 매개물이요, 하나로 어우러지게 하는 소통의 촉매제요, 애정을 확인하는 현장이기도 하다. 작업현장에서의 음식은 먹는 즐거움을 준다. 특히 쌉싸래한 찻잎의 향미가 스민 장은 농사에 지친 농부들의 입맛을 돋우는 별미였을 것이다. 이렇듯 차 음식은 이웃과의 유대를 더욱 돈독하게 하는 공식(共食)이자, 서로 권하는 권식(勸食)이었으며, 음식을 나누며 정을 쌓아가는 분여(分與) 등의 미풍양속의 자리에 함께하고 있었다.

12월의 세시풍속에는 한해를 보내며 감사의 마음을 전하고, 모두가 새해를 즐겁게 맞이한 음식 나눔의 미풍양속이 있었다. 감사와 사랑의 마음이 담긴 차는 연말에 보내지는 대표 선물품목이었다. 차를 선물함으로써 직장의 상관에게 감사의 예를 표현했고, 친지들에게 사랑의 마음을, 그리고 친구간의 우정을 확인했다. 이처럼 연말에 공적으로나 사적으로 차를 주고받으며 마음을 교류했고, 예를 표현했으며, 정을 나눔으로 친분을 돈독히 했다. 한 해가 저무는 추운 겨울날, 차 선물은 힘겨운 삶을 살아가는 이에게 기운을 주는, 외로운 사람에게 따뜻한 온기를 주는 에너지였다. 이렇듯 차는 농경사회에서 공동체 의식을 고취시키는 어울림의 음료요, 사회에서 따뜻한 관계를 맺어주는 윤리적 음료로서 역할을 톡톡히 했다.

3. 유희적 기능

'매화 띄운 술은 맑은 향기 그윽하고, 납설수로 달인 차, 과즙보다 좋다네. 다른 집의 오늘 모임, 돌아보며 웃나니, 메추리국 토끼구이로 팽양포고(烹羊炮羔)를 흉내 내네.(梅花泛酒剩淸香 雪水煎茶勝液漿 回笑他家今日會 羹鶉燔兎效烹羊)'와 '눈 녹일 물로 끓인 차 맛 그 누가 알리. 이름난 샘물만이 상쾌한 건 아니리오(誰家解得烹茶趣 不啻名泉爽滌胸).'는 바쁜 농사철을 보내고 난 후, 농한기를 맞아 잠시 일손을 놓고 한가로움을 즐기는 모습이 그려지는 「세시풍요」의 구절이다. 추수를 하고 나면, 긴장되고 고단한 생활에서 잠시 벗어날 수 있는 여유를 갖게 된다. 이때 차는 심신의 이완시키며 편안한 휴식을 즐기게끔 도와준다. 바쁜 농사철중의 세시명절은 잠깐 동안의 달콤한 휴식이었지만, 결실을 맺은 후 맞이한 농한기는 한 해 동안 쇠해진 심신을 충전할 수 있는 긴 휴식기라 할 수 있다.

> 동지섣달 긴긴밤에
> 작설없어 못살겠네
> 삼사월의 긴긴해에
> 작설따는 그재미는
> 차밭골에 제일이네
> 얼씨구나 좋을씨구
> 지화자아 좋을씨구[148)

차는 가정에 상비해 두고 약용과 기호음료로 즐기곤 했다. 특히 차산지의 주민들에게 차는 동지섣달 긴 밤을 흥겨운 자리로 만들어 주었다. 풍요로운 수확 후 농한기는 편안한 휴식과 여흥을 즐기는 시간이었겠지만 흉년이 든 해의 농한기는 풍년의 의지를 다지는 재충전의 시간이었다. 농한기에 사랑방에서 나누는 다담 속에는 즐거움과 한숨, 그리고 풍년을 기약하는 의지가 담겨있었다.

---

148) 김기원, 「韓國의 茶民謠 조사」 II. 『韓國茶學會誌』 2집 2권, 1996, p. 192.

찻자리에서 차는 휴식과 함께 풍류의 세계로 안내했다. 농민들은 물론이고 선비들 역시 함께 모인 자리에 찻자리가 펼쳐지면 흥을 돋우기 위한 거문고와 시문, 서화 등도 따라 자리했다. 흥이 많았던 선인들은 음다(飮茶)의 자리를 예술의 세계로 승화시키곤 했다. 찻자리는 악기 연주로 흥을 돋우고, 그 흥에 취해 시를 읊고, 그림을 그리는 등 풍류가 보태어지며 흥겨운 다연(茶宴)의 자리가 되었다.

霽餘新月照	비 개인 뒤 갓 돋은 달 밝으니	足睡堂
流影上疏簾	물에 비친 달그림자 성긴 발에 어리네	令壽閣
遠客偏多興	멀리서 오신 손님은 흥도 많으셔서	令壽閣
淸光兩不嫌	술빛 달빛 둘 다 싫어하지 않구나	洪奭周
虛明天宇潤	허공이 밝으니 하늘은 넓고 넓어	洪奭周
滴瀝露華沾	이슬이 내려 꽃잎 적시네	洪吉周
樓閣憑空逈	누각은 허공에 걸렸고	洪吉周
峯密入鏡尖	산봉우리는 거울도 뚫을 듯 뾰족하구나	洪原周
雲歸雲外靜	구름으로 들어가면 구름 밖은 고요한데	洪原周
星出樹間添	별들은 수풀사이에 걸렸네	洪顯周
催夜深燈翳	밤이 깊을수록 등불은 흐려지고	洪顯周
吟風短角嚴	바람이 읊어대는 소리는 단각처럼 냉랭하구나	足睡堂
相看歡笑沾	서로 바라보면 즐거움이 더해	足睡堂
團坐醉醒歛	빙 둘러 앉아 술에 취하네	令壽閣
揮毛騁詞苑	붓 휘둘러 시 써 내려가는데	令壽閣
傾壺報漏籤	짓지 못하면 벌주로 술잔기우네	洪奭周
繞階羅寶樹	섬돌 위에 빙 늘어선 아름다운 나무들에게	洪奭周
供膳和晶塩	제물로 맑은 소금 공양하네	洪吉周
茶熟詩賜潤	차는 익어 시정에 젖어드니	洪吉周
琴淸玉手纖	거문고 맑은 소리, 고운 손에서 울린다	洪原周
怡怡眞可樂	온 가족 화목하니 참으로 즐거워서	洪原周
去去不辭淹	지간이 지날수록 빠져들어 그칠 수 없네	洪顯周
起視銀河轉	일어나 본 기운 은하수에게	洪顯周

| 佳懷問老蟾 | 즐거운 마음 품었는지 물어 본네 | 足睡堂[149] |

겨울밤 정취를 느끼며 차를 마시고, 함께 하는 즐거움을 가족 모두가 돌아가며 한 편의 시로 완성해 간다. 찻자리가 마련된 가족시회는 남녀를 내외하지 않는 시공간으로, 가족과의 소통의 자리요, 자연과 교감하는 시공간이었다. 즉, 가족이 함께 시·거문고·차·술 등을 공유하며 돈독한 정을 쌓아가는 자리로, 풍류가 넘치는 자리였다.

한국인은 흥이 많은 민족이다. 예부터 재충전의 시간을 편안한 휴식으로 보내기도 했지만, 흥을 돋우며 내일을 위한 충전을 했다. 차가 펼쳐진 자리는 사대부부터 민중들까지 휴식의 시공간이었을 뿐 아니라 고차원적인 풍류의 세계로 안내하는 기능 역시 수행하고 있었다.

V. 나가며

조선후기 민중들의 가치관과 생활상을 이해하기 위해서는 오랜 관습인 세시풍속 연구가 필요하다. 세시풍속을 이해한다는 것은 당시 민중의 삶의 모습을 이해한다는 것과 같다. 세시풍속은 민중들이 오랫동안 생활에서 반복한 생활관습으로, 당시 민중들의 생활에서의 공감이다. 따라서 18세기 후반부터 19세기 전반에 세시풍속을 기록한 세시기에서 민중의 차문화를 재현하고자 검토했다.

세시기를 집필한 작가들은 현실세태와 함께 민중들의 삶을 형상화했다. 또한 고유문화에 대한 다양한 현실체험으로 견문을 넓히며, 고유의 풍속에 새로운 가

---

149) 洪原周, 『幽閒堂詩集』, 〈聯句〉.

치를 부여하고, 기록·보존하려는 자긍심의 발로로 기록했다. 세시기에 나타난 차는 가을철 저장음식인 시식(時食)이었고, 예를 표현하는 음료였다. 일손이 부족한 추수의 계절에 찻잎장아찌(醬茗折)는 바쁜 일손을 덜 수 있는 밑반찬으로, 에너지원이 필요한 시기에 입맛을 돋우는 음식이었다. 추수철 바쁜 일손을 잠시 멈추고 함께 한 이웃들과의 점심식사는 달콤한 휴식이요, 정을 쌓는 시간으로 그 자리를 흥겨운 풍류의 자리였다. 납설수로 다린 차 역시 추운 겨울날 향긋한 차로 심신을 녹였고 정을 쌓아가는 풍류와 접빈의 음료였다. 글 읽는 선비들은 우아한 풍격과 깨끗하면서도 깊이가 있는 음료인 차를 마시며 속세에서 잠시 떨어져 은일한 세계로 들어가고자 했으며, 온 몸에 차의 맑음이 스며들어 물욕을 씻고자 했다.

여기에서 차 풍속중 찻잎이 음식의 재료로 쓰였음이 세시기에 발견된 것은 동아시아 차 역사를 연구하는데 좋은 자료가 된다. 찻잎으로 만든 음식은 차산지국이자 농경국, 그리고 불교국인 중국과 일본 그리고 동남아시아에서도 발견되는데, 찻잎 저장식인 식문화가 유입된 것인지 독립적으로 생성된 것인지 연구가 필요한 분야이다.

왕실과 실학자들에 의해 고부가가치 산업인 양잠의 장려책과 의복에 대한 사치 만연, 장시의 전국망 등에 따라 풍작을 위한 잠신제는 연중행사로 행해졌다. 숭유억불의 조선이었지만 사월초파일은 민가의 속절로 계속 이어져왔다. 불가에서 초파일의 욕불의식, 선승의 수행과 의례음료로 차는 계속 활용되었는데, 이러한 모습은 부처에 의지한 민중에게 많은 영향을 주었다. 이는 당시 선승들과 교유한 정약용·신위 등의 사대부의 기록과 차 민요에서 확인해주고 있다. 차는 또한 예의 음료였다. 연말에 세궤로 차를 선물하며 감사의 마음을 표현했고, 정을 나누었다. 공경과 감사, 맑음과 곧음, 예의로움의 의미가 차에 담겨있어 한 해를 마무리하는 날 감사의 마음을 담아, 그리고 새해를 맞이하며 기원을 담아 선물한 풍습은 우리 문화의 큰 특징인 정을 나누는 분여문화(分與文化)를 엿볼 수 있다.

세시기에 기록된 차의 모습은 오랜 시간동안 민중에게 공감을 얻어 채택되었고, 토착화되었다. 세시풍속에 나타난 차생활을 살펴보면, 첫째, 차는 잠신제와 초파일에, 그리고 차산지의 마을제에서 신과의 커뮤니케이션의 촉매제역할을 하고 있다. 차는 신에게 풍요와 풍농, 건강과 다산 등이 이루어지기를 바라는 기원제에서 신과 교감을 위한 매개물이자, 예축의식의 기원물이었다. 둘째, 일손을 멈추고 함께 먹는 차음식, 한 해를 보내며 감사의 마음과 함께 즐거운 새해를 맞이하기 위해 주고받는 차 선물은 음식 나눔의 미풍양식이다. 차는 이웃과의 유대를 더욱 강화시켜주는 공식 · 권식 · 분여문화의 음료이다. 셋째, 차는 휴식과 풍류의 안내자로 유희적 기능을 지니고 있었다. 바쁜 추수철에 그리고 열매를 거둔 농한기에 차는 고단한 생활에서 잠시 벗어나 심신을 충전할 수 있도록 도와준다. 따라서 차는 기풍 · 기복의 요소가 포함된 종교적 기능, 지역성원의 공동체 의식 고취와 돈독한 유대관계를 심어주는 사회 · 윤리적 기능, 건강을 위한 휴식과 여가의 기능 등을 수행하고 있었음을 알 수 있다.

세시기에는 중국의 차문화를 모방한 모습도 보이지만, 연말의 차 선물, 추수철 차음식 나누기 등을 통해 정을 나누는 분여와 풍류문화 등 점차 우리 고유의 차문화가 드러났다. 여기에는 정약용과 초의 의순 등의 제다법 창안과 보급이 우리 식의 차문화를 향유토록 하는데 일조하였다고 판단된다.

18세기 중반이후 경화사족들은 골동서화(骨董書畵)의 수집과 감상, 독서열풍과 함께 차생활이 점차 그들의 일상이 되어가고 있었는데, 경화사족에게 유행한 문화는 문인중인들과 경제력을 갖춘 부민(富民)들에게로 빠르게 확산되었다. 또한 유배간 경화사족과 선승들에 의해 서울에서 멀리 떨어진 차산지 주민들 역시 약용만이 아닌 기호품과 수신품으로 차는 생활의 일부가 되었다. 하지만 19세기 중엽, 외세의 침입으로 국력이 약해지자 우리 고유의 차문화는 점차 멀어지고, 그 자리에 외국의 다양한 차문화가 점차 자리했다.

한 시기의 특정한 생활방식이라 할 수 있는 세시풍속에 차생활이 보인다. 세시풍속의 차생활에는 당시의 식문화뿐만이 아니라 종교, 공동체의 의식과 가치관, 생활방식 등이 포함되어 있어 한 시대의 차문화를 총체적으로 이해하는데 중요한 자료가 된다. 세시기는 민요와 함께 한 시대를 살아간 민중들의 차생활이 생생하게 묘사되어 있는 귀중한 사료이다. 18세기 후반에서 19세기 전반을 살았던 민중의 생활 공감인 세시기에 기록된 차생활에서 오늘날 우리가 추구해야할 차생활의 방향을 찾을 수 있다. 본 장은 민중의 차문화에 대한 정체성과 문화적 가치를 확인하고, 민중의 차문화를 이해하는 사론적 연구이다. 앞으로 다양하고 깊은 연구가 활발히 이루어져 당시 민중들이 향유했던 차생활의 모습 속에 내포된 의미를 찾아내어 오늘의 차문화로 만들어가야 할 것이다.

【참고문헌】

柳晚恭,『歲時風謠』

柳僖,『物名考』

尹善道,『孤山遺稿』卷之六

李夏坤,『頭陀草』

趙秀三,『秋齋集』

洪萬選,『山林經濟』

洪錫謨,『都下歲時紀俗詩』

洪良浩,『耳溪集』

洪原周,『幽閒堂詩集』

洪顯周,『海居齋詩鈔』

陸羽,『茶經』

姜育發 編,『中國古代茶書精華』, 남탑산방, 2000

국립민속박물관 편,『조선세시기』Ⅱ. 국립민속박물관, 2005

김기원,「韓國의 茶民謠 조사」Ⅱ,『韓國茶學會誌』2-2, 한국차학회, 1996

金逈洙,『嘯堂風俗詩』

남미혜,「16세기 권잠정책과 양잠업에 대한 일고찰」,『이대사원』26, 1992

류종목,「세시의식에 표현된 가족관과 사회관」,『한국민속학』37, 한국민속학회, 2003

송재소 외 5인,『한국의 차문화 천년』1, 돌베개, 2009

柳僖,『物名考』, 景文社, 1980

윤서석,『한국음식』, 수학사, 1984

이창희 · 최순권 譯註,『조선대세시기』Ⅰ, 국립민속박물관, 2003

임동권, 민속문화의 탐구, 민속원, 2001

정승모 譯註,『조선대세시기』Ⅲ, 국립민속박물관, 2007

-----,「세시관련 기록들을 통해본 조선시기 세기풍속의 변화」,『역사 민속학』13집,
    한국역사민속학회, 2001

정은희, 『19세기 조선 사대부가 여성의 차문화 연구』, 원광대학교 박사학위논문, 2010
최완수, 『조선왕조의 문화절정기 진경시대』, 돌베개, 1998
洪錫謨 編著 秦京煥 譯註, 『서울 · 세시 · 한시: 都下歲時紀俗詩』, 보고사, 2003

<출전>
『한국차학회지』 제17권, 제2호, 한국차학회, 2011.

일제강점기의 차산지 특성

I. 들어가며

음료는 커뮤니케이션의 미디어이다. 인간관계를 원활하게 연결해주기 위해서
필요한 귀중한 미디어이다. 일제강점기 동안 문화 환경은 황폐해졌지만, 다산 정
약용(茶山 丁若鏞, 1762-1836), 추사 김정희(秋史 金正喜, 1786-1856), 초의의순(草衣意
恂, 1786-1866) 등이 부흥시킨 한국 차문화의 맥은 차산지의 주민과 사원들에 의
해 미약하게나마 이어져 내려왔다. 차산지 주변의 주민들이 차밭을 조성하는 경
우는 거의 없었지만, 생활주거지 주변에서 자생하는 찻잎을 채취해 제다한 차를
가정 상비품으로 두고 애음했다. 반면 일본인들은 우리나라 차산지와 차문화를
조사·연구하고, 기업화된 다원을 조성해 차의 생산, 유통, 소비뿐만 아니라 연구
까지도 독점하고 있었다. 또한 일본인이 우리나라에 대거 이주해옴에 따라 그들
의 음다 습관도 함께 유입되었고, 식민지배의 한 방편으로 다도교육을 채택하며
한국민을 일본화 시키려 했다.

이 장에서는 일제강점기의 차문화를 간략히 살펴보고, 떡차, 백운옥판차(白雲玉
版茶), 잭살 등 차산지에서 명맥을 이어온 우리 전통차의 제다와 음용의 특성을 분
석하고, 무등다원, 오가와다원, 보성다원 등 일본인에 의해 조성된 다원의 특성에
대해 고찰한다.

민족의 정통성과 역사의 단절 시기인 일제강점기는 차문화에 있어서도 그러한
특성이 잘 나타나 있다. 개화기에 들어온 다양한 차 음료는 일제강점기에 들며 녹
차, 홍차, 전통차, 중국차 등 다양하게 음용되었다. 우리 전통차는 일제 강점기에
는 자생하는 차산지 주민들의 가정상비약으로 주로 음용되었고, 조선총독부의 정

책과 이주해 온 많은 일본인들에 의해 녹차가 음용되고 다원이 조성되었다.

일본제국주의가 한국을 식민지로 지배했던 시기에 차산지에 관한 자료는 그리 많지 않다. 이 장에서 다루고자 한 일제강점기 차산지의 생활을 보기 위해서, 차에 관한 도서 외에도 당시의 사회상을 알 수 있는 서적, 당시 출간된 요리책, 민요, 그리고 외국인, 특히 일본인이 저술한 책, 잡지와 인터뷰 등을 통해 살펴보았다. 위의 자료들을 토대로 일제 강점기에 우리나라 차산지가 어떤 모습으로 존재하고 있었는지 살펴보고자 한다.

우리의 과거와 현재의 차생활을 이어주는데 큰 변화를 준 일제강점기 차산지에 관한 연구는 당시 정치적 변화에 의해 차문화의 흐름이 바뀐 중요한 시기이다. 하지만 일제강점기의 차문화에 대한 연구가 아직까지는 거의 없어 본 연구는 새로운 작업이라 할 수 있다. 자료와 기존연구의 부족이라는 한계 속에서도 간간히 나타나는 자료들을 찾아 정리, 분석하는 직업은 우리 차문화의 인식확대라는 측면에서 의미있는 일이라 사료된다.

Ⅱ. 일제강점기의 차문화

1. 일제강점기의 기호음료

일본은 우리나라를 강점하면서 토지조사사업을 강행하여 토지, 쌀 등 물자 뿐만 아니라 인적자원까지 수탈하여, 우리나라는 일본 산업에 필요한 원료 공급지와 상품시장으로 전락해 버렸다. 극도로 참담한 시기 일본문명은 물론이고, 서구문명의 유입이 계속되어 낯선 외국음식이 점차 널리 퍼지기 시작했다. 시중에는 일본 · 중국 등의 동양요리와 서양요리를 파는 음식점이 늘어나고, 빵과 과자 ·

술 · 청량음료 · 통조림 등의 식품을 제조하는 일본인 사업가들이 등장했다. 특히 양과자, 화과자, 호떡 등의 과자류와 커피, 일본차, 홍차, 양주, 일본술 등 기호음료는 상점에서 구입할 수 있는 낯설지 않은 기호품이었다.

의례에 필수인 제물이며 민간생활의 여유와 향락을 즐기는데 매개체인 기호음료는 술이다. 산업화되기 이전, 술은 자가 양조(釀造)했으나, 1909년 주세법이 공표되어 전매품이 되었다. 게다가 일제강점기는 식량공출 등으로 식량이 부족하자 술의 원료인 곡물을 통제하여 결국 1940년부터 탁주 이외 술은 배급제가 되었다. 양성주(釀成酒), 증류주(蒸溜酒), 혼성주(混成酒) 다양한 술이 주세가 부과된 술로 시중에 유통되었다.[150] 보약 같은 포도주, 모던보이들이 즐겨 마신 맥주, 건강과 축복의 샴페인 등 공장에서 만든 외래주와 집에서 만든 탁주 · 소주 · 약주 등 가양주(家釀酒)가 있었다. 특히 찰황(札幌) · 기린(麒麟) 등의 맥주, 금강(金剛) 등 소주, 적옥(赤玉) · 봉(蜂) 등 포도주, 국정종(菊正宗) · 백학(白鶴) · 앵정종(櫻正宗) 등의 일본주류를 당시 대중들은 즐겨 마셨다.

'차(茶)'란, 엄밀한 의미로는 차나무 잎을 가공하여 만든 음료를 말하지만, 요리서에서 다류(茶類)를 보면, 차는 식사 후 혹은 여가에 즐겨 마시는 기호음료라는 넓은 의미로 쓰였다. 대용차를 포함한 차에 대한 의미는 조선시대 이후 일제강점기에도 계속되었다. 그 예로『임원십육지(林園十六志)』의〈정조지(鼎俎志)〉를 한글로 번역하고 신식요리를 삽입한 이용기의 요리책,『조선무쌍신식요리제법(朝鮮無雙新式料理製法)』[151]에서, 차의 종류로 구기다(拘杞茶), 국화다(菊花茶), 기국다(杞菊茶), 귤강다(橘薑茶), 포도다(葡萄茶), 매화다(梅花茶), 귤화다(橘花茶), 보림다(普林茶), 계화다(桂花茶), 오매다(烏梅茶), 미삼다(尾蔘茶) 등의 전통차와 새롭게 유입한 콜드티(냉홍차, Cold Tea), 콜드 커피(냉커피, Cold Coffee)등이 함께 기록되었다. 이 외에도 일제강점기에 출판된 요리서,『조선요리제법(朝鮮料理製法)』,『간편조선요리제법(簡便朝鮮料理諸法)』과『신영양요리법(新營養料理法)』,『할팽연구(割烹研究)』 등에서

---

150) 이성우,『한국식생활의 역사』, 수학사, 1993, p.222.

151) 이용기 저 옛음식연구회 역,『朝鮮無雙新式料理製法』, 궁중음식연구원, 2001, pp. 271-274, P. 335 참조.

도 차와 혼합차, 대용차를 망라해 전통차와 수입차를 기록하고 있다.

19세기 말 조선에 온 외국인들은 다업 진흥을 위한 방안을 조선왕실에 건의했는데, 그들의 건의가 받아들여져 1883년부터 농상사(農商司)'에서는 차산업 부흥을 위한 여러 일들을 관장했다. 일제강점기에 들어서며, 일본과 중국, 서양에서 새로운 차들이 유입되자 전통차는 점차 산지에서만 만날 수 있는 음료로 전락했다. 차 생산과 보급, 전통 차에 대한 연구 등이 일본인의 주도하에 진행되었고, 학교에서는 일본식 다도교육이 이루어졌다. 당시 고관들은 '다화회(茶話會)'라는 모임을 조직해 친목을 다지곤 했다.

특히 일본인의 대량 이민으로 일본의 녹차는 시중에 활발하게 거래되었다. 이외 중국에서 유입된 차, 구한말에 들어온 커피와 홍차 등이 대중음료가 되어 다방에서 취급되었다. 그 중 당시 즐겨 마시던 차는 정희찬(正喜撰)·청류(青柳)·천류(川柳) 등의 일본 녹차류였는데, 이는 일용품시장이나 각 염매장(廉賣場)에서 취급되었다.[152] 새로 유입된 차들은 관공서와 학교 등의 공공기관과 다방·빵집 등 상업기관을 통해 대중에게로 확산되었다. 반면에 예부터 전통적으로 마셔온 전통차는 차 산지와 몇몇 사찰에서만 약용음료, 기호음료, 수신음료로 소량 생산해 음용했을 뿐이다.

구한말에 서양문물이 들어오면서 유입된 커피는 궁중에서 대신들과 개화인사에 의해 점차 보급되었다. 특히 아관파천으로 러시아공사관에 머물 때 커피를 음용한 고종황제는 환궁 후에도 정관헌(靜觀軒)에서 커피를 즐겨마셨다. 서양문물의 동경한 모던보이와 모던 걸에 의해 '가배차(珈琲茶)', '가비차(加比茶)', '양탕(洋湯)국'이라 불리던 커피는 홍차와 함께 다방의 주 메뉴가 되어갔다. 잡화점, 요리점, 다방, 카페, 식료품상 등에서 판매한 커피를 마시는 계층은 제한적이었지만 신문에는 '카피차 끄리는 법', '카피의 효력'과 같은 기사가 소개되며[153] 우리 문화 속으로 점차 스며들어갔다.

---

152) 서울특별시사편찬위원회, 『서울 육백년사』 제4권, 서울특별시, 1981, p. 548 참조.
153) 김태수, 『꽃가치 피어 매혹케 하라: 신문광고로 본 근대의 풍경』, 황소자리, 2005, p. 292 참조.

우유나 분유가 절대적으로 부족하자 1943년 우유아(牛乳兒) 등록 제도를 실시하며 우유가 배급되었다. 우유 배급은 유아는 1순위, 중병환자, 신장염, 결핵환자는 2순위, 기타 병자, 임산부, 허약자는 3순위로 정해 진행되었다. 심사에 통과되어 우유배급증명서가 발행되어야 비로소 마실 수 있었던 우유는 당시 대중이 쉽게 접할 수 있는 음료가 아니었다. 대중들이 상점에서 어렵지 구입할 수 있는 음료는 공장에서 생산한 외래주, 커피 외 천연 탄산수 시트론(citron) 라무네(Lamune) 등의 청량음료와 일본과 중국, 서양에서 수입한 녹차 홍차 등 외래 차였다.

전통음료로는 차와 탕과 같은 뜨겁게 마시는 음료와 식혜, 수정과, 화채, 수단(水團), 미수(米水) 등 차게 마시는 청량음료를 간간히 마시는 정도였다. 이들 전통음료는 약이성(藥餌性) 효과를 겸하는 건강음료다.

2. 총독부의 차산업 장려책

개화기에 우리나라와 외교관계를 맺고 있는 중국, 일본, 미국 등 외국의 사신들은 조선의 산업을 진흥시키기 위한 방안으로 차나무 재배를 권장했다. 당시 조선 조정에서는 차나무 재배 장려책으로, 1883년부터 농상사에서 차나무의 재배에 관한 업무를 관장하게 하며, 차나무 모종과 차씨 등을 수입했다. 이어 1905년 농상공부에서는 차의 재배와 가공법에 관한 내용이 수록된 안종수(安宗洙)의 『농정신편(農政新編)』을 각도에 배포했으며, 해당 도청에 해마다 청명(淸明) 전후에는 차나무를 심도록 하라는 내용의 '식목조례(植木條例)'를 시달했다.[154] 조선말 차나무 육성과 제다산업을 우리나라 부흥의 한 방편으로 인식하고 정책을 실시했지만 이들 정책은 그다지 성공적이지 못했다.

일제 강점기 일본은 군수물자 수집과 일본문화 이식의 한 방편으로 차를 생각하며 차산업과 차생활 보급에 관심을 갖기 시작했다. 조선총독부의 와타나베 아

---

154) 김명배, 『한국차문화사』, 초의문화제집행위원회, 1999, pp. 232-234 참조.

키라(渡邊彰)는 1920년 발표한 논문,「조선의 다업에 대하여(朝鮮の茶業に就いて)」[155]에서 조선의 차 진흥 목적과 구현방안을 밝혔다. 일본의 외무대신 우가키 가즈나리(宇垣一成)는『조선의 차와 선(朝鮮の茶と禪)』의 서문(序文)에서 '중일전쟁이후 중국의 차와 소련의 비행기가 교환되는 사실을 인지시키며, 조선차를 개발하여 다업국책(茶業國策)의 열매 맺자'는 글로 조선에서 차산업을 진흥시켜야 하는 이유를 밝혔다. 상공대신 후지와라 긴지로우(藤原欽次郞) 역시 '조선에는 양종(良種)의 자생차를 재배하면 산업진흥에 크게 이바지 할 것이라며, 조선차를 개발하여 직접 세계 녹차 수요국에 수출하여야 할 것이다'[156]며, 수출을 위한 차산지로서 우리나라에 관심을 갖기 시작했다. 일제강점기 내내 일본 총독부는 정치 경제 문화부분에서 차산업과 차보급의 유용함을 밝히며 꾸준히 관심을 표했다.

본격적인 차산업 장려책은 총독부에 의해 이루어졌다. 총독부의 학무국 사회교육과에서는 나카오 사토루(中尾覺)를 중심으로 조선 차에 대한 학술과 실지조사 할 것을 명했다. 그들은 기초자료를 수집하면서 대단위 다원을 조성할 계획을 세웠다. 이들이 당시 관심 가졌던 지역은 예부터 차산지였던 전라남도 일대로, 그곳에 차나무 종자를 심거나 삽목해 다원을 조성했다. 특히 황기(皇紀) 1940년의 기념사업으로, 전라남도 산림과에서 주관하에 1,000정보에 달하는 다원 조성사업을 착수했다.[157] 오자키 이치조(尾崎市三)의 광주 무등다원, 오가와(小川)의 정읍 오가와다원, 경성화학공업(주)의 보성다원 등 일본인의 기업화한 다원 외에도 일본 차나무는 고흥군 고흥면에 시즈오카현(靜岡縣)의 차 종자를, 영암군 삼호면에 에히메현(愛媛縣)으로부터 차 묘목을, 나주군 금천면 원곡리, 남평면 남평리, 영산면 삼

---

155) 渡邊 彰「朝鮮の茶業に就いて」, 월간『朝鮮』, 1920년 8월,『차의 세계』, 2006년 1월, PP. 86-90에 재인용.
　　1. 다업진흥 목적 – 차는 위생상 유익한 기호품이요, 불사작선(佛事作善)의 의식상 중요한 공양품이요, 교제를 친밀하게 하는 매개품이다. 이러한 차의 조선내 수요를 자급자족해야 한다.
　　2. 구현방안 – 차나무 재배의 적지를 역사·지리학적으로 연구·결정한다. 차 종자를 파종, 번식시켜 제다를 장려하여 수요자에게 공급할 원자재를 풍부하게 한다.'
156) 諸岡存·家入一雄,『朝鮮の茶と禪』, 日本の茶道社, 1940, pp. 1-3 참조.
157)「現地踏査」〈例言〉, 諸岡存 家入一雄,『朝鮮の茶と禪』下卷, 日本の茶道社, 1940.

정리, 영산리, 동수리에 시즈오카현, 구마모도현(能本縣), 교토(京都)로부터 모내어 들어왔으며, 제주도 서홍리에 차 종자가 이식되었다. 그 외에도 구례군 마산면에서는 1932년부터 우지차(宇治茶) 제다법으로 제다되었다.[158]

특히 제국주의 전쟁의 물자조달을 위해 일본은 중일전쟁 이후 본격적으로 조선에 대한 인적, 물적 수탈을 서슴지 않았다. 전시체제인 일본은 우리 차에 관한 연구를 더욱 활발하게 진행했는데,[159] 이는 차가 전쟁을 치루는 군인들에게 꼭 필요했기 때문이다. 식민지 팽창을 위한 전쟁터에서 수송과 휴대가 간편한 떡차는 깨끗한 물과 야채 공급의 어려움을 동시에 해결해 주는 필수품이었다. 군인들의 건강에 떡차가 가치를 인정받자 전라남도 지역에서 떡차 생산이 계속되었다.

차는 내선일체의 '황민화정책'의 집행에도 이용되었다. 식민정책의 일환으로 조선의 남학생의 교육보다 여학생 교육에 중요한 의미를 부여했다. 감성이 풍부한 여성을 통해 가정을 동화시킬 수 있고, 가정의 음식문화를 주도하는 사람이 바로 여성이기 때문이다. 음식이 인간의 말과 행동을 근본적으로 지배하는 힘을 지녔다고 인식한 일본은 가정의 식생활을 관장한 여성들의 교육에 더욱 마음을 썼다. 이는 곧 고등보통학교의 교육취지에 맞춰 일본식 다도가 일반교과과정에 점차 편입되었다. 이렇듯 조선 백성을 일본화 시키려는 민족개조사업은 1930년대부터 본격적으로 시작되었다.[160]

---

158) 諸岡存·家入一雄, 『朝鮮の茶と禪』, 日本の茶道社, 1940, pp. 41-42 참조.
159) 諸岡存·家入一雄, 『朝鮮の茶と禪』, 日本の茶道社, 1940, pp. 176-177 참조.
　　'가토 칸가꾸(加藤灌覺)의 「조선의 차 문헌에 대하여(朝鮮に於ける茶の文獻に就いて)」, 나카오 만조(中尾萬三)의 「조선·고려도자고(朝鮮·高麗陶瓷考)」·「인화사어물목록(仁和寺御物目錄)」, 이나바 이와기치(稻葉岩吉)의 「조선의 차(朝鮮のお茶)」, 요시가와 가이도(好川海堂)의 「조선의 차에 대하여(朝鮮の茶に就て)」, 미시나 아키히데(三品彰英)의 「조선의 차(朝鮮の茶)」, 아유가이 후사노신(鮎貝房之進)의 『차의 이야기(茶の話)』, 모로오카 다모쓰(諸岡存)·이에이리 가즈오(家入一雄) 『조선의 차와 선(朝鮮の茶と禪)』'
160) 김명배, 『한국차문화사』, 초의문화재집행위원회, 1999, pp. 23-252 참조.

3. 일제강점기의 차문화 공간

19세기 중반이후, 서구열강의 함선이 우리 연안에 출몰에 잦아지자 엄청난 불안감에 휩싸이며 정치 · 사회 · 경제 · 문화 등 각 방면에 일대 변화가 일어났다. 개항기에 우리나라에 온 많은 외국인들은 낯선 조선을 오래토록 기억하고 싶어, 보이고 느끼는 대로 우리나라의 풍습을 기록했는데, 그들의 기록 중에 차에 관한 내용이 보인다.

19세기 중엽 우리나라의 지리와 역사 · 풍속 · 산업 등을 오페르트(Ernst Oppert)의 시선으로 기록한『금단의 나라: 조선기행(Ein Verschlossenes Land, Reisen nach Koera)』을 보면,[161] '차나무는 조선의 중부와 남부지방 어디에서나 자생하고 있어 조금만 가꾼다면 현저한 성과를 거둘 수 있음에도 불구하고 재배에 힘을 쓰지 않고 마시지도 않는다'고 기록하고 있다. 한국의 다양한 풍경과 생활양식 을 기록한『은자의 나라 조선(Corea : The Hermit Nation)』에서 그리피스(William E. Griffis)는,『조선교회사론(Histoire de l'eglise de coree)』를 기록한 선교사 샤를르 달레(C.C.Dallet)는 조선 사람들은 순수한 찻잎으로 만든 차를 거의 음용하지 않는다[162]고 서술하고 있다.

우리나라 사람들이 기록한 책에서 차에 대한 기록을 보면, 요리서와 한시 외에 장지연(張志淵, 1864~1921)의『대한신지지(大韓新地志)』의「의복과 음식」편과『만물사물기원역사(萬國事物紀原歷史)』의「식물」편에, 윤비와 노상궁들의 고증을 엮은 조선후기 궁중생활에 관한『이조 여류문학및 궁중풍속연구』등에 차에 대한 기록이 있을 뿐이다. 그 중『이조 여류문학및 궁중풍속연구』에는 '궁중생활 용어'을 보면, '차와 홍차'가 보이는데, '차(茶)는 숭늉, 물의 통칭이며, 홍다(紅茶)는 홍차를 말한다[163]'고 기록되어 있다. 홍차가 궁중의 음료로 음용되고 있음을 알 수 있는 대목이다.

---

161) 에른스트 오페르트(Ernst Jacob Oppert) 저, 한우근 역,『금단의 나라: 조선기행(Ein Verschlossenes Land, Reisen nach Koera)』, 일조각, 1974, P. 119.

162) W.E.그리피스 저, 신복룡 역,『은자의 나라 한국(Corea: The Hermit Nation)』, 집문당, 1999, p. 348 / 샤를르 달레 저 ,정기수 역, 1971,『조선교회사론』, 탐구당, 1971, p. 286.

163) 김용숙,『이조여류문학및 궁중풍속연구』, 숙대출판부, 1970, p. 408.

개화기부터 일제강점기를 잇는 동안 차산지는 크게 두 부류로 나누어 볼 수 있다. 첫째, 차산지의 주민과 사찰에서는 군내에 판매하거나 자가용(自家用)으로 차를 제다해 민간요법과 상용음료로 음용했다. 둘째는 일본인에 의한 다원 조성이다. 일본인에 의해 광주의 무등다원, 정읍의 오가와다원, 보성의 보성다원 등의 다원이 조성되어 조선 전역과 일본 오사카 등지에 판매되었다.

전통차는 차산지에서만 겨우 명맥을 이을 정도로만 음용되었고, 당시 대다수의 사람들은 학교와 직장, 다방과 숙박업소, 잡화점 등을 통해 일본식의 차와 새로운 기호음료인 홍차를 음용했다. 특히 녹차는 여학교 중심의 일본식 다도를 통해, 그리고 공공기관과 숙박업소 등에서 접대용 음료로 음용되며, 녹차는 자연스럽게 일본차라는 인식이 심어졌다. 학교와 직장에서 녹차를 마시는 습관은 곧 가정과 사회생활로 확장되었고, 이는 곧 녹차의 소비를 확대시키는 계기가 되었다. 충무로(本町)와 명동(明治町)에 개점한 잡화점과 다방에서 녹차는 홍차와 함께 점차 친숙한 음료가 되어갔다. 일본식 정취가 풍기는 충무로에서 차를 구입하는 조선인의 모습이 낯설지 않은 풍경이 된 데에는 위의 설명처럼 조선인의 생활관습의 변화, 일본 제국주의의 문화 지배력 강화, 일본에 유학을 다녀온 신지식인 등이 큰 요인으로 자리했다. 조선인들은 점차 충무로의 문화 유혹에 빠져들며 그곳의 다방, 음식점, 잡화점, 백화점 등에서 팔던 기호품인 차는 일종의 여가이자 문화적 소비의 대상이었다.

개화기에 우리나라에 온 많은 서양인들과 그들이 설립한 학교에서 서양요리와 홍차와 커피 등 서양식 음료를 알게 되어 보급되기도 했다. 소위 '신식'이란 단어의 대명사가 된 서양의 모든 문물제도는 신 지식인들과 새로운 것을 흡입하고픈 이들에 의해 점차 생활속에 익숙해져갔다. 특히 동경의 대상이던 일본과 서구에 유학 다녀온 젊은이들은 그들만이 담론할 공간을 찾기 시작했다. 이들은 음악이 흐르는 가운데 서양의 음료, 커피와 홍차를 마시면서 이야기를 나누며 사교가 이루어지는 다방을 선택했다. 이들이 선택한 담론장소는 서구의 커피하우스와 같은 기능의 다방이었고, 이들은 그곳에서 그들만의 문화를 형성하기 시작했다.

인텔리의 공간인 다방은 문화 사랑방 역할을 하며 새로운 생활양식을 제공하였다. 모던한 풍물인 다방, 이른바 끽다점(喫茶店)에서는 커피, 홍차, 양주 등을 구비해 놓았다. 그 중 명동의 트로이카는 홍차에 모래사탕을 녹이고 '보드카(Vodka)'를 탄 위스키 티가 유명해 러시아식 다방으로 알려졌다.[164] 그 외 손탁호텔, 조선호텔 등 서양풍의 근대식 호텔에는 다방, 식당, 사교실 등이 있어 이곳을 이용한 손님들은 커피, 홍차 등을 마시며 만남을 가졌다.

Ⅲ. 차 산지에서의 전통차

1. 떡차

실학자 정약용은 제다법을 창안해 보급한 제다가이자 차를 즐긴 애다가(愛茶家)였다. 특히 18년간 강진에서의 차생활을 살펴보면, 정약용은 선비의 맑은 정신과 풍류, 그리고 백성을 위한 마음이 깃든 차를 연구하고 실천했다.

정약용은 강진을 떠나면서 제자들과 다신계(茶信契)를 맺어 이후 우정을 맹세했으며, 심신을 맑게 해 올바른 일을 실천하는데 도움이 되었던 차 음용 경험을 지역 주민들에게 알리고과 장흥 보림사 스님들에게 구증구포(九蒸九曝)의 죽로차(竹露茶),[165] 강진 주민들에게 강진의 만불차(萬佛茶) 등의 제다법을 직접 지도했다. 정약용은 주민들이 제다법를 익혀 일상의 음료가 되길 바랐고, 잘 살기 위한 자원이 되길 바랐다. 초의 또한 보림백모차(寶林白茅茶)와 초의차(草衣茶) 등의 차를 제다하여 차의 대중화에 앞장섰다.

---

164) 서울특별시사편찬위원회, 『서울 육백년사』 제4권, 서울특별시, 1981, p. 1253.
165) 정약용이 보림사 스님들에게 가르쳐준 떡차는 죽전차(竹田茶), 보림차(普林茶), 우전차(雨前茶) 등 다양한 이름이 많다.

정약용과 초의가 승려와 지역 주민들에게 전수한 차는 대부분 떡차였다. 당시 경화사족들이 음용한 보이차를 그 지역에서 채취한 찻잎으로 제다한 즉, 책과 경험으로 익혀 나름의 제다법을 터득해 조선식 보이차, 즉 돈차(錢茶)는[166] 이후 차산지 주민과 사찰 스님의 약용 접빈 기호 등 일상의 음료로 미미하게나마 음용되어오고 있다. 이는 일제강점기, 차산지 주민들이 불렀던 민요와 모로오카 다모쓰(諸岡存)와 이에이리 가즈오(家入一雄) 외에도 떡차와 전라남도 차생활에 관심이 많았던 일본인에 의해 재조명되며 떡차의 정보가 오늘에 전해지고 있다.

그중 차산지 주민들의 구술로 전해진 민요를 보면 다음과 같다.

월출산뫼 신선들은
작설잎을 따서모아
질구질구 매를쳐서
주먹주먹 떡차빚어
청자가마 숯불집혀
이리저리 구워내세[167]

정약용이 주민들에게 유학과 제다법 등을 가르쳤던 강진에서 채록된 민요이다. 채록한 농가가 위치한 곳은 강진 월남면 월남사지인데, 이곳은 정약용의 제자 이시헌의 집과 일제강점기 백운옥판차를 제다해 판매한 이한영의 집이 부근이다. 정약용의 떡차 제법이 일제강점기를 거치며 전승될 수 있었던 데에는 구급약을 쉽게 구할 수 없던 시절, 월출산 신선들의 음료인 차를 음용함으로 건강한 생활을 유지하기 위함이라 짐작된다.

일제 강점기, 특히 1930년대 이후 일본인들은 떡차에 관심이 많았다. 교토부(京都府) 다업연구소장이던 아사다 미호(淺田美穗)는 '차의 제조와 그 장래'라는 수필

---

166) 정은희, 「李裕元의 文集에 나타난 19세기 차문화 연구 -『嘉梧藁略』과『林下筆記』를 중심으로 -」, 『차문화학』2권 2호, 한국국제차문화학회, 2006, pp. 206-207 참조.
167) 김기원, 1996, 「한국의 차민요 조사 Ⅱ」, 『한국차학회지』Vol 2 No 2, pp. 193-194.

에서, 1925년 장흥 죽천리를 방문해 기증받은 엽전모양의 돈차를 보고, 보관에 용이하다면서 깊은 관심을 표했다. 모로오까 다모쓰는 전라남도 지역의 돈차를 연구하기 위해 단차 제조법 현장인 전라남도 지역의 사찰을 다니며 조사했으며, 이에이리 가즈오에게 많은 자료를 얻은 덕분에 『다경(茶經)』에 기록된 당대의 단차 제법 및 음다 방법을 쉽게 이해할 수 있었다. 모로오까 다모쓰와 이에이리 가즈오는 몇 년에 걸쳐 조사 연구한 결과 보고서를 『朝鮮의 茶와 禪』로 펴냈다.[168]

모로오카 다모쓰와 이에이리 가즈오가 답사한 전라남도 나주군 다도면 불회사 등 전라남도 지역의 떡차 제다법[169]을 보면, 정약용의 보림차(죽로차) 제다법과 거의 닮았다. 이는 곧 정약용, 초의 등에 의해 제다된 차가 전라남도 지역의 선승들과 차산지 주민들에 의해 전수되었음을 증명한 예이다. 떡차의 제다법을 보면, 대체로 찻잎을 채엽하여 찻잎이 부드러워질 때까지 찐다. 찐 찻잎을 절구공이에 넣어 끈적끈적할 정도로 충분히 찧은 다음, 손 혹은 고조리나 사발 굽과 같은 틀을 이용해 성형한다. 차가 건조되는 동안 곰팡이가 생기지 않도록 구멍을 뚫고 꿰어 재건조하여 완성한다. 온돌방이나 헛간, 다락 등에 보관한 차는 필요할 때마다 꺼내어 음용했다. 제다법은 지역마다 약간의 차이는 있지만 나주 장흥 강진 영암 등 전라남도 지역에서는 대체로 이와 같은 방법으로 제다했다. 다양한 제다법 만큼이나 차, 단차(團茶), 청태전(靑苔錢), 돈차(錢茶), 곶차(串茶), 강차(綱茶) 등 동그란 엽전모양의 덩어리차에 대한 명칭은 매우 다양하게 불리워졌다.

떡차는 차산지에서 가족 건강지킴이로서 큰 부분을 차지했다. 떡차는 순수하게 찻잎으로만 제다하거나, 찻잎 이외 쑥, 오갈피나뭇잎, 생강뿌리, 유자과실 등 다른 재료를 섞거나, 찻잎으로 만든 떡차와 다른 재료를 함께 넣어 같이 끓이는 법 등 다양한 방법으로 음용했다. 몸살과 콧물 기침 등 감기증상이 있을 때면, 머리가 아플 때면 다려마셨던 떡차는 서양의 신약이 들어오기 전까지 전라남도 차산지 주민들의 긴요한 가정상비약이었다.

---

168) 長田 幸子, 2007, 「조선말기 전라남도지방의 음다풍속에 관한 연구-백운옥판차와 돈차를 중심으로-」, 성신여대 석사논문, pp. 26-27 참조.

169) 諸岡存·家入一雄, 1940, 『朝鮮の茶と禪』, 日本の茶道社, p. 87.

2. 백운옥판차(白雲玉版茶)

백운옥판차는 강진·영암의 월출산 백운동(白雲洞)[170]의 옥판산(玉版山)에서 딴 찻잎으로 이한영(李漢永, 1868~1956)이 만든 차이다.[171] 1939년 이에이리 가즈오가 강진군 성전면의 백운옥판차를 보고『조선의 차와 선』에 수록하면서 세상에 알려졌다. 백운동 호남의 금강이라 불리는 월출산 남쪽에 위치한 백운동을, 옥판봉은 월출산 봉우리인 옥판봉을 말한다.[172]

제다법을 보면, 곡우에서 입하까지 채취한 것이 가장 좋은데, 아침 일찍부터 낮까지 채취한 찻잎을 집으로 가져가 솥에서 덖거나 쪄 차가 푸른빛을 잃을 때 불을 멈춘다. 살청(殺靑)한 찻잎은 손으로 조금 비빈 후, 종이를 깐 따뜻한 온돌방에 1시간정도 말린다.[173] 이와 같은 백운옥판차의 제다법은 백운동과 연관되어 정약용의 제다법까지 이어진다. 이한영의 선조, 원주(原州) 이씨는 백운동에 세거하다 100여 년 전쯤 현재의 자리로 이거(移居)했다고 한다. 강진에 유배된 정약용은 종종 백운동에 놀러 와서 마을사람들에게 제다법을 가르쳐 주었다. 아유가이 후사노심(鮎貝房之進)은『차의 이야기(茶の話)』에서, 1930년경 강진의 촌민들은 해마다 이른 봄에 정약용이 가르친 제다법으로 만든 '금릉월산차(金陵月山茶)'를 빚어 그의 후손인 정규용에게 보냈다는 기록이 있다.[174] 정약용과 백운동의 이시헌, 그리고 그의 후손 이한영 등으로 연결된 것을 보면, 백운옥판차의 제다법은 정약용의 제다법을 계승했다고 충분히 짐작된다.

완성된 차는 소나무 재질의 네모 오목한 포장틀을 이용해 상자모양으로 만들었다. 이틀쯤 지나 포장했는데, 포장 앞면에는 '白雲玉版茶'를, 뒷면에는 꽃가지 도안을 눌러 찍었다. 백운옥판차는 갓 돋아난 여린 싹으로 제다한 맥차(麥茶), 갓 돋아

---

170) 현재는 전라남도 강진군 성전면 월하리 안운(安雲)마을이다. 안운마을은 안정동(安靜洞)과 백운동 (白雲洞)이 합쳐져 생긴 지명이다.
171) 諸岡存·家入一雄,『朝鮮の茶と禪』, 日本の茶道社, 1940, p. 129.
172) 오사다 사치코, '백운동을 찾아서',『차와 문화』Vol 4, 이른아침, 2007년 여름, pp. 46-48 참조.
173) 諸岡存·家入一雄,『朝鮮の茶と禪』, 日本の茶道社, 1940, p. 130.
174) 박병출, '월출산 의구한데 인걸은 간 곳 없고',『차의 세계』, 2006년 10월 중간호, p. 7.

난 여린 싹을 채엽한 뒤, 참새 입처럼 둘로 갈라져 나온 잎으로 만든 작설(雀舌), 맥차를 따고 창처럼 뾰족한 끝이 셋 이상 갈라진 잎으로 만든 모차(矛茶), 넓어진 잎으로 만든 기차(旗茶) 등으로 제다시기와 품질에 따라 분류했다. 분류된 차는 상등품은 15전~20전에, 하등품은 10전에 서울과 강진과 나주 등 부근은 물론이고 서울까지 판매되었다.[175]

구입한 백운옥판차는 탕관에 물을 끓인 다음 차를 넣어 다려마셨다. 주로 식후 음료로 마시지만 두통, 소화불량, 머리 어지러울 때 등 약용으로도 마셨다. 음용 대상은 대부분 노인이지만 어린이가 아플 때면 다려 주곤 했다[176]는 것으로 보아 백운옥판차는 일상에서 기호음료 보다는 약용음료로 더 많이 음용했음을 알 수 있다.

3. 잭살

조선은 안정기에 접어들자 통치하기 위한 자료로 지리지가 편찬된다. 1454년에 편찬된 『세종실록』 지리지의 '하동현'편을 보면,[177] 토산(土産)으로 작설차(雀舌茶)가 기록되어 있다. 하동 함양 등 경남지역은 통일신라시대부터 전라도와 함께 차의 본향이다. 초의는 『동다송(東茶頌)』에서 '지리산 화개동에는 우리나라 최대의 차밭이 사오십리에 걸쳐 펼쳐져 있다. 화개동의 칠불사 스님들은 항상 늦게 채다해 나무 말리듯이 하여, 나물 삶고 끓이듯이 하여 천하의 좋은 차를 속된 솜씨로 버려 놓았다. 그 차는 찻물 빛이 짙은 붉은 빛으로 탁하며, 매우 쓰고 떫은맛이다.'[178] 하동 화개의 칠불사는 초의가 안타까워한 제다와 음다 현장이었지만, 그곳 스님들이 차를 즐겨 마시고 있음은 알 수 있다.

하동 화개는 이후 일제강점기를 거치면서도 여전히 제다의 현장이었고, 음다풍

---

175) 諸岡存 家入一雄, 『朝鮮の茶と禪』, 日本の茶道社, 1940, p. 130.

176) 諸岡存 家入一雄, 『朝鮮の茶と禪』, 日本の茶道社, 1940, p. 130.

177) 『世宗實錄』地理志 慶尙道 晉州牧 河東縣, 5책.

178) 草衣, 『東茶頌』

습이 이어진 고을이었다.

칠불밑에 자란작설
아침마다 군불숯불
이리저리 긁어모아
무쇠솥을 올려놓고
곡우작설 숨을죽여
세번째로 기를죽여
네번째로 진을죽여
다섯째로 색을올려
여섯째로 맛을내어
일곱째로 손질하여
여덟째로 분을내어
아홉째로 향을익어
조목조목 나누어서
봉지봉지 담아놓고
아자방에 스넴내요
한잔먹고 깨치소서
두잔먹고 도통하소
석잔먹고 신선되소
자나때나 정진하소[179]

1957년 하동군 화개면 범왕리에 사는 백씨(76세) 노인으로부터 김기원이 채록한 차와 관련된 민요이다. 오랜 시간 칠불사에서 벌목꾼으로 생활한 백노인이 부른 민요의 노랫말에는 화개의 제다법, 보관, 효능이 담겨있다.

화개에는 일 년 쓸 만큼의 가용차(家用茶)를 준비한 집들이 있었다. 찻잎을 채취해 제다한 제법은 집집마다 달랐지만 거의 모든 집의 제다법에서 발효는 공통적

---

179) 김기원, 1995, 「한국의 차민요 조사」, 『한국차학회지』 1권 1호, 한국차학회, pp. 87~88.

으로 거치는 과정이었다. 그늘에서 말리고 비비기를 수차 반복한 후, 따뜻한 곳에서 퇴적하여 띄우는 발효시킨다. 응달에 찻잎을 시들려서 멍석에서 부스러지지 않도록 비비고, 털어 널기를 수차 반복하여, 부드럽고 촉촉해진 차를 다독여 온돌방에 쌓아놓고 보자기를 덮어 띄운다.[180] 혹은 채엽한 찻잎을 멍석에 두어 저녁에는 이슬을 맞히고, 낮에는 햇빛에 두어 까맣게 찻잎이 발효가 되면 완성된다.[181] 이외에도 찻잎 채취 시기부터 시작해 각 집마다의 제다 비법이 있어 화개에는 다양한 잭살의 제다법으로 집집마다 향미가 다른 차를 맛볼 수 있었다.

완성된 차는 온도변화가 적고 시원하고 습기 차지 않도록 주로 한지로 포장하여 시렁에 얹어두거나 방 천정에 두거나 오동상자나 항아리에 담아 보관했다. 일년 양식으로 마련한 차는 집안의 상비약과 마실거리로 삼았다.

차를 달일 때에는 차만을 넣고 약탕기나 놋쇠주전자려 다려 마셨는데, 감기, 몸살, 배탈 등 가족의 일원 중 아플 때면 차에 돌배, 생강, 밤, 대추 등을 넣고 은근한 불로 달였다.[182] 달인 차는 쓰고 떫었는데, 이를 감하기 위해 꿀이나 설탕 등을 넣기도 했다. 쌍계제다의 김동곤사장의 조부, 김정두는 화개지역의 한의사였는데, 화개면 삼신리 야생차를 채취해 가벼운 감기나 두통, 배앓이 등에 한두 가지 다른 약재를 섞어 조제했다. '조약(粗藥)'이라 불렸던 차약은 화개주민들에게 큰 인기를 끌었다.[183] 감기에 걸릴 때면 진료를 받아 조제된 차를 마시기도 했지만, 주민 스스로 경화된 찻잎으로 제다한 차에 잭살과 박나물 속껍질, 인동초 줄기, 말린 돌배 등을 주전자에 넣고 펄펄 끓여 마시며 자가 치료한 경우가 더 많았다.[184] 깊은 산골, 약이 귀했던 시절 화개주민들에게 고뿔차 등 치료약으로 널리 쓰였던 잭살은 날씨가 추워질 때쯤이면 고향을 떠난 사람에게 한 해 겨울을 날 차 양식(상비약)으로 보내 주기도 했다.

180) 김신호, 2007년 7월 1일 인터뷰.
181) 황기록, 2007년 7월 13일 인터뷰.
182) 김동곤, 2007년 7월 1일 인터뷰.
183) 이상균, '차와 브랜드, 쌍계제다 우전차', 『차와 문화』, 이른아침, 2007년 여름, p. 14.
184) 조윤석, 2007년 7월 1일 인터뷰.

Ⅳ. 차 산지에서의 일본인 다원

1. 무등다원(無等茶園)

대부분 적송림(赤松林)과 낙엽 활엽수림으로 이루어진 무등산록 구릉지역(해발 700m)에 다원이 조성되어 있다. 무등산의 무등다원은 기후가 온화하고, 안개가 알맞게 드리워진 차나무 재배에 적합한 조건이 천연적으로 구비된 지역이다. 이를 간파해 다원으로 일군 이는 바로 오자끼 이치조(尾崎市三, 당시 42세)이다.

일제강점기 이민 온 오자끼는 전라남도 보성군 문덕면에서 사금광(砂金鑛)사업을 했지만 재산을 탕진해 버리고, 다른 사업을 물색하던 중 무등산의 차를 발견했다. 1911년, 일본 돗도리현(鳥取縣)에서 제다 경험이 있던 오자끼 우연히 증심사 공양을 위해 주변에서 자생하는 찻잎으로 제다한 차를 알게 되었다.[185] 그 길로 오자끼는 차나무가 자생하는 땅 소유주린 최상진(광주면장)을 찾아가 면적 약 7ha의 차나무 수풀을 15년간 차용 계약했다. 이듬해인 1912년, 광주 무등산의 해발 700m에 위치한 자생하는 차나무 수풀을 700백원으로 사들이며 다원에서 차생산은 본격적으로 이루어졌다.

처음엔 500여근의 찻잎을 채취해 생산량이 미미했지만 열심히 노력한 결과 1937년에는 2만여근의 찻잎을 채취하며 이전보다 훨씬 많은 양의 차를 상품으로 출시했다.

1) 제다

찻잎 생산을 늘이기 위해 여름에 잡목을 정리하고, 산초(山草)와 콩깻묵(大豆粕)을 비료로 주었다. 일 년에 네 번 잡초를 뽑고, 9월에는 나무를 가지런하게 베어주어 이듬해 발아를 돕는 등 오자끼는 다원경영에 힘썼다.

---

185) 박선홍, 「무등산과 차」, 『茶苑』, 1983년 3월, p. 134.

(1) 제다공정[186]

오자끼 이치조는 처음엔 원시적인 방법으로 제다했지만 점차 개량하여 기계를 이용해 시즈오카식(靜岡式) 증제차를 제다했다. 채취한 찻잎은 회전 찜통에 넣고 찐 후, 그 쪄낸 찻잎을 조유기(粗柔器)에 넣고 말린 다음 유념기(揉捻機)에 넣어 비비기과정에 들어간다. 재건기(再乾器)에 넣고 말린 찻잎을 다시 유념한다. 세 번째 건조한 차는 절단기에 넣고 절단하여 분차(紛茶)와 선별과정을 거친다. 마무리 건조 후, 완성된 차는 품질에 따라 한 상자에 1백근(60kg)씩 넣고 포장되어 출시된다.

(2) 채엽시기

채엽시기에 따른 생산량을 보면 총 12,000관이었던 생엽은, 제품 생산량은 3,000관이다. 생산량은 1/4로 줄었지만 가격을 대비시켜보면 3,000원이었던 생엽은 제품으로 만들면 9,000원이다.

〈표 1〉 채엽시기에 따른 생산량[187]

구별	채엽시기	생 산*		비고
		생 잎	마른 잎	
맏물차	5월 15일경	6,000관	1,500관	
두물차	7월 20일경	3,000관	750관	
세물차	8월 2일경	3,000관	750관	
계		12,000관(3,000원)	3,000관(9,000원)	( )는 생산예정

* 보통 시세로 생찻잎이 평균 1관에 25전, 마른 찻잎이 평균 1관에 3원.

---

186) 諸岡存 ·家入一雄, 『朝鮮の茶と禪』, 日本の茶道社, 1940, pp. 80~81 참조.
187) 최계원, 『우리茶의 再照明』, 삼양출판사, 1983, p. 215.

(3) 제품의 생산현황[188]

초엽, 천하일, 옥룡 등 등급으로 제품으로 나뉘어져 무등다원의 "無等の里'[189]는 서울 · 인천 · 군산 · 광주 등 전국의 차 판매점과 여관, 실수요자 등에게 판매되었다. 폐허가 된 무등다원은 해방 후, 문인 남종화와 호남 다맥을 계승한 의재 허백련(毅齋 許百鍊, 1891-1977)이 인수한다. 허백련은 무등다원을 '삼애다원(三愛茶園)' 으로 개명하고, 차산업과 전통 차문화 보급에 열정을 바친다.

<표 2> 차제품의 생산

이름*	생산량	단 가**	금 액	비고
初 葉	100관	11.25원	1,125.00원	전 이상은 반올림함.
天下一	300관	7.50원	2,502.00원	
玉 龍	200관	5.63원	1,126.00원	
靑 龍	200관	4.37원	874.00원	
松喜撰	600관	2.50원	1,500.00원	
軸	50관	1.87원	94.00원	
紛 茶	50관	21원	16.00원	
계	1,500관		6,985.00원	

* 두물차부터는 하등품이 많다.
** 당시 차 가격은 차 1회 사용량은 1돈중 6푼(6g)으로 상급차라도 2전이 안 되었다.

2. 오가와다원(小川茶園)

(1) 정읍 차생산의 역사

주변에 내장호 · 수청호 · 섬진댐 · 고부 만수저수지 등의 호수가 많고, 일교차 가 큰 지역에 속하며, 부엽토가 쌓인 토양의 정읍의 기후와 토질은 차나무 재배에 적지이다. 정읍의 자연 환경적 요인으로 내장산 벽련암 주변, 두승산내의 관음사 주변, 천태산 등에 대규모의 차나무 군락지가 자연적으로 만들어졌다. 정읍에 차

---

188) 김명배, 『다도학』, 학문사, 1993, p. 369 참조.
189) 박선홍, 「무등산과 차」, 『茶苑』, 1983년 3월, p. 136.

가 재배된 흔적은 조선시대의 『세종실록(世宗實錄)』 지리지와 『신증동국여지승람 (新增東國輿地勝覽)』 등의 옛 문헌에서 찾을 수 있다. 일제 강점기, 오가와는 정읍 입 암면 천원지역에 재배한 차나무로 우수한 품질의 천원차(川原茶)를 생산해 우리나 라는 물론 일본 오사카까지 수출하였다.

(2) 오가와 다원(小川茶園)

1913년 전라남도 도청의 산림기사들은 전라북도 정읍의 산야에 차나무가 무성 한 것을 보고, 토질과 기후가 차나무 재배에 적합한 지역임을 확인했다. 이후 천원 의 소학교 교사로 재직하고 있던 일본인 오가와는 정읍 입암면 천원지방의 하부 리 일대에 9반보(反步)를 매입해 차나무를 재배했다.

1914년 전라도지역의 풍부한 농수산물을 타 지역으로 운반하고자 호남선(대전 ~목포)이 개통되었다. 오가와가 차밭을 조성한 정읍 입암면 천원리는 호남선의 정 착역인 천원역이 있는 교통의 중심지로[190] 호남선 철도공사와 관련한 일본인들이 많이 주거했던 지역이다. 오가와는 철도공사에 증사한 일본인을 대상으로 차를 판매할 목적으로 다원을 조성한 것으로 보인다. 일본인들은 확실한 차 수요자임 에 분명하기 때문이다.

1916년에 개원한 오가와다원은 처음에는 채산성이 없었지만 점차 나아져 1923 년부터는 우수한 품질로 인정받으며 국내는 물론 일본까지 수출했다.[191] 차 포장 지의 윗부분에 쓰인 '각 전람회 품평회 수상'가 이를 뒷받침해준다. 광복이 되자 오가와 다원은 정읍에서 피혁공장을 시작으로 사업에 손을 댄 미원(현 대상그룹) 의 임대홍에게 팔리며 다원은 과수원으로 바뀌었다.

일제강점기 천원차의 제다법을 보면, 찻잎을 비빈다음 10시간 정도 온돌방에서 발효시킨다. 그 후 다시 덖어 말리는 방법을 취해 완성했다. 즉, 천원차는 녹차가 아닌 발효차로 제다되어, 주변에서는 약용과 기호음료로 음용하였다. 하지만

---

190) 『井邑郡邑誌』, p. 1188.
191) 김명배, 1993, 『다도학』, 학문사, p. 370.

2,000년 7월 입안면 사무소가 작성한 '입암면 차나무 관련 현황보고서'에 따르면, 일제강점기에 거주했던 일본인들은 천원차 생산지를 녹차 생산의 최적지라 인식했고, 실제로 자연환경이 차나무 재배 적합지로 확인하면서 일명 하부차를 생산했다[192]는 기록으로 보아 천원차는 녹차임을 짐작케 한다. 즉, 일제강점기 주요 차 생산지였던 정읍에서는 녹차와 발효차를 생산했는데, 오가와 다원 역시 녹차와 발효차 모두를 생산했는지, 좀더 연구가 필요하다 하겠다.

3. 보성다원

(1) 보성의 차생산 역사

좁은 평야와 넓은 구릉지대로 구성된 전라남도 보성은 대륙성 기후와 해양성 기후가 교차되는 곳이어서 아침과 저녁에 안개가 많다. 날씨가 따뜻하고, 한 해 내리는 비의 양이 1,500mm가 넘어야 차나무 재배의 이상적인 강수량이지만 안개가 많아 이를 벌충해준다.[193]

보성의 자연조건은 차를 재배하기에 알맞아 예로부터 자생차가 많았고, 일제강점기에는 대단위 다원이 조성되었다. 문덕면 대원차의 차밭, 벌교읍 징광사터 주변 등에서 지금도 차나무 자생지를 찾을 수 있는 보성은 우리나라 차의 역사를 이끌어왔다 할 만큼 차와 관련된 기록이 많다. 조선시대 간행된 지리지에서 보성의 차의 역사를 찾아보면, 『세종실록』지리지는 약재편에, 『동국여지승람』과 『신증동국여지승람』은 토산조, 『산양지(山陽誌)』응 토산조, 『고사촬요(攷事撮要)』는 토산조, 『동국여지지(東國輿地志)』는 물산조, 『여지도서(輿地圖書)』는 토산조, 『대동지지(大東地志)』는 토산조, 『조선팔도기요(朝鮮八道記要)』는 물산조, 『여재촬요(輿載撮要)』는 토산조 등이 차와 관련된 보성에 대한 기록이다.[194]

---

192) 최석환, '우리나라 재배차의 시작' 川原茶, 『차의 세계』, 2004년 4월, p. 25.

193) 한창기, 『전라남도』, 뿌리깊은 나무, 1983, p. 337.

194) 이현숙, 「조선시대 차산지 연구 -문헌을 중심으로-」, 성신여자대학교 석사논문, 2001, pp. 5-10 참조.

(2) 보성다원(寶城茶園)

19세기 후반부터 일본은 차 산업에 관심을 가지며, 새롭게 급부상한 차 산업국인 인도와 스리랑카에 관해 연구하기 시작했다. 이와 함께 일본은 중국이 인도와 실론과의 차 수출경쟁에서 밀려난 원인을 연구하며 세계 차 생산 동향에 지대한 관심을 가졌다. 그 결과 일본은 세계 차 소비흐름이 녹차에서 홍차로 전환되었음을 확인하고, 홍차로 차산업전환을 위한 정책을 펼친다. 20세기 초, 일본은 홍차산업의 선진국으로 떠오른 인도에 산업시찰요원을 보내어 제다기술을 습득케하고, 인도산 차나무 종자를 수입하는 등 홍차생산을 증대하기 위해 힘을 기울였다. 나아가 기존의 녹차산업과 문화, 즉 녹차시장을 확대하기 위해 해외 박람회에 참가하는 등 차산업을 발전시키기 위한 노력을 아끼지 않았다.[195]

일제강점기 당시 일본의 위와 같은 생각은 우리나라에 직업적으로 영향을 미쳤다. 차산업에 그 어느 때보다 적극적이었던 20세기 초, 일본 총독부는 조선의 차에 관한 문헌적 연구와 함께 전통차를 찾아내어 연구했다. 이와 더불어 우리나라를 차 생산지로 만들기 위해 일본에서 들여온 차나무 종자와 삽목을 보성·영암·고흥·나주·제주도 등에 심어 다원을 조성했다. 정책적이고 계획적인 차나무 재배가 우리나라에서 시작되었다. 그곳에서 생산된 차는 수출품목으로, 그리고 전쟁 물자를 충당하기 위함이 생산 목적이었다.

다원조성을 위해 1939년 일본은 전문 기술자들을 우리나라의 차 생산지에 파견해 그곳의 기후 지형 등의 자연 환경적 조건과 노동력 등을 조사했다. 그 결과 전라남도 보성을 한국 내 홍차 재배의 최적지로 판단했다.[196] 이후 계획적이고 정책적인 다원이 보성군 보성면 봉산리 봉화산 기슭을 중심으로 조성되었다. 1940년 아마가사키 간사이(尼崎關西)페인트주식회사의 방계(傍系)회사인 경성화학공업주식회사는 30정보(町步)에 인도품종의 '베니호마레종'을 심으며, 전국 최초로 대규모 다원이 조성되었다. 해방 후 방치된 보성다원은 1957년에 장영섭에 의해 인

---

195) 츠노야마 사가에 저 서은미 역, 『녹차문화 홍차문화』, 예문서원, 2001, pp. 141-198 참조.
196) 박인천, 『전라남도관광자원』, 전라남도 전라남도관광협회, 1966, p. 238.

수되어 '대한홍차(현 대한다업)'가 설립되었다. 보성은 20세기 이후 우리나라의 차 산업을 이끌며 차의 메카로 떠오른다.

V. 나가며

이 장에서는 일제강점기의 차문화를 간략히 살펴보고, 돈차 · 백운옥판차 · 잭 살 등 차산지에서 명맥을 이어온 우리의 전통차 제다와 음용의 특성을 분석했다. 이와 더불어 무등다원, 오가와다원, 보성다원 등 일본인에 의해 조성된 다원의 특 성에 대해 고찰했다.

일제강점기동안 총독부의 우리 차에 대한 관심은 꾸준히 계속되어 왔다. 개화 기부터 일제강점기를 잇는 동안 차산지는 크게 두 부류로 나누어 볼 수 있다. 첫 째, 차산지 주민과 사찰에서는 군내에 판매하거나 자가용으로 차를 제다해 가정 상비약과 상용음료로 음용했다. 둘째, 일본인에 의해 다원이 조성되었다. 오자끼 이치조의 무등다원, 오가와의 오가와다원, 경성화학공업(주)의 보성다원 등 기업 화된 다원에서 일본인에 의해 생산된 차는 조선 전역과 일본으로 판매되었다.

전통차는 차산지에서만 겨우 명맥을 이을 정도 음용되었지만, 당시 대다수의 사람들은 학교와 다방, 직장, 숙박업소, 잡화점 등을 통해 일본식의 녹차와 서양식 홍차를 음용했다. 일본식 다도를 통해 녹차는 일본차라는 인식으로 자연스럽게 음용되었으며, 공공기관에서는 접대용으로 일본 녹차를 내주었다. 다방, 음식점, 잡화점, 백화점 등에서 판매한 차는 커피와 함께 모던보이와 모던걸 등 신문화를 흡입하고픈 이들의 여가와 문화생활의 중심음료로 자리했다.

정약용이 우리 식의 보이차로 제다한 것이라 추론되는 장흥의 죽로차를 비롯해 전라남도지역의 떡차는 이후 차산지 주변의 주민과 사찰의 스님들에 의해 약용과 일상음료로 근근이 명맥만을 이어오고 있었다. 이와 함께 전라도 지역에서는 잎차 역시 전해져 오고 있었는데, 정약용의 제자인 이시헌의 후손 이한영이 제다한 백운옥판차가 대표적인 예이다. 백운옥판차는 일제강점기 우리 손에 의해 상품화된 차로서, 약용과 기호음료로 음용되었다. 한편 경상도에서도 차는 전통의 맥이 희미하게나마 이어지고 있었다. 주로 경화된 찻잎으로 제다한 잭살은 경상도 차산지 주민들의 한 해 식량으로 준비한 차로, 온도변화가 적고 시원하고 습기가 차지 않도록 보관해 두고 가정의 상비약과 마실 거리로 삼았다.

일본 총독부는 우리나라 차에 관한 문헌적 연구와 함께 전통차를 찾아내어 연구하고, 일본에서 들여온 차나무 종자로 보성, 영암, 고흥, 나주, 제주도 등에 심으며 차산지로 만들려는 계획을 진행했다. 무등다원, 오가와다원, 보성다원은 일제강점기에 조성된 다원으로, 무등다원에서는 '無等の里', 오가와다원에서는 '川原茶'라는 브랜드로 국내외 수요자를 만났다. 해방 후 오가와다원은 사라졌지만 무등다원은 의재에 의해 삼애다원으로, 보성다원은 장영섭에 의해 대한홍차(현 대한다업)로 개명해 근대 차산업을 일구어갔다.

일제강점기 일본은 우리나라를 식량 원료 공급지 및 상품판매 시장으로 만들며 한국경제를 일본경제에 종속시켜갔다. 이어 대륙침략을 위한 전시동원 태세는 내정으로 이어져 황국신민화를 도모했다. 한국인들은 굶주림에서 벗어나기 힘든 생활을 견뎌야 했다. 약용뿐만 아니라 기호와 사교를 위한 풍류음료, 깨달음을 위한 음료, 문화생활속의 재료 등으로 활용되었던 조상들의 차생활은 차 산지에서 가정상비약으로 음용되며 삶을 유지하기 위한 음료로 겨우 명맥을 유지할 뿐이었다. 우리나라에 거주하는 일본인들이 증가하면서 일본풍으로 소비하는 음다 인구는 점차 늘어났고, 이에 따라 차는 일본에서 수입되었다. 조선총독부는 식민지정책의 하나로 차산업을 일으키고자 했다. 차나무 종자를 심어 다원을 조성하고, 제다법을 교육하고, 일본인의 차생활을 교육하며 일본은 전통문화의 맥을 끊고자 했다. 정신적인 부분과 약리적인 부분, 그리고 선비문화가 결합되어 이루어진 전통 차문화는 일제강점기에 들며 차산지에서 만이 약리적인 부분, 즉 건강보건음료로 음용하며 미미하게 남아 있을 뿐이었다.

당시 우리 민족에게 차는 녹차로 인식되었고, 녹차는 우리의 음료가 아닌 일본인의 음료로 인식되었다. 광복 후, 서양문물이 급속도로 퍼지면서 녹차는 역사의 뒤안길로 사라지기 시작했다. 이후 개항기부터 우리나라에 유입되었던 홍차는 서양의 문화를 흠모하는 마음과 더불어 소비되기 시작했다.

일제 강점기의 차산지에 관한 연구는 우리 차문화의 흐름을 보다 바르게 이해할 수 있다는 점에서 본 연구의 의의를 둔다, 이를 계기로 근현대 차문화에 관한 많은 연구가 이루어져 우리 차문화의 질적, 양적 확대가 이루어졌으면 한다.

【참고문헌】

『井邑郡邑誌』
李圭景,『伍洲衍文長箋散稿』권56
李裕元,『嘉梧藁略』
草衣,『東茶頌』
諸岡存・家入一雄,『朝鮮の茶と禪』, 日本の茶道社, 1940,

그리피스 저, 신복룡 역,『은자의 나라 한국(Corea: The Hermit Nation)』, 집문당,
    1999.
김기원,「한국의 차민요 조사」,『한국차학회지』1권 1호, 1995.
-----,「한국의 차민요 조사 Ⅱ」,『한국차학회지』2권 2호, 1996.
김명배,『다도학』, 학문사, 1993.
김명배,『한국차문화사』, 초의문화재집행위원회, 1999.
김용숙,『이조여류문학및 궁중풍속연구』, 숙대출판부, 1970.
김태수,『꽃가치 피어 매혹케 하라』, 황소자리, 2005.
『茶苑』편집부, '이날을 기다린 개화동 方山茶庄',『茶苑』, 1983년 6월.
----------, '해외다론 - 조선의 다업에 관하여',『차의 세계』, 2006년 1월.
박병출, '월출산 의구한데 인걸은 간 곳 없고',『차의 세계』, 2006년 10월 증간호.
박인천,『전라남도관광자원』, 전라남도・전라남도관광협회, 1966.
박선홍, '무등산과 차',『茶苑』, 1983년 3월.
보성군향토사편찬위원회,『보성군 향토사』, 호남문화사, 1974.
샤를르 달레 저 정기수 역,『조선교회사서론』, 탐구당, 1971,
서울특별시사편찬위원회,『서울 육백년사』제 4권, 서울특별시, 1981.
에른스트 오페르트 저 한우근 역,『금단의 나라: 조선기행(Ein Verschlossenes Land,
    Reisen nach Koera)』, 일조각, 1974.
이상균, '차와 브랜드 쌍계제다 우전차',『차와 문화』4권, 이른아침, 2007년 여름.
이성우,『한국식생활의 역사』, 수학사, 1993.

이용기 저, 옛음식연구회 역,『조선무쌍신식요리제법』, 궁중음식연구원, 2001.

이현숙, 「조선시대 차산지 연구 -문헌을 중심으로」, 성신여대 석사논문, 2001.

長田幸子, 「조선말기 전라남도지방의 음다풍속에 관한 연구」, 성신여자대학교 석사논문, 2007.

정은희, 「李裕元의 文集에 나타난 19세기 차문화연구」,『차문화학』2권2호, 2006.

최계원,『우리茶의 再照明』, 삼양출판사, 1983.

최석환, '우리나라 재배차의 시작' 川原茶,『차의 세계』, 2004년 4월.

츠노야마 사가에 저, 서은미 역,『녹차문화 홍차문화』, 예문서원, 2001.

한국다문화연구소 편집부, 「大韓新地志」에 수록된 차」,『다문화연구지』6권, 한국다문화연구소, 1997.

-------------------, '정읍의 천원차(川原茶) 포장지',『다문화연구지』12권, 한국다문화연구소, 2003.

한창기,『전라남도』, 뿌리깊은 나무, 1983.

〈출전〉

『일본근대학연구』, 한국일본근대학회, 2007.

Ⅱ. 영국 차문화

17−18세기 유럽의 차논쟁과 차의 사회적 수용

I. 들어가며

한 문화권에 소개된 이국적인 외래 상품은 새롭고 신비하여 쉽게 동경의 대상이 된다. 외래문화는 일상적인 삶의 패턴과 규칙에 영향을 주고, 관례화(routinization)와 성찰적 감시(reflexive monitoring)를 통해 새로운 문화로 변용되어 수용되는 과정을 겪게 된다.[1] 외래문화의 수용은 대부분 '도입-반발-통합'의 변증법적 과정을 거치게 된다.

유럽의 지리상의 발견 이후, 향신료, 도자기, 벽지 등의 동양의 수출품들은 유럽의 왕실과 상류층에 열렬한 환호를 받으며 시누아즈리(chinoiserie)라는 유행까지 낳게 된다. 하지만 동양의 생활문화이자 예(禮)와 도(道)의 근간이 된 차는 유럽에 전래된 초기 많은 논쟁을 불러일으키며 관심의 대상이 되었다. 유럽인들은 처음 접하는 차에 대해 다양한 반응을 나타냈으며, 이 새로운 음료를 수용하는 과정에서 문화적 마찰로 이어졌다. 17세기에 진행되었던 네덜란드, 독일, 프랑스 등의 국가에서 차의 성분과 건강에 대한 논쟁이 바로 그것이다.

18세기에 이르자 유럽에 유입된 여러 국가 중, 차문화를 적극적으로 수용한 영국에서 차에 대한 논쟁이 새롭게 불붙었다. 차 논쟁은 차가 국민음료로 정착되는 과정 중에, 즉 왕실과 상류층에 이어 중산층으로 확대된 차가 노동자층의 음료로 확산되자 일어난 현상이다. 차가 중상류층의 과시의 음료로서 가치를 잃게 되자 문필가와 사회경제학자 등이 중심이 되어 '차를 즐기게 된 노동자계층이 사회경

---

[1] Giddens, A., *The Constitution of Society: Outline of the Theory of Structuration*, Giddens, University of California Press, 1984.

제에 미치는 영향'을 주제로 벌인 차에 대한 논쟁이다. 18세기 중엽 차의 논쟁은 18세기 말엽에 이르며, 시대적 공감을 얻으며 모든 계층에게 수용된다.

2세기에 걸친 논쟁의 과정에서 차는 모든 계층의 음료로 스며들면서, 영국에서 차는 국민음료로 자리하며, 새로운 문화를 형성하였다. 본 장에서는 17~18세기의 유럽의 차에 대한 논쟁을 주요 논자를 중심으로 고찰함으로서, 동양의 차문화가 유럽 특히 영국에 수용되는 과정의 특성을 분석하고자 한다.

II. 17세기 차논쟁 : 차의 성분과 효능논쟁

1. 유럽 각국에서의 논쟁

동양의 차는 17세기에 이르러 본격적으로 유럽인들과 만나게 된다. 당시 새로운 기호품이었던 차는 아시아와 유럽이라는 두 대륙의 지리적 거리만큼이나 낯설어 유럽인의 입맛에 자연스럽게 수용되기는 무리였다. 동양의 식물인 차에 대한 호기심만큼이나 두려움도 컸다. 유럽인들이 차를 받아들이기에는 두통 · 감기 · 각성제 등 약품으로서, 색향미 등을 추구하는 기호음료로서, 차를 받아들이기에는 신체적으로나 감성적으로 너무도 낯설었다. 따라서 차가 전래된 유럽의 각국에서 문화적 마찰이 일어나면서 논쟁이 이루어졌다.

1) 네덜란드와 덴마크
포르투갈에 이어 네덜란드는 17세기 아시아무역의 새로운 강자로 부상했다. 네덜란드의 동인도회사는 후추 · 계피 · 육두구 등 향신료와 도자기, 비단 · 면 등 직물 등의 동양의 산물을 유럽에 수출하고 있었다. 동양의 향신료가 유럽인의 사랑을 받자 각국의 동인도회사들은 엄청난 양의 향신료를 수입했다. 선망한 향신료가 흔해지자 유럽인들이 흥미를 잃게 되었고, 이에 따라 향신료의 가격은 내려갔다. 네덜란드 동인도회사는 동양에서 향신료 외에 새로운 상품이 필요했다.

네덜란드는 중국과 일본에서 향신료를 대신할만한 기호품인 '차'를 만났다. 차의 상품성을 간파한 네덜란드 동인도회사는 네덜란드뿐만 아니라 독일·프랑스 등 유럽 각국의 왕실과 귀족층들에게 고가로 판매했다. 유럽 귀족들은 차를 동양의 우수한 문화를 대변하는 물품으로 여기며 호감을 드러냈다.

네덜란드에 도착한 차는 왕실과 귀족을 중심으로 크게 유행했다. 거기에는 니콜라스 툴프(Nicholas Tulp, 1593-1674), 코리넬리우스 덱커(Cornelius Decker, 1647?-1685) 등 저명한 의사들의 역할이 컸다. 니콜라스 툴프는 1641년에 출판한 저서,『의학론 Observationes Medicae』에서 약으로서의 차의 효능을 설명하며, 새로운 음료인 차의 유행을 부추겼다.

> "무엇보다도 차와 비교될 수 있는 것은 없다. 차를 음용한 사람은 그 작용으로 인해 모든 병에서 벗어날 수 있고 장수할 수 있다. 차는 육체에 위대한 활력을 불어넣어 줄 뿐만 아니라 차를 마시면 결석, 담석, 두통, 감기, 안질, 카타르(점막의 질환), 천식, 위장병도 앓지 않는다. 게다가 졸음을 막아주는 효능이 있어 철야로 집필하거나 사색하고자 하는 사람에게 크게 도움이 된다.[2]"

니콜라스 툴프는 『의학론』에서 머나먼 동양에서 건너온 값비싼 차를 감기·두통·결석·위장병 등의 증세에 효과있는 치료제와 각성과 활력제로 소개했다. 또한 차를 오래살 수 있도록 돕는 건강보조제로도 소개했다. 니콜라스 툴프에 이어 코리넬리우스 덱커 등의 의사들은 차를 만병통치약이라 소개했다. 유명 의사들에 의해 차는 명약으로 간주되며 상류층의 과시 욕구를 표현하는 사치품인 동시에 약품으로서 꼬리표를 달았다.

1670년대 코리넬리우스 덱커는 '좋은 차(Good Tea)'라는 의미의 '벤토크

---

2) 츠노야마 사가에 저, 서은미 역,『녹차문화 홍차문화』, 예문서원, 2001, p. 31.

(Bentekoe)'라 부를 정도로[3] 니콜라스 툴프 못지않은 열렬한 차 옹호론자였다. 코리넬리우스 덱커는 17세기 후반에 출간한 『차론』에서 남녀노소 누구나 시간에 관계없이 매일 가능한 한 많은 양의 차를 마실 것을 권했다.

> 고열이 잘 내려가지 않으면 매일 40~50잔의 차를 마시면 낫는다. 특히 그 중 20잔은 매우 진하게 마셔라. 쓰지만 효과 있다. 최근 여러 환자들이 차의 효능을 증명하며 이전에 사용했던 치료약을 쓰지 않게 되었다.[4]

코리넬리우스 덱커가 권한 하루 차 권고량은 엄청났다. 특히 고열이 나면 40-50잔을, 특히 20잔은 매우 진하게 마셔 보라고 권할 만큼 차를 지극히 사랑했고, 맹신할 정도로 차의 효능을 믿었다. 특히 코리넬리우스 덱커는 편찮은 사람에게는 차를 하루에 50잔에서 200잔 마실 것을 제안할 정도로 차의 효능에 대해 극찬했다.

당시 차의 수입과 판매를 전담한 네덜란드 동인도회사는 코리넬리우스 덱커에게 상을 주며 차 소비에 더욱 힘써줄 것을 당부했다. 그의 차에 대한 극찬은 지나쳐 일각에서는 네덜란드 동인도회사에 고용된 사람이 아니냐는 풍문이 나돌 정도였다.

1701년 〈차에 푹 빠진 귀부인들〉이란 연극이 암스테르담에서 상영될 정도로 당시 네덜란드의 귀부인들은 동양의 차에 빠져있었다. 손님께 발 스토브를 올려놓은 접대부터 시작된 티파티는 곧바로 티타임으로 이어진다. 이때 차는 차와 샤프란 등을 가미한 혼합차를 내놓았는데, 차에 설탕을 넣어 녹인 후 잔받침에 따라 소리내어 마셨다. 10-20잔의 차를 되도록 크게 소리내어 마셨는데 이는 티타임의 예절이었다. 차 마시기가 끝나면 설탕을 넣은 브랜디를 마시면서 담배를 피우는 것으로 티파티는 끝난다.[5] 동양의 차와 다기, 샤프란, 담배 등 이국의 기호품과 도자기로 일본 다도처럼 일정한 규칙과 예절로 진행된 티타임은 귀부인들의 과시

---

3) Woodward, N.H., *Teas of the World*, New York: Collier Books, 1980, p. 42.
4) 瀧口明子, 『英國 紅茶論爭』, 東京: 講談社, 1996, p. 22.
5) 츠노야마 사가에 저, 서은미 역, 『녹차문화 홍차문화』, 예문서원, 2001, pp. 35-36.

욕구를 한껏 뿜낼 수 있었는 시간이었다. 티타임을 즐긴 귀부인들은 세련됨과 선진 문물을 가장 먼저 향유하며 얼리 어답터 (early adopter) 문화를 선도했다.

하지만 반대론 또한 만만치 않았다. 특히 동양의 문화를 동경한 귀부인들의 차모임이 지나칠 정도로 과도하여 가정생활에 상당한 지장을 초래했다. 차로 인해 많은 가정들이 파탄에 이를 정도로 그 피해는 심각했다. 네덜란드의 주변국인 덴마크의 국왕 주치의인 시몬 파울리(Simon Pauli, 1603-1680)는 차의 성분을 보면 약간의 약효가 있는 기호품이지만 유해성분 또한 함유되어 있고, 유럽의 기후에 자라기 힘든 차를 음용한다는 것은 무척 위험하다고 경고했다. 특히 40대 이상이 음용할 때에는

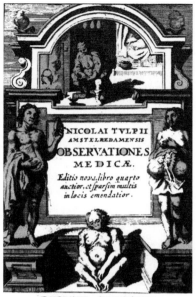

〈그림 1〉 『의학론(Observationes Medicae, 1641, 니콜라스 툴프)』

조기 사망할 수도 있기 때문에 중독성이 있는 차를 금지해야 한다는 주장을 펼쳤다.[6] 시몬 파울리는 차가 약용음료가 아니라 오히려 건강을 해치는 음료라고 주장하며 차 음용의 확산을 막았다.

2) 독일

차가 독일에 전래된 당시, 왕실과 귀족층에서는 시누아즈리 열풍이 불었다. 츠빙거궁전, 샤를로텐부르크 궁전 등의 궁전에 도자기방을 건축하고, 다실을 짓는 등 동양의 문화에 심취해 있었다. 마리엔부르크의 요한 야콥 발트슈미트(Johann Jacob Waldschmidt, 1644-1689)는 '10만 파운드나 그 이상 지니고 다니는 지위가

---

6) Woodward, N.H., *Teas of the World*, New York: Collier Books, 1980, p. 40.

높고 권력있는 신사들은 건강을 위해서 뜨거운 차를 마신다면 좋을 것이다.'라 한 것처럼, 머나먼 동양에서 온 차는 고가이므로 누구나 마실 수 있는 음료가 아니었다. 이는 곧 차는 신분을 상징하는 음료로서의 기능을 충분이 갖추고 있다는 뜻으로 통용되었다. 재력과 지위가 높은 상류층과 부유한 상인들은 동양의 도자기에 차를 마시며 과시의 수단으로 이용했다.

　부유한 사람들의 사치품으로써 기능이 컸던 차는 중독증상까지 있을 정도로 매니아도 있었지만 차의 반대론 또한 만만치 않았다. 1643년부터 1650년까지 중국에 거주한 예수회(Jesuit)회 선교사 마르티노 마르티니(Martino Martini, 1614-1661)는 중국인들의 음다습관에 별로 좋은 인상을 받지 못했다. 그는 수척한 중국인의 얼굴은 차를 수시로 음용하는 습관 때문이라면서 차를 멀리해야 한다고 주장했다. 또한 포고령을 발하여 차를 금지시켜한다는 주장하는 사람이 있을 정도로 반대가 심했다.[7] 차가 대중화되지 못한 대에는 약용음료로서의 효능에 대해 대중들로부터 크게 인정을 받지 못한 점도 있었지만, 이미 맥주가 국민음료로 확고히 자리 잡고 있었기 때문이다. 거기에 새로운 기호품으로 커피와 초콜릿이 차보다 사랑받으면서, 차는 생활음료로 자리 잡지 못했다.

3) 프랑스

　17세기 초, 차가 네덜란드를 통해 프랑스에 수입되어 오자, 의사들 사이에서 차의 효능에 대한 논쟁이 일어났다. 동양의 기호품인 차는 본디 색향미를 추구하는 기호품이지만 다른 유럽 국가들처럼 프랑스에서도 역시 약의 성격을 강하게 띤 음료로 인식했다. 차를 '성스러운 허브'라 칭했던 의사 주크(Suk)처럼 차에 대해 긍정적인 평가를 내린 의사도 많았지만 부정적인 평가를 취한 의사 또한 만만치 않게 많았다.

　프랑스의 차에 대한 논쟁은 가이 패탕(Gui Patin, 1602-1672)과 알렉산더 드 로즈(Alexandre de Rhodes, 1591~1660)의 격렬한 토론이 대표적인 예이다. 의사 가이

---

7) 츠노야마 사가에 저, 서은미 역, 『녹차문화 홍차문화』, 예문서원, 2001, p. 32.

패탕과 알렉산더 드 로즈는 차의 효능에 대해 팽팽한 논쟁을 벌였다. 알렉산더 드 로즈는 가이 패탕에게 약용으로 인식된 차에 대해 무조건적인 찬성이나 반대가 아닌, 통풍(尿酸, gout)에 대한 효과가 있는지 없는지 직접 실험을 해보자고 제안했다. 나아가 그는 당시 재상이었던 가르다날 마자랭(Mazarin, 1602-1661) 등 귀족들의 통풍 치료제로 차를 권했다. 알렉산더 드 로즈는 통풍 외 차는 신경성 두통과 담석 등의 치료에 효과적이라고 밝혔다. 이에 대해 가이 패탕은 차에 대해 시대에 어울리지 않는 동양의 기호품이라 하며, 차에 대한 부정적인 생각을 피력했다. 가이 패탕은 통풍 치료·예방으로 차를 마시는 마자랭과 통풍 치료에 차를 권한 알렉산더 드 로즈와 그의 의견을 따르는 귀족들을 비웃었다. 가이 패탕과 알렉산더 드 로즈의 팽팽한 의견 대립은 1657년, 차의 효능에 관한 공개 토론으로 이어졌다. 그 결과, 다수의 사람들이 차에 대한 찬성론의 입장에 서며 알렉산더 드 로즈의 의견에 동조했다.[8]

17세기 후반에 이르자 필립 실베스트르 뒤프레(Philippe Sylvestre Dufour, 1622?-1685), 니콜라 드 브레니(Nicolas de Blegny, 1652~1722) 등에 의해 커피·초콜릿과 함께 차는 이국에서 온 새로운 기호품이자 약품으로 조금씩 관심 받기 시작했다. 상류층들은 커피 초콜릿 등의 새로운 기호품과 함께 차에 대해 점차 우호적 반응을 보이며 점차 음용하기 시작했다. 시누아즈리에 푹 빠진 루이 14세(Louis XIV, 재위 1643-1715)는 우울증과 현기증을 예방하기 위해 차를 마셨고, 프로코프의 카페에서는 유리 주전자에 담긴 차에 허브를 넣은 시럽을 부은 '바바루아(bavarois)'를 마셨다. 왕실과 귀족층 외에도 극작가 라신, 「차의 찬가」를 지은 시인, 피에르 다니엘 퓨에 등 문인들 역시 차를 좋아했다.

차는 상류층의 음료로 어느 정도 정착되었지만, 노동자층까지 확산되기까지는 한계가 있었다. 일상적인 음료로 마시기에 지나치게 비싸고, 와인이라는 국민음료와 비슷한 시기에 들어온 커피와 초콜릿보다 프랑스인의 입맛을 사로잡지 못했다. 시간이 흐른 18세기에도 차는 대중의 호감을 얻지 못했다. 이러한 모습은 이

---

8) Huxley, G., *Talking of Tea*, Ivyland, PA: John Wagner & Sons, 1956.

후에도 계속되어 19세기 초반, 미식가로서 유명한 장 앙텔므 브리야 사바랭(Jean Anthelme Brillat-Savarin, 1755-1826)의 『미식예찬(*Physiologie du gout*)』을 보면, 음식물 항목에 커피와 초콜릿은 기재되어 있지만, 차는 빠져 있다.

2. 영국에서의 논쟁

차에 대해 접하기 시작한 16 · 17세기 당시, 영국의 주 음료는 알코올음료였다. 에일(Ale) · 와인(Wine) 등 알코올음료는 영국인의 생활 곳곳에 스며 있었다. 알코올음료는 매일 식단에서 중심적 역할을 했으며, 기호음료뿐만 아니라 치료와 의식을 수행하는 기능까지 갖춘 음료였다. 영국 가정에서 하루에 1인당 3리터의 알코올을 마셨다는 기록이 있을 정도로 소비가 지나치게 많았다. 만취한 사람들이 날로 급증하자 알코올음료에 대한 비판이 점차 제기되었다. 지나친 음주관습을 고치려는 새로운 조짐은 알코올음료를 대체할만한 음료를 필요로 했다. 이에 이국에서 온 새로운 기호품인 차와 커피가 그 대체음료로 떠오르기 시작했다.

영국은 독일과 프랑스처럼 네덜란드에 의해 차를 처음 접하게 되었다. 처음 알게 된 것은 16세기 말엽으로 보인다. 네덜란드인인 린스호텐(Jan Huyghen van Linschoten, 1563-1611)의 『동방안내기(*Itinerario, voyage often scheepvaart*)』가 영국에서 번역 · 출판되자, 동양에 대한 호기심으로 가득한 독자들은 신비한 동양의 산물 중 하나로 차를 알게 되었다. 그 후 조금씩 차에 대한 기록은 아시아로 진출한 영국 동인도회사에 의해 전해졌다.

본격적인 차 수입은 17세기 중엽 즈음부터 이루어졌는데, 영국 역시 차는 상류층의 과시수단인 사치품이었다. 캐더린(Catherine of Braganza, 1638-1705)왕비, 메리 2세(Mary II, 재위 1689-1694), 앤여왕(Queen Anne, 재위 1702-1714) 등 왕실의 음다습관을 흠모한 상류층 부인들에 의해 확산되어 갔고, 상류층의 남성들과 부유한 상인 등 부르주아들은 커피하우스에서 차를 마시며 자연스럽게 소비영역을 넓혔다.

1) 차상인 가웨이의 차 옹호론

커피하우스는 17세기 중반 영국에 새롭게 등장한 외식음료공간이었다. 커피하우스는 영국인의 당시 정치 · 경제 · 문화뿐만 아니라 관습 · 윤리관 등의 사회상까지 느낄 수 있는 공간이다. 개점한 초기 커피하우스는 남성들을 대상으로 커피뿐만 아니라 차, 초콜릿 등의 이국의 새로운 음료를 판매했다. 토론의 자유가 보장된 커피하우스는 남성이면 누구나 출입이 가능한 즉, 평등한 공간이었다.

커피하우스는 개점된 지 얼마 안 되어서부터 인기를 얻어 수천 개의 커피하우스가 개점하며 영국 사회에 즉시 파고들었다. 커피 하우스는 고객을 끌어들이기 위해 홍보에 힘을 기울였다. 1660년 토마스 가웨이(Thomas Garway) 역시 차 판매고를 높일 계획으로 자신의 커피하우스 개러웨이스(Garrways)의 한 쪽 벽면에 '찻잎의 성장, 품질, 효용에 대한 정확한 설명'이라는 광고문을 게시했다.

가웨이는 차나무의 품종과 재배지역, 제다법을 설명한 후, 여러 국가의 연구 결과와 차의 효능에 대해 정리했다. 즉, 가웨이는 차의 미덕과 기능을 광고문[9]으로 채택했는데 그 내용은 다음과 같다.

> 여름이나 겨울에도 약간 뜨겁게 해서 마시는 것이 가장 좋으며,
> 늙을 때까지 완벽한 건강을 지켜주는 완전음료입니다.
> 특별한 효용은 다음과 같습니다.
>
> • 몸을 활기 있고 튼튼하게 해줍니다.
> • 두통, 현기증, 나른함을 치료해 줍니다.
> • 우울증 장애를 치료해 줍니다.
> • 설탕 대신 벌꿀과 함께 복용하면 신장과 요도를 세척해서 결석을 막아줍니다.
> • 호흡장애를 제거해 줍니다.
> • 안구 흐림과 건조증상을 완화시키고 눈을 맑게 해 줍니다.
> • 피로를 풀어주고, 지친 간과 혼탁한 체액을 세척하고 정화시켜줍니다.

---

9) Pettigrew, J., *A Social History of Tea*, London: National Trust, 2002. p. 21.

- 마음을 안정시켜주고, 심장과 위를 튼튼하게 하여 식욕을 돋게 하고, 소화를 촉진시켜줍니다. 특히 육식을 많이 해서 비만한 남성의 몸에 좋습니다.
- 악몽을 없애주고, 심기를 편안하게 하고, 기억력을 강화시켜 줍니다.
- 과도한 수면을 막아주고, 졸음을 방지해 줍니다. 한 모금만 마셔도 신체를 손상하지 않으면서, 적절하게 위의 입구를 치료하고 막아주기 때문에 어려움 없이 온 밤을 새워서 공부하면서 보낼 수 있습니다.
- 찻잎이 부드럽게 우려지고 기공으로 숨을 쉬기 때문에, 차를 조금만 마셔도 놀라울 만큼 오한과 열을 방지하고 치료해줍니다.
- (우유와 함께 마시면) 내장기관을 튼튼하게 해주며, 소진되는 것을 방지해 줍니다. 변비의 통증을 강력하게 완화시켜주며, 장을 튼튼하게 해주고 설사를 잡아줍니다.
- 감기, 부종, 비듬에 좋으며, 적절히 잘 우려서 사용하면 땀과 소변에 젖은 몸을 깨끗하게 해주고 감염을 막아줍니다.
- 가스로 인한 모든 복통을 없애주고, 쓸개를 안전하게 정화시켜줍니다.

광고문에는 차의 뛰어난 효능을 프랑스, 이탈리아, 네덜란드, 영국의 의사와 학자들이 인정하고 있으며, 널리 음용하고 있다고 홍보하고 있다. 왕족과 귀족에게만 판매되던 차를 가웨이는 자신의 커피하우스에서 일반을 대상으로 판매한다는 홍보이다. 위 내용처럼 당시 차는 영국인에게 효능이 좋은 약으로, 건강음료로서 가치를 인정받으며 음용되고 있었다.

2) 차의 미덕

1685년 출판된 '커피와 차의 대화(A Dialogue between Coffee and Tea)'라는 시에서는 차와 커피의 음용이 알코올의 음용을 줄여주는 미덕을 칭송하고 있다. 그 중 차에 대한 구절을 살펴보면 다음과 같다.

Tea:
Come frantick Fools leave off your Drunken fits,
Obsequiens be and I'll recall your waits,

From perfect Madness to a modest Strain,
For Farthings four I'll fetch you back again
Enoble all your mene with tricks of State
Enter and Sip and them attend your fate;

Come Drunks or Sober for a gentle Fee
Come m'er so Nad, I'll your Physician be

차:
광란하는 어리석은 자여, 술 취한 격련 멈추고 오라
떨쳐버려라, 그러면 지혜를 일깨워 주리니
완전한 광란에서 겸손한 태도로
쉽게 너를 다시 돌려놓을 테니
모든 남자들이여, 마술처럼
한 모금으로 새로운 운명을 맞이하리니

취하거나 안취하거나 쉽게 오게나
하지만 너무 취하지는 말게나, 내가 의사가 되어 주리니[10]

차는 알코올음료를 대용할 충분한 가치가 있다고 노래하고 있다. 또한 차는 각성음료, 지혜의 음료, 예의로움의 음료, 약용음료라 노래하고 있다. 당시 많은 영국인들은 식사와 사회생활에서 중요한 위치를 차지하고 있는 알코올음료가 건전한 삶을 해치고 있음에 공감하며 차를 생활 속으로 끌어들이기 시작했다. 하지만 차는 너무 비싼 가격이어서 대중들의 공감에 비해 빠르게 확산되지는 못했다.

---

10) p. 11 각주 참조.

III. 18세기 차논쟁 – 차의 사회적 수용

영국에 상륙한 초기 차는 상류층의 음료로 받아들여졌다. 차가 유입된 지 50여 년이 지난 18세기 초부터 발행된 일간지 『스펙테이터(*The spectator*)』의 발행인이자 주필인 리처드 스틸(Richard Steele, 1672-1729)은 '우리 신문이 교양 있는 부인들의 티타임에서 화제가 된다면 더 이상의 영광은 없습니다'라고 했듯이, 『스펙테이터』는 아침식사에서 버터를 바른 빵과 차를 즐기는 패셔너블한 가정과 신사 그리고 교양있는 숙녀를 주요 독자로 삼았다고 밝히고 있다.[11] 『스펙테이터』는 영국에 새로운 관습으로 정착하기 시작한 차생활의 이모저모를 기사 소재로 삼으며 독자들에게 이야기 거리를 제공했다. 시간이 흐르며 『스펙테이터』의 독자층이 상류층에서 중류층으로 확산되었던 것처럼, 차 역시 18세기 중반이 지나면서 집에서나, 여행할 때나, 공중 위락시설 등 어느 곳에서나 즐기는 음료로 확산되었다.

차문화가 상류층에서 중류층으로, 그리고 노동계층으로 확산되며 국민음료로 막 진입하려는 18세기 중엽에 이르자, 차에 대한 논쟁이 일어났다. 대대수의 영국인들이 즐기는 음료로 차가 보급되며 영국인의 생활이나 무역구조 등에서 많은 부분에 변화가 온 것이 반대론을 낳게 된 것이다.

> 차는 사회의 중간계급이나 하층계급 사람들에게 맥주류를 대신하는 경제적인 대리물질이 되었다. 맥주류는 가격이 비싸서 그들이 유일한 음료로 마시기에 충분한 양을 살 수 없었기 때문이다. …… 간단히 말하자면 우리는 세계의 동쪽 끝에서 오는 차와 서인도제도로부터 오는 설탕 둘 다 운임과 보험료를 지불하고 가져오지만 맥주보다 값이 싼 그런 상업적, 재정적 상황에 처해 있는 것이다.[12]

스코틀랜드 역사학자 데이비드 맥퍼슨(David Macpherson, 1741-1819)이 18세기

---

11) 이광주, 『동과 서의 차이야기』, 한길사, 2002, p. 327.
12) 시드니 민츠 지음, 김문호 옮김, 『설탕과 권력』, 지호, 1998, p. 225.

말부터 19세기 초의 영국 사회상을 서술한 기록 중 한 부분이다. 그는 1784년 차에 부과된 관세들이 낮아져 차 소비가 급격히 늘어났다고 기술하고 있다. 차는 빠른 속도로 확산되었음은 분명하지만 18세기 말에도 여전히 노동계층이 고민하지 않고 음용하기에는 비싼 음료였다. 당시 노동자층이 마시는 차는 대부분 차에 다른 잎을 섞거나 착색하는 등의 방법으로 제조한 '위조차(僞造茶)'였거나 밀수차였다. 찬반론의 뜨거운 논쟁을 일으키는 등 우여곡절을 거친 18세기 말엽쯤이 되어서야 비로소 차는 완전히 보급되어 영국 국민의 생활필수품으로 자리하게 된다.

1. 찬성론

18세기 영국의 문인들은 차를 즐기는 고품격 취미를 노래하곤 했다. 유입된 초기 감기 · 몸살 · 두통 · 우울증 · 결석 등의 증세를 치료해주거나 완화 · 예방해주는 약으로서의 기능이 높았던 차는 점차 여성들의 고품격 취미의 한 수단으로 이용되며, 그들의 식사관습과 레저생활 등 라이프 스타일로 조금씩 바꾸어 놓았다. 부유층의 호사품이었던 차를 마시고자 하는 사람들이 점차 늘어나며 세금을 회피한 밀수차와 위조차가 만연하기 시작했다.

가난한 이들은 위조차나 질 낮은 차에 당밀을 섞어 마셨지만 매주 정기적으로 마실 만큼 점차 차생활은 일상화되었다. 서민층과 노동계층의 음다 습관에 대해 강력히 비판하는 이들이 나타났지만, 그럼에도 불구하고 차 음용은 점점 더 확산되어갔다. 18세기 말엽이 되자 차에 대한 반대론은 자취를 감추고 오히려 노동자에게는 술보다 차가 더 건전한 음료라는 적극적인 긍정론이 대두되면서 마침내 차에 대한 저항은 사라지게 된다.

1) 토머스 쇼트(Thomas Short, 1690?~1772)

스코틀랜드의 의사, 토머스 쇼트는 1730년과 1750년, 두 차례에 걸쳐『차론(茶論, Dissertation on Tea)』을 출판하는데, 이는 바로 18세기 영국 차 논쟁의 출발점이되었다. 그는 실험과 문헌을 통해 차의 본질을 밝히고자 했으며, 차의 사회적 · 경

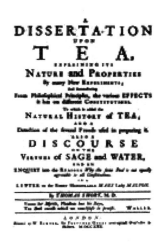

〈그림 2 쇼트의 차론〉

제적 의미와 맥락에 대하여서도 연구했다. 토머스 쇼트가 1730년 최초로 내놓은『차론: 차의 본질과 특성을 실험을 통해 설명하고, 사람들에게 영향을 미친 차의 철학적 원리에 기초해 설명한 논고 A Dissertation upon Tea, explaining its Nature and Properties by many new experments; and demonstrating from philosophical principles, the various effects it has on different constitutions. - 부록: 차의 박물학 및 제다공정에 사용한 부정 첨가물 검출, 세이지차의 효능에 대한 연구 및 같은 종의 식물이 모든 체질의 사람들에게 적합하다고 할 수 없는 이유에 대한 연구』로, 첫 번째『차론』의 구체적 제목이다. 여기에서 토모스 쇼트는 당시 대중들의 인기를 얻기 시작한 차에 대한 지식과 함께, 차의 성질을 실험을 통해 과학적으로 분석한 후, 효능을 설명하고 있다.[13]

해외무역이 활발해지고 부르주아지들의 성숙기인 1750년 토머스 쇼트는 두 번째『차론』을 세상에 발표했다.『차론: 차의 역사- 자연, 실험, 유통경제 그리고 식품 영양학적 견해에 관한 연구- 차의 생육, 재배, 제법, 종류, 수입량, 법률, 세금, 다양한 사용법, 효용과 폐해 등에 관해 The Nature Experimental, Commercial, and Dietetic History of Tea: witn Its Growth, Culture, Preparation: Kinds, and Quantities imported: Lows about it, and Duties laid on it: the several ways of using it: Its good and bad Qualities or Effects on the Users, etc.』이다. 토머스 쇼트는 18세기 중엽, 차가 사회적으로 얼마나 중요한 음료로 부상했는지, 그리고 경제구조 속에 깊숙이 뿌리내렸음을 설명하고 있다. 17세기 중반 동양의 신비한 약초로 영국에 첫발을 내딛은 차가 약품에서 점차 식품으로, 즉 식사와 함께 하는 기호품으

---

13) 瀧口明子,『英國 紅茶論爭』, 東京: 講談社, 1996, p. 83.

로 자리하면서 영국의 중요한 무역품목이 되었음을 설명하고 있다. 쇼트는 당시 중요 무역상품으로 부상한 차가 영국 경제에 미치는 영향 또한 기록하고 있다. 과도한 세금은 저급의 위조차를 탄생시키고, 밀수를 양상한다고 주장하며 높은 차 관세에 대한 비판도 잊지 않았다. 토마스 쇼트가 두 차례 『차론』을 통해 차의 성장과정과 재배 제다 등 생산과 유통, 차의 다양한 음용법과 효능, 그리고 차의 폐해에 관한 조사와 실험으로 상세하게 설명한 글을 발표하자, 차의 효능에 대한 논쟁은 잠시 누그려 뜨려 졌다. 이후 차의 논쟁의 주제는 차가 영국 사회경제에 미치는 영향에 대한 논의였다.

18세기에 이르자 중상류층들은 하루에 3 · 4회, 한 번에 여러 잔씩 마시는 것이 일반적이었을 만큼, 상당히 많은 양의 차를 소비하고 있었다. 그럼에도 차에 대한 지식이 절대적으로 부족해 차의 좋은 효능을 충분히 누리지 못하고 있다고 토마스 쇼트는 지적했다. 녹차는 중풍, 혈관의 노폐물, 졸음이나 무기력증, 머리가 멍하거나 시력저하, 시청각 장애, 풍치 등에 효과적이고, 보헤아(Bohea)는 호흡기 질환이나 위궤양, 소화불량, 구토와 설사, 통풍, 괴혈병, 말라리아, 히스테리 등에 효과가 있다며 토마스 쇼트는 홍차와 녹차의 효능에 대해 『차론』에서 밝히고 있다[14]. 나아가 차는 각성효과가 있어 머리를 맑게 해 지적능력을 활발하게 해주고, 피로회복과 시력에 탁월한 효능이 있다고 주장했다. 토마스 쇼트는 '차 = 만병통치약', '행복을 주는 차'로 인식하며 차에 대해 무한한 신뢰를 보냈다. 노동현장에 투입되는 산업화시대 초기, 저명한 의사 토머스 쇼트의 차에 대한 예찬은 그 파급력이 대단했던 것으로 보인다. 물론 토머스 쇼트는 마지막 장에서 차의 폐해를 잊지 않고 기록했다. 토머스 쇼트는 체질에 맞지 않거나 차의 특성을 이해하지 못하고 음용한다면 신체에 부정적인 영향을 끼칠 수도 있다고 지적하고 있다.

『차론』에 보이는 토머스 쇼트의 차에 대한 태도는 무조건적인 찬반론자가 아닌 중립적인 입장에서 실험을 통한 결과로 차의 특성을 밝히고자 했다. 또한 토머스 쇼트는 차의 음료로서의 기능 외에도 수입품인 차가 사회에 미치는 영향 또한 밝히고

---

14)Thomas Short, 1750, pp. 39~41 참조: 『英國 紅茶論爭』, 東京: 講談社, 1996에서 재인용

있다. 토머스 쇼트 이후 차를 바라보는 시선은 사회·경제적 측면으로 전환되었다. 일시적인 유행 음료가 아니라 차음용이 모든 국민들의 일상의 문화와 경제에 미치는 영향이 점차 커지자 나타난 논쟁의 주제였다.

2) 새뮤엘 존슨(Samuel Johnson, 1709-1784)과 문인들

찻값은 비쌌지만 음다 풍습은 계속 확산되었다. 문인들은 엄청나게 유행하고 있는 동양의 차에 대해, 새롭게 자리한 음다풍습에 대해 글로 표현했다. 시인이자 비평가인 영국을 대표하는 새뮤엘 존슨은 미식가이기도 하다. 그는 특히 아침부터 잠들기 전까지 하루 종일 차 주전자가 식을 틈이 없을 정도로 차를 즐겨, 자신을 차중독자라 칭할 정도였다.

차로 저녁을 즐기고 차로 한밤의 위안을 삼으며 차로 아침을 맞이한다[15].

새뮤엘 존슨의 무명시절부터 잡지 『신사의 잡지(Gentleman's Magazine)』에 잡문과 시를 노래할 때, 『옥스퍼드영어사전』을 편찬할 때, 차는 그의 곁에 자리하며 시대적 감각을 잘 입혀 글을 쓰도록 도왔다. 차는 새뮤엘 존슨의 하루를 열어주며 왕성한 필력으로 명작을 쓸 수 있도록 정신을 맑게 해주었고, 아이디어가 생각나지 않을 때면 기분을 전환시켜 주었다. 노년에 지병인 우울증에 시달렸을 때에도 작품 활동과 사교생활을 왕성하게 할 수 있었던 것은, 차가 그의 마음을 다독여주었기 때문이라 생각한다.

콜리 시버(Colley Cibber, 1671-1757)는 1708년 〈그 여자의 마지막 승부(The Lady's Last Stake)〉에서 차를 가리켜, '그대, 부드럽고, 그대, 정신이 맑으며, 현명하며 존귀한 음료여' 라고 차를 예찬하고 있다. 니콜라스 브래디(Dr. Nicholas Brady, 1659-1726) 역시 〈티 테이블 Tea table〉에서, 차의 약으로서의 기능과 사교적 기능에 우수함을 노래하고 있다.

---

15) 츠노야마 사가에 저, 서은미 역, 『녹차문화 홍차문화』, 예문서원, 2001, p. 71.

Hail Queen of Plants, Pride of Elysian Bowers!
How shall we speak thy complicated Pow'rs?
Thou wond'rous Panacea to asswage
The animate the freezing veins of age
...
Thus our Tea-Conversation we employ
Where with Delight, Instruction we enjoy:
Quaffing, without, waste of Time or Wealth,
The Sov'reign Drink of Pleasure and of Health.

식물의 여왕을 칭송하자, 천상의 휴식을 찬양하자!
그대의 미묘한 힘을 어찌 다 말할 수 있으리오
젊은이의 끓어오르는 격정과 열사병을
모두 진정시키는
늙은이의 얼어붙은 혈관에 생명을 불어넣는
그대, 경이로운 만병통치약이여
...
우리들의 다담(茶談)은
환희에 차고, 교훈을 즐기네
시간과 돈 낭비 말고 단숨에 마시자
희열을 주는 건강음료의 제왕을[16]

던컨 캠벨(Duncan Campbell)은 〈차에 대하여(A Poem Upon Tea)〉에서 차는 특히
여자들에게 알코올보다 몇 배 나은, 탁월한 선택이라며 칭송한다.

Tea is the Liquor of the Fair and Wise;
It chears the Mind without the least Disguise:
But Wine intoxicates, and wrongs each Sense;

---

16) Pettigrew, J., *A Social History of Tea*, London: National Trust, 2002, p. 78

Sweet innocent, mild Tea, gives no Offence:
It makers the Blood run sporting in the Veins,
Refines each Sense, and rectifies the Brains

차는 공정하고 현명한 음료라네
한 치의 가장도 없이 정신을 고양시키지
하지만 포도주는 취하게 하고 모든 감각을 위장 시킨다네
순수하고 감미롭고 온화한 차는 감정을 격앙시키지 않지
혈관 속의 피를 활기차게 하고
감각을 세련시키고 두뇌를 교화시킨다네[17]

새뮤엘 존슨, 콜리 시버, 니콜라스 브래디, 던컨 캠벨 외에도 조세프 에디슨 (Joseph Addison), 알렉산더 포프(Alexander Pope), 사무엘 콜리지(Samuel T. Coleridge) 등 당시 차를 칭송하는 문인들이 많았다. 이들이 차를 칭송한 이유는 100년전 토마스 가웨이가 그랬듯이, 건강과 각성음료, 알코올의 대안 등 차의 효능 덕분이었다. 18세기에도 차는 여전히 건강음료로서 인정받고 있었다. 물론 시간이 흐르며 차의 약용으로서의 기능보다는 색과 향, 그리고 맛을 추구하는 기호음료 기능에 훨씬 높은 평가를 받았다. 물론 차의 약용으로서의 가치가 사라진 것은 아니었다.

19세기에 이르면 차는 모든 이들이 즐겨 음용하는 음료로 자리한다. 1802년 창간된 『에든버러 리뷰(Edinburgh Review)』의 초대 편집자, 시드니 스미스(Sydney Smith, 1771-1845)의 '차를 내려주신 신에게 감사드린다. 차가 없는 세상은 생각조차 하고 싶지 않다. 차가 발견되기 이전에 태어나지 않은 것이 기쁘다.'[18]는 차에 대한 칭송한 이 글은 당시 차에 대한 영국인의 사랑을 대변해주고 있다.

---

17) Pettigrew, J., *A Social History of Tea*, London: National Trust, 2002, p. 78
18) William H. Ukers, *The Romance of Tea*, New York: Alfred, 1936, p. 177.

3) 존 코클리 렛썸(John Coakley Lettsom, 1744~1815)

존 코클리 렛썸은 네덜란드 레이든대학의 박사논문으로 차나무에 대한 식물학적인 연구와 의학적 효용을 기술한 『차나무의 특성에 관한 연구(The natural history of the tea-tree, witn observations on the medical qualities of tea, and effects of tea-drinking, 1769)』을 제출해 통과했다. 존 코클리 렛썸은 의학실험을 통해 차의 효능을 설명했는데, 17세기 지나치게 차 음용을 권장한 코리넬리우스 덱커의 주장에 대해서는 비판했다. 존 코클리 렛썸은 논문에서 건강한 사람이 차를 음용하면 노동의욕을 늘려주고 피로회복도 빠르게 진행되는 등의 효과를 거둘 수 있다고 밝힌다. 하지만 건강하지 못한 사람이 차를 음용하면 몸이 떨리거나, 흥분하기 쉬어지는 등 일시적인 불안상태가 나타난다고 주장한다. 물론 시간이 흐르면 곧 정상으로 회복한다고 밝힌다. 즉, 쇠약한 사람의 경우 차로 인한 부작용이 있을 수 있지만, 정상적인 사람들에게는 좋은 음료라고 주장했다.[19] 박사학위 논문인 만큼 존 코클리 렛썸의 차에 대한 견해는 최대한 객관적인 시선으로 다가가고 있다. 그러한 그의 차론이 대중에게 인정받자 책으로 출판된 논문은 많은 독자층을 확보했다.

차는 동양의 신비한 약초에서 기호음료로 영국인들에게 다가갔으며, 알코올과 함께 식사를 하는 영국의 아침식사 풍경을 바꾸어 놓았고, 식후의 음료로, 접빈음료로서도 인정받으며 생활필수품이 되어갔다. 물론 노동자층의 과다한 차 음용으로 반대론이 간혹 있기는 했지만 18세기 말엽에 이르면 생활에서 대체 불가능한 존재가 되었다. 18세기 말엽이후 영국국민의 보편적인 음료로 완전하게 자리 잡은 차를 제거하기란 불가능한 일이 되어 버렸다. 동양에서 건너온 낯선 음료는 점차 영국인의 생활과 문화 속에 뿌리 내리며 사회생활의 중심음료가 되어갔다.

---

19) Lettsom, 1772, Woodward, N.H., *Teas of the World*, New York: Collier Books, 1980에서 재인용

2. 반대론

18세기 중엽에 이르자 영국은 해외에서의 전쟁과 무역을 통해 부를 축적하게 되면서 사회구조와 생활의 변화가 나타났다. 바로 이 시기, 우호적 감정으로 차를 음용하는 이들도 많았지만 차가 보급됨에 따라 거북한 감정을 드러낸 이들 또한 많았다. 도덕심과 종교적 열정으로 복음주의적 종교부흥에 헌신한, 감리교회의 창시자 존 웨슬리(John Wesley, 1703-1791), 무역업자이며 자선사업가인 조너스 한웨이(Jonas Hanway, 1712-1786), 농·경제학자이자 사회비평가인 아서 영(Arthur Young, 1741-1820) 등이 대표적인 차 음용 반대론자들이다. 이들은 노동자계층, 즉 가난한 사람들이 차를 일상적으로 마시는 것을 사회문제로 파악하며, 차 보급에 불편한 심경을 드러냈다.

18세기 중엽에 일어난 논쟁은 차가 17세기에 있었던 의학적 논쟁이기 보다는 차가 과시적 음료로서의 지위가 박탈된 데에 따른 반대론으로, 반대론자들은 사회 경제적 측면을 들어 노동자층들이 티타임을 즐기지 말아야 한다고 주장한다.

1) 존 웨슬리(John Wesley)

산업혁명은 경제적 발전을 이루었지만 많은 부분에 사회문제를 야기시켰다. 산업화와 도시화는 노동자층에게 결코 생활의 안락함을 주지 못했다. 국가와 상류층, 그리고 부르주아들은 그들에게 값싼 노동력만 요구할 뿐 그들의 삶의 질에 대해서는 관심 없었다. 존 웨슬리는 더욱 불우해진 노동자층에게 관심 갖기 시작했다. 그는 감리교를 전도하기 위해 연합신도회(United Socity)를 조직해 복음전도활동을 했다. 존 웨슬리는 연합신도회의 소그룹을 통해 살면서 지은 잘못을 고백하고 용서를 구하며 올바른 삶으로 이끌기 위한 활동에 열심이었다. 차를 마시며 담소하며 필요한 생활용품을 나누는 모임은 나눔의 시간이었고 배려와 사랑의 시간이었다. 그는 교회와 부흥회에서 병자와 가난한 자들을 만나면 먼저 궁핍함을 살폈고, 그들을 돕는 일에 열심이었다. 존 웨슬리는 전도와 명상시간에 차를 마시는 일이 일상에서 반복되자 자신도 모르는 사이에 차 중독자가 되어갔다.

런던의 남녀 지도자들과 나는 우리 감리회에 속한 아주 가난한 사람들이 음다습관을 버린다면 생활비를 상당히 줄일 수 있을 뿐 아니라 시간과 돈, 건강 또한 해치지 않을 거라는 데 합의를 보고 우리가 먼저 솔선수범하기로 결의했다. 나는 26년간 지켜온 습관을 버린다는 것이 얼마나 어려운 것인가! 처음 3일 동안은 온종일 머리가 아파, 아침부터 밤늦게까지 반수면 상태였다. 사흘째 되던 날 수요일 오후가 되자 내 기억력은 거의 완전히 마비될 지경이었다. 저녁에 나는 두통을 고쳐달라고 기도했다. 목요일 아침에 신기하게도 두통이 사라지고, 기억력이 어느 때 못지않게 왕성해졌다. 뿐만 아니라 조그마한 불편함 없다. 이 후부터 오늘까지 유익한 많은 것을 얻었다.[20]

중풍 증세가 있었는데 특히 아침식사 후에 손이 떨려 곤란했던 적이 많았다. 그래서 아침식사 때 마시던 차를 2~3일 끊고 나니 신기하게도 손이 떨리지 않았다. 다른 내가 아는 사람도 동일한 현상이 일어났다. 대부분 차를 마시는 사람들에게 있었고, 자연스러운 현상이라 보았다. 그러한 대부분의 모든 사람은 신경이 약한 사람이다.
찻잎의 양을 줄이고 우유와 설탕을 많이 넣어 차를 마셨더니 역시 떨리는 증상이 완화되었다고 하더군, 그러나 나는 26년 이상 더 많거나 적은 동일한 장애가 따랐다.[21]

존 웨슬리는 지난날 차 중독자였음을 고백하면서 차음용 습관을 벗어나기가 얼마나 힘들었는지 토로했다. 그는 소화불량을 악화시키고, 신경을 쇠약하게 하며, 중풍증세 또한 유발한다며 차의 유해성을 설파했다. 건강의 문제뿐만 아니라 많은 비용과 시간이 드므로, 차는 결코 마실만한 음료가 아니라 비난했다. 존 웨슬리는 차와 멀어지며 오랫동안 차생활로 생긴 건강상의 문제를 해결하고, 차생활로 썼던 돈과 시간으로 가난한 사람을 위한 봉사를 하기 위해 금차운동(禁茶運動)을 주도했다. 존 웨슬리는 신도들과 함께 단차하여 절약한 돈으로 250여명의 빈민들을 위한 빵과 옷을 마련하는 등 선행을 베풀었다.

하지만 존 웨슬리는 차를 끊은 지 12년이 지난 즈음부터 다시 차를 마시기 시작했다. 매일 규칙적으로 생활한 존 웨슬리는 이른 아침 기도하기 전후, 오후 4~5시

---

20) John Wesley, *The Journal of Johm Wesley*, Amazon Digital Services, Location, p. 3927.
21) www.tea.co.uk/a-social-history ; John Wesley, A.M.: Christian perfection, pp. 499.

등 하루에 두 차례 규칙적으로 차를 마셨다. 그리고 존 웨슬리는 산업혁명시대, 불우한 노동자들을 대상으로 금주운동과 동시에 차 마실 것을 권고하며 신앙운동을 전개했다.

존 웨슬리처럼 당시 영국사회에서 영향력이 큰 인물의 차에 대한 태도가, 십 수년 사이에 크게 변화한 것은 중요한 의미를 갖는다. 그가 처음 금차운동을 벌였던 1746년부터 12년간은, 즉 18세기 중엽은 영국에서 차에 관한 논쟁이 가장 격렬했던 시기였다. 그 후, 차의 효능을 깨달은 존 웨슬리는 차를 알코올음료의 대안음료로 차를 마실 것을 권고했다.

2) 조너스 한웨이(Jonas Hanway)

18세기 중엽 차에 대한 불안과 공포심을 가장 잘 표현한 사람이 조너스 한웨이다. 1756년 조너스 한웨이는 차가 대중음료로 자리한 세태를 안타까워하는 「차에 관해서의 25통의 편지 An Essay on Tea」를 출판했다. 그러자 차 음용 찬성론자인 새뮤엘 존슨은 곧바로 문예지 『리터러리 매거진(Literary Magazine)』 7호에 조너스 한웨이의 글을 통렬하게 비평한다(Johnson, 1756). 이에 조너스 한웨이는 1757년, 「차에 관한 32통의 편지」를 내놓으며 존슨의 논지에 반박했다. 사무엘 존슨은 「리터러리 매거진」 13호에서 차의 유용성을 들며 재반박하며, 두사람의 차 논쟁은 한동안 계속되었다.

조너스 한웨이는 무역업자이자 여행가였으며, 해군협회를 설립하고, 가난한 사람들, 특히 고아와 죄인 등의 생활 개선에 힘을 쏟은 자선 사업가이자 사회운동가이다. 그는 1756년에 쓴 「8일간의 여행일지(Journal of Eight Days' Journey)」에서, 차가 건강에 유해하고, 산업발전에 저해되는 음료임을 밝히며 18세기 들어서자 차의 품위가 하락해 노동계층까지도 차를 마시게 되면서 국민들이 빈곤해졌다고 주장한다. 또한 그는 차를 즐겨 음용하는 남자들은 품위를 잃게 되었고, 여자들은 아름다움을 잃어버리게 되었다고 밝히고 있다. 하녀가 차를 즐겨 마시면 자신의 본분을 잃어버리게 되므로, 안주인은 반드시 이를 자제시키도록 해야 한다는 당부도 잊지 않았다. 특히 그는 가난한 노동계층이 상류층의 흉내를 내어

〈그림 3 한웨이의 8일간의 여행일지〉

차를 마시는 것은 신이 영국에게 내린 저주라 하며 강경하게 노동계층의 차음용을 반대했다. 조너스 한웨이는 노동자들이 차를 즐겨 마시게 되면, 시간을 낭비함은 물론이고 나태한 생활로 이어지고, 영양 공급이 제대로 되지 않아 건강이 악화되는 등 건강의 해로움과 본분 망각, 그리고 노동시간 상실 등을 우려했다[22]. 조너스 한웨이는 나라를 사랑하는 마음으로 단차(斷茶)의 용기를 가져야 한다고 주장했다. 그는 특히 중상류층 여성들이 차를 좋아하는데, 이들이 차를 끊는다면 가난한 사람들도 이를 본받아 차를 마시지 않게 될 것이라고 했다.

조너스 한웨이는 "차 마셨어요?"라는 인사가 일상의 인사말일 정도로 차생활이 보편적 음료가 되어가는 것을 걱정했다. 조너스 한웨이는 여성들이 차 애호가들로 급부상하자, 미인이 줄어든 이유를 여성들의 차 음용습관이라 주장하며, 차음용 습관을 버리기를 호소했다. 특히 그는 여성의 매력 포인트인 치아가 차를 즐겨 음용해 나빠졌다고 주장했다. 차는 여성의 아름다움, 남성의 건장함을 빼앗아 갔으며, 건강에 유해하고 산업발전을 저해하며, 국민을 빈곤에 빠뜨리며, 시간, 도덕 관념의 해이도 조장한다고 밝히며 차의 확산을 막아야 한다고 주장했다.

18세기 중엽에 일어난 차음용 반대론의 핵심은 외래 음료에 대한 무조건적인 반발이나 차의 효능에 대한 반대보다도 '가난한 사람들까지도 차를 마시는 것' 때문에 파생되는 다양한 사회·경제적 문제였다. 즉, 가난한 사람들까지도, 유한계급의 상징인 차를 마시게 된 것에 대한 불만이었다. 더욱이 차 음용 습관은 불필

---

22) Pettigrew, J., *A Social History of Tea, London*:, National Trust, 2002, p. 52.

요한 돈을 지출하게 해 국가 경제에 마이너스를 발생케 했다고 조너스 한웨이는 생각했다. 조너스 한웨이의 차 반대론이 제기된 당시 영국사회는, 상류층과 부르주아들은 부를 축적하고 번영의 길을 걷고 있지만, 노동계층의 생활은 비참한, 즉 사회 양극화의 문제를 안고 있었던 시대였다.

3) 아서 영(Arthur Young)

영국과 프랑스의 농촌을 시찰한 후, 농촌근대화의 개선책을 제시한 농경제학자 아서 영은 작업장에서의 차 휴식시간(tea break)이 심대한 시간낭비를 가져온다고 주장했다. 또한 그는 노동자들이 든든한 점심식사대신에 차를 마시게 됨에 따라 영양상태가 심각하게 위험하다고 주장하며, 높은 에너지원이 필요한 이들이 차를 음용한 것은 돈 낭비라고 개탄했다. 아서 영은 차에 넣어 마시는 설탕의 열량만 있을 뿐 열량과 영양성분이 전혀 없는 기호품으로 주식을 대체하는 노동자들의 식생활을 꼬집었다. 그는 이제 주식이 아닌 기호품을 걱정해야 하는 시대가 되었다고 탄식했다. 노동자들이 차를 마시기 이전 시대에는 대부분 맥주를 마셨다. 맥주는 알코올성분으로 인한 폐해는 있지만 어느 정도 영양성분을 함유하고 있었기 때문에[23], 당시 맥주를 액체빵이라 부르기도 했다. 그런데 차가 맥주를 비롯한 알코올음료의 기능을 어느 정도 대체하고, 그들의 문화와 취향에 되어가자 아서영은 농경제학자로서, 그리고 중상류층의 일원으로서 걱정을 드러냈던 것이다.

아서 영은 차로 인해 건강을 해친다면 지금보다도 더 어려운 생활을 할 것이라고 경고하면서 「농부의 편지(The Farmer's Letters)」를 통해 차와 차생활에 필요한 차 도구가 가난한 가정에 어떠한 영향을 미치는지에 대해 분석했다. 아서 영은 차생활이 가정 경제에 심대한 피해를 준다고 결론을 내리며, 차나 설탕을 살 돈으로 빵을 산다면 엄청나게 많은 사람들이 끼니를 해결할 수 있다고 주장했다. 아서영은 차의 약진은 곧 노동자들의 부실한 삶으로 보았다.

아서영의 차에 대한 부정적인 견해는 신체건강의 측면도 있었지만 그보다는 사

---

23) 瀧口明子, 『英國 紅茶論爭』, 東京: 講談社, 1996.

회 · 경제적인 이유가 더 컸다. 그는 노동자들이 건강한 활동을 위한 음식을 사지 않고 차와 같은 사치재에 많은 돈을 소비하는 것이 문제라고 지적했다. 아서 영은 노동자들이 식품 구입비는 최대한 아끼면서도 심리적 만족을 추구하기 위해 차를 음용한 것이라 보고 있었기 때문이다. 하지만 사실상 노동자들이 구입하는 차는 부유층이 마시는 차와는 다른 값싼 하급이었다[24]. 노동자들은 고급 잎차와 설탕 · 우유 등 부재료, 동양의 다기 등을 이용한 차생활이 아닌 질 낮은 차 혹은 위조차, 당밀 등을 적당한 식기나 값싼 도기 찻잔에 담아 음용한 차생활을 했다. 결코 그들의 차생활은 심리적 만족을 위한 과소비가 아니었다. 차는 시대가 요구하는 규칙적 생활, 바쁜 사회생활, 안락하지 못한 주생활과 식생활을 위한 음료였다.

4) 스코틀랜드의 반차운동

스코틀랜드에서는 영국에 비해 상당히 늦은 1730~40년대, 동양의 차가 확산된다. 당시 스코틀랜드의 지도자이자 작가인 던컨 포브스(Duncan Forbes, 1685~1747)는 비싸고 나약하게 만드는 차는 식사할 때에 반드시 필요한 음료는 아니라며, 이제 막 그들의 생활에 자리하려는 차를 비난했다. 던컨 포브스의 생각에 동조한 이들이 늘어나며 차 확산 금지 움직임은 스코틀랜드 전역으로 퍼졌다. 반대한 사람들에게 차는 국산품이 아닌 낯선 이국의 음료라는 것부터 경계의 대상이었다. 그들은 차가 아닌 남성적인 매력의 맥주를 마셔야 한다고 결의안까지 채택하기에 이른다. 영국인과 상류층에게 반감을 갖고 있던 스코틀랜드의 농민들은 영국인의 음료, 상류층의 음료인 차를 공격하며 그들의 가슴 속 감정을 노출했다.[25]

5) 기타 차 반대론

영국 런던의 서쪽에 위치한 버크셔의 목사인 데이비드 데이비스(David Davis)는

---

24) Weinreich, M, *The Tea Lover's Handbook*, Vancouver: Intermedia Press, 1980.
25) Forest, D., *Tea for the British: The Social and Economic history of a Famous Trade*, London: Chatto & Windus, 1973.

「농업 노동력의 사례」에서, 가난한 사람들이 왜 자신에게 맞지 않는 사치품인 차를 탐닉한지 이해할 수 없다고 토로한다. 그는 노동자들에게 생활수준에 맞는 음료를 음용하기를 권했다. 소설가 헨리 필딩(Henry Fielding) 역시 사치품인 차를 가난한 사람들이 음용하게 되자, 요즘 런던에 도둑이 많아졌다고 하면서 도둑의 증가 원인을 가난한 사람들이 차를 마시기 시작한 데에서 찾고 있었다. 이렇듯 18세기 중엽에 일어난 차 논쟁은 차가 더 이상 부유층의 신분을 나타내주는 사치품으로서의 가치를 잃게 되자 일어난 반대론과 차생활의 유익함을 몸소 체험한 이들의 찬성론 사이의 논쟁이었다.

3. 차의 승리

차 반대론자들은 토지 인클로저(enclosure)[26]로 인해 수많은 사람들이 하루아침에 목축을 할 수 없게 되고, 이 때문에 우유와 버터와 치즈를 더 이상 정기적으로 사먹을 수 없게 되었다. 반면에 차는 노동자계층이 피곤한 몸을 이끌고 집에 돌아와 몸과 마음을 따뜻하게 녹일 수 있는 음료였으며, 음식이 부족할 때 뜨겁게 가득 부어 마실 수 있는 허기를 채워주고 편안함을 주는 음료였다. 그들에게 차는 거친 최하급 찻잎 혹은 위조차에 당밀이나 흑설탕으로 단맛을 낸 음료로 가난한 사람들에게 필수품이 되어버렸다. 그들이 차를 마시는 것은 사치품인 차를 마셔 가난뱅이가 된 곤궁의 원인이 아니라 가난해서 마실 수밖에 없는 결과였던 것이다.

18세기 중반의 차 논쟁에도 불구하고 차의 수입량은 더욱더 늘어나고 있었다. 차 음용 반대론자들의 주장은 가난한 이들이 설득하지 못한 이유들이었기 때문이다. 차는 점차 상류층에서부터 노동자들까지 전 영국인의 식생활에 없어서는 안 되는 음료로 자리해 갔다. 19세기 영국 수상 벤자민 디즈레일리의 아버지이자 문필

---

26) 인클로저(enclosure)는 공유지와 농민보유지 등 경지를 양치는 목장과 산업시설로 이용하기 위해 둘러싸는 토지경영의 현대화 현상. 이로 인해 중소농이 몰락하고 이농과 실업현상이 발생했다.

가 아이작 디즈레일리(Isaac D'Israeli, 1766-1848)는, 조지왕조시대(1714-1830) 말엽에 영국 전역에 차가 유행한 것에 대해 다음과 같이 간명하게 요약한다.

> 이 유명한 식물이 성장한 과정은 진리가 진보하는 과정과 유사하다; 용기를 내서 차를 마시고, 바로 입맛에 맞았지만, 처음에는 회의적이었던 사람들; 차가 도입되었을 때 저항 했던 사람들; 차의 유행이 확산될 때 차를 과도하게 마신 사람들; 결국 오랜 시간동안의 부단한 노력과 차 자체의 미덕 덕분에, 왕궁에서 오두막까지 온 나라, 온 국민이 기뻐하는 차의 승리가 완성되었다.[27]

IV. 나가며

유럽에서 17세기와 18세기 차 논쟁이 가장 격렬하게 일어났다. 17세기에는 차의 성분이 건강에 미치는 영향에 대한 논쟁이었으며, 18세기 중엽 차 논쟁은 차가 사회적으로 수용되는 과정에 있어서의 논쟁이었다. 영국의 경제가 어느 시대보다 활성화된 산업혁명시기, 노동자층의 생활환경 변화는 빠르게 이루어졌다. 의식주의 기본적인 생활과 여가생활 등 모든 게 빠르게 변화된 시기, 차는 식생활의 기본 음료로, 여가생활의 사교음료로 자리하게 되어가자, 반대론이 일어나기 시작했다.

차가 유럽에 유입된 초기 네덜란드와 독일, 프랑스 등 유럽각국에서 일어난 차론은, 낯선 외래 음료를 받아들이는 과정에서 약으로서의 효능에 대한 논쟁이 주제였다. 18세기 중엽에 이르자 토마스 쇼트의 시선처럼 차와 건강과 관련해 논하는 이도 있지만 대체로 차의 교역이나 상업적 의미, 사회에 수용되며 일어난 현상 등 차를 보는 관점이 달라졌다. 차가 사회적 수용과정에서 모든 계층의 음료가 되면서 논쟁의 주된 주제가 된 것이다. 이는 차를 가장 적극적으로 받아들인 영국에

---

27) Pettigrew, J., A Social History of Tea, London: National Trust, 2002, p. 54.

서 주로 일어난 현상이다.

빅토리아시대의 가난한 가정에서는 하루 종일 힘든 노동을 해도 주린 배를 충분히 채울 수 없었다. 가난한 이들은 빈약한 아침을 먹고 일터로 출근했다. 퇴근하고 돌아와서도 마찬가지였다. 그들의 허기와 얼어붙은 마음을 따뜻하게 채워주는 음식은 바로 차였고, 힘든 생활을 버틸 수 있게 해 주는 것 역시 차였다. 알코올음료가 노동자들의 건강을 해치는 절대 악이라고 인식한 사회 계몽가들은 차로서 금주운동을 벌였다. 즉, 차가 알코올음료의 대안음료가 되며 금주운동의 대명사가 되었고, 이는 많은 이들의 호응을 얻었다. 차의 건강한 이미지는 직장에서 직원들의 건강과 복지를 위한 차 휴식시간(Tea Break)을 탄생시켰다. 건강한 이미지의 차는 노숙자들의 안식처인 빈민 수용소에서도 제공되었다. 상류층부터 노동자들까지, 부유층의 저택 맨 위층 육아실에서부터 지하층 하인들의 방까지, 그들 나름의 라이프 스타일에 맞게 차생활을 했다. 18세기에서 19세기로 넘어오면서 차는 모든 이들의 일상생활에서 중요한 부분으로 자리 잡았다.

새뮤엘 존슨이 활약하던 시기는 산업혁명이라는 중요한 사회변화가 있었다. 18세기 말부터 19세기 초에 걸쳐 가내 수공업에서 점차 기계나 증기기관 같은 동력을 이용하는 공업과 광산업이 급속도로 발전했다. 런던, 리버풀, 맨체스터와 같은 도시가 크게 발전했고 증기기관의 발명으로 전국으로 철도가 달렸다. 산업혁명이 진행되는 동안 많은 영국인들이 도시에서 거주하게 되었고, 공장에서 일하는 노동자 수가 농민 수를 크게 웃돌았다. 이 시기에 설탕을 넣은 차는 노동자의 아침식사로 자리하게 되었다. 즉, 반세기만 해도 도덕적으로 유해한 마약 같은 독이라고 여겨져 조너스 한웨이, 아서 영 같은 반대론자들을 중심으로 뜨거운 논쟁까지 벌어졌던 차가 18세기 말엽에 이르러서는 노동계층의 대표 음료가 되었다. 이는 당시 영국의 정치·사회·경제가 만든 결과였다.

동양에서 건너온 신비로운 약초인 차는 17세기 영국 왕실과 귀족계층 특히 귀부인들에게 사랑받으며 사회적 지위의 표상으로 자리 잡으며, 특권층의 음료가 되었다. 산업화과정에서 차생활이 확산·보급되자 차는 잠시 논쟁의 중심 서게 되었지만 산업혁명의 가속화와 함께 도시의 열악한 주거환경과 시간에 쫓기는 노동자들의 생활을 지탱해주며 노동계층의 일상생활 중심에 자리하게 된다. 18세기 말엽이후 차가 국민음료로 보급되면서 차는 왕실에서 오두막까지 온 국민의 즐기는 음료가 되어 영국인 모두의 생활 곳곳에 스며들었다. 영국인에게 차는 모든 계층의 음료가 되었으며, 생활의 구석구석에 흔적을 남기면서 늘 함께 하고 있다.

【참고문헌】

가와기타 미노루저, 장미화역, 『설탕의 세계사』, 좋은책만들기, 2003.

시드니 민츠 지음, 김문호 옮김, 『설탕과 권력』, 지호, 1998.

안소니 기든스 지음, 황명주 · 정희태 · 권진현 옮김, 『사회구성론』, 자작아카데미, 1998.

이광주, 『동과 서의 차이야기』, 한길사, 2002

장 앙텔므 브리야 사바랭 저, 홍서연 역, 『미식예찬』, 르네상스, 2005.

츠노야마 사가에 저, 서은미 역, 『녹차문화 홍차문화』, 예문서원, 2001.

瀧口明子, 『英國 紅茶論爭』, 東京: 講談社, 1996.

Forest, D., *Tea for the British: The Social and Economic history of a Famous Trade*, London: Chatto & Windus, 1973.

Giddens, A., *The Constitution of Society: Outline of the Theory of Structuration*, University of California Press, 1984.

Hanway, J., *An Essay on Tea*, London: H. Woodpage, 1756.

Huxley, G., *Talking of Tea*, Ivyland, PA: John Wagner & Sons, 1956.

Jones, J., "*The Tale of Tea, A Fragrant Brew Steeped in History.*" Smithsonian 12, 1982, 98-106.

Johnson, S., "*Review of A Journal of Eight Days*' Journey," The Literary Magazine, 2.13, 1757.

Lettsom, J.C., *The National History of the Tea-tree*, London, 1772.

Pettigrew, J., *A Social History of Tea, London*, National Trust, 2002.

Short, T., *Dissertation on Tea*, London, 1750.

Smith, W.D., "*Complications of the Commonplace: Tea, Sugar, and Imperialism.*" Journal of Interdisciplinary History 23.2: 259-278, 1992.

Ukers, W.H., *The Romance of Tea*, New York: Alfred, 1936.

Weinreich, M, *The Tea Lover's Handbook*, Vancouver: Intermedia Press, 1980.

Woodward, N.H., *Teas of the World*, New York: Collier Books, 1980.

〈출전〉『차문화학』 제1권2호, 한국국제차문화학회, 2005.

19세기 영국소설에 나타난 차문화의 특성

Ⅰ. 들어가며

독서는 자본주의의 성장과 함께 영국의 남성 엘리트층은 물론 여성, 상공인, 서민층으로 확산되며, 19세기 영국을 대표하는 문화 코드로 자리했다. 당시 작가들은 대체로 가족들이 함께 읽을 수 있는 소재를 다루었고, 삶의 모습이 점차 다양해지자 소재 또한 다양해졌다. 시·소설·희곡·수필 등의 문학 장르 중 소설은 특히 폭넓은 독자층을 형성하고 있었다. 소설가들은 자유분방한 언어로 다양한 사회집단을 그렸다. 또한 소설가들은 현 사회의 일상적인 장소와 사건을 객관적인 시선으로 섬세하게 창작했다. 이 시기 소설의 무대는 넓어져 런던의 이야기보다는 바스, 리버풀 등의 지역도 주무대가 되었고, 노동자들의 삶도 소설의 주인공으로 채택했다. 독자들은 사실적으로 그려낸 이야기에 흥미진진해 했고, 다양한 이야기의 책을 읽으며 당시 생활과 사유의 변화를 느낄 수 있어 환호했다.

당시 부르주아지와 노동계층의 생활을 사실적으로 묘사한 소설이 많았는데, 대부분 티타임에 관련된 내용이 담겨있었다. 이처럼 19세기 차는 어느 계층을 막론하고 일상 속에 자리한 생활의 필수품이었으며, 여가문화의 중요한 위치를 차지하고 있었다.

소설 중 제인 오스틴(Jane Austen, 1775-1817)의 모든 작품과 앤 브론테(Anne Bronte, 1820-1849)의 소설 『에그니스 그레이(Agnes Grey)』, 헨리 제임스(Henry James, 1843-1916)의 『여인의 초상(The Port of a Lady)』 등에서 당시 중상류층의 차문화를 만나볼 수 있었고, 노동계층의 차문화는 찰스 디킨즈(Charles John Huffam Dickens, 1812-1870), 윌리엄 새커리(William Thackeray, 1811-1863), 엘리자베스 개

스켈(Elizabeth Cleghorn Gaskell, 1810-1865) 등의 작품 속에서 만날 수 있었다. 찰스 디킨스는 체험을 통해 알게 된 노동과 빈곤의 고통과, 열악한 노동자들의 생활을 『올리버 트위스트(Oliver Twist)』,『데이비드 코퍼필드(David Copperfield)』,『막내 도릿(Little Dorrit)』 등의 작품에 생생히 묘사하고 있다. 인물묘사의 대가인 윌리엄 새커리와 산업도시의 변화된 사회상을 사실적으로 표현한 엘리자베스 개스켈의 작품에서도 노동자들의 삶에 차를 묘사한 내용을 어렵지 않게 찾을 수 있다.

본 장에서는 19세기 영국사회를 사실적으로 그린 소설을 통해 문화의 주체자로 급부상한 신흥 중산층과 인구의 대다수인 노동자들의 음다문화 속에 차의 역할을 살펴보고자 한다. 먼저 산업혁명으로 산업화와 도시화가 된 삶의 공간에서 사회의 주축세력인 중산층과 산업화과정에서 소외된 노동자들의 삶이 그려진 소설 속에서 차에 대한 기록을 찾아 분석한다. 차로써 문화가 태동하고 자리하게 된 시대적 배경을 살펴본 후, 문학작품을 통해 차가 대중화된 모습을 고찰하여, 19세기의 차문화가 현대 영국 차문화에 미친 영향 살펴보고자 한다.

Ⅱ. 19세기 사회구조와 문학작품의 특성

1. 사회경제의 변화와 계층구조의 변화

철과 석탄 등의 지하자원과 노동력, 그리고 자본이 충분히 확보된 영국에서 면직물 공업은 새로운 핵심 산업으로 발돋움한다. 방적기와 직조기의 발명은 면직물 산업을 넘어 다른 산업에도 영향을 끼치며 경제구조에 혁명적인 변화를 가져왔다. 특히 계속된 기계의 발명은 생산부문에 큰 변화를 주며 생산량의 급증과 더불어 산업의 기업화를 촉진시켰다. 생산수단을 소유 · 경영하는 공장주는 새로운 자본가로 발돋움하게 되었으며 상류층과 함께 문화를 이끄는 주체자로 발돋움하게 되었다. 아울러 노동력이 절실한 시기에 대다수의 농촌 인구가 도시로 이주하면서 대규모의 도시화로 사회에 일대 변혁이 일어난다.

급격한 산업의 발전은 물질적 풍요와 유대감의 상실이라는 상반된 결과를 낳으며 영국의 전통적인 사회계층구조에 변화를 가져왔다. 특히 산업자본주의를 중심으로 한 부르주아가 등장하며 경제적인 부를 기반으로 한 새로운 계급이 대두되었다. 산업 부르주아들은 경제력을 바탕으로 정치적 · 경제적 권리를 확보하고자 노력한 결과, 영국사회에서 젠트리(gentry) 계급이라는 새로운 지위를 갖게 되었다.[28] 젠트리 계급의 등장은 19세기 영국 사회의 계층구조를 전면적으로 개편함을 보여준 것이다.

영국의 전통적인 계층구조는 작위와 재산을 가진 귀족층과 자영농들이 주류를 이루는 중산층, 그리고 도시빈민과 농업에 종사하는 하층으로 구성되어 있었다. 농경사회에서 산업사회로의 발전과정에서 전문가, 수공업자, 중개인, 무역상, 중 · 소매업자 등이 포함되며 중산층의 개념이 광범위해졌다. 이와 더불어 시민혁명 이후 참정권이 확대되고, 시민계급의 정치적 지위가 새로워지는 등 사회전반에 민주적인 분위기가 보편화되어갔다. 젠트리 계급이 지향하는 도덕적 규범은 빅토리아 사회의 보편적 시대의식을 이끌어갔다. 특히 중산층 가정에서의 어머니의 역할이 강조되는 가정생활의 새로운 모습은 당시 영국의 문화를 바꾸어갔다.

농업사회에서 산업사회로 전환되며 농민들은 도시의 새로운 직장인 공장에 취직해 도시의 산업노동자가 되었다. 산업노동자는 공장주, 즉 자본가인 젠트리와 함께 이전 시기에 없던 새로운 계층이었다. 산업사회의 하층을 형성하는 노동자는 전체 인구의 2/3를 차지하고 있었다. 산업사회 노동자 중 남성들은 제철공장이나 광산, 조선소 등 육체적 힘이 필요한 곳에서, 여성들은 섬세한 손길이 필요한 방적공장에서 대부분 일했다. 부(富)만을 쫓은 산업자본가들은 노동자들에게 혹독한 노동을 강요했다. 노동자들은 열악한 작업 환경 속에서 낮은 임금으로 장시간

---

28) 허상문, 『영국 소설의 이해』, 우용, 2002, p. 86 참조.

일해야 했으며, 인권 또한 무시된 고달픈 삶을 살았다. 노동자들의 생활은 산업의 발전에도 불구하고 혜택으로부터 소외된, 비참할 정도로 궁핍한 표준이하의 삶이었다[29]. 중산층 가정에서의 어머니의 역할보다는 노동현장에 나아가 맞벌이를 해야 하는 경우가 대부분이었다. 자본가와 노동자의 생활의 격차는 엄청 커, 생활의 풍요는 노동계층이 아닌 젠트리에게만 한정된 말이었다.

2. 19세기 문학작품의 특성과 소설의 발달

19세기의 사회 · 경제적 변동은 현대 자본주의 사회의 기초가 되었고, 그 바탕 위에 민주주의를 성장시켰다. 중산층은 사회를 움직이는 주축이 되어갔고, 노동계층 역시 서서히 자신들의 권위를 찾기 시작했다. 산업노동자들은 사회문제에 관심을 갖기 시작하며 최소한의 삶의 질을 요구했고, 그 결과 공장법, 공중위생법 등이 제정되고 선거권도 부여받게 되었다.

19세기를 찰스 디킨즈가 빛의 계절이자 암흑의 계절이요, 희망의 봄이자 절망의 겨울이다[30]고 표현한 것처럼, 19세기를 사는 중 · 상류층과 하층의 삶은 너무도 대비된 삶이었다. 이 시기 사회 변화에 민감하게 영향을 받은 소설은 다양한 인물상을 통해 산업사회를 사실적으로 그렸다. 경제와 문화를 리드한 그룹으로 급부상한 산업자본가와 인구의 대부분의 차지한 노동자들의 삶이 대부분 소설의 주제가 된 것이다.

산업혁명의 결과로 공업국가로 전환되며 대영제국으로 거듭난 빅토리아시대(재위 1837~1901)는 유례없는 번영을 누리면서도 정신적으로 공허와 위선 등이 문제로 부각되었다. 서민계층의 애환과 중 · 상류층의 위선과 속물근성 등을 사실적으로 묘사한 즉, 시대를 반영한 소설은 독자들에게 흥미진진한 읽을거리를 제공했다.

---

29) 정은희, 「19세기 영국 가정의 차문화에 관한 연구」, 『한국국제차문화학회지』, 제2권 1호, 2006, p. 263.
30) 근대영미소설학회, 『19세기 영국 소설 강의』, 민음사, 1998, p. 9.

민주주의 성장으로 교육기회가 확대되자, 시대를 반영하는 소설을 비롯한 문학 작품의 독자층은 한층 두터워졌다. 급변하는 19세기를 살아가는 영국민들에게 소설은 넓고 다양한 세계를 열어주는 안내자였다. 당시 사회상을 사실적으로 묘사한 사회소설이 대세를 이루고 있었지만 역사·로맨스·공상 등 다양한 이야기 또한 독서인들에게 사랑을 받은 주제였다. 풍부한 이야기 거리는 소설읽기를 취미생활로 하는 사람들을 끝없이 양산해갔다.

작가들은 폭발적으로 증가한 독자들을 위해 새로운 사회형태인 산업사회를 쉼 없는 탐구했다. 19세기 영국은 리얼리즘(realism)이라는 새로운 소설시대를 활짝 열며 세계 문학사상 질적으로나 양적으로 탁월한 소설들을 수없이 생산했다. 낭만주의 역사소설로 19세기 소설의 시대를 활짝 연 월터 스코트(Walter Scott, 1771-1832)와 섬세한 시선과 재치 있는 문체의 제인 오스틴은 18세기 말에서 19세기 초 위대한 소설의 시대를 빅토리아시대로 이어주는 교량역할을 충실히 수행했다.

엘리자베스 개스켈, 윌리엄 새커리, 찰스 디킨스 등이 그 뒤를 이었다. 엘리자베스 개스켈은 산업소설『메리 바튼(Mary Barton: A Tale of Manchester Life)』에서 자본과 노동에 의해 형성된 산업도시를 배경으로 한 새로운 도시의 노동자들의 삶을 사실적으로 묘사했다. 윌리엄 새커리는『허영의 시장(Vanity Fair)』,『펜더니스 이야기(The History of Pendennis)』 등의 작품에서, 풍자적인 어조를 취하여 중산층의 위선과 속물근성 등을 폭로하는 등 시대적 병폐를 예리하게 분석하고 비판하면서 독자들에게 도덕적 인식을 고취시켰다.

빅토리아시대 최고의 작가라 불리는 찰스 디킨스는『올리버 트위스트』,『데이비드 카퍼필드』,『리틀 도릿』 등의 작품에서 불우했던 어린 시절을 담담하게 그렸다. 찰스 디킨스는 자신과 여러 군상을 통해 런던의 어두운 뒷골목의 삶을 세밀하게 다루며 당시 사회상을 비판했지만 자극적으로 표현하지 않아 사회 현안의 성찰과 대중성을 확보했다.

19세기 문학계는 월터 스코트, 제인 오스틴, 엘리자베스 개스켈, 찰스 디킨스, 윌리엄 새커리 등에 이어 조지 엘리엇(George Eliot, 1819-1880), 토마스 하디(Thomas Hardy, 1840-1928) 등의 위대한 소설가를 연달아 탄생시켰다. 이 외에도 샬롯 브론테(Charlotte Bronte, 1816-1855), 에밀리 브론테(Emily Bronte, 1818-1848), 앤 브론테(Anne Bronte, 1820-1849) 등 브론테 자매는 여성을 주인공으로 삼아, 여성의 시선으로 이야기를 쏟아냈다. 브론테 자매는 당대의 작가들이 급변하는 사회에 관심을 두어 사회성 짙은 주제를 다루는데 반해 개인적인 존재성을 묘사했다. 사회적으로 제약받던 시대를 살아간 여성들에게 소설은 자유분방한 토론의 소재가 되며, 소설이 자신 생각을 진지하게 토해낼 수 있는 기회를 주었다.

19세기 영국의 소설은 사실주의적인 소설로, 중·상류층의 삶의 모습과 더불어 산업화 공업화된 도시사회에 뒤따르는 지저분함과 긴장감을 담으며 노동자의 삶을 뚜렷하게 그렸다. 당시의 사회상과 도시민의 일상생활을 그림을 그리듯이 세세히 묘사한 가운데 차문화의 성격이 드러난다. 19세기의 소설에 나타난 차의 모습은 일상다반사(日常茶飯事)와 같은 모습이었다. 모든 계층의 삶과 함께 있는 음료로서 자리한 차의 모습이 그대로 작품 속에 녹아있다고 할 수 있다.

Ⅲ. 19세기 영국소설에 나타난 차문화

1. 19세기 영국 중상류층의 차문화

1) 왕실의 차생활

19세기 영국의 왕실은 하노버왕조(1714-1917)의 조지 3세(George Ⅲ, 재위 1760-1820)부터 시작되어 빅토리아여왕시대(Alexandrina Victoria, 재위 1837-1901)로 이어진다. 이 시기, 영국은 세계에서 가장 번영하는 국가로, 세계 최대의 제국을 건설한 해가 지지 않는 나라였다.

최고의 전성기를 구가한 시대, 영국인들이 새로운 생활관습까지 만들어가며 즐겨 마신 음료는 바로 차이다. 왕실은 17세기 차가 유입된 초기부터 19세기에 이르기까지 새로운 유행을 탄생시키고, 음용관습으로 정착하는데 적극적으로 지지하며 차의 유행을 선도했다.

캐더린왕비에서 메리2세, 앤여왕 등으로 이어진 왕실의 다맥(茶脈)은 19세기, 조지 3세(George III, 재위 1760 1820)와 그의 아내, 샬럿 왕비(Queen Charlotte, 1730-1795)로 이어졌다. 급증하는 차 소비의 안정적인 공급을 위해 조지 3세는 중국에 특사를 파견할만큼 차는 일상의 음료였다. 왕실의 차생활 역시 일상이 되었다. 차가 일상으로 들어오자 샬럿왕비는 개인의 기호를 티타임의 다기에 담았다. 이는 영국 도자기산업 발전에 보탬이 되었다. 샬럿 왕비는 동양산 다기 외에도 영국산 다기에 관심을 갖게 되는데, 그 예가 조사이어 웨지우드(Josiah Wedgwood)의 크림색의 광택을 지닌 도자기, 즉 우아하고 아름다운 디자인의 크림웨어(cream coloured earthenware)이다. 티타임에서 조사이어 웨지우드의 크림웨어를 즐겨 사용한 샬럿왕비 덕분에 크림웨어에 '여왕의 자기(Queen's Ware)'라는 명예로운 별칭을 얻게 된다. 이후 웨지우드(Wedgwood)는 왕실에 품질을 인정받아 로얄 워런트(Royal Warrant)를 수여받으며 영국을 대표하는 도자기 회사로 우뚝 선다. 로열 워런트를 획득한 웨지우드와 더불어 민튼(Minton), 로얄 우스터(Royal Worcester), 스포드(Spode) 등의 도자기 회사 역시 영국 왕실의 사랑을 받으며 영국 도자기 산업은 급속히 발전하게 된다.[31] 중국을 밀어내고 세계 최고의 품질을 자랑하는 도자기 종주국으로 부상할 수 있었던 데에는 차가 그들의 최고의 음료였기 때문이다.

19세기 차가 대표 국민음료인만큼 산업과 문화에 중요한 위치를 차지하고 있었다. 특히 100년의 기간 중 64년 동안 재임하며 영국을 세계 최강국으로 만든 빅토리아여왕시대, 차는 많은 우여곡절을 거친다. 먼저 차산업 부분을 보면, 아편전쟁의 승리로 중국과의 차무역이 확대되었으며, 식민지 인도와 실론에서 플랜테이션을 개간하며 값싸고 입맛에 맞는 차를 직접 공급했다. 또한 만국박람회를 통해 인도와 실론의 차를 소개하면서, 차는 영국일 상징하는 음료로 거듭났다. 입맛에 맞

---

31) 김재규, 『유혹하는 유럽 도자기』, 한길아트, 1998, p. 181 참조.

는 차가 식민지에서 생산되자, 차는 영국인 모두의 삶 곳곳에 스며들며 전 문화에 영향을 미치게 된다.

특히 빅토리아여왕과 알버트공 부부는 사랑 속에 서로를 신뢰하고 지지했으며, 도덕적이고 청빈한 생활로 국정을 이끌며 국민에게 존경받았다. 국민들은 빅토리아 왕실가족의 모습을 스위트 홈의 전형이라 생각하고 이상적인 모델로 삼았다. 왕실 스위트 홈 공간의 절대적인 음료로 자리한 차는 여왕부부가 국정을 논의할 때, 한가하게 쉴 때, 자녀들과 스코틀랜드의 벨모럴성으로 여행을 떠날 때에도 동행한 음료였다. 빅토리아여왕 재임기간 시기, 즐겼던 차생활은 여왕의 일기에 잘 나타나 있다. 1859년과 1860년의 일기 내용을 그 예로 들면 다음과 같다.[32]

우리는 쭉 걸어 내려가서 점심을 하였다. 그리고는 아래쪽까지 마차를 타고 갔다. 그 곳에서 우리를 위해 친절하게 준비된 장작과 차를 넣은 탕관을 보았다. .... 우리는 차를 마시고 6시 30분에 마차를 타고 그 곳을 떠났다.

우리는 일찍 일어나 업무를 보고, 응접실에 앉아 좋은 차와 빵과 버터, 훌륭한 스프가 있는 아침이 준비될 때까지 독서를 했다.

이 외에도 빅토리아 여왕은 해마다 런던을 떠나 벨모럴성과 오즈번궁에서 사적인 시간을 가족들과 함께 보내곤 했는데, 이 때에도 역시 차는 곁에 있었다.[33] 특히 앨버트공이 세상을 떠나자, 여왕은 일반적인 국무는 수상과 정치인들에 의지했고, 여왕은 남편과의 추억이 깃든 곳에서 지내는 때가 많았다. 남편에 대한 그리움이 밀려올 때마다 차는 여왕의 곁에 있으며 따뜻한 위로가 되어주었다.

빅토리아여왕에게 차는 개인적으로는 행복한 가정생활에서, 공무 중에, 남편을 잃은 후에, 우울증에 빠졌을 때 등 언제 어디서든 그녀의 곁에서 건강을 지켰고, 사랑을 표현했으며, 편안한 휴식과 기분 전환의 기회를 마련해 주었다. 특히 여왕

---

32) Petigrew, J., *A Social History of Tea*, London: National Trust, 2002, p. 115.
33) 김현수, 『이야기 영국사』, 청아출판사, 2004, p. 358.

은 재임초기 나폴레옹 전쟁이 끝난 후 불어 닥친 경제공황의 늪에서 헤어나지 못했을 때, 빅토리아 통치의 절정기인 수정궁에서 열린 제1회 만국박람회가 열린 시기 등, 환희와 고난의 순간순간마다 곁에 있으며 지혜로운 군주 빅토리아 여왕의 활약을 도왔다. 차는 빅토리아여왕의 때와 장소, 목적, 기분 등에 따라 건강음료, 기호음료, 접대음료, 사교음료, 명상음료 등으로 음용한 특별한 음료이자 일상의 음료였다.

2) 중 · 상류층의 차생활

(1) 아침[34]과 차

19세기 초반 중 · 상류층의 아침삭사 테이블에는 파운드케이크(Pound Cake), 플럼케이크(Plum Cake), 바스케이크(Bath Cake) 등의 케이크와 페이스트리, 토스트 등의 티 푸드와 홍차가 담겨진 포트가 대부분 자리하고 있다. 아침식사를 담는 그릇은 이제 동양에서 수입한 도자기보다 영국은 물론이고 독일 드레스덴, 프랑스의 세브르 등 유럽 각국에서 생산한 아침식사용 도자기세트를 사용하는 가구가 늘어났다. 19세기 영국의 도자기산업은 전사법(transfer printing), 본 차이나(bone china) 등을 발명하며, 18세기 유럽 도자기산업을 이끈 독일, 프랑스 도자기의 품질을 추월할 만큼 발전했다.[35] 19세기 영국의 대표산업으로 성장한 도자기 산업은 차가 영국의 식문화에 완전하게 자리하며 발전하게 된 산업이었던 것이다. 스테포드셔, 웨지우드, 스포드, 우스터, 민턴 등이 바로 19세기를 대표하는 영국의 도자기회사들이다.

워싱턴 어빙(Washington Irving)은 『스케치북(Sketchbook)』에서 영국을 방문한 미국인이 이전 시기와 전혀 다른 영국의 아침식단을 보고 놀라는 장면을 다음과 같이 묘사하고 있다.

---

34) 당시 사교생활에서 "morning"은 대부분 아침식사 후부터 오후 정찬 때까지를 지칭한다.

35) Austen, J., *Northanger Abbey, in Jane Austen The Complete Novels*, New York: Gramercy Books, 1981, pp. 891 & 845.

우리의 아침식사는 영국 전통식으로 차려졌다. 그는 요즘 사람들이 약해지고, 조상들처럼 용감하지 못한 원인으로 홍차와 토스트로 이루어진 오늘날의 아침식사를 꼽는다며, 쓰디쓴 말을 늘어놓았다. 손님의 입맛을 맞추기 위해 그것들을 식탁에 올리기는 했지만 식기대는 차가운 고기와 와인, 에일이 당당하게 놓여 있었다.[36)

차와 토스트가 자리한 아침식사를 가리켜 영국 전통식이라 말하고 있다. 에일·맥주·와인 등의 주류와 육류와 생산류 등 묵직한 아침식사는 차차 축소되고 18세기를 지나면서 차와 토스트, 케이크 등의 간소화 된 모습으로 영국은 또다시 식문화의 전통을 만들어갔다. 물론 옛 전통은 완전히 사라지지 않아 고기요리, 생산요리, 햄과 계란요리 등의 풍족한 아침식사를 하는 가정도 있었다.[37)

아침식사를 마치고 나면, 안락한 삶을 즐기는 대부분의 중상류층 여성들은 책을 읽거나 편지 쓰기, 정원 산책 등으로 시간을 보냈다. 정원은 18세기가 되면서 영국 문화의 화두로 떠올랐다. 부유한 사람들은 목가적인 시골의 전원생활에 대한 남다른, 애정과 새롭게 떠오른 낭만주의 문학에 영향을 받으며 풍경화적 정원을 낳았다. 부유층들은 정원에 울창한 숲 속의 미로를 만들고, 개울처럼 인공수로를 만들어 맑은 물이 흐르게 했고, 야트막한 언덕을 만들어 사원이나 묘지, 티 하우스를 짓고, 작은 동굴과 다리도 설치했다. 영지 내 정원의 건축물들은 의식적으로 불규칙하게 배열된 인공정원이지만 최대한 자연스러움을 추구했다. 당시 추구한 정원은 영지 내에 시골을 옮겨놓은 작업이었다. 제인 오스틴의 『이성과 감성』을 보면, 당시 정원의 모습이 잘 묘사되어 있다.

클리블랜드는 현대식으로 지어진 넓은 저택으로, 경사진 잔디위에 자리 잡고 있었다. 장원은 없었지만 정원은 상당히 널찍하게 펼쳐져있었다. 같은 급이 웅장한 다른 저택들이 다 그렇듯이 탁 트인 관목 숲과 좁은 숲길이 있고, 경작지를 구불구불 휘도는 부드러운 자갈길이 나 있어 현관까지 이어지고 잔디밭에는 큰 나무들이 여기저기 서있고 저택 자체는 전

---

36) Wilson, K., *Tea with Jans Austen*, Wisconsin: Jones Books, 2006, p. 9.
37) Willson, K., *Tea with Jans Austen*, Wisconsin: Jones Books, 2006, p. 7.

나무 마가목 아카시아로 둘러싸여서 이것들이 함께 **빽빽하게** 장막을 치고 있는데다 간간
이 키 큰 롬바르디 포플러가 드문드문 서서 마구간이나 곳간 등을 가려주었다. …… 이제
막 아름다움을 과시하기 시작하는 구불구불한 관목 숲 사이로 빠져나가 멀찍이 언덕배기
에 올라갔다. 거기 있는 그리스풍 사원에서, 그녀의 눈길은 남동쪽으로 광활하게 펼쳐진
그 지방의 지형을 여기저기 굽어보면서 지평선을 이루는 언덕들의 능선에 다정하게 가 닿
았고, 그 꼭대기에서는 쿰 마그나가 보일 수도 있겠지 생각하였다. …… 온실을 한가롭게
거닐면서 샬럿은 자기가 아끼는 식물이 주의 부족으로 늦서리를 맞아서 얼어 죽은 것을 보
고 웃음을 터트렸다.[38]

미들턴부인이 여름날 열었던 야외 모임처럼 날씨가 좋은 날이면 바깥에서 모임
을 갖거나 영지 내 티 하우스(Tea house)나 잔디밭에서 차를 마시며 휴식을 취하
곤 했다. 18세기는 풍경화적 정원이 유행했는데, 넓은 영지의 정원에는 잠시 쉬며
자연을 관망하고 사교생활을 즐기는 티 하우스를 배치했다. 풍경화적인 정원은
19세기 중반에 오면서 이국(異國)의 식물을 심거나, 화려한 치장을 하며 각자 개성
적인 '취향'을 담기 시작했다. 화려한 치장과 이국의 식물로 이국적 정취가 가득
한 정원에 설치한 온실은 쌀쌀한날 티타임의 공간이 되기도 했다.

무엇보다 19세기는 산업혁명으로, 이 전시대에 비해 생활 패턴이 빠르게 바뀌
어 갔다. 당시 티가든, 선술집, 극장, 티룸 등의 인기가 입증해주듯 많은 이들은 가
정의 영역을 벗어난 곳에서 여가의 즐거움을 찾고자 했다. 공원은 넓게 트인 공간
에서 태양과 녹음, 신선한 공기를 맘껏 접촉하는 기회를 안겨주며 집에서는 누리
지 못한 자유로움과 쾌적함을 일시적이나마 충족시켜주었다. 새롭게 생긴 공원은
도심에서 인간과 자연이 더불어 공생할 수 있는 최소한의 자연이었다. 아침식사
후, 정원과 공원에서의 티타임은 상류층부터 하층까지 누구나 즐기고픈 최고의
휴식시간이었다.

---

38) Austen, J., *Sense and Sensibility*, in Jane Austen, *The Complete Novels*, New York: Gramercy
Books, 1981, p. 139.

(2) 오후의 차(Afternoon Tea)

자본주의가 발달하면서 중산층이 사회전반에 끼치는 영향은 실로 엄청났다. 그들의 모든 것은 전 국민의 모델이 되며, 그들에 의해 거의 모든 생활양식에 큰 변화를 가져왔다. '스위트 홈(sweet home)' 역시, 멀리로는 빅토리아여왕 부부가 모델이었고, 가까이에는 중산층으로, 그들의 가정이 모델이었다. 19세기에 탄생한 오후의 티타임(Afternoon Tea)은 이러한 변화에 의해 태어나, 영국의 즐거운 생활습관이 되었다.

점심과 저녁식사 사이에 배고픔을 달래기 위해 탄생한 오후의 티타임은 제7대 베드포드 공작부인 안나 마리아(Anna Maria 7th Duchess of Bedford, 1788-1861)에 의해 시작되었다는 설이 가장 유력하다.[39] 베드포드 공작부인의 새로운 생활습관인 오후의 티타임은 점차 주변인들에게 호응을 얻으며 위로는 왕실에서부터 아래로는 하층까지 빠르게 확산·보급되었다. 지극히 사적인 생활습관이 빠르게 확산되어 나라를 대표하는 문화로 자리하게 된 것이다.

오후의 티타임은 자유로운 분위기 속에서 차를 마시며 이야기를 나누는 사교의 시간으로, 집안 내 침실이나 응접실, 혹은 정원의 잔디밭 등에서 차와 간식을 즐겼다. 헨리 제임스(Henry James)가 1881년에 발표한 『여인의 초상』을 보면, 날씨 좋은 날, 잔디밭에서 즐기는 오후의 티타임에 대해 자세하게 묘사하고 있다.

구름 한 점 없이 맑은 개인 한여름 오후 한가운데라고 부를 만한 이때에 간단한 이런 잔치에 필요한 그릇들이 오래된 영국 시골저택의 잔디밭에 잘 진열되어 있었다. 오후도 반쯤 지났지만 아직도 몇 시간 더 지나야 해거름이 될 것이다. …… 이런 곳에서 우리가 누릴 수 있는 최고의 즐거움의 원천이리라. 오후 5시부터 8시까지는 경우에 따라 이 영원의 시간도 조금밖에 기쁨을 주지 않으나 지금과 같은 때 이런 시간은 다만 영원한 즐거움일 것이다. 이곳에 모인 사람들은 조용히 그 기쁨을 즐기고 있었다. 보통 여자들은 '차 마시기'라는 의식을 신봉하는 편인데 이 사람들은 여자가 아니었다. 잔디 위에 그림자가 쪽 뻗어 네모진 각을 이루고 있었다. 그 그림자는 차가 마련된 낮은 탁자 옆의 깊숙한 등의자에 앉은 한 노

---

39) Pettigrew, J., *A Social History of Tea*, London: National Trust, 2002, p. 102.

인의 그림자와 그 앞을 이런저런 이야기 하면서 왔다 갔다 하는 두 젊은이의 그림자였다. 노인은 손에 찻잔을 들고 있었다. 그것은 다른 것들과는 다른 굉장히 큰 형태로 색깔이 화려했다. 노인은 주의를 기울여 차를 마신 뒤 오랫동안 그 찻잔을 턱 가까이 들고서 집 쪽으로 얼굴을 돌리고 있었다. …… 차를 대접하던 장소의 잔디를 내려다보고 있는 이 집의 정면, 은둔의 분위기로 자리 잡고 있었다. 평평한 언덕의 정상을 덮고 있는 넓게 펼쳐진 융단 같은 잔디는 호사스러운 실내분위기가 연장된 것 같은 기분이 들었다. 조용한 떡갈나무와 너도밤나무가 던지는 커다란 그림자는 벨벳의 커튼처럼 묵직한 그림자를 던져주었다. 이곳에도 실내처럼 푹신한 의자나 화려한 색상의 무릎 덮개용 담요가 있었고, 책과 신문이 잔디밭 위에 놓여 있었다. 조금 떨어진 곳에 강이 있으며 거기서부터 대지가 잔디밭 아래로 굽어지고 정확히 말해 잔디는 끊겨졌다. 그러나 강가의 산책은 즐거운 일이었다.[40]

작품 속의 노인, 다니엘 터체트는 해가 길어진 여름날 오후면 잔디밭에서 뜨거운 차를 마시며 주변 경관을 감상하고, 이야기를 나누곤 했는데, 노인은 그 시간을 무척 좋아했다. 부산함이 어느 정도 가라앉은 오후, 그에게 티타임은 한층 편안하고 여유로움을 선물해 주었다. 따사로운 햇살이 내리쬐자 정원에서 따뜻한 온기 느끼며 차를 즐겼고, 춥고 짙은 안개가 끼는 날이면 실내에서 독서를 하거나 바느질을 하며, 혹은 대화를 나누며 차를 즐겼다. 오후에 티타임은 이렇듯 날씨에 따라, 혹은 기분에 따라 장소를 달리하며 즐기는 편안한 쉼이었다.

한 잔의 차를 통해 만남의 즐거움과 여유로움을 즐기는 오후의 티타임은 아이들도 좋아하는 시간이었다. 빅토리아시대 부유한 가정의 아이들은 유모·보모·가정교사의 세심한 보호아래 자랐다. 가정교사는 아이들의 부모가 되어 모든 생활을 돌보았다. 오후의 티타임 역시 예외는 아니었다. 오후 4시에서 5시 즈음이 되면, 아이들은 놀거나 공부한 자리를 정리하고, 잠시 티타임을 가졌다. 테이블 위에는 샌드위치, 머핀, 스콘, 케이크 등의 티 푸드와 차·설탕·우유 등이 다관과 함께 세팅된다. 앤 브론테의 소설, 『에그니스 그레이』를 보면 가정교사가 아이들의 오후의 티타임을 돌보는 모습을 자세히 서술하고 있다. 가정교사 아그네스 그

---

40) 헨리 제임스 저, 여경우 역, 『여인의 초상』1, 인화, 1997. pp. 12-14.

레이가 돌보는 아이들은 오후 5시가 되어도 하인들이 차와 티 푸드를 테이블에 차려두지 않으면 고성을 지르곤 해 애를 먹는 내용이다. 오후의 티타임은 식사처럼 정해져 있었고, 매일 반복되는 간식시간은 아이들이 애타게 기다릴 정도로 좋아하는 맛있는 휴식시간이었다.

19세기 중엽이후, 아이들에 대한 관심이 그 어느 때보다 높아지자 『이상한 나라의 앨리스(Alice's Adrentures in Wonderland)』, 『거울나라의 앨리스(Through The Looking - Glass and What Alice Found There)』등과 같은 어린이들을 위한 동화가 속속 발표된다. 루이스 캐럴(Lewis Carroll)은 유머와 환상이 가득 찬 『이상한 나라의 엘리스』에 아이들이 좋아하는 티타임을 '엉망진창 티파티(A mad Tea-party)'이라는 제목으로 묘사하고 있다.

본디 상류층의 허기를 채운 시간으로 시작된 오후의 티타임은 차차 휴식과 사교를 위한 시간으로, 성격을 달리해 전 국민의 생활 속에 자리했다. 당시 중·하류층의 삶을 사실적으로 생생하게 묘사한 소설가이자 수필가인 조지 기싱(George Robert Gissing, 1857~1903)은 영국인의 생활 습관 중 행복한 휴식을 가져다주는 '오후의 티타임'만큼 대단한 것은 없다고 말하고 있다.

> 우리가 편안함을 느낄 수 있는 그런 다과모임이어야 한다. 다과를 차려놓은 식탁으로 낯선 이들을 불러들인다는 것은 신성모독이다. 반면 영국인의 손님접대 풍습이 가장 정겨운 면모를 드러낼 수 있는 곳이 다과모임이기에, 티타임에 초대된 친구는 가장 반가운 환영을 받는다.[41]

조지 기싱은 오후의 티타임은 편안함을 위한 시간이 되어야 한다고 말한다. 조지 기싱은 낯선 이가 아닌 친밀한 벗들이 자리해 도란도란 이야기꽃을 피울 때, 비로소 오후의 다과모임은 모두에게 환영받는 시간이 된다고 덧붙여 설명한다. 그의 말처럼 오후의 티타임은 가족과 친지, 혹은 친한 친구들을 초대한 시간한 시

---

41) George Gissing, Annotated with Critical Introduction by Sang-ok Lee, *The Private Papers of Henry Ryecroft*, Shinsa, 2000, p. 270.

간이다. 오후의 티타임은 어색함을 털어내는 시간이 아니라 친한 벗들이 이야기 나누며 친밀함을 확인하는 시간이라 하겠다.

한가한 오후가 되면 편안하고 여유로운 티타임을 즐겼던 작가, 헨리 제임스 역시 그의 생활습관인 티타임이 작품에 잘 녹아있다. 특히 한 여인의 정신적인 성장을 다룬 소설, 『여인의 초상』 첫 장에 '어떤 경우에든 '오후의 차'라고 알려진 의식에 바쳐지는 시간보다 인생에서 더 유쾌한 시간은 거의 없다.[42]' 라고 하며, 오후의 티타임이 주는 사회적 역할을 말하고 있다.

(3) 저녁과 차

차가 영국에 유입된 지 얼마 되지 않은 17세기 말엽부터 중·상류층 가정에서는 정찬을 먹은 후, 응접실에서 차를 마셨던 기록은 보인다. 저녁식사 시간 후의 티타임은 가족만이 즐길 때에는 조용하고 편안한 시간이었으며, 친척이나 이웃을 초대해 즐길 때에는 작은 파티였다. 제법 큰 규모의 저녁식사자리에서의 티타임은 무도회처럼 진행되기도 했다. 『이성과 감성』, 『오만과 편견』, 『맨스필드 파크』 등 대부분의 제인 오스틴의 소설을 보면 저녁식사 후의 티타임에 대한 내용을 곳곳에서 찾을 수 있을 만큼, 19세기 초 차생활은 일상이었다.

해가 무척 짧아진 가을과 겨울의 밤이나 비바람이 불고 안개가 자욱한 날 저녁이면 응접실에 모여, 난로를 쬐고 차를 마시며 몸을 녹인다. 동면의 시간이라 일컬어지는 저녁이 긴 날이 많아서인지 영국은 티타임을 저녁식사 후의 티타임을 가장 먼저 관습화했다. 중산층 가정에서 즐기는 저녁식사 후의 티타임은 차를 마시며 하루 동안 지낸 이야기를 하거나, 카드게임, 바느질, 독서 등을 하며 하루의 피로를 푸는 시간이다. 저녁식사 후에 마시는 차가 주는 아늑함이 고스란히 전해지는 윌리엄 쿠퍼(William Cowper; 1731-1800)의 〈일 : 겨울저녁〉이다.

And, while the bubbling and loud hissing urn

---

42) Henry James, *The Portrait of a Lady Volume* 1, Penguin Classics, 1984. p. 59.

Throws up a steamy column, and the cups
That cheer but not inebriate, wait on each
So let us welcome peaceful ev'ning in[43]

보글보글 물 끓는 차 단지
하얀 김 내보내는 동안
흥분하지 않고 차분히 기다리는 찻잔들
우리에게 평온한 저녁 선물하네

언(urn)은 18세기 후반이후 영국에서 만든 다구로, 물을 끓이거나 끓인 물을 보온하는 용기이다. 언을 티 테이블 한 가운데 배치에 두고, 진하게 우린 차에 언에 담긴 물로 찻물의 농도를 조절하며 각자의 기호대로 마셨다. 19세기 들자 언은 식사시간과 티타임에 유용하게 이용되며, 점차 생활의 필수품으로 자리하게 된다.

저녁식사 후의 티타임은 대부분 가족의 휴식 시간이었지만, 때로는 가까운 이웃이나 친구들을 초대한 사교의 시간이기도 했다. 사교를 위한 저녁식사 후의 모습을 보면, 대체적으로 다음과 같다. 신사들은 식당에 남아 와인을 마시거나 담배를 피우며, 다양한 주제로 대화를 하는 동안 숙녀들은 응접실에서 차를 마시며 가벼운 담소를 나누거나 독서나 뜨개질 등을 했다. 어느 정도 시간이 지나면 남성들이 응접실에 건너와 함께 차를 마시면서 대화를 했고, 백거먼(backgammon), 크리비지(Cribbage), 휘스트(whist), 스패큘레이션(speculation) 등의 게임을 즐기곤 했다. 때로는 피아노, 하프 등을 연주하거나, 노래를 하는 등 작은 음악회가 열리기도 했다. 차는 이렇듯 함께 어울리도록 도와주는 역할을 톡톡히 했다. 『맨스필드 파크』와 『오만과 편견』에 묘사된 부분이다.

모든 사람이 한 자리에 모여 앉았다. 그 자리에 모여 있는 사람들은 대화에 열중하고 있었기 때문에 패니는 조용히 앉아있을 수 있었다. 차를 마시고 난 후에 휘스트 테이블이 마

---

43) William Cowper, ⟨The Task; The winter evening⟩

련되었다. 사전에 카드를 칠 계획을 세워두었던 것은 아니다. …… 메리 크로포드는 하프를 연주하기 시작했다. 패니는 메리의 연주와 달리 해야 할 일이 없었다. 메리는 음악을 연주하면서 자신의 마음을 달래는 동시에 다른 친구들을 즐겁게 해주고 있었다.[44]

정찬 후 숙녀들이 물러갈 때가 되자, 엘리자베스는 뛰어올라가 언니가 춥지않게 단단히 옷을 입혀 응접실로 데리고 갔다. 제인의 두 친구는 기쁘다는 인사를 여러 번 반복하며 그녀를 환영했다. 그녀들은 그 방에 신사들이 합류할 때까지 엘리자베스가 일찍이 한 번도 목격하지 못했을 정도로 유쾌하게 굴었다. 그녀의 화술은 상당했다. 그녀들은 연회의 모습을 정확하게 묘사할 줄 알았고, 익살스럽게 일화를 이야기할 수 있었으며, 아는 사람들을 흥겹게 비웃을 줄도 알았다.

신사들이 들어오자 제인은 곧바로 그들의 관심에서 멀어졌다. …… 그녀가 방을 바꿔 추위를 타지 않도록 장작을 높이 쌓아 불을 더 지피느라 반시간이 지나갔다. 또 그녀가 문에서 좀 멀리 떨어져 있도록 그녀를 벽난로의 다른 쪽 옆으로 옮겼다. 그런 뒤 그는 그녀의 곁에 자리를 잡고 앉아 거의 그녀하고만 이야기했다. 엘리자베스는 뜨개질 거리를잡고 반대편 구석에 앉아 이 모든 것을 기쁜 마음으로 지켜보았다.

차 마시기를 끝냈을 때, 허스트씨는 처제에게 카드놀이 준비를 하자고 귀뜸했으나 그녀는 들은 척도 하지 않았다. 빙리양은 다아시씨가 카드놀이를 하고 싶지 않다는 정보를 남몰래 확보해둔바 있었다.[45]

남성과 여성은 식사 후 따로 그들만의 공간에서 대화를 나누다가, 어느 정도 시간이 흐르면 응접실에 함께 자리해 즐기는 때가 많았다. 이 때 대부분 카드나 주사위 등의 게임을 하거나, 작은 음악회 혹은 무도회가 열리며 보다 친밀해지는 시간을 가졌다. 저녁에 열리는 화려한 무도회나 음악회, 축하연(Tea reception) 등의 저녁 연회에서도 차는 사교음료였다. 집밖 상업공간에서의 무도회나 음악회는 입장료에 차가 포함되어 있거나, 선택사항이었다. 몇몇 무도회는 춤을 추다 잠시 차

---

44) Austen, J., *Mansfield Park, in Jane Austen The Complete Novels*, New York: Gramercy Books, 1981, p. 467.

45) Austen, J., *Pride and Prejudice, in Jane Austen The Complete Novels*, New York: Gramercy Books, 1981, p. 26.

와 같은 음료를 마시며 사교하는 티 브레이크가 포함되어 있기도 했다. 댄스 타임 후 잠시 쉬며 갖는 티타임은, 무도회장 내 한쪽에 준비된 테이블에 혹은 따로 차와 다과가 차려둔 방을 배치해 그곳에서 이루어졌다.『노생거 수도원』에서는 중상류층을 위한 무도회를 상세하게 묘사하고 있다.

무도회는 한창 무르익었고, 방안은 사람들로 가득 차 있었다. 알랜부인과 캐서린은 힘겹게 사람들 사이를 밀치고 들어갔다. 알랜씨는 도착하자마자 카드방으로 직행해버려 두 여자만을 달랑 남겨 두었다. …… 힘들게 얻은 휴식이건만 그것도 길게 즐기지 못했다. 그들이 자리에 앉은 지 얼마 되지 않아 사람들은 모두 차를 마시러 일어섰고 그들도 그 대열에 끼어 또다시 사람들 사이를 비집고 나가야했다.... 마침내 차 마시는 곳에 도착했지만 같이 차를 마시며 애길 나누거나 옆에서 시중을 들어줄 남자 한 명 없다는 사실에 어색함만 더해갔다. …… "지금 그냥 가는 게 좋지 않을까요? 여긴 우리를 위해 마련된 차도 없는 것 같아요." "그래, 이미 한 잔 마셨으니까." …… 그렇게 시간이 조금 흐르고 나자 그들 곁에 앉아있던 한 사람이 차를 한 잔 건넸다. 그들은 고맙게 받았고 이걸 계기로 그 청년과 가벼운 이야기를 몇 마디 나누게 되었다.[46]

알랜부인과 캐서린은 차와 케이크, 비스킷, 샌드위치 등의 다과가 마련된 곳으로 갔지만, 함께 이야기를 나누거나 차를 서빙해 줄 사람이 없어 낯설고 어색한 자리임을 그린 대목이다. 무도회에서 티 브레이크는 춤을 추다 잠시 쉬는 휴식의 시간이자, 사교시간으로 차는 만남을 부드럽게 해주는 매개체와 같은 역할을 하였다. 이렇듯 저녁식사후의 티타임은 하루의 피로를 푸는 편안한 휴식시간은 물론이고, 유쾌함을 보장하는 즐거운 시간이자 관계를 돈독케 하는 시간이었다.

(4) 그 외 시간의 차
티타임은 정해진 식사시간과 간식시간 외에도 수시로 이루어졌고, 장소 또한 이전에 비해 훨씬 다양해졌다. 커피하우스, 티가든 등의 차를 즐길 수 있는 공간은

---

46) Austen, J., *Northanger Abbey, in Jane Austen The Complete Novels*, New York: Gramercy Books, 1981, pp. 821-822.

예전부터 존재하고 있었지만 19세기 들며 과자점이나 티룸(Tea room), 여행지 숙소, 스포츠 공간 등의 상업공간에서도 수시로 차를 마셨다. 쇼핑을 하다가도 잠시 쉬며 차를 마셨고, 여행하는 기차에서, 혹은 목적지에 도착해서도 차를 마실 수 있었다. 테니스, 보울즈 등의 경기 중 휴식시간 혹은 경기를 마친 후에 티타임을 갖는 등 사람들은 때와 장소를 특별히 가리지 않고 마셨다. 설탕을 넣은 뜨거운 차는 지친 피로를 풀기에 더없이 좋은 음료였기 때문이다.

『맨스필드 파크』를 보면, 토마스경이 집에 돌아오자마자 식사가 아닌 차를 찾았다. 프라이스 부인은 윌리엄과 패니가 돌아오자 얼어붙은 몸과 마음을 따뜻한 온기로 채워주고, 피로를 풀어주기 위해 서둘러 거실에 난로를 피운 후, 바삐 물을 끓이고 차 도구를 준비했다. 집에 돌아와 편안히 쉬며 마시는 따끈한 차는 지친 몸과 마음을 단번에 풀어주었고, 긴장된 마음을 편안하게 이완시켜줘 '집'하면 떠오르는 음료였다. 윌리엄 새커리는 자전적 소설, 『팬데니스(Pendennis)』에서도 많은 환자들을 치료하는데 차를 활용하고 있다[47]. 차는 건강과 기분전환에서 사교와 활력을 주는 기능까지 덧대어지면서 정해진 티타임 외에도 수시로 즐기는 물처럼 일상의 음료로 인식되었다.

2. 서민계층의 차문화

1) 식사와 차

(1) 아침과 차

19세기 사회의 계층 구성 중 노동자층은 전체 인구의 약 2/3를 차지했다. 노동계층에 속하는 직업군으로는 숙련공, 노동자, 가사 고용인, 실업 빈곤자 등으로, 산업혁명의 혜택으로부터 가장 많이 소외된 그룹이다. 직업에 따라 생활방식은 다양하지만 열악한 작업환경과 저임금, 그리고 불안전한 생활이라는 공통점이 있

---

47) Ukers, W.H., *The Romance of Tea*, New York: Alfred, 1936, p. 246.

다. 이들 대부분은 하루 종일 힘든 노동을 해도 의식주를 충분히 해결할 수 없을 만큼 가난했다. 노동자들의 식생활을 보면, 대부분 딱딱한 빵과 차, 혹은 감자나 죽(porridge) 등 빈약하기 그지없는 식사로 주린 배를 채웠다. 특히 차는 노동자들의 아침식사를 책임지는 주요 식품이었다. 1850년대 영국의 공업도시 코크타운을 배경으로 한 찰스 디킨스의 『어려운 시절(Hard Times - For These Times)』은 당시 산업사회의 사회상을 사실적으로 그리며 정면으로 비판한 소설이다. 이 소설에서 그리는 산업노동자의 아침식사부분이다.

> 스파지트 부인은 쾌활한 목소리로 가장하여
> "아침을 원하시죠, 선생님? 그랫그라인드양이 곧 나와 안주인 역할을 할 거에요."
> 라고 말했다. 바운더비씨는
> "부인, 내가 마누라가 차려준 아침식사를 기다린다면 세상 끝날 때까지 기다려야 한다는 사실을 부인도 잘 알거라 생각합니다. 그러니 번거롭겠지만 부인이 차를 만들어 주세요."
> 라고 대답했다. 스파지트 부인은 이에 대답하며 식탁에서 자신이 예전부터 하던 역할을 맡아 아침식사를 준비했다.[48]

스파지트 부인과 바운더비씨의 대화를 보면, 아침식사에 차가 자리한다. 이는 그날만 특별하게 차를 아침식사로 마신게 아니라 차는 늘 아침식사의 주요 식품임을 알 수 있다. 산업 노동자들이 사는 집은 대부분 부엌과 주방용품이 제대로 갖추어지지 않았으며, 상하수도 시설 역시 열악했다. 게다가 난방장치 또한 제대로 되어있지 않는 곳이 많아 식사는 주로 집에 돌아와 난로에 불을때워 따끈하게 차를 다려 마시거나 혹은 노점에서 외식으로 대충 해결했다. 출근에 지장 없이 빠르게 준비하면서도 배를 채울 수 있는 음식, 따뜻한 온기를 불어넣을 수 있는 음식이 가장 절실한 노동자들은 그들의 경제적 여건에서 이를 가장 잘 해결해 줄 수 있는 음료가 바로 차였던 것이다.

---

48) Charles Dickens, *Hard Times*, Project Gutenberg, 1997, p. 201.

(2) 저녁과 차

산업혁명을 거치는 동안 노동자들에게 차는 대체 불가능한 음료로 자리했다. 차는 노동자들이 아침에 일어나자마자부터 잠들기 전까지 꽁꽁 얼어붙은 몸과 마음을 빠르게 데워주었고, 지친 심신에 기운을 주는 칼로리 보급원이었다.

노동자들은 그들 라이프 스타일에 맞게, 하이 티((High tea)를 만들어 즐겼다. 하이 티는 의도적인 발명품이라기보다는 우연히 만들어낸 생활관습이다. 고단한 하루 일과를 마치고 집에 돌아온 그들이 가장 절실하게 바라는 것은 배고픔과 목마름, 그리고 피곤을 해결하는 일이었다. 퇴근에 맞춰 고기요리, 생선요리, 빵 등 제법 든든한 요리와 따끈하게 우린 찻물이 가득 담긴 커다란 다관이 테이블 차려지면 곧바로 가족들의 저녁식사가 시작된다. 온 가족이 둘러앉아 음식을 먹고 차를 마시며 이야기를 하는 동안, 점차 허기와 갈증, 피곤은 사라진다. 노동자들은 하루중 그 어느 시간보다 저녁식사 시간을 제일 좋아했다.

> 우리는 저녁마다 자기 몫의 빵 한 조각을 비교해가며 조용히 먹는 버릇이 있었다. 조금씩 작아지는 빵을 자랑삼아 서로에게 보이며 먹는 것이었다. …… 그는 빵을 들어 보일 때마다 내 한쪽 무릎 위에 놓인 노란 컵의 차가 아직 그대로 있고 또 다른 쪽 무릎 위에 놓은 버터 바른 빵 조각에 손도 대지 않았다는 것을 눈치챘다.[49]

찰스 디킨스의 『위대한 유산 Great Expectations』중 노동자들의 하이 티 모습이다. 저녁식사는 직장생활을 한 주부가 준비하기에는 시간이 빠듯했다. 가족 모두가 퇴근해 집에 돌아오면, 서둘러 하이 티를 준비하곤 했다.[50] 저녁식사 메뉴는 집집마다 형편에 따라 달랐지만 대체로 저녁식사 테이블에 공통적으로 자리한 것은 다관과 찻잔이었다. 다기를 세트로 구입할 형편은 되지 않지만 아무리 가난한 가정이라도 티포트, 찻잔 등의 다기는 부엌의 필수품 되어 찬장에 자리하고 있었다.

---

49) Charles Dickens, *Great Expectations*, Penguin Books, 2006, pp. 11-12.
50) Elizabeth Gaskell, *Mary Barton*, London: Vintage ,Books, 1997, p. 19.

2) 휴식과 차

산업도시의 공장은 주민들의 건강을 위협할 정도로 강과 대기를 오염시켰고, 주거환경은 불결했다. 노동자들은 열악한 주거환경과 작업환경에서 배고픔과 냉혹한 노동규율에 시달리는 생활을 했다. 낯선 도시를 새로운 삶의 터전으로 삼은 노동자들 매일매일이 고난의 연속이었다. 그들은 잠시만이라도 근심을 잊고 싶었고, 이를 위해 음주와 오락을 즐겼다. 특히 알코올 도수가 높은 음주는 노동자들의 근심 차단기였다. 노동자들은 불행한 현실의 탈출구를 수시로 찾았고, 그럴 때마다 알코올 도수가 센 진(Gin), 포트 와인(Port Wine), 쉐리(Sherry) 등을 마셨다.

과도한 음주로 출근시간은 제대로 지켜지지 않았고, 작업장에서도 실수가 속출했다. 농장주와 공장주들은 건강하고, 성실한 노동자가 절실했다. 절실한 마음은 곧 차 휴식시간(tea break)라는 기발한 아이디어를 낳았고, 이는 곧 작업장에서 실행되었다. 작업 중간에 차를 마시며 잠시 쉬는 시간이 관행되자 작업장에서의 실수는 점차 사라지기 시작했다. 작업장에서 티타임을 실행해 작업능률이 확실히 향상을 보이자, 많은 작업장에서 차 휴식시간이 이루어졌다.

때때로 노동자들도 차와 함께 티 푸드를 먹으며 교류하는 사교시간을 가졌다. 찰스 디킨스의 『어려운 시절』에서 스티븐이 페글러부인을 집으로 초대하는 부분을 보면, 이를 잘 설명해준다.

> 그는 촛불을 켜고 작은 차 쟁반을 내놓고는 아래층에서 뜨거운 물을 가져오고 근처 가게에서 소량의 차와 설탕, 그리고 빵 한 덩어리와 약간의 버터를 사왔다. 빵은 방금 구워서 겉이 딱딱했고, 버터는 새 것이어서 신선했으며 각설탕도 있어서-노동자들이 왕자처럼 지낸다는 코크타운 부호 나으리들의 일반적인 믿음을 뒷받침해주는 듯했다. 레이첼이 차를 만들었고(이처럼 많은 일행이 차를 마시려니 찻잔을 하나 빌려와야만 했다), 노파는 차를 대단히 맛있게 마셨다. 스티븐에겐 몇 일만에 처음 갖는 사교모임이었다.[51]

노동자들의 살림은 넉넉지 않아, 품질 좋은 차와 설탕, 그리고 푸짐한 티 푸드와

---

51) Charles Dickens, *Hard Times*, Project Gutenberg EBook, www. gutenberg.org, p. 176.

멋진 다기구를 완벽히 갖추지는 못했지만, 형편대로 성의껏 준비해 즐거운 찻자리를 만들곤 했다. 사교의 중심에 위치한 차는 모든 이들이 똑같은 형식으로 즐기지는 않았지만 19세기 말에 이르면, 누구나 다 즐기는 문화로 자리했다. 오후의 티타임은 노동계층에게 절대적으로 즐기는 티타임은 아니지만 일상생활에서 낯설지 않은 차 휴식시간이었다.

Ⅳ. 현대 영국 차문화에 미친 영향

동양에서 건너온 신비로운 약초인 차는 17세기 영국 왕실과 귀족들 특히 귀부인들에게 사랑을 크게 받으며 서서히 자리했다. 그들은 차에 약초라는 이미지와 값비쌈과 희귀함으로 고품격 음료라는 이미지를 만들며, 그들만의 음료로 자리했다. 18세기를 지나 19세기에 이르자 특권층의 음료는 차라는 등식은 허물어져 갔다. 19세기에 이르자, 차는 계층마다 즐기는 모습은 달랐지만 모든 계층이 각자의 라이프스타일에 맞게 즐기는 음료로 자리했다. 부유층들에게 차는 과시의 음료보다는 부를 축적할 수 있는 상품이었고, 교양을 보여주는 물질이었다.

이에 비해 빈곤층, 즉 산업노동자들은 상류층보다 1세기가 지나서야 비로소 낯익은 음료로 자리했다. 18세기 중엽 산업시대에 이르자 차는 산업혁명의 가속화와 함께 도시의 열악한 주거환경과 시간에 쫓기는 노동자들의 생활을 지탱해주며 노동계층의 일상생활 중심에 자리하게 된다. 가난한 이들에게 식사시간은 미감(味感)을 즐기는 시간이 아니라 배고픔을 해결하는 시간이었다. 출퇴근과 시간지킴의 규율이 생겨나자, 특히 아침식사는 빠르게 해결할 수 있는 메뉴가 절대적으로 필요했다. 그들의 환경에 허락된 음식은 감자, 빵, 포리지, 차 등 몇 종류뿐이었다. 노동자들은 열심히 일해도 결코 삶의 질은 나아지기 힘들었다. 더욱더 따뜻한 온기와 풍족한 음식, 휴식이 절실했다. 비록 낮은 품질의 차, 형편없는 당류를 넣은 차지만 노동자들에게 온기와 허기를 채워주었고, 기운 또한 불어넣어주었다. 노동자들에게 차는 음료라기보다는 삶을 영위하는데 절실한 음식이었다.

차가 온 국민의 음료로 정착하면서 나타나는 현상은 바로, 그들의 생활관습에 맞게 오후의 차, 하이 티, 차 휴식시간이 만들어졌다. 오후의 차는 귀족들이, 하이 티는 노동자들이 그들의 라이프스타일에서 우연히 발견하며 관습화시켰다. 차 휴식시간은 산업혁명이라는 시대의 흐름에 의해 탄생되었다. 오후의 티타임, 하이 티, 차 휴식시간 등의 티타임은 점차 각 계층의 생활에 맞추어 변용되어 갔고, 이는 점차 모든 계층의 문화가 되었다. 더이상 동양의 차문화를 답습해 즐긴 모방의 문화가 아닌 영국인들이 필요에 의해 창조해낸 차문화를 확산시키며 영국의 문화, 세계인의 문화였다.

19세기의 소설에 나타난 차의 모습은 어느 계층을 가릴 것 없이 모든 계층이 누리는 음료였다. 모든 계층의 삶속에 녹아있는 차의 모습에서 당시 정치 경제 사회 문화를 찾을 수 있는데, 이는 사실적으로 묘사한 19세기 소설에서 어렵지 않게 찾을 수 있다.

19세기 영국은 위대한 소설의 시대이자 풍요로운 차문화의 시대이다. 당시 대중의 사랑을 받은 소설에는 당대의 영국민의 취향과 감성, 고민과 꿈, 사상과 미의식이 담겨있다. 이는 19세기에 집필한 주요 소설가들의 취향이기보다는 당대의 사회상과 국민 성향과 감성의 표현이다. 19세기 출판된 소설들을 통해 시대 정신과 19세기 영국민의 생활상 그리고 당시 영국 문화를 독해할 수 있다. 독서하는 자리에 차는 있었고, 소설 속에 차와 티타임에 관한 내용은 쉽게 찾을 수 있었다. 독서와 차는 19세기 영국민들에게 정신적인 풍요로움을 주었다.

19세기 영국의 차문화는 오늘날 영국의 차문화의 형성에 기본 틀일뿐 아니라, 세계인의 기호음료로 정착하는데 가장 큰 공헌을 한 시기의 문화다. 다양한 욕구가 공존한 시대에 살아가는 우리는 동양의 음료가 영국에서 국민음료가 완전하게 이루어진 시기인 모습에서 차의 대중화를 위한 해답을 찾아야 한다. 19세기 영국인들은 탄력성있는 사고로 차를 영국인의 국민음료, 세계인의 기호음료로 만들었다. 차의 수요가 늘어나자 차를 상품으로 인식하며 산업과 연계시켰다. 19세기 영국사회 속에 자연스럽게 어우러지며 녹아든 차문화는 더 이상 동양의 문화가 아니다. 차는 영국민의 삶속에 함께 하며 영국의 독자적인 영국 차문화를 만들어갔다.

V. 나가며

본 장에서는 19세기 발표된 소설에서 차가 당시 영국인에게 자리한 위치를 살펴보았다. 19세기 영국은 대내외적으로 많은 변화가 있었다. 밖으로는 봉건주의 체제가 무너지고 평등과 인간존엄이 강조되는 사건들이 발생했고, 대내적으로는 산업사회로 발전하는 과정에서 중산층이 대두되면서 자본주의 체제가 확립되었다. 중산층은 19세기 영국사회를 이끌어가는 주도 세력으로 굳건해지며 사회 전반에 걸쳐 지대한 영향을 끼쳤다. 도시 노동자를 비롯해 영국민의 대다수를 차지하고 있는 노동자층들은 자본가그룹인 신흥 중산층과 더불어 사회의 큰 축으로 등장했다. 노동자들은 자본가그룹과 다르게 산업화시대, 물질의 풍요로움 속에 빈곤한 생활을 했다.

산업자본주의의 발전으로 중산층이라는 새로운 계급이 대두되었다. 중산층의 가치관은 새로운 사회규범을 형성하는데 커다란 영향을 주었고, 신흥 중산층은 주된 문화 소비자가 되어 트렌드를 주도해 갔다. 특히 중산층의 대부분은 스위트 홈을 이상적인 가정생활로 삼고 있었다. 이들이 생각하는 스위트 홈은 많은 이들의 지지를 얻었고, 이는 곧 소설로 표현되었다. 주인공을 중심으로 만찬회, 음악회, 무도회 등과 일상생활에서의 인간관계에 초점을 맞춘 소설을 집필한 제인 오스틴은 인간관계의 교류가 소설을 이끌어 가는데, 그 중심에 차와 티타임이 있었다. 도자기와 은제로 만든 티세트와 티 테이블은 중상류층 가정의 티파티를 화려하게 장식했다. 식사를 하는 자리에, 야외 레저를 즐기는 자리에, 무도회나 음악회에, 모임이 있는 자리에 차는 늘 있었다. 먼 길을 다녀와서 찾는 피로를 풀어주는 음료로, 눅눅하고 추운 날 몸과 마음을 데워주는 음료로 차는 자리하고 있음을 제인 오스틴의 소설을 통해 찾을 수 있었다. 19세기 차는 영국 문화의 일부로 자리잡아 생활의 필수품이 되었던 시기였다.

빅토리아시대의 많은 작가들의 사회소설 속에서도 당시의 사회상과 노동계층의 삶과 함께 차가 자리한 위치를 알 수 있다. 찰스 디킨즈와 엘리자베스 개스켈의 사회소설 속에서도 노동계층이 식사로 차를 만날 수 있다. 가족들은 함께 하는 공간인 집이라는 울타리 안에서 차와 소설을 공유했다. 왕실에서부터 시골마을의 조그만 집까지, 아이들 방부터 하인들 방까지 즐겼던 차의 품질과 소설의 내용은 각기 달랐지만, 생활 정도와 생활 패턴에 맞게 티타임과 독서타임을 즐겼다.

다양한 장르의 소설이 출판되며 폭넓은 독서층을 넓혀가는 이 시기에 차문화 역시 가정에서뿐만 아니라 직장, 거리의 좌판, 티룸 등 돈을 지불하고 마시는 공간이 확대되면서 차는 국민음료로 자리하였다. 이 시기 여성들의 취미생활은 오후에 즐기는 티타임이었다. 중국에 전적으로 의존했던 차는 식민지였던 인도와 실론에서 차 생산이 가능해지자 전 시기보다 훨씬 부담 없이 즐길 수 있었다. 다양한 장르의 소설이 출판되며 여성을 중심으로 한 가정이 함께하는 취미생활로 독서가 자리하는 시기에, 오후의 차, 하이 티, 차 휴식시간 등 새로운 티타임이 탄생하며 다양한 티타임을 즐겼다.

현대는 물질문명을 바탕으로 한 대중소비사회이다. 현대는 다양함이 공존한 사회이다. 현대는 어울림의 시대이다. 차를 세계인의 음료화 시킨 19세기 영국을 보면 오늘날 차의 대중화를 위한 방안을 많은 부분 찾을 수 있다. 차 휴식시간의 탄생과 알코올의 대안음료가 되며 차는 산업혁명시대에 조력자였으며, 식사와 휴식시간의 티타임은 각 계층에 맞게 변용되어 다양한 모습으로 자리했다. 식사속의 차문화인 브랙퍼스트와 하이 티, 만남의 즐거움을 주는 오후의 차와 저녁식사 후의 차, 기분 전환의 시간인 차 휴식시간 등 하루에도 여러 차례 즐기는 티타임은 19세기 영국인의 대중문화 중심이었다. 남녀노소, 모든 계층의 일상음료이자 사교음료였던 19세기 영국의 차문화속에서 우리 차문화의 대중화를 위한 방안이 보인다.

【참고문헌】

근대영미소설학회, 『19세기 영국 소설 강의』, 민음사, 1998.

김용철, 『영국소설 250년: 저명작가 17인의 생애와 문학』, 한신문화사, 1997.

김인성, 『소설가의 길을 따라』, 평민사, 2005.

김재규, 『유혹하는 유럽 도자기』, 한길아트, 1998.

김현수, 『이야기 영국사』, 청아출판사, 2004.

나종일 · 송규범, 『영국의 역사』, 한울아카데미, 2005.

라프카디오 헌 저, 김종휘 역, 『동양인을 위한 영국문학사』, 동과 서, 2002.

루이스 캐럴 저, 최인자 역, 『이상한 나라의 앨리스』, 북폴리오, 2005.

신재실 · 문상화 저, 『영국문학사』, 예하미디어, 2005.

여영돈 외 편저, 『19세기 영국소설의 이해』, 형설출판사, 1991.

임영상 · 최영수 · 노명환 편, 『음식으로서 본 서양문화』, 대한교과서, 1997.

정은희, 『홍차이야기』, 살림, 2007.

-----, 「영국 홍차문화의 발전과정과 특성」, 『전통생활문화학회지』 제6권1호, 전통생
　　활문화학회, 2003.

-----, 「17-8세기의 유럽의 홍차논쟁과 차의 사회적 수용」, 『차문화학』 제1권2호, 한
　　국국제차문화학회, 2005.

-----, 「19세기 영국 가정의 차문화에 관한 연구」, 『한국국제차문화학회지』, 제2권 1
　　호, 2006.

팀 블래닝 편, 김덕호 · 이영석 역, 『옥스퍼드 유럽 현대사』, 한울아카데미, 2003.

킴 윌슨 저, 조윤숙 역, 『그와 차를 마시다』, 이룸, 2006.

허상문, 『영국 소설의 이해』, 우용, 2002.

헨리 제임스 저, 여경우 역, 『여인의 초상』, 1 2 3, 인화, 1997.

Austen, J. *Jane Austen The Complete Novels*, Gramercy Books, New York, 1981.

Bronte, A. *Wuthering Heights*, Oxford University Press, New York, 1989.

-------, *Agnes Grey*, Penguin Classics, Penguin, London. 1989.

Dickens, C., *Hard Times*, Project Gutenberg EBook, www. gutenberg.org

─────────, *Oliver Twist*, Penguin Classics, Penguin, London, 2003.

─────────, *Little Dorrit*, Penguin Classics; Revised edition, Penguin, London, 2004.

─────────, *David Copperfield*, Penguin Classics; Revised edition, Penguin, London, 2004.

─────────, *Great Expectations*, Penguin Books, 2006.

Gaskell, E. *Mary Barton*, Penguin Classics; New edition, Penguin, London, 1997.

Gissing, G., *The Private Papers of Henry Ryecroft*, Shinsa, 2000.

Heiss, N.L. and Heiss, R.J. *The Story of Tea: A Cultural History*, Berkeley, CA: Ten Speed Press, 2007.

James, H., *The Portrait of a Lady Volume 1*, Penguin Classics, 1984.

Martin, L.C. *Tea: The Drink that changed the World*, Tuttle Pub. Vermont: Rutland, 2007.

Pettigrew, J. *A Social History of Tea*, National Trust, London, 2002.

Thompson, F. *Lark Rise to Candleford*, Penguin Classics; New edition, Penguin, London, 2000.

Ukers, W.H., *The Romance of Tea*, New York: Alfred, 1936.

Wilde, O. *The Importance of Being Earnest*, Nick Hern Books; New edition, Penguin, London, 1996.

Wilson, K. *Tea with Jane Austen*, Jones Books, Wisconsin, 2004.

Woodward, N.H. *Teas of the World*, Collier Books, New York, 1980.

──

〈출전〉『한국차학회지』 제14권 3호, 한국차학회, 2008.

문학작품에 나타난 19세기 영국 차문화 특성
– 시 · 희곡 · 수필을 중심으로 –

1. 들어가며

차는 동양 삼국의 철학과 정서, 세련된 미학이 담겨있는 음료이다. 또한 동양에서 차는 불교와 도교에서 수행(修行)과 양생(養生)을 위해 중요한 역할을 했고, 풍류생활의 일부분이기도 했다. 오랜 시간 동안 동양 삼국 문화의 일부분으로 자리하고 있던 차가 유럽인과 만난 시기는 바스코다가마가 동양 항로를 발견한 이후의 일이다. 차는 동양 삼국의 신성한 음료, 양생과 장수의 영약, 신비한 동양의 문화로 서양에 전해졌다. 차는 유럽인의 일상의 기호음료이자, 사교음료로 생활에 스며들었고, 유럽인에 의해 세계상품으로 자리하며 세계인의 기호음료가 되었다.

16세기 이후 동양과 서양은 다양한 분야에서 직접적으로 만났다. 이 만남은 포르투갈에 이어 네덜란드, 영국, 프랑스 등 유럽 각국이 계피, 정향, 육두구, 후추 등의 향신료를 구득(求得)하고, 자신들의 종교를 전파하기 위한 적극적인 방문이었다. 물질문명에 눈을 뜬 유럽은 동양에서 만난 새로운 산물과 문화를 상품으로 인식했다. 차 역시 그들에게는 동양의 신비한 문화를 대변하는 상품이었다. 특히 17세기, 아시아의 무역 상권을 쥐었던 네덜란드는 동양의 차와 차 마시는 의식을 하나의 상품으로 인식해 유럽 각국의 왕실과 상류층에 판매했다. 선망하던 동양에서 가져온 차는 신분을 상징하는 세련된 음료이자 약리적 효능까지 겸비한 모습으로 유럽각국의 상류층 소비자들과 만났다.

영국의 왕실과 상류층은 곧 차의 매력에 빠졌다. 18세기 들자, 왕실과 상류층에서 부유한 중산층까지, 그리고 하층의 노동자들까지 차의 소비영역이 확대되어갔고, 19세기 들자 마침내 차는 전 영국인의 일용품이 되었다. 차의 엄청난 소비만큼 영국인의 식문화는 변화되었으며, 국외적으로는 보스턴 차사건, 아편전쟁 등 전쟁의 도화선이 되며 비극적인 사건의 원인이 되기도 했다. 차로 인한 충돌의 역사는 차산지가 아닌 영국이 차를 생활필수품으로 소비했기 때문이었다.

차를 수입한 초기 영국은 다양한 차를 소비하다 홍차를 선택했다. 차를 그들의 생활문화에 어울리게 수정 · 보완해 누리다가 홍차를 완전한 영국의 음료로 만들어 세계로 확산시켰다. 여기에는 식민지 인도와 실론 등에서 대영제국의 차가 대량 생산하였고, 해가 지지 않는 나라라는 별명을 가질 정도로 세계 최대이 식민지를 거느린 최강국이었기에 가능한 일이었다. 게다가 영국의 다양하고 탄력적인 차생활, 선진적인 차산업이 세계인의 음료로 자리하는데 커다란 이점으로 작용했다.

차는 19세기 영국의 정치 · 경제 · 사회 · 문화 모든 분야에 영향을 미치며 영국인들의 삶속에 깊게 스며있었다. 레비-스트로스(Lévi-Strauss)는 사회 또는 문화의 내용에 따라 선택하는 음식이 다른 것은 음식이 전달해주는 메시지 때문이며, 식기는 그 시대의 음식문화 수준을 알 수 있는 중요한 지표가 된다고 했다.[52] 차는 신흥중산층이 이끄는 산업사회인 19세기의 영국인들에게 식사 메뉴로, 사교의 수단으로, 휴식과 기분전환의 매개체로, 심신을 건강하게 해주는 약용음료로 등의 다양한 기능을 수행했다. 또한 차생활에 쓰이는 도구는 더 이상 중국산과 중국식이 아니었다. 영국인의 차생활은 영국식으로 완전하게 바뀌어져 예를 표시하고, 사교를 위한 도구로 자리하고 있었다. 즉, 차생활은 당시 추구하는 문화 속에 스며들어 영국식으로 완전하게 전환되었다.

차로써 즐거운 생활관습을 누린 19세기에, 독서는 국민적 취미였다. 당시 작가들은 주변에서 일어난 소소한 이야기거나 낯선 세계의 이야기 등 가족 모두가 읽을 수 있는 소재를 다양하게 이야기로 풀어냈다. 당시 출판된 문학작품들은 당대

---

52) 레비-스트로스 저, 박옥줄 역, 『슬픈 열대』, 한길 그레이트 북스 31, 한길사, 1998.

의 정치·사회·경제 분야와 직결된 사실적 묘사의 작품들이 많았다. 특히 상류층의 삶을 주로 기록한 이전 시기와는 다르게 중류층 혹은 하류층의 삶을 다룬 작품들이 독자들에게 많은 사랑을 받았다. 서정시, 사실주의 소설, 사회소설, 풍속희극 등 다양한 장르에서 당대의 차생활이 표현되었다. 당시 삶속에 완전하게 자리한 차는 다양한 장르의 문학작품에서 빠질 수 없는 소재였다.

본 장에서는 19세기 영국문화를 대변하는 문학작품을 통해 당시 차의 역할과 위치 그리고 음다문화를 살펴보려 한다. 먼저 변화의 세기인 19세기의 산업사회의 모습을 살펴본 후 전반적인 차문화를 살펴보려 한다. 이후, 바이런(G. G. Byron), 셸리(P. B. Shelley), 키츠(J. Keats) 등의 낭만주의 시인의 시와 『성실함의 중요성』, 『훌륭한 크라이튼』 등의 희곡, 플로라 톰슨(Flora J. Thompson)의 『라크라이즈 투 캔들포드』 등의 수필을 통해 차가 대중화되고, 새로운 차문화가 태동하는 모습을 고찰하고자 한다.

II. 19세기 시대적 배경과 차문화

1. 산업사회의 발달

인구의 증가, 농업 생산의 향상, 산업의 비약적 발전 등은 18세기 후반부터 19세기 전반에 일어난 영국의 경제적 사회적 변화의 핵심이다. 이러한 혁명적인 변화는 영국인의 의식의 변화를 주었고, 뒤이어 많은 개혁조치들이 시대적 요청에 의해 뒤따르며 민주화의 길을 걷게 된다.

급격히 산업이 발전과 함께 복잡해진 사회는 영국의 전통적인 사회계급구조에 변화를 가져왔다. 산업사회의 등장은 경제적인 부를 기반으로 한 신흥중산층인 부르주아지, 즉 '젠트리(gentry)'를 탄생시켰다[53]. 농경사회에서 산업사회로의 발전과정에서 신흥중산층인 젠트리는 전문가, 수공업자, 국제무역상, 중·소매업자 등이 포함되었다. 특히 산업혁명의 결과, 영국사회는 놀랄만한 경제성장을 이룩하면서 부의 축적과 함께 중산층인 젠트리 그룹은 대약진을 한다. 영국사회에서 젠트리는 자신들의 탄탄한 경제력을 바탕으로 정치적, 경제적 권리를 확보하며 문화를 이끌어가는 리더로 새롭게 등장한다.

지배세력으로 등장한 중간층은 그들이 지향하는 바와 도덕적 규범으로 빅토리아 사회에 보편적 시대의식을 이끌어가며 자신들의 문화를 형성해간다. '가정성(domesticity)'이 주요 덕목으로 추앙되면서, 중산층의 이상적인 가정생활은 다른 계층에게 영향을 주었다. 19세기 소설에 이러한 풍조가 확산·전파되었다. 대표 작품으로는 『오만과 편견(Pride and Prejudice)』, 『이성과 감성(Sense and Sensibility)』, 『맨스필드 파크(Mansfield Park)』, 『엠마(Emma)』 등으로, 중산층의 가정생활을 주로 그린 제인 오스틴(Jane Austen, 1775~1817)의 대부분의 작품을 들 수 있다.

19세기 사회를 이끈 중산층의 특징을 정리해 보면 다음과 같다. 첫째, 엄격한 도덕을 강조하는 윤리적 생활양식이다. 특히 가정에서의 어머니의 역할이 강조되며 엄격한 가정생활이 요구되었다. 둘째, 어느 정도의 교육을 받았다. 이는 하층민과의 구별되는 점이라 할 수 있다. 셋째, 고용된 하인이 있다. 물론 사는 정도에 따라 하인의 고용인원과 급여는 달랐다. 넷째, 중산층은 아무리 적은 규모일지라도 어느 정도의 재산을 소유하고 있다. 이 또한 두 번째 이유와 마찬가지로 하층민과 구분되는 점이다.

산업혁명으로 집안에서 이루어지던 가내수공업 대신, 공장이 늘어나며 공업과 광산업이 급속히 늘어났다. 리버풀, 맨체스터, 버밍엄 등은 런던과 함께 산업도시로 거듭났다. 눈부신 산업 발전은 도시에서 거주하고 공장에서 일하는 노동자를 엄청나게 양상했다. 대부분 사람들의 생활 중심이 농촌에서 도시로 전환되면서,

---

53) 허상문, 『영국 소설의 이해』, 우용, 2002, p. 86 참조

농경사회에서의 생활패턴과는 완전히 다른 도시의 생활패턴과 규범이 나타났다. 농업사회에서 산업사회로 전환이 이루어진 것이다. 시간 개념이 명확해지고, 엄격하고 냉혹한 노동규율이 제시된 노동현장에서의 작업 환경은 열악했다. 노동자들은 열악한 노동환경 속에서 건강을 해쳐가며 낮은 임금으로 장시간 일했다.[54] 19세기 산업 발전은 물질의 풍요로움 속에 인간성 상실이라는 상반된 경향을 낳았다.

19세기 전체 인구의 약 2/3를 차지하고 있는 노동계층은 영국의 산업혁명의 혜택으로부터 가장 소외받은 계층이다. 산업 발전에도 불구하고 도시 노동자들의 생활은 비참할 정도로 궁핍했다. 노동계층의 여성들은 중산층처럼 가정에서의 어머니의 역할보다는 노동현장에 나아가 맞벌이를 해야 하는 경우가 대부분이었다.

당시 산업사회라는 환경은 차에게 새로운 문화를 덧입혔다. 가정의 천사를 지향한 중산층의 가정에서 차는 여전히 사교와 교양의 음료였지만 노동자들에게 차는 삶의 연장을 위한 절실한 음료였다. 이처럼 당시 사고와 규범은 차의 사회적 위치와 역할에 지대한 영향을 끼치며 생활 속에 밀착되어 있었다.

2. 차의 대중화

이 유명한 식물이 성장한 과정은 진리가 진보하는 과정과 유사하다; 용기를 내서 차를 마시고, 바로 입맛에 맞았지만, 처음에는 회의적이었던 사람들; 차가 도입되었을 때 저항했던 사람들; 차의 유행이 확산될 때 차를 과도하게 마신 사람들; 결국 오랜 시간동안의 부단한 노력과 차 자체의 미덕 덕분에, 왕궁에서 오두막까지 온 나라, 온 국민이 기뻐하는 차의 승리가 완성되었다.[55]

---

54) 정은희, "19세기 영국 가정의 차문화에 관한 연구", 『한국국제차문화학회지』, 제2권 1호, 2006, p. 263 참조.
55) Pittigrew, J., *A Social History of Tea*, London: National Trust, 2002, p. 54.

아이작 디즈레일리(Issac Disraeli: 1766-1848)는 『문헌속의 차(Tea, Curiosities of Literature)』에서, 동양의 낯선 음료인 차가 차의 효능과 사람들의 꾸준한 음용으로 마침내 국민음료가 되었다고 기술하고 있다.

차는 더 이상 귀부인들이 응접실이나 야외에서 사교음료로 마시며 고귀함을 드러내는 신분과 권위의 상징이 아니었다. 19세기 영국인들에게 차의 이미지에는 노동자의 생활음료 이미지도 첨가되었다. 이는 중국과의 아편전쟁, 인도와 실론에서의 차 플랜테이션 등을 통해 차 공급이 원활해지자 이루어진 결과이기도 하다. 차가 점차 확산되는 과정에 의식주 모든 생활에 변화가 찾아왔다. 그중 식문화에 가장 많은 변화가 있었다. 알코올음료보다 차를 식사음료로 선호하면서 영국의 풍족한 아침식사는 점차 간단해졌다. 특히 주거환경이 열악한 노동자들에게 차는 식은 딱딱한 빵을 한 순간에 따뜻한 아침식사 메뉴로 만들어 주었고, 허기진 배를 단번에 채워주며 허기진 노동자들을 살뜰히 챙겨주었다. 낮은 임금과 장시간 노동의 노동자들에게 하이 티는 하루의 피곤을 풀어주는 삶에 행복한 순간을 만들어 주었다. 가족과의 즐거운 저녁식사시간인 하이 티 덕분에 노동자들은 고단한 하루를 기분좋게 마무리했다. 즐거움을 누리기에 경제력과 시간이 턱없이 부족한 노동자들은 알코올 음용을 통해 이를 해소하려 했고 이는 곧 알코올중독자를 양산했다. 어느 시기보다 건강한 노동력이 필요했던 산업시대, 이를 해소하기 위한 새로운 티타임인 '티 브레이크(tea break)'는 힘든 작업 중의 잠시 휴식이었다. 작업 중 차 휴식시간은 노동자들의 건강과 작업능률 향상에 커다랗게 기여하며 환영받았다.

무엇보다 애프터눈 티는 19세기 영국인이 탄생시킨 최고의 차문화 산물이다. 산업화와 도시화로 일과 오락이라는 삶의 두 가지 형태가 뚜렷해지자, 생활의 여유를 즐기는 시간이 조금씩 확산되어갔다. 당시 중상류층이 즐긴 여가생활은 사냥, 요트, 무도회, 카드놀이, 차생활 외에도 독서, 수수께끼 놀이, 음악회, 산책 등으로, 이전시기에 비해 훨씬 다양했다. 차는 거의 모든 여가를 즐기는 자리에 함께할 정도로 일상적이었고, 티타임이 주체가 된 여가 또한 생겨났다. 티타임이 주체가 된 여가가 바로 애프터눈 티타임(Afternoon tea time)이다. 가정성(domesticity), 정숙함(purity)을 중상류층 여성들의 미덕으로 강조하며, 안정과 위안을 제공한 가정생활이 다른 계층에 영향을 준 것처럼, 애프터눈 티타임 역시 각자의 생활에 맞게, 시간과 장소에 맞게 변형해 즐겼다. 이와 더불어 저녁식사의 연장선상으로 티타임을 갖곤 했다. 편안하게 둘러앉아 차를 마시며 하루 동안 지낸 이야기를 하거나, 카드게임, 바느질, 독서 등을 하며 하루를 행복하게 마감했다. 때로는 가까운 이웃이나 친구들을 초대해 함께 행복한 저녁 티타임을 갖곤 했다. 저녁식사 후 이웃을 초대해 활기찬 티파티의 모습을 묘사한 제인 오스틴의 『맨스필드 파크』일부분이다.

> 모든 사람이 한 자리에 모여 앉았다. 그 자리에 모여 있는 사람들은 대화에 열중하고 있었기 때문에 패니는 조용히 앉아있을 수 있었다. 차를 마시고 난 후에 휘스트 테이블이 마련되었다. 사전에 카드를 칠 계획을 세워두었던 것은 아니다 …… 메리 크로포드는 하프를 연주하기 시작했다. …… 지금 메리 크로코프는 음악 외에 다른 어떤 것도 하고 싶지 않았다. 메리는 음악을 연주하면서 자신의 마음을 달래는 동시에 다른 친구들을 즐겁게 해주고 있었다.[56]

대부분의 사람들은 저녁식사 후 게임이나, 음악회, 다담 등의 오락을 하며 차를 마시는 대부분 정적인 시간을 보냈다. 하루를 마감하는 시간에 정적인 여가시간은 치열한 경쟁사회에서 시달린 스트레스를 날려버리기에 최고였다. 주말이나 휴가 혹은 여유로운 낮에는 저녁시간과는 다르게 동적인 여가를 즐겼다. 이때 즐기는 오락은 사냥·보트·경마 등의 전통적인 오락과 더불어 티타임·자전거·테니스·여행 등의 새로운 레저 스포츠를 즐겼다. 도시화가 진전됨에 따라 티룸(tea room)·티댄스 클럽 스포츠 경기장 등 여가를 위한 새로운 휴식과 여흥의 공간도 생겨났다. 차는 그곳에서도 문화적 공감대를 형성하는 좋은 매개물이었다.

---

56) Austen, J., *Mansfield Park, in Jane Austen The Complete Novels*, New York: Gramercy Books, 1981, p. 467.

Ⅲ. 시 속에 나타난 차문화

1. 건강음료, 차

섬세한 정감을 노래한 서정시인 퍼시 비시 셸리(Percy Bysshe Shelley, 1792-1822)의 시에서도 차는 일상의 음료임을 느낄 수 있다. 그의 작품은 많은 부분 이상주의적인 사랑과 자유에 대한 동경이 바탕이 되고 있다. 셸리가 마리아 기스본에게 보낸 편지[57]를 보면, 식사, 그리고 사교와 건강을 위해 차를 즐겨 마셨음을 알 수 있다. 그는 편지에서 고기와 와인을 먹지는 않았지만 차와 토스트를 먹고, 저녁에 젤리와 고기파이를 먹은 후, 차를 마신다고 쓰여 있다. 이 편지의 내용을 보면, 셸리는 오전에는 고기와 알코올음료 즉, 묵직한 식사가 아닌 차와 토스트로 간단하게 식사를 했고, 저녁 식사 후, 식후음료로 차를 마셨음을 알 수 있다. 이와 같은 식습관은 셸리만의 특별한 식습관이 아니였고 19세기 당시, 거의 모든 이들의 식습관이었다.

셸리에게 일상음료였던 차는 그의 많은 아름다운 작품 중에서도 찾을 수 있다. 워즈워스를 풍자한 〈피터벨 3세(Peter Bell Ⅲ)〉라는 시에 '차'에 관한 부분이 있다.

Tea
Where small talk dies in agonies[58]

차,
수많은 번민들이 작은 이야기 속으로 사라지는 곳

차는 17세기 이후 영국인과 만나면서 수많은 이야기를 낳았고, 수많은 번민을

---

57) Percy Bysshe Shelley, 〈Letter to Maria Gisborne〉 중에서 발췌.
58) Percy Bysshe Shelley, 〈Peter Bell the Third〉 중 Part Ⅲ, stanza 12.

잊게 해주었다. 동양에서 유입된 차는 육체적 건강뿐만 아니라 정신 건강까지 챙겨주는 유익한 음료로 영국인에게 강하게 어필했다. 17세기 개러웨이(Garrays)의 커피하우스에서는 '찻잎의 성장, 품질, 효용에 대한 정확한 설명'이라는 광고문을 커피하우스 벽면에 붙여 낯선 차를 홍보했다. 광고문은[59] 장수와 건강한 삶을 약속하는 내용으로 채워져 있었다. 광고문에서처럼 건강음료로서 차는 오늘날까지 변함없이 그 가치를 충분히 인정받고 있다. 특히 티타임은 번민을 잊게 해주는 시간, 기분전환과 정신적 여유를 주는 시간으로 영국인이면 누구나 좋아했다.

섬세한 감각적 매력과 예리한 미적 감수성을 시로 표현한 존 키츠(John Keats, 1795-1821)는 바이런, 셸리 등과 함께 영국을 대표하는 낭만주의 서정 시인이다. 1818년 10월 9일에 제임스 헤시에게 보낸 편지를 보면[60], 그의 생활 속에 차가 얼마만큼 깊숙이 차지하고 있는지 충분히 짐작할 수 있다. 오랫동안 바닷가에 생활로 파도소리와 모래, 그리고 바위가 익숙하다는 표현을 키츠는 해안가를 거닐 때 파이프를 물고 차를 마시며 담소를 나누는 것과 같이 익숙하다고 표현하고 있다. 오랜 바닷가 생활은 파도소리가 그의 귀에, 모래와 바위 그리고 바다가 그의 눈에 익숙해지며 점차 친숙할 수 밖에 없었다. 파도소리는 그의 생활의 배경음악이 되고, 바다와 모래·바위는 그의 생활환경이었다. 키츠는 산책하거나 잠시 생각에 잠길 때면, 혹은 지인들과 담소를 나눌 때면 해안가를 거닐었다. 파이프와 차는 키츠의 바닷가 생활을 항상 지켜주었다. 키츠의 음다생활은 그에게 특별한 시간이 아닌 지극히 일상적인 모습이었다.

19세기 초에 지어진 작자 미상의 〈차(The Tea)〉라는 시도 있다.

> The tea!-the tea!- the wholesome tea!
> The black, the green, the mix'd, the good, the strong Bohea!....
> For it's good for the nerves, and warms my heart

---

59) It is good against crudities, strengthening the weakness of the infusion being taken,
60) John Keats, 〈Letters to James Hessey, 9 Oct. 1818〉 중에서 발췌.

And from it I will never part......

And death, whenever he comes to me

Will find me - drinking a good strong cup of tea[61]

차! 차! 건강에 좋은 차!

홍차, 녹차, 혼합차, 좋은 차, 진한 무이차! .....

안정을 주고 가슴을 따뜻하게 해 주지

차와의 이별은 생각할 수 도 없어.....

죽음, 그것이 찾아올 때도 나는

훌륭하고 진한 차 한 잔을 음미하고 있겠지

당시 키츠처럼 영국인에게 홍차, 녹차, 청차, 그리고 혼합차(Blended tea) 등의 다양한 차는 심신의 안정을 주는 건강음료였다. 다양한 순수 차(Straight tea)와 함께 차와 차를, 혹은 차와 향신료 · 과일 · 허브 등을 첨가해, 혹은 우린 찻잎에 이물질을 섞는 등 다양한 혼합차들이 판매되었다. 다양해진 차들은 많은 이들의 호감을 샀고, 이는 곧 다량의 차 소비로 이어졌다.

차는 건강한 삶을 위한 절대적인 음료였다. 실제로 영국에 전래된 초기 두통, 통풍, 선 페스트(Black Death, 흑사병)에 이르기까지 만병통치약으로 환영받던 차는 약재상을 통해 살 수 있었다. 차는 다양한 증상의 치료제로 인정받은 차는 점차 민간요법으로 전해졌다. 물론 차는 건강뿐만 아니라 향미가 좋은 기호음료의 위치도 놓치지 않았다.

제인 오스틴의 『맨스필드 파크』에서 키츠의 시 내용을 뒷받침해 준다.

둘 다 무척 고단하겠구나. ...... 여행 후 식사를 하는 게 좋은지 아니면 차만으로도 충분한지 잘 모르겠구나. ...... 아무래도 먼저 차를 마시는 게 좋겠구나. 금방 차를 준비할 테니까 잠시 기다리렴. ...... 언니가 여행을 하고난 후에 무엇인가 먹고 싶어 할 것 같아서. ...... 패니는 차를 좀 마셨으면 좋겠다고 말했다. 수잔은 금방 찻잔에 물을 붓기 시작했다. ......

61) Willson, K., *Tea with Jans Austen*, Wisconsin: Jones Books, 2004, p. 55.

패니는 서서히 기운을 차리면서 기분도 조금씩 좋아지기 시작했다.[62]

여행에 지친 패니를 위해 엄마는 차를 준비하며 반갑게 맞이했다. 패니 역시 집에 돌아오자마자 여행의 피로를 풀어주는 차가 생각났다. 차는 패니의 얼어붙은 몸을 따뜻한 온기로 채워주었고, 몰려드는 여행피로와 무력감을 말끔히 해소시켜주었으며, 영양보충을 해주었다. 차를 무척 사랑한 제인 오스틴은 활력을 주고, 편안하게 하는 차의 효능을 잘 이해하고 있었다. 키츠, 제인오스틴 외에도 당시 영국의 많은 사람들은 차의 이와 같은 효능을 인정해, 여행 중 혹은 여행 다녀온 후 마시며 누적된 피로를 풀었고, 기력을 회복했다.

2. 일상음료, 차

윌리엄 에워트 글래드스턴(Gladstone, William Ewart, 1809-1898)은 도덕주의와 정치적 실용주의를 결합한 정치로 네 차례나 수상을 역임하며, 벤저민 디즈레일리와 함께 대영제국의 번영을 이룩한 빅토리아시대의 수상이다. 그는 당시 최고의 음료이자 일상음료인 차에 대해 이와 같이 노래하고 있다.

> If you are cold, tea will warm you;
> If you are too heated, it will cool you;
> If you are depressed, it will cheer you;
> If you are excited, it will calm you.

> 그대가 추울 때 차는 따뜻하게 해주고
> 그대가 더울 때 시원하게 해주며
> 그대가 우울할 때 위로해 주며
> 그대가 흥분할 때 안정을 주네

---

62) Austen, J., *Mansfield Park*, New York: Barnes & Noble Books, 2005, p.537.

19세기 '차'의 역할을 그린 시이다. 19세기 영국인들에게 차는 춥거나 더울 때, 우울하거나 감정이 격해질 때 늘 옆에 가까이 두는 긴요한 음료였다. 차는 아름다운 꽃들이 피고, 싱그러운 파릇함이 영국의 대지를 뒤덮은 계절에는 향기로움으로, 안개가 짙게 드리우고 쌀쌀한 계절에는 따뜻함으로 심신을 감쌌다. 차는 빅토리아시대가 되면 기호음료를 넘어 때와 장소, 목적과 대상과 상관없이 존재하는 생활의 필수품으로 가족애와 이웃애를 느끼 수 있는 자리를 마련했다.

빅토리아시대 테니슨(Alfred Tennyson), 브라우닝(Robert Browning), 로제티(Christina Rnssetti) 등 많은 시인들은 차의 아름다운 역할을 노래했다. 그 중 윌리엄 길버트(Sir William Schwenck Gilbert, 1836-1911)가 읊은 〈마법사(The Sorcerer)〉를 보면 다음과 같다.

Now for the tea of our bost
Now for the rollicking bun,
Now for the muffin and toast,
Now for the gay Sally Lunn![63]

우리의 주인공인 차를 위하여
잘 구워진 빵을 위하여,
머핀과 토스트를 위하여,
즐거운 셀리런을 위하여!

짤막한 시이지만 내용 속에는 티타임의 즐거움이 듬뿍 담겨있다. 19세기 영국의 중요한 생활관습으로 자리한 티타임에서 차는 머핀, 토스트 등의 간단한 티 푸드가 함께 자리했다. 특히 마지막 구절의 셀리 런은 바스(Baths)의 유서 깊은 티룸의 바스 번(Bath Bun)을 말한다. 바스 번은 차와 함께 먹는 대표적인 티 푸드로, 토스트에 구운 일종의 샌드위치다. 달콤한 티 푸드는 찻자리를 풍성하게 하며 행복

---

63) William Schwenck Gilbert, 〈The Sorcerer〉

한 시간으로 이끌었다.

영국은 티타임이라는 생활관습을 만들어 향유하며 기호음료를 넘어 일상음료로 자리했다. 식사뿐만 아니라 간식 시간에도 차가 자리하며 모든 계층의 생활습관으로 자연스레 자리했다. 그러자 많은 차 판매회사들은 보다 많은 고객을 확보하기 위한 경쟁이 치열해졌다. 차 회사들은 다양한 방법으로 차를 광고하며 소비자를 끌어 들이기 위한 노력을 끊임없이 했다.

A tea beneficial, of beautiful blend;
A tea mild and mellow that none can mend;
A tea strong and savoury, lasting and luscious;
A national tea, tea quite nutritious;
A capital tea, choice too, and cheerful,
The price of it, too, is not at all fearful
But reasonable, radical, rare and right,
Famous and fashionable, faultless and fine,
Drinks rinker by far than the richest of wine.[64]

차, 유용하고 아름다운 혼합
차, 어떤 것도 대신할 수 없는 부드럽고 향긋함
차, 강하며 풍미가 있고, 지속되는 감미로움
전 국민의 차, 풍부한 영양분
최고의 차, 활기를 주는 최상의 선택
이젠 값도 전혀 무섭지 않아
오히려 합리적이고 근본적이며, 귀하고 올바르지
아침부터 밤까지 날개 돋힌 듯 팔리는
유명하고 세련되고, 흠결하나 없는 고귀함이여
포도주의 풍부함보다 훨씬 큰 풍부함을 마시네

---

64) Pittigrew, J., *A Social History of Tea*, London: National Trust, 2002, p. 97.

버밍엄에 위치한 데이빗 루이스 백화점(David Lewis's Department Store)은 기호음료로서의 차, 건강음료로서의 차를 함축적 의미와 운율이 있는 시로서 광고하며 영국 전체에 알렸다. 티타임이 모든 계층의 생활습관으로 자연스레 자리하자 많은 차 판매회사들은 고객 유치를 위한 홍보가 차 판매 기업의 중요한 부분으로 부상했다. 차는 각 회사가 추구하는 향미에 맞게 블랜딩 해 판매했다. 블랜딩은 향미를 추구하는 기호음료, 효능을 추구한 약용음료, 세련된 생활을 위한 고품격 음료 혹은 대중적인 음료 등의 목적과 대상, 가격 등에 따라 블랜딩을 달리했다. 차 회사들은 여러 등급으로 나눠 다양한 가격대의 차를 판매했고, 목적에 따라 차를 선택할 수 있게 블랜딩함으로써 소비자들의 관심을 끌었다. 루이스 백화점 역시 향미를 즐기는 기호품, 효능을 강조한 약용음료, 누구나 선택할 수 있도록 다양한 가격대 등으로 판매함으로 차의 소비 영역을 넓혔다.

『정글북』의 작가 키플링(Joseph Rudyard Kipling, 1865-1936)은 인도 뭄바이(현, 봄베이)에서 출생하여 젊은 시절을 인도에서 보냈다. 당시 인도는 영국에 의해 차 플랜테이션이 경작되며 이제 막 차가 생산되던 시기였다. 키플링 역시 차생활은 일상이었고, 이를 시로 옮겼다. 그의 시, 『자연신학(Nature Theology)』을 보면, 키플링에게 있어 차는 늘 상용하는 필수음료였다.

> We had a kettle ; we let it leak
> Our not repairing made it worse.
> We haven't had any tea for a week......
> The bottom is out of the Universe.[65]

> 탕관, 물이 흘러 넘쳐도
> 고치지 않고 내버려 두었지
> 일주일동안이나 차를 마시지 못하니
> 세상의 나락에 떨어지는 것 같아

---

65) Joseph Rudyard Kipling, 〈Nature Theology〉

3. 매너음료, 차

19세기 초는 낭만주의 시대(1798-1836)이다. 중세의 로망스와 르네상스 사조가 18세기 말부터 19세기 초에 다시 부흥해, 소설보다 시가 우위를 차지한 시대이다. 낭만주의 시대는 월터 스코트(Sir Walter Scott), 워즈워스(Wordsworth), 코울리지(Coleridge), 바이런(Byron), 셸리(Shelley), 키츠(Keats) 등 대시인들의 출현으로부터 시작된다. 19세기의 낭만주의 시의 특징을 보면, 대부분 외부세상보다는 시인 내면의 감성을 읊으며 자유로움을 추구했다. 19세기 초는 자연을 예찬하는 낭만적 자연시가 많으며, 평범한 것들을 미화한 작품들이 많아 영국 문학사에서 가장 위대한 시의 시대이다.

바이런(George Gordon Byron, 1788-1824)은 유려하고도 자유분방한 시풍으로, 이른바 '바이러니즘(Byronism)'이 생길 정도로 당대의 유럽문학에 영향을 끼쳤다. 신고전주의를 벗어나 자유롭게 쓴 〈베포(Beppo)〉에서, 차는 풍자의 소재였다.

> The would-be wits and can't-be gentlemen
> I leave them to their daily "tea is ready"
> Smug coterie and literary lady[66]

> 위트를 가지려고 하나 신사가 될 수 없는 사람들에게
> 날마다 '차 드세요.'
> 하는 나는 가식적인 문학 숙녀

바이런은 매혹적인 이탈리아 베네치아에 머물며, 보고 듣고 느낀 이탈리아의 풍습을 풍자했다. 겉모습은 신사 · 숙녀이지만 품위와 매너를 모르는 신사 · 숙녀의 모습을 보고 풍자했다. 바이런은 미남의 귀족에다 아름다운 시도 잘 써 런던 사교계의 총아였다. 사교계의 총아였던 만큼 바이런은 사교장에서 차를 마시며

---

66) George Gordon Byron, 〈Beppo〉 중에서 발췌.

원활한 관계를 맺었고, 품격을 드러냈다. 신사 · 숙녀 즉, 중산층에서 차는 식사시간, 여가시간, 작업 중 언제어디서나 즐기는 음료였기 때문이다. 차는 때와 장소에 따라 매너가 생겨났고, 중상류층에서는 이를 사교를 위한 티타임에 대입해 즐겼다. 그 모습은 영국과 이탈리아가 별반 다르지 않았다.

Ⅳ. 희곡과 수필속의 나타난 차문화

1. 희곡 속에 나타난 차문화

오스카 와일드(Ooscar Fingal O'flahertie Wills Wilde, 1854-1900)는 19세기 영국의 시인이자 소설가이며 극작가 겸 평론가이다. 그는 경쾌하고 재치있게 역설을 구사하는 '풍속희극'[67]이라는 장르에서 큰 성공을 거둔다. 오스카 와일드의 대표적인 풍속희극으로는 『윈더미어부인의 부채(Lady Windermere's Fan)』, 『하찮은 여인(A Woman of No Importance)』, 『이상적인 남편(An Ideal Husband)』, 『성실함의 중요성(The Importance of Being Earnest)』 등이 있다.

특히 1895년에 발표한 『성실함의 중요성』은 최고의 걸작으로 꼽히는 풍속희극이다. 『성실함의 중요성』의 2막을 보면, 궨돌린과 세실리는 사건의 문제 해결의 시간을 티타임으로 하고 있다[68]. 궨돌렌은 설탕을 넣지 않는 차와 버터 바른 빵을 주문하지만 세실리는 일부러 설탕을 넣고 버터 바른 빵 대신 케이크를 건네준다.

---

67) 풍속희극(comedy of manners): 풍습의 묘사속에 그 풍습에 집착하는 행동을 풍자하면서 웃음을 선사하는 희극이다. 풍속희극은 왕정복고시대(1660 1700)에 이후 상류층이 웃음의 대상으로 제시되면서, 그들의 행위와 사상에 대한 풍자를 놀라운 언어적 기지로 표현한다. 즉, 상류사회의 풍습이나 멋을 그리거나 풍자하는데 중점을 둔 희극이다.

68) 임영상 · 최영수 · 노명환편, 『음식으로서 본 서양문화』, 대한교과서, 1997, p. 124.

티타임에서 차의 설탕 유무, 서로 다른 티 푸드로 대립의 관계를 표현하고 있다. 기호에 따라 먹을 수 있도록 차 주문시 물어보는게 당시 차 예절이었다. 궨돌렌은 설탕을 넣지 않는 차와 버터 바른 빵을 주문하지만 세실리는 일부러 설탕을 넣고 버터 바른 빵 대신 케이크를 건네주는 장면으로 둘이 약혼자와의 문제로 대립하고 있음을 티타임으로 표현하고 있다.[69]

티타임은 다담을 하며 대립된 의견을 조율하여 갈등해결을 위한 시간이었고, 사랑을 확인하는 시간이기도 했다. 차는 서먹한 분위기일 때에는 대화를 터주는 매개가 되어 편안하고 자유로움 분위기로 이끌었다. 즉, 대화로써 문제를 원활하게 해결할 수 있도록 차와 차를 마시는 시간과 공간은 이를 충분히 제공해줬다.

티타임에서 차와 함께 버터 바른 빵을 먹을 것인가 아니면 케이크를 먹을 것인가, 설탕을 넣을 것인가, 넣지 않을 것인가를 물어보고 있다 위의 내용처럼, 차에 설탕과 우유를 첨가하는 밀크티를 주로 마셨지만 기호에 따라 순수하게 차만 혹은 설탕이나 우유를 첨가해 마시기도 했다. 차와 함께 먹는 음식으로, 빵과 케이크, 쿠기 등의 티 푸드를 접시에 담아 먹기도 했다. 티푸드는 티타임에 거의 빠지지 않은 메뉴였다.

소설가이자 극작가인 제임스 매튜 배리(Sir. James Matthew Barrie, 1860-1937)는 『작고 하얀 새』, 『켄싱턴 공원의 피터팬』, 『피터팬과 웬디』 등의 동화 외에도 『홀륭한 크라이튼』, 『친애하는 브루터스』, 『메어리 로즈』 등의 희곡을 남겼다. 4막으로 이루어진 『홀륭한 크라이튼(The Admirable Crichton)』은 당시 영국귀족의 계급의식을 풍자한 희극이다. 룸백작의 가족과 함께 떠난 요트가 난파되자 크라이튼은 2년간 머문 무인도에서 실권을 쥐며 귀족들을 다스리는데, 이를 통해 귀족들의 위선으로 가득 찬 모습을 그리고 있다. 룸백작의 딸, 메리는 무인도에서 돌아온 후, 크라이튼과 결혼한다. 허영되고 모순된 영국 귀족과는 달리 진실된 홀륭한 인품의 크라이튼을 깨닫게 된 메리는 크라이튼과 같은 이를 알아보지 못하는 영국

---

69) Ooscar Wilde, *The Importance of Being Earnest, in Ooscar Wilde The Major Works*, New York: Oxford, 2008, pp. 519~520.

사회가 문제가 있다며 당시 사회상을 날카롭게 꼬집는다. 즉, 배리는『훌륭한 크라이튼』을 통해 인간의 가치는 계급으로 구분할 수 없음을 강조하고 있다.

『훌륭한 크라이튼』은 1902년 즉, 20세기 초의 작품이지만 라이프 스타일은 19세기 말의 모습을 잘 표현해 주고 있다. 주인인 어니스트와 집사인 크라이튼의 대사를 보면 당시 하인들의 차생활을 미루어 짐작할 수 있다.

> 한 가지 이 방에서 어울리지 않은 것은 상당히 좋은 다구세트였다.
> 어니스트: 여보게 크라이튼, 찻잔이 있는 것을 보니 뭔가 큰 행사가 있는 모양이지?
> 크라이튼: 예, 주인님
> 어니스트: 오호라, 하인들이 응접실에서 티파티를 한다고? (큰소리로 비꼬는 듯이) 크라이튼, 자네가 기뻐하는 이유를 이제야 알겠군.
> 크라이튼: (계획이 어긋났음을 알고) 아닙니다. 주인님.
> 어니스트: 크라이튼, 자네 이거 아나? 자네가 더 기뻐할 아이디어가 있는데. (크라이튼이 부드럽게 웃는다.) 한 달에 한 번씩 주인의 명령에 따라하지 않고 동등한 지위가 되어 보는 게 어때?
> 크라이튼: 주인님의 명령을 거부한다구요? 저는 못합니다.
> 어니스트: 물론 그래야지. 하지만 한 달에 한 번만 주인이 하인에게 상냥해지는 것인데 뭘.
> 크라이튼: 한 달에 한 번은 주인님이 저희가 원하는 대로 대해 주신다는 말씀이시군요.
> 어니스트: 찻잔을 들어라! 크라이튼, 인생은 찻잔과도 같은 거야. 우리가 차를 흠뻑 마시면 마실수록, 더 빨리 그 쓴맛을 보게 되지.
> 크라이튼: (공손하게) 주인님, 감사합니다.[70]

룸백작의 하인이자 집사인 크리이튼과 룸백작의 조카인 어니스트와의 대화이다. '어니스트(Honest)'라는 이름과는 다르게 거짓과 위선이 가득한 인물이다. 위 대사는 어니스트는 방에 어울리지 않는 상당히 좋은 다구 셋트가 놓여있는 것을 보고 비꼬는 내용이다.

하인들 역시 차생활을 즐겼다. 일하는 도중 잠시 쉬면서 차를 즐기기도 했지만,

---

70) Pittigrew, J., *A Social History of Tea*, London: National Trust, 2002, p. 128.

『훌륭한 크라이튼』처럼 자신들만의 티파티를 여는 등 적극적인 차생활을 하기도 했다. 티파티의 장소는 대부분 하인들의 휴식공간이나 식품저장실에서 열렸다. 이 때 티파티에 초대받은 사람은 대체로 저택에서 함께 일하는 하인들, 그리고 이웃에 사는 친구들이었다.

하인들의 티타임은 저택의 주인도 인정해주는 시간이 점차 되어갔다. 산업화가 진전됨에 따라 빈부의 격차가 더욱 심해지자, 개인 소유권을 부정하고 평등사회를 건설하려 하는 사회주의 사상이 싹트게 된다. 사회주의적 성향을 가진 부유층의 가정에서는 하인들에게 좀더 관대한 대우를 해 주어 응접실이나 차실에서 하인들을 위한 티파티를 열어주기도 했다. 차는 이제 모든 계층들의 삶이 자연스럽게 즐기는 음료가 되었다.

2. 수필 속에 나타난 차문화

차를 주신 신께 감사드립니다. 차가 없었다면 세상은 어떻게 되었을까요? 차가 보급된 이후에 제가 태어난 것에 감사드립니다.[71]

1802년 창간된 근대적 정기간행물의 효시, 『에든버러 리뷰 Edinburgh Review』의 초대 편집자인 시드니 스미스(Sydney Smith, 1771-1845)가 자신의 생을 회고한 글에 수록된 문장이다. 시드니 스미스의 말처럼 당시 거의 모든 영국인들은 티타임을 좋아했다. 찻자리는 그들의 일상에서 흔히 볼 수 있는 모습인만큼, 거의 모든 분야에서 티타임은 찾을 수 있었다.

『에든버러 리뷰』에 이어 『런던 매거진(London Magazine)』, 『패밀리 이코노미스트 (Family Economist)』 등의 잡지가 출간되었다. 이 잡지들이 창간되며 수필(Essay)의 질과 문학적 권위는 한층 향상되었다. 낭만주의 시대에 시와 함께 크게 유행한 수 필은 대부분 18세기와는 다른 자서전적이며, 자기분석적인 경향을 띠었다.

---

71) Ukers, William H., *The Romance of Tea*, Alfred. A. Knope, 1936, p. 245.

플로라 톰슨(Flora J. Thompson, 1876-1947)의 수필, 『라크라이즈 투 캔들포드 Lark Rise to Candleford』는 19세기 말, 20세기 초, 소박한 농촌사람들의 이야기를 그린 영국판 전원일기이다. 여류작가 플로라 톰슨의 소소한 어린 시절 추억을 로라 티민스를 통해 담고 있다. 『라크라이즈 투 캔들포드』는 만남과 이별, 우정과 사랑이 주된 주제로, 타타임, 도자기 판매상 등 시골마을에서 일어난 크고 작은 이야기 속에 차에 관련된 내용된 제법 수록된 자전적 수필이다.

> 하루에 한 번 먹는 뜨거운 식사에는 돼지 옆구리살로 만든 베이컨, 밭에서 난 야채, 밀가루로 만든 푸딩 등 세 가지 중요한 재료가 있다. 이 세 가지 재료로 요리해서 저녁에 먹는 식사가 '차'이다. 낮에는 집에 아무도 없고, 저녁이 되어야 남편은 직장에서 돌아오고, 아이들은 학교에서 돌아오기 때문에 차는 저녁이 되어야 먹었다.[72]

베이컨, 푸딩, 샐러드 등과 함께 차가 식탁에 차려진 하이 티의 모습이다. 당시 영국의 북부나 스코틀랜드에서는 저녁식사를 '하이 티' 혹은 '티'라 칭하기도 했다. 노동자들의 하이 티는 점차 확산되어 상류층도, 산업도시 외에도 시골에서도 즐기는 저녁식사였다. 시간과 장소, 목적에 따라 변용되어 하이 티를 즐겼는데, 위 내용은 든든한 저녁 식사 속에 자리한 전통적인 하이 티의 모습이다. 직장과 학교에서 돌아와 가족이 함께 한 차, 즉 저녁식사는 허기진 배를 채워주었고, 피곤한 몸에 활력을 주는 행복한 시간이었다.

> 테이블이 차려졌다. …… 모든 찻잔 옆에는 활짝 핀 장미가 놓여있었고, 상추의 속, 얇은 빵과 버터, 아침에 바로 구어 내 신선한 케이크 등이 있는 최고의 차 음식이었다. 에드먼드와 로라는 튼튼한 등받이 의자에 반듯이 앉아 있었다.[73]

차는 최고의 시간을 만들었다. 등받이 의자에 앉아 빵, 케이크, 그리고 다관에 우려진 차가 셋팅 된 테이블을 마주 대하고 있는 모습이 연상된다. 이때 샐러드,

---

72) Flora J. Thompson., *Lark Rise to Candleford*, 1945, London.
73) Pettigrew, J., *A Social History of Tea*, London: National Trust, 2002, p. 110.

빵, 케이크 등의 티 푸드와 다관과 찻잔이 놓인 티 테이블에는 센터피스(centerpiece)인 활짝 핀 장미꽃이 놓여있어 화사한 봄의 정취를 느끼게 해준다. 19세기 말엽에서 20세기 초 즈음이 되면 애프터눈 티는 일상의 관습이었다. 오후에 아침에 구운 케이크, 빵 등 적은 양의 티 푸드가 차와 같이 차려진 애프터눈 티를 '리틀 티(Little Teas)'라고도 불렀다. 오후의 차 마시는 시간은 마을사람들과 정을 나누기 참 좋은 시간으로 플로라 톰슨은 기억하고 있었다.

티타임이 일상이 된 당시, 다기세트는 각 가정마다 꼭 갖추어야할 식기였다. 마을마다 방문판매원들이 다니며 가정의 필수품인 다기를 팔고 다녔는데, 플로라 톰슨은 다음과 같이 기억하고 있다.

탐스러운 핑크빛이 만개한 장미꽃문양의 차세트는 총 21점이었으며 흠집이 하나도 없었다 …… 그런데 예상치 못한 놀라운 일이 벌어졌다. 세일즈맨이 장미 차 세트를 다시 한 번 앞쪽으로 내놓고 찻잔 한 개를 들었다. '이 찻잔을 통해서 전등을 봐 보세요 …… 정말 아름답지 않습니까? 계란 껍데기처럼 얇고, 투명합니다. 이 장미문양은 손으로 직접 그린 것입니다. 그 다기세트는 인도에서 군복무를 마치고 어젯밤에 귀향한 우리 동네의 한 남자가 구입했다 …… 우리는 그의 집으로 다기세트를 운반하는 것을 즐거운 마음으로 도와주었다 …… 그의 약혼녀는 그때까지 교회에서 예배를 보고 있어서, 얼마나 많은 사람들이 그 날 밤 그녀를 부러워하는 하는지 알지 못했다.[74]

도자기 방문 판매원은 마을 곳곳을 다니며 신제품인 다기를 가져와 혹은 카탈로그를 보여주며 판매했다. 방문 판매원이 마을에 가져온 다기세트는 장미꽃문양의 얇고 투명한 본 차이나(bone china)였다. 다관, 찻잔, 우유와 설탕용기 등 총 21점의 장미문양 다기셋트는 모두들 갖고 싶어 하는 신제품 다기, 본차이나였다. 방문 판매원은 본 차이나의 아름다움을 홍보하려 전등을 비춰 보여주고, 문양을 가리키며 설명한다. 갖고 싶은 마음 가득하지만 가질 수 없는 그들은 어제 구입했다는 청년과 약혼한 여성이 부럽기만 하다. 시골에서 다기 특히 본 차이나 다기세트

74) Pettigrew, J., *A Social History of Tea*, London: National Trust, 2002, p. 142.

는 선망의 대상일만큼 값비싼 차 도구였다.

차가 일용품인 당시, 다기는 주방에 비치된 필수적인 식기였지만 세트로 준비하기에는 부담스러웠다. 특히 본 차이나 다기세트는 고가의 다기여서, 본 차이나 다기세트로 차생활을 한다는 것은 여유롭지 못한 가정에서는 꿈에서나 가능한 일이었다. 물론 자기로 만든 다기를 국내 생산한 19세기여서 이전 시기에 비해 가격이 많이 하락했지만 다기세트와 본 차이나는 아직은 고가였다.

물론 17세기 동양에서 수입한 도자기처럼 다기 가격이 비싸진 않았다. 다기를 굽는 국내외 도자기회사가 많아 경쟁체제에 돌입했기 때문이다. 영국의 도자기산업은 다른 유럽 국가들에 비해 늦게 시작한 편이지만 자유경쟁과 특허제도, 분업체제와 전사법 · 본 차이나 등 기술개발 등으로 빠른 속도로 따라잡았다. 그리하여 19세기에 이르러서는 스포드(Spode) · 민튼(Minton) · 웨지우드(Wedgwood) 등 무수한 영국의 도자기회사들이 세계적인 회사로 거듭났다.

산문에 음악적 리듬과 하모니를 시도한 토마스 디퀸세이(Thomas DeQuincey, 1785~1859)의 대표작품, 『영국 마약중독자의 고백(Confessions of an English Opium Eater)』이 있다. 수필 속에 차에 대한 글이 있는데, 다음과 같다.

> 차는 비록 신경이 예민한 사람에게 비난을 받아왔지만 항상 지적인 사람들이 선호하는 음료였다.[75]

차는 커피와 함께 이성(理性)을 관장하는 음료였다. 카페인이 함유되어 각성효과가 있는 차는 지적인 사람들이 작업할 때, 혹은 잠시 생각에 잠기거나 휴식을 취할 때 찾는 음료였다. 니콜라스 브래디(Nicholas Brady) · 콜리 시버(Colley Cibber) · 새뮤얼 존슨(Dr. Samuel Johnson) 등 18세기 문인들은 차를 가리켜 정신을 맑게 하고 현명한 음료, 감정을 격양시키지 않고 감각을 세련되게 하는 음료, 두뇌를 교화시키는 음료라 노래했다. 티 테이블에서의 대화는 교양이 넘친다고 노래했던 것처럼 차는 지식인들의 곁에서 충실히 도우미의 역할을 수행했다.

---

75) Woodward, N.H., *Teas of the World*, New York: Collier Books, 1980, p. 41.

V. 나가며

19세기 발표된 시, 수필, 희곡 등 문학작품에서 당시 영국민에게 차가 자리하고 있는 위치와 역할을 살펴보았다. 19세기 영국은 대내외적으로 많은 변화가 있는 시기이다. 밖으로는 봉건주의 체제가 무너지고 평등과 존엄이 강조되는 사건들이 발생했고, 대내적으로는 산업사회로 발전하는 과정에서 중산층이 대두되면서 자본주의 체제가 확립되었다. 신흥 중산층은 19세기 영국사회를 이끌어가는 세력이 되며 사회 분위기에 지대한 영향을 끼쳤다. 도시 노동자를 비롯하여 영국민의 대다수를 차지하고 있는 하류층들은 사회적으로 물질의 풍요로움 속에 빈곤한 생활을 했다.

점차 많은 영국인들이 즐기는 음료로 차가 확산되자, 생활과 무역구조 등 많은 부분에 변화가 왔다. 차를 국민음료로 수용하는 과정에서 찬반논쟁이 있었지만, 차는 점차 그들의 문화 속에 스며들었다. 일상생활의 필수품으로 자리하게 되면서 당시 출판된 모든 문학 장르에서도 '차'의 역할과 위치 등을 알 수 있는 글을 쉽게 찾을 수 있다.

19세기 초는 사랑과, 아름다움, 자연 등 일상생활을 주제로 노래한 낭만주의 사조가 풍미했다. 이어 빅토리아시대의 시는 급격한 변화의 시기였던 만큼 불안과 갈등 그리고 윤택함과 다양한 세계에 대한 시가 주류를 이루고 있다. 바이런, 셸리, 키이츠 등 초기 낭만주의를 대표하는 시인들의 시 속에서 차는 신사들의 음료요, 심신을 건강하게 해주는 음료로서 자리하고 있었다. 이어 빅토리아시대 시들에 담긴 차는 기호음료를 넘은 생활음료였다. 당시 발표된 시에 나타난 차는 사교의 매개체요, 심신을 건강하게 해주는 도우미요, 모든 영국민의 삶속에 자리한 모습을 노래하고 있다.

문학 장르인 희곡과 수필에서도 19세기 음료인 차를 만나볼 수 있었다. 오스카 와일드의 『성실함의 중요성』과 제임스 베리의 『홀륭한 크라이튼』 등의 희곡에서 차는 모든 계층의 긴요한 음료였음을 확인할 수 있었다. 그외 19세기의 수필과 일기, 편지 등을 보면 쉽게 차생활에 대한 글을 찾을 수 있다.

19세기를 살아가는 영국민들에게 차는 대체가 불가능한 음료였다. 왕실에서부터 작은 시골의 오두막까지, 여왕에서부터 가난한 노동자들까지 마신 차의 종류와 차문화는 달랐지만, 각 계층마다 생활정도와 패턴에 맞는 차생활을 즐겼다. 차는 식사시간에 식탁의 주요 메뉴로 자리했으며, 레저문화에도 당당히 자리했다. 18세기 탄생한 티가든에 이어 티룸과 노점에서 차를 판매했으며, 새롭게 탄생된 애프터눈 티, 하이 티, 티 브레이크 등은 19세기 말엽이 되면 모든 계층이 즐기는 문화였다.

문화는 만든 사람의 것이 아니라 즐기는 사람의 것이다. 차는 중국에서 비롯되었지만 일상생활은 물론 사교와 여가 등 다양한 측면에서 삶을 풍요롭게 하며 영국문명의 발전에 커다란 영향을 주었다. 특히 차와 책이 함께 있는 자리는 스위트홈을 연상시키며 19세기의 가장 영국적인 모습으로 자리했다. 티타임과 독서는 19세기를 살아가는 영국의 가족이 한 자리에 모여 즐길 수 있는 국민적 취미였다.

차는 17세기가 되어서야 영국과 인연을 맺게 되었지만 나름의 문화를 생성, 발전시키며, 그들의 삶의 패턴을 바꾸어 놓았다. 해운업과 도자기산업 등 산업발전의 촉매제가 되기도 했다. 차는 영국인에 의해 세계인의 기호음료가 되었다. 우리나라의 차문화는 오랜 역사성을 갖고 있지만 영국의 19세기처럼 대중화되지는 못하다. 우리 조상들이 음용해왔던 발효차와 영국의 19세기 차문화 연구를 통해 차가 현대인의 음용하는 대표 음료가 되었으면 한다.

【참고문헌】

김인성,『시인의 자리를 찾아서』, 평민사, 2005.

김재규,『유혹하는 유럽 도자기』, 한길아트, 1998.

나종일 · 송규범,『영국의 역사』, 한울아카데미, 2005.

라프카디오 헌 저, 김종희 역,『동양인을 위한 영국문학사』, 동과 서, 2002.

레비-스트로스 저, 박옥줄 역,『슬픈 열대』, 한길 그레이트 북스 31, 한길사, 1998.

루이스 캐럴 저, 최인자 역,『이상한 나라의 앨리스』, 북폴리오, 2005.

미야자키 마사카쓰 저, 노은주 역,『지도로 보는 세계사』, 이다미디어, 2004.

변희준, " 풍속희극과 오스카 와일드의『진지함의 중요성』,『弘益大學校人文科學研究誌』권7, 홍익대학교인문과학연구소, 1999.

신재실 · 문상화 공저,『영국문학사』, 예하미디어, 2005.

임영상 · 최영수 · 노명환 편,『음식으로서 본 서양문화』, 대한교과서, 1997.

정은희,『홍차이야기』, 살림, 2007.

-----,「19세기 영국 가정의 차문화에 관한 연구」,『한국국제차문화학회지』제2권 제1호, 2006.

킴 윌슨 저, 조윤숙 역,『그와 차를 마시다』, 이룸, 2006.

팀 블래닝 편, 김덕호 · 이영석 역,『옥스퍼드 유럽 현대사』, 한울아카데미, 2003.

허상문,『영국 소설의 이해』, 우용, 2002.

Austen, J., Mansfield Park, New York: Barnes & Noble Books, 2005.

Keats, J., 〈Letters to James Hessey, 9 Oct. 1818〉

Kipling, J.R., 〈Nature Theology〉

Martin, L.C., Tea: The Drink that changed the World, Vermont: Rutland, tuttle Pub., 2007.

Pettigrew, J., A Social History of Tea, London: National Trust, 2002.

Shelley, P.B., 〈Letter to Maria Gisborne〉

---------, 〈Peter Bell Ⅲ〉

Thompson.F.J., Lark Rise to Candleford, Penguin Classics; New Ed, 2000.

Ukers, William H., The Romance of Tea, Alfred. A. Knope, 1936

Wilde, O. The Importance of Being Earnest, Nick Hern Books; New Ed edition, 1996.

-------, The Importance of Being Earnest, in Ooscar Wilde The Major Works, New York: Oxford, 2008

William S. Gilbert, 〈The Sorcerer〉

Wilson, K., Tea with Jane Austen, Wisconsin: Jones Books, 2004.

Woodward, N.H., Teas of the World, New York: Collier Books, 1980.

〈출전〉『차문화학』제4권 1호, 한국국제차문화학회, 2008.

19세기 영국의 차산업 발전과 차의 세계화

I. 들어가며

19세기는 영국 차 역사에 있어 매우 중요한 시기이다. 오늘날 세계인들의 생활에서 관습이라 부르는 차문화의 대부분이 19세기 영국의 소산이기 때문이다. 19세기 영국인들은 브랙퍼스트 티(breakfast tea)와 하이 티(high tea) 등의 식사시간에, 애프터눈 티(afternoon tea), 애프터디너 티(after dinner tea)로 간식시간에 차를 중심에 두고 있었다. 또한 산업현장에서 노동자들은 차 휴식시간(tea break)을 통해 고단함을 잠시 잊을 수 있었고, 차를 마시며 하루를 시작했고, 정리하는 시간을 갖는 등 차는 삶의 동반자였다. 19세기 영국인에게 차는, 정신을 맑게 하는 각성음료, 소통을 위한 기호음료, 고단한 노동자의 휴(休)음료였으며, 무엇보다도 식사시간 메뉴인 주식이자 간식, 즉 일상식이었다. 이렇듯 영국의 19세기 차문화는 오늘의 세계 차문화를 품고 있다.

영국에서 일상다반사(日常茶飯事)로 즐길 만큼 차생활이 보편화되자, 엄청난 차 수요를 해결할 방법으로 산업화된 제국주의국가다운 방안을 강구했다. 영국의 해결책은 차나무 재배에 적합한 식민지 인도와 스리랑카(실론) 등에서 과학적 사고와 제다용 기계 기차·증기선 등 운송수단 등을 이용해 해결했다. 영국은 차산업의 선구자인 중국에서 얻은 정보와 산업혁명의 결과로 낳은 기계, 실험과 연구를 거듭해 이룩한 혁신적인 기술로 기존과는 차별화된 영국산 차를 제다했다[76]. 영국인이 인도에서 생산한 차는 중국의 모작(模作)에 머물지 않고 수정·보완해 탄생한 창작품이었다. 시간과 노동력이 절감되면서도 일정한 향미의 차를 대량생산하

---

76) Mishra, D. Sarma, A. and Upadhyay, V., *"Invisible chains? crisis in the tea industry and the 'unfreedom' of labour in Assam's tea plantations,"* Contemporary South Asia, 19.1, 2011, pp. 75~90 참조.

는 체계와 근대적 교통·통신수단을 이용한 유통망, 차 산업 장려책 등이 어우러지며, 19세기 말 영국은 세계 최대의 차 산업국으로 등장했다. 이는 영국이 차 산업을 시작한지 1세기도 안되어서 이룩한 혁명적인 결과였다.

영국의 차 소비습관은 세계 차 산업의 흐름을 바꾸어 놓았다. 차는 자본주의의 상품이 되었으며, 제다공정의 기계화는 대량의 차를 신속하게 생산하면서 상품의 가치 또한 높였다. 중국의 전통적인 홍차 제다법은 영국에 의해 고효율의 제다시스템으로 변모하면서 차의 대량생산과 대량소비시대를 열었다. 인도에서 생산한 차는 '영국차(British tea)'라는 이름으로 세계에 판매되었다. 이렇듯 19세기 영국은 생산에서 소비까지, 차의 자급자족시대를 열며, 기존의 차의 역사를 전화(轉化)했다. 나아가 영국식으로 재탄생된 홍차문화를 세계인의 차문화로 확산시키며, 영국은 세계 차문화를 선도하는 국가가 되었다.

본 장에서는 19세기 영국의 식민지인 인도의 차 산업 발전과정을 분석한다. 먼저 19세기 영국의 차 산업의 형성을 촉진시킨 배경으로 소비양상을 파악하고, 소비에 상응하며 변화하는 공급의 양태도 분석한다. 이와 더불어 농공업이 된 다원관리와 제다법 등 차 산업의 변화·발전과정을 살펴봄으로써 19세기 차 산업의 특성을 전반적으로 확인하고자 한다. 19세기 인도를 차산지로 개척하며 시작된 영국 차 산업을 통해 차가 세계상품으로 자리하게 된 과정을 살펴보고자 한다.

Ⅱ. 영국의 새로운 차 산업 지역과 차 산업 정책: 인도의 차 생산

1. 영국의 일상음식에 정착한 차

17세기에 유입된 차는, 18세기 말엽에 이르면서 집에서나, 여행할 때나, 공중 위락시설 등 어느 곳에서나 즐기는 음료가 되며 상류층의 사치품에서 일상생활의 필수품으로 자리하게 된다.[77] 이후 영국인에게 차는 모든 계층의 식사는 물론이고, 만남의 매개체가 되는 사교음료, 간식음료이자 의약품 등으로 음용되며 일상다반사인 음료가 되었다.

19세기 이전만 하더라도 중국에서 수입된 차는 거리와 운송기간 만큼이나 워낙 비쌌다. 싸고 신선한 차를 갈망하던 영국 소비자들의 바람은 중국과의 전쟁과 식민지에서의 차 플랜테이션(tea plantation) 경영으로 나타났다. 아편전쟁의 결과로 중국과의 무역이 확대되었고, 식민지인 인도의 아쌈(Assam)지방에서 '대영제국차(The Empire Tea)'가 생산된 이후, 인도의 각 지역과 실론에서 차 플랜테이션이 이루어졌다. 트와이닝(Twinings), 브룩 본드(Brooke Bond), 립튼(Lipton) 등 차 회사들은 상류층의 값비싼 사치품에서 서민들의 기호품으로 전환시키는 촉매제 역할을 했다. 차는 노동자들의 건강과 능률향상을 위한 기능을 했을 뿐만 아니라 도자기산업과 조선업 등의 산업발전에도 기여했다.

19세기에 이르자, 영국의 모든 계층은 시간대별로 다양한 티타임을 즐겼다. 차는 아침식사의 기본메뉴 중 하나다. 상류층의 풍족한 아침식사는 차를 중심으로 한 간단한 식사로 전환되었으며, 노동자의 아침식사시간에도 차가 자리했다. 산업화와 도시화가 진행될수록 열악한 환경에서 생활한 노동자들은 추위를 녹여주고 허기를 채울 아침식사가 절실했다. 이와 더불어 시간엄수가 엄격하게 요구되자 여유로운 아침식사보다는 간단하면서도 바로 기운을 차릴 수 있는 메뉴가 필요했다. 차와 가게에서 산 빵, 죽, 감자는 열악한 주거환경과 시간에 쫓기는 도시 노동자들의 생활조건에 가장 적합한 아침식사 메뉴였다. 차가운 빵을 한순간 더운 요리로 바꾸며 허기를 채워주는 한 잔의 차는 19세기 영국 노동자들에게 절실한 에너지원이었다[78].

19세기에 탄생한 애프터눈 티는 영국 모든 계층의 즐거운 생활습관이 된 대표적인 예이다. 19세기 전반, 제7대 베드포드 공작부인 안나 마리아(Anna Maria 7th

---

77) 정은희, 『홍차이야기』, 살림, 2007, p. 20 참조.
78) 정은희, 「19세기 영국 가정의 차문화에 관한 연구」, 『한국국제차문화학회지』, 제2권 1호, 2006, p. 266.

Duchess of Bedford, 1788-1861)가 점심과 저녁식사 사이에 배고픔을 달래기 위해 시작되었다는 설이 가장 유력한 예처럼, 19세기초 여성이 중심이 되어 오후의 티 타임을 즐긴 기록이 속속 보이기 시작한다. 여성 중심의 오후의 간식시간인 티타 임은 여성들의 세련된 매너 속에 풍성한 화제가 만발한 사교의 장이었다. 상류층 처럼 한가한 오후를 보내기 힘들었던 노동자들은 고기와 감자 등 야채요리, 쏘세 지 등과 함께 강한 차를 가득채운 다관을 준비해, 식사와 티타임을 겸한 하이 티 (High tea)를 즐겼다. 상류층에서 비롯된 애프터눈 티, 노동계층에서 비롯된 하이 티는 점차 확산되어 19세기 말엽에 이르자 영국을 대표하는 생활관습이 되었다. 주말이나 문화생활 혹은 스포츠를 즐길 때면 애프터눈 티와 하이 티는 더욱 요긴 한 시간으로 활용되었다.

차는 가정이 아닌 직장에서도 음용되었다. 노동자들은 배고픔을 해결하기 위해, 고된 현실을 잠시나마 잊기 위해 술을 과하게 마셨다. 산업화시대에 성실한 노동 력이 절실히 필요했던 고용주들은 차와 휴식시간을 겸한 티 브레이크를 작업 중 안에 배치하며 노동자들의 사기를 북돋았다. 작업하다 잠시 휴식을 취하며 차를 마시는 잠깐의 차 휴식시간은 놀라운 작업 향상을 가져왔다. 차 휴식시간이 점차 확산되며 직장의 관습으로 자리하게 되었다. 이 외에 차가 건강과 사교 음료로서 손색이 없음을 인지한 사람들에 의해 차는 왕실과 상류사회의 무도회, 음악회와 저녁 연회 공적인 사교모임에서도, 금주협회, 옥수수법반대연맹, 채식주의자 협회 등 다양한 단체들, 그리고 학교나 직장에서 주최하는 모임에서도 주된 음료로 자 리했다. 차를 즐기는 공간은 점차 넓어졌고, 즐기는 모습은 보다 다양해졌다.

일과 오락이라는 삶의 두가지 형태가 뚜렷해진 산업화·도시화 사회에서 생활 의 여유를 즐기는 여가는 상류층에서 중산층으로, 그리고 노동계층으로 점차 확대 되어갔다. 사냥, 경마, 요트, 무도회, 음악회 등 기존의 여가활동에 여행, 독서와 자 전거·수영 등의 스포츠 등의 새로운 여가활동이 덧붙여지며 이 전시기보다 사람 들은 훨씬 풍요로운 여가를 즐겼다. 낮에 활동적인 여가를 즐겼다면 하루를 마무리 하는 밤에는 가정에서 편안한 여가를 즐겼다. 가족과 이웃과 친구들을 초대해 폭넓 은 교유로 관계를 더욱 밀착시켰다.

모든 사람이 한 자리에 모여 앉았다. 그 자리에 모여 있는 사람들은 대화에 열중하고 있었기 때문에 패니는 조용히 앉아있을 수 있었다. 차를 마시고 난 후에 휘스트 테이블이 마련되었다. 사전에 카드를 칠 계획을 세워두었던 것은 아니다. …… 메리 크로포드는 하프를 연주하기 시작했다. …… 지금 메리 크로코프는 음악 외에 다른 어떤 것도 하고 싶지 않았다. 메리는 음악을 연주하면서 자신의 마음을 달래는 동시에 다른 친구들을 즐겁게 해주고 있었다[79].

제인 오스틴의 『맨스필드 파크(Mansfield Park)』에 묘사된 부르주아계층의 저녁식사후의 모습이다. 저녁식사 후, 카드놀이와 음악 감상, 무도회 등이 열렸다. 이때 차는 마음을 나누는 음료로서이 역할이다. 규모만 다를 뿐이지 차를 마시며 휴식과 친목의 시간은 모든 계층의 가정에서 볼 수 있는 저녁식사 후의 모습이었다. 차는 공적 공간(public space)에서의 부산함에서 벗어나 편안하고 따뜻한 공간 속에서 여유로움을 느낄 수 있도록 시공간을 제공해 주었다.

기차, 지하철, 자전거 등 새로운 교통수단이 개발되자 여가와 휴식을 즐기는 여행객이 증가했다. 사람들은 산업화된 도시의 먼지와 소음, 그리고 우중충함에서 벗어나 스포츠와 여행을 즐겼다. 여관이나 노점, 티룸(tea room), 기차 등 어디에서나 차를 즐길 수 있었고, 소풍을 가거나 음악회·스포츠 등을 직·간접적으로 즐기며 티타임을 가졌다. 특히 티룸은 남성과 동반이 아닌 여성들도 출입이 허용되면서 남녀노소 모두가 평등하게 외출해서 즐길 수 있는 새로운 차문화 공간으로 사랑받았다.

19세기를 살아가는 사람들의 삶에서 차는 어느 곳에서나 만날 수 있을 정도로 무척 중요한 부분을 차지하고 있었다. 차는 식사는 물론이고 일과 여가생활에 중심이 되는 일상음료로써 모든 계층의 생활양식이라는 공통분모로 자리했다. 티타임은 모든 계층의 생활의 중심에 있으며 통과의례가 되어 자리했고, 생활 구석구석에 자리 잡으며 모든 계층의 문화를 지배했다. 19세기 티타임은 영국을 상징하

---

79) Austen, J., *Mansfield Park; in Jane Austen The Complete Novels*. Gramercy Books, New York, 1981, p. 467

는 문화로, 영국식 차문화의 원형(原型)이 되어 완전하게 자리하게 된다.

2. 초기 영국의 인도 차 산업 정책: 인도의 경제적 가치

바스코 다 가마(Vasco da Gama, 1469-1524)가 인도항로를 발견한(1498) 이후, 아시아는 유럽 열강들의 상품 원료 구입과 시장 개척 등 산업 우위를 차지하기 위한 각축장되었다. 인도는 포르투갈을 비롯한 네덜란드, 영국 등의 아시아 무역을 위한 거점지로 자리하며 서양의 침입의 역사가 시작된 것이다. 영국의 인도 진출은 1605년 수라트(Surat)에 도착한 호킨스(Hawkins)에 의해 시작된다. 이후 영국은 수라트 외 마드라스(현, 첸나이), 봄베이(현, 뭄바이), 벵골 등에 무역소를 설치하며 인도에서의 기반을 다졌고, 활동범위를 아라비아해와 페르시아만까지 넓혔다.[80] 동인도회사는 영국 정부를 대신하여 17세기 내내 원활한 관계를 유지하며 무역을 확대해감으로써 경제적 특권을 확장해갔다.

18세기에 이르자 동양의 무역독점권을 둘러싸고 동인도회사를 앞세운 유럽 제국주의 국가의 경쟁은 더욱 치열해졌다. 후추 · 계피 · 정향 · 육두구 등의 향신료, 비단 · 면 등의 직물, 차 · 커피 등의 기호품 등 아시아의 산물은 유럽 제국주의를 뒷받침해주는 동력이었다. 영국은 향신료무역보다는 인도의 면직물과 중국의 차 무역에 집중했다. 시간이 지나면서 유럽인의 향신료에 대한 기호도는 점차 시들해졌지만 직물과 차에 대한 수요는 계속 증가했다. 인도의 직물은 영국의 산업혁명의 동인(動因)이 되었고, 차는 일상에 자리하면서 상업적 이익을 안겨 준 영국은 경제와 상업분야에서 다른 유럽 열강들을 능가했다. 또한 단순한 상업이윤 획득을 목적으로 진출한 영국의 동인도회사는 무굴제국을 굴복시킴으로서 벵골지방의 통치권과 무역독점권 등 인도에서 독자적인 지위를 굳건히 했다.[81]

---

80) 이옥순, 『인도현대사』, 창비, 2007, pp. 13-16 참조.

81) Liu, A.B., "*The birth of a noble tea country: on the geography of colonial capital and the origins of Indian tea*," Journal of Historical Sociology, 23.1, 2010, pp. 73-100 참조.

플라시전투에 승리한 이후 영국은 인도의 식민화 작업을 본격적으로 추진했다. 식민지 인도를 통치하기 위해 영국 의회는 노스 규제법(North's Regulating Act, 1773)과 피트의 인도법(1784)을 제정했다. 식민지정책의 일환으로 제정된 인도 통치법에 따라, 워렌 헤이스팅스(Warren Hastings, 1732-1818), 콘 월리스(Corn Wallis, 1738-1805) 등 벵골총독이 이끄는 식민정부는 식민지 행정기구를 정비하며, 영국의 권위 하에 종속시키려 했다[82]. 1784년 영국정부는 동인도회사를 관리·감독하기 위해 인도정청(政廳, Board of Control)을 신설했다. 윌리엄 벤팅크(William Bentinck, 1774-1839), 달하우지(Dalhousie, 1770-1838) 등의 인도총독은 인도에 대한 지배권 확보와 효율적인 통제를 위해 징세기구와 교육제도를 정비했으며, 상업작물의 장려와 관개사업의 확충 등 농업개발과 교통·통신망을 건설하는 등 식민화를 위한 정책들을 적극적으로 수립했다.[83] 인도에 대한 영국의 정책은 영국을 부유하고 강하게 만듦과 동시에 인도 경제를 파멸시키고 영국에 의존한 식민지국으로 전락시키는 결과를 낳았다.

영국은 인도를 영국 상품의 소비시장과 원료 공급지로 삼고자했다. 특히 식민정부는 이익이 많이 발생하는 인도를 만들기 위해, 인도자원으로 생산할 수 있는 상품개발과 보다 빠르게 유통할 수 있는 네트워크를 설치했다. 당시 영국에게 경제적 가치를 인정받은 인도의 상품작물로는 면화, 인디고, 곡물, 아편, 차 등을 들 수 있다. 인도의 식민정부는 자원을 충분히 확보하기 위해 정책적으로 새로운 산출지를 건설하며 인도를 재배치, 재구성했다. 정치·경제적으로 예속이 된 18-19세기 인도는 영국에 의해 상업자본주의 단계에서 산업자본주의 단계로 이행하고 있었다.

워렌 헤이스팅스 총독은 인도에서의 차나무 재배에 관심을 가졌다. 그는 중국과 같은 위도의 부탄에 사는 조지 보글(George Bogle)에게 중국차 종자를 보내 시험 재배토록 했고, 식물학자인 조셉 뱅크스(Joseph Banks, 1743-1820)와 로버트 키

---

82) 정병조, 『인도사』, 대한교과서, 2005, pp. 329-330 참조.
83) 퍼시빌 스피어 저, 이옥순 역, 『인도 근대사 16-20세기-』, 신구문화사, 1993, p. 261 참조.

드(Robert Kyd, 1746-1793)에게도 인도의 차산지 적합여부에 관해 연구토록 했다.[84] 이어 조셉 뱅크스는 제안서,『인도에서 차나무 재배』에서 홍차는 북위 26-30도, 녹차는 30-35도가 재배에 적합한 기후로, 인도에서는 부탄에 가까운 북쪽 산악지역이 이에 해당하는 지역이라는 점을 밝히며, 차 산업을 일으키기 위해서는 중국에서 차 묘목과 제다도구의 수입과 시험재배가 필요하다고 보고했다. 1793년 영국사절단의 일원으로 중국에 파견된 조셉 뱅크스는 중국에서 차나무 재배와 제조에 관한 정보를 수집했고, 차나무 묘목을 가지고 들어와 차나무에 대한 정밀한 연구가 이루어지도록 했다.[85] 이와 더불어 로버트 키드와 함께 차산지 인도가 되기 위한 연구를 진행했다. 18세기 말, 인도는 차 재배지로 물망에 오르면서, 차 재배를 위한 시도가 인도의 북부지방을 중심으로 이루어지기 시작했다.

영국은 좋은 차를 싸게 구입하고자 한 열망은 강했지만 차 생산에는 무관심한 편이었다. 인도를 차 재배지로 개척하는 사업은 동인도회사에게 많은 자본과 시간이 요구되는 미래가 불투명한 사업이었기 때문이다. 이에 반해 18세기 말, 중국과의 독점 무역을 통한 차 무역은 동인도회사에게 최고의 이익을 안겨준 상품이었다. 다만 차 수입으로 막대한 양의 은이 유출되자 인도를 위탁경영하던 동인도회사는 아편 전매사업을 통해 상당한 수입을 얻고자 했다. 영국의 동인도회사는 인도의 아편판매로 받은 대금으로 중국에서 차를 구입하는 삼각무역을 했다. 18세기 말까지도, 동인도회사의 시선에서 인도는 삼각무역을 위해 필요한 아편 생산지로만 보였다.

조셉 뱅크스가 차 생산지로 인도를 제안한 이후, 인도를 아편 생산지가 아닌 차 생산지로서 관심을 갖고 연구한 이들이 점차 많아졌다. 많은 모험가들에 의해 버마(미얀마)와 충돌지역이자, 자연 환경이 열악한 동북부 지역에서 야생 차나무가 발견되었다. 하지만 영국 정부와 동인도회사가 야생 차나무 군락지인 인도 동북부 지역을 적극적으로 개발하기 힘들었다. 이 또한 인도에서 차산업이 늦어진 이

---

84) Ukers, W.H., *All About Tea Vol. I*, Tea Importers Reprint, New London, 2004, p. 134 참조.
85) 角山 榮,『茶の世界史』, 中公新書, 東京, 2007, pp. 115-190 참조.

유였다.

영국인의 일상음료가 되어버린 차 소비는 날로 증가했다. 국내 소비가 촉진되자, 차에 대한 식민지 연구는 활발해졌다. 인도정청에 동북부지역에 야생 차나무가 발견되었다는 정보와 차를 식음하는 원주민에 관한 보고, 차 산업에 대한 제안 등이 계속 보고되었다. 1833년, 동인도회사의 무역 독점권이 폐지되자, 차 무역에 차질을 빚게 된 영국정부와 동인도회사는 차산지로서 인도에 관심을 갖기 시작했다.

네팔고원과 기타지역에서 차를 재배해야 한다는 워커(Walker)의 제안에 공감한 윌리엄 벤팅크 총독은 1834년 인도에서 차나무 재배와 제조에 관해 조사연구를 위해 인도차위원회(The India Tea Committee)를 설립한다. 차위원회는 설립 초기, 인도에서 발견한 야생 차나무가 진짜 차나무라는 결론을 얻지 못하자 차나무 재배를 위해 중국에서 차종자와 재배 제다법을 들여오는 비교적 무난한 방식을 채택했다. 중국은 인도 차 산업의 모델이 되었다. 중국에 파견된 제임스 고든(James Gordon)에게 차 종자와 차 제조도구, 그리고 차 재배의 전문가를 데려오는 임무가 주어졌다. 고든이 보내 온 중국종 차나무 종자는 캘커타 식물원에서 재배되어 히말라야 서쪽의 쿠마온과 데라둔, 남동부의 마드라스 등 인도 각지에서 시험 재배되었다.[86] 차위원회의 학자들은 중국종 차나무 재배 적합지를 찾는 노력과 함께 차나무가 자생하는 지역에 관한 연구 또한 열심이었다.

특히 차위원회 이사 겸 캘커타 식물원 원장인 나다니엘 윌리치(Nathaniel Wallich, 1786-1854)는 차나무 재배에 적합한 지역을 찾기 위해 각 지방 행정관에게 질문지를 발송했다. 젠킨스(Francis Jenkins)는 아쌈 북동부의 사디아(Sadiya) 구릉지대에 사는 싱포족(Singpho)이 오래 전부터 차를 식음한다는 것과 아쌈이 바로 차나무 재배의 적지라고 보고했다.[87] 인도에서 차나무의 존재를 부정해온 윌리치는 찰튼이 보내온 아쌈 차나무 샘플을 연구하는 과정에서 아쌈의 야생 차나무도 '카멜리

---

86) Mair, V. H. and Erling Hoh, *The True History of Tea*, Thames & Hudson, London, 2009, p. 212 참조.

87) 松下智, 『アッサム紅茶文化史』, 雄山閣出版, 東京, 1999, p. 174 참조.

아 시넨시스(*Camellia Sinensis*)'임이 확인되자 곧바로 벤팅크 총독에게 보고했다[88].
차위원회에서 아쌈에서 자생하는 차나무가 중국종과 같은 차나무임을 공인받자
1835년 식물학자 월리치와 윌리엄 그리피스(William Griffith), 지질학자 존 맥클랜
드(John McClelland), 찰스 부르스(C.A. Bruce) 등으로 구성한 과학위원회(Scientific
Commission)가 설립되었다. 과학위원회에서는 실험다원의 위치선정과 아쌈의 야
생차나무에 관한 구체적인 정보수집에 본격적으로 착수했다.

과학위원회에서 아쌈 지역을 현지 조사한 결과, 야생 차나무는 사디야뿐만 아
니라 부라마푸트르강 남쪽지역까지 군락지가 분포해 있음과 그곳의 원주민들은 오
래 전부터 찻잎을 식재료로 활용하고 있음을 밝혔다. 이와 더불어 중국 차산지와
기온·습도·토양 등 자연환경이 비슷한 아쌈을 차나무 재배지로 개발하면 차는
충분히 영국의 상품작물이 될 수 있다고 보고했다. 과학위원회의 보고는 곧 인도
가 차 산업국으로 발돋움하는데 힘을 실어 주었다.

인도정청에서는 아쌈의 자생 차나무로 차산업을 일으키자고 제안한 월리치의
의견보다는 향미가 좋은 차를 제다하기 위해서는 오랜 세월 방치된 아쌈종의 찻
잎보다 오랫동안 우성으로 진화해온 중국종 차나무 종자를 수입해 이를 재배해야
한다는 그리피스의 의견을 채택했다. 새로운 차사업이 실패할 것을 염려한 차위
원회의 결단이었다. 차위원회에서는 새로운 차산업을 위해 제임스 고든을 중국으
로 파견했다. 이후 중국종 차나무 종자는 아쌈은 물론 인도 각지의 실험 다원에서
재배되었다.[89] 차위원회의 야생 차나무 산지 조사와 차나무 재배 적합지에 연구는
차 산업이 경제적으로 가치가 있는지에 대한 연구였다. 중국종 보다는 아쌈종 차
나무가 인도에서 상업작물로 인정받으며 차 플랜테이션이 개발되었고, 이로써 대
영제국의 차(The Empire of Tea)가 탄생되었다.

---

88) Hohenegger B., *LIQUID JADE*, The Story of Tea from East to West, St. Martin's Press: First
   Edition edition, 2007, p.154 참조.
89) 松下智, 『アッサム紅茶文化史』, 雄山閣出版, 東京, 1999, pp. 176-177 참조.

3. 자원 확보의 수단, 철도 네트워크

19세기 과학과 기술에 대한 관심이 높아지면서 세계경제의 흐름을 바꾸어 놓은 획기적인 발명품뿐만 아니라 사람들의 일상을 편리하게 해주는 발명품들이 줄지어 탄생했다. 특히 산업혁명의 탄생국인 영국에서 철강공업, 석탄화학공업, 기계공업 등에 괄목할만한 기술혁신이 이루어지며 대량생산과 대량소비의 시대를 열었다. 산업이 발전됨에 따라 원료 수입과 제품 수출 등 운송수단의 필요성이 커지자, 영국은 증기기관을 이용한 철도시대를 열었다. 고성능 증기기관차 개발 외에 노선, 교량과 터널 건설, 선로건설, 입법 활동 등 여러 기술과 사회경제 요소들의 복합체인 철도산업을 일으킬만큼 영국은 세계 최고의 기술 선진국으로 자리하고 있었다. 1830년 대 이후, 증기기관차의 성능을 개선한 작업 외에도 생산설비의 체계화, 표준화, 규격화가 점차 이루어지며 증기기관차의 영역이 확대되었다.[90] 증기기관차는 지역 간의 거리를 단축시키며 산업뿐 아니라 일상생활에서 일대 혁명을 가져왔다.

영국은 플라시전쟁이후, 영국정부가 인도를 직접 지배하면서 인도는 식민지 지배를 위한 제도가 본격적으로 시행되었다. 인도 전역에 전신제도와 도로망 확충, 철도건설 등을 진행하며 네트워크 형성을 위한 사업이 이루어졌다. 봄베이에서 타나를 잇는 철도가 처음 부설된 이후 식민화의 수단으로 기차는 활용되었다. 특히 원료공급이 식민지 인도의 당면과제로 대두되자 철도는 개발한 자원을 수탈하기 위한 설치물로 등장했다.[91]

개발이 시작된 차 생산지에도 철도가 도입되었다. 1839년 아쌈지역에 아쌈차회사가 설립되고, 차산지 개간을 장려하는 정책인 아쌈차 경지법(Assam tea Clearance Act, 1854)이 통과된 이후, 대단위 다원이 가꾸어졌다. 차가 생산되자 오지의 다원에서 항구까지 신속하게 운반하는 운송수단이 절실히 요구되었다. 영국 정부는 차 산업을 위해 수운(水運)과 도로 확충사업과 더불어 철도 건설을 병행했

---

90) 이은경, 「근대 엔지니어의 탄생: '철도붐'과 영국 기계 엔지니어의 사회적 등장」, 『공학교육연구』제14권 5호, 2011, pp. 48-49 참조.
91) 地球の步き方 편, 박정애 역, 『세계를 간다 인도』, 랜덤하우스, 2010, p. 119 참조.

다. 19세기 초까지만 해도 증기선을 이용한 수운에 의존한 아쌈은 차산지로 개발되자 도로가 정비되었고, 차산지와 부라마푸트라강을 연결하는 철도가 수상교통의 보조기능으로 건설되었다.[92] 이후 차 수출량이 늘어나자 아쌈의 철도는 계속 부설되어, 엄청난 양의 차가 운송되었다.[93] 피서목적으로 건설된 실리구리(Siliguri)에서 다즐링(Darjeeling)으로 연결된 다즐링 히말라야 철도(The Darjeeling Himalayan Railway, 1881)는 1879년 실리구리에서 캘커타(현 콜카타) 노선과 연결되며, 피서객은 물론 차 산업에도 이용되었다.

1882년, 약 40억톤 킬로미터의 화물을 운반할 정도로 영국은 인도에서의 철도 건설을 빠르게 진척시켰다. 철도망이 차 운송비를 대폭 감소시켜감에 따라 교역은 빠르게 증대되었다. 이와 더불어 시간의 정확성이 중시되며, 차는 상품으로써 표준화되어갔다.[94] 19세기 말, 영국의 기업가들은 철도를 아쌈, 다즐링 등 새롭게 개척한 차산지와 대도시와 항로 등과 연결시키며 차 산업 네트워크를 형성했다. 인도의 차 생산지와 캘커타 봄베이 마드라스 등 식민지 지배를 위해 건설된 항만도시를 연결한 철도 네트워크는 차 산업 발전에 견인차 역할을 하였고, 전통 차 산업 방식을 획기적으로 변화시키는 매개체가 되었다. 철도는 열악한 환경에서 생산한 차를 신속하고 안전하게 선박으로 연계하는 역할을 수행했다. 철도에 의해 대량수송, 안정성과 신속성 등 경제성이 확보되며, 영국인은 누구나 신선하고 싼 차를 구입할 수 있었다.

한편 유선전선과 해저전신 부설, 전화기 발명 등 통신 분야 또한 발달했다. 이와 같은 교통과 통신의 혁신은 '거리'라는 지리적 장애물은 물론이고, '신선한 미식'이라는 시간적 장벽까지 없애주었다. 새로운 교통·통신수단은 영국인에게 중국, 일본이 아닌 인도와 실론(스리랑카) 등 식민지에서 원하는 차를 적은 비용으로 취할 수 있었다. 이처럼 철도는 인도의 차 산업을 완성시키며, 영국을 차 수입국에서 차 산업국으로 빠르게 전환시켰다. 새로운 운송수단은 인도에서의 차 상품을 유

92) 松下智, 『アッサム紅茶文化史』, 雄山閣出版, 東京, 1999, pp. 148-234 참조.
93) 케네스 포메란츠·스티븐 토픽 저, 박광식 역, 『설탕, 커피 그리고 폭력』, 심산, 2003, pp. 177 참조.
94) 케네스 포메란츠·스티븐 토픽 저, 박광식 역, 『설탕, 커피 그리고 폭력』, 심산, 2003, pp. 147-149 참조.

통하며 이윤의 확대를 가져왔다. 19세기 말, 차는 영국의 상품작물로서 산업화와 근대화의 징표가 되었다.

Ⅲ. 아쌈의 플랜테이션 농업: 대영제국 차 생산

1. 아쌈의 소수민족과 차

인도에서 차가 인간과 만나 차문화가 형성된 시기는 다소 모호하다. 16세기 이후 유럽인들에게 야생 차나무와 원주민의 음다문화가 곳곳에서 밝혀졌기 때문이다. 지금까지 알려진 바에 의하면 차에 관한 최초의 기록은 얀 호이헨 반 린스호텐(Jan Huyghen van Linschoten, 1563-1611)의 『동방안내기』에, 아쌈에서 나뭇잎을 마늘과 기름에 버무려 먹거나 음료로 음용한다는 기록이다.[95] 이를 뒷받침해주는 기록이 19세기 초가 되면 계속 밝혀진다. 1815년 레터(Latter)대령은 아삼 동북부 산악지역의 원주민들이 야생 차나무를 먹거나 음용하고 있다고 밝히고 있고,[96] 로버트 부르스(Robert Bruce)와 데이비드 스콧(David Scott), 코빈(F. Conbyn) 역시 인도 동북부지역에서 원주민들이 야생차나무를 식음용한다[97]고 기록하고 있다.

인도차의 기원지이자 인도차 중 가장 많은 양을 생산하고 있는 아쌈주는 13세기부터 19세기 초까지 힌두왕국, 아홈족(Ahom)이 통치한 지역이다. 이후 버마와 영국의 분쟁지역으로, 영국-버마전쟁(First Anglo-Burmese Wars, 1825) 후, 인도의

---

95) Pettigrew, J., *The Tea Companion*. Macmillan, New York, 1997, p. 119.
96) Hohenegger, B., *Liquid Jade: The Story of Tea from East to West*. St. Martin's Press, New York, 2007, p. 154.
97) Ukers, W.H., *All About Tea Vol. II*. Tea Importers Reprint, New London, 2004, p. 504.

영토가 되었다. 전쟁 결과, 버마의 아쌈, 아라칸, 마니푸르, 테나세림 등의 지역이 영국령으로 합병되었다. 영국은 버마인을 몰아내고 아홈왕국을 합병하며, 아쌈은 영국령 인도의 영토가 되었다.

아홈왕국은 중국 윈난의 소수민족인 타이족(傣族, Tai)의 후예가 건설한 왕국이다. 타이족은 원래 윈난성의 최남단에 위치한 시쌍판나(西雙叛納)가 본거지로, 시쌍판나는 차나무의 기원지이다. 타이족은 오늘날 미얀마, 인도, 베트남 등에 걸쳐 분포해 있는데 예부터 산차와 병차, 죽통산차(竹筒酸茶) 등 차를 식음하는 관습이 있었다. 타이족을 비롯한 윈난의 소수민족들은 13세기 몽골군이 침입해오자 주변의 산악지대와 인도 · 베트남 · 버마 등 동남아시아로 이동했다. 해발고도 1,500~2,000m에서 농경과 수렵을 병행하는 야인(野人), 다산야인(茶山野人)이라 불린 징포족(景頗族)[98] 또한 타이족처럼 윈난에서 아쌈으로 남하한 소수민족이다. 징포족은 예부터 다산(茶山)이라 불리는 까오리꽁산(高黎貢山)을 삶의 주 무대로 하며 엄차(腌茶)를 식음하며 살았다[99]. 이들은 다농(茶農)이라 불린 푸족(濮族)의 후손인 더앙족(德昂族)[100], 유염차(油鹽茶)를 음용하는 리쑤족(傈僳族) 등과 함께 타이족의 지배하에 이었는데, 이들이 남하하여 아쌈지역에서 정착해 살았다.

징포족은 인도의 아쌈지역 이외에도 미얀마의 산간지역인 카친주(Kachin state)와 샨주(Shan state)에 정착했다. 이들이 바로 영국인 로버트 부르스가 차나무를 발견했을 때 차나무 종자와 묘목을 전해준 싱포족(Singpho)이다. 즉, 인도의 싱포족은 중국의 징포족, 버마의 카친족(Kachin)과 동족이다. 운남의 타이족과 징포족 등의 소수 민족은 버마, 인도 등 아열대 산간지역에 정착하며 언어와 전통 문화를 공유하는 공동운명체의 삶을 살며 독자적인 정체성을 이어갔다. 타이족과 타이족의 지배를 받은 윈난의 소수민족은 '아쌈'이라는 새로운 공간에 거주하며 전통적인 생활방식 위에 주변 환경에 맞는 공동의 의식주문화를 만들어갔다. 그들은 종

---

98) 松下智, 『アッサム紅茶文化史』, 雄山閣出版, 東京, 1999, pp. 148-234 참조.

99) 조기정, 「중국 소수민족의 油茶 연구: 瑤族의 打油茶를 중심으로」, 『중국인문과학』, 제33집, 2006, p. 409 참조.

100) 曹子丹 · 曹進, 『吃茶的民族』, 湖南美術出版社, 長沙, 2005, p. 50 참조.

족집단의 근원적인 문화에 바탕을 두고 거주지가 바뀜에 따라 적응하며 조금씩 그들만의 문화를 만들어갔다.

윈난 소수민족의 차 식음관습은 아쌈지역 곳곳에서 그 흔적을 찾을 수 있다. 타이족과 징포족의 죽통차(竹筒茶, 혹은 烤茶)와 발효음식 죽통산차(竹筒酸茶)가 그 예이다. 이와 같은 식음법은 중국 윈난과 아쌈지역 외에도 타이족과 징포족이 이동한 버마, 태국, 라오스 등에서도 찾을 수 있다. 이들은 문명과 동떨어진 곳에서 선조들의 생활방식과 자연의 순리에 따르며 생활했는데, 차 제조와 식음법 역시 이와 같은 맥락에서 이해할 수 있다.

윈난의 타이족과 징포족은 아홈족과 싱포족이 되어 브라마푸트라 계곡 주변의 아쌈에 터를 잡고 살았지만 차를 이용한 식생활은 변함없이 이어지고 있었다. 아홈왕국은 유럽인들에게 발견될 때까지도 차를 식음하는 방식은 계속되고 있었다. 특히 브라마푸트라강 상류 구릉지역에 정착한 싱포족은 주거지 부근에서 자라는 야생 차나무에서 찻잎을 채취하여 그들의 조상이 식음한 관습처럼 음식과 음료로 차를 이용했다. 윌리엄 로빈슨(W. Robinson)은 1841년 싱포족의 차생활에 대해 밝히는 글에서 제다법을 다음과 같이 설명하고 있다.

먼저 여린 찻잎을 따서 햇볕에 시들린 후, 밤이슬을 맞힌다. 3일간 햇볕에 시들린 다음 평평한 솥에 넣어 완전히 건조할 때까지 불에 덖는다. 그런 후 불에 따끈하게 쪼인 대나무통 속에 찻잎을 봉으로 눌러 채운다. 대나무 통에 찻잎을 가득 채우면 나뭇잎으로 덮는다. 화로 연기가 피어오른 곳에 매달아두면 오래 두어도 차의 품질이 변하지 않는다. …… 땅을 판 후, 구덩이 측면을 큰 나뭇잎을 나란히 놓으며 감싼다. 찻잎을 삶은 후, 즙은 버리고 삶은 찻잎은 구덩이에 채운다. 땅속에 묻혀두어 찻잎의 발효가 끝나면 들어내어 대나무 통에 넣어 시장에 판매한다. 이 찻잎의 식음법은 찻잎을 끓여 나온 즙을 마시는 것이다.. 이 제다법은 먹는 차와 같으나, 이용법은 마시는 것이다. …… 싱포족과 깜푸티족은 찻잎을 다려먹는 습관이 있다. 그 부족들은 찻잎을 따서 줄기를 떼어내고 끓인 후에 그릇에서 압착해서 햇볕에 말린 후에 보관한다.[101]

---

101) 松下智, 『アッサム紅茶文化史』, 雄山閣出版, 東京, 1999, pp. 148~150 참조.

찰스 부르스 역시 『홍차의 제조에 관하여 An Account of the Manufacture of the Black Tea, 1838』에서 싱포족의 차 만드는 법에 대해 기록하고 있다.

> 싱포족은 여리고 부드러운 찻잎을 채취해 햇볕에 약간 시들린 후에 다시 응달에 두는 과정을 사흘 동안 반복한다. 또 다른 방법으로는 채취한 찻잎을 약간만 시들린 후, 뜨거운 팬에 놓고 뜨거워질 까지 덖는다. 그런 후에 대나무 통속에 찻잎을 막대기로 쑤셔 넣고, 불 위에 올려 대나무 통을 돌린다. 헛간의 연기 나는 장소에 대나무 통을 걸어두면 차는 수년 간 잘 보존된다. 또는 땅을 파서 커다란 잎으로 구덩이 둘레를 감싼다. 찻잎을 끓인 후, 즙을 버리고 구멍에 찻잎을 넣은 후, 잎과 흙으로 덮어두면 발효가 된다. 나중에 그것을 꺼내어 대나무 통에 넣어 시장에 판다. 이것이 싱포족의 가장 좋은 차이다.[102]

기록에 쓰인 싱포족의 차 이용법에서 알 수 있듯이 싱포족은 야생의 차나무에서 찻잎을 채취하여 선조들의 관습과 유사한 방식으로 식음했다. 영국은 중국 진출을 위한 교두보인 아홈왕국으로 향했고, 그곳에서 우연히 그들의 일상의 음료로 자리하게 된 차를 발견하게 된다. 아쌈 싱포족의 식음관습은 그들과 달랐지만 레터, 찰스 부르스, 윌리엄 로빈슨 등 차에 관심이 많은 이들의 호기심을 불러일으키기에 충분했다. 1826년 얀다보(Yandabo)조약 이래, 아쌈이 영국의 지배 하에서 영국인에 의한 제다법과 음다 습관으로 바뀌면서 싱포족의 제다법과 음다 습관은 역사 속으로 사라져갔다.

2. 아쌈의 차 플랜테이션

영국의 인도에서의 차산업은 19세기 초에 이르자 본격적으로 진행되었다. 자생하는 차나무를 찾았고, 인도에서의 차 음용여부 또한 관심가졌다. 이와 더불어 중국종 차나무를 시험재배하며 차나무 재배에 적합한 환경인지 관찰했다. 1815년

---

102) Mair, V. H. and Erling Hoh, *The True History of Tea*. Thames & Hudson, London, 2009, p. 211.

아쌈 북부 원주민들의 차생활을 기록한 레터를 비롯해 1816년 에드워드 가드너(Edward Gardner)는 네팔의 카트만두궁정의 정원에서, 1823년 로버트 부르스는 아쌈의 북동부 구릉지대에서, 1825년 데이비드 스코트(David Scott)는 마니푸르에서, 1827년 코빈은 버마 아라칸의 샌도웨이(Sandoway)에서, 1831년 앤드류 찰튼(A. Charton)은 아쌈에서 등 19세기 초 내내 인도 북동부지역에서 야생 차나무가 자생하고 있다는 보고가 전해왔다. 차나무가 인도에서 자생하고 있다는 계속된 보고에 영국정부와 인도정청은 기운을 얻어 인도의 산업작물에 차나무를 추가시켰다. 고반(Govan)은 벵갈 북서부지방에서, 로일(J. F. Royle)은 히말라야의 북서지역에서, 젠킨스는 아쌈에서 차나무를 재배하자는 등 입지조건을 설명하며 차 산업을 제안하는 사람들 또한 이 시기 많아졌다.[103] 19세기 초, 인도에서 차산업을 하자고 제안한 많은 사람들은 인도 동북부 지역을 선정했다.

인도 차 산업은 선각자들의 의견을 수렴해 인도 북동부 아쌈이 선정되었다. 실제로 강렬한 태양, 2,000-3,000mm의 강우량, 큰 일교차, 비옥한 토양 등의 조건을 갖춘 아쌈은 차 생산지로 적합한 환경을 갖추고 있었다. 인도는 야생 차나무가 자라고 차를 식음하고 있었지만, 영국은 인도보다는 중국의 차나무 재배·제다법, 그리고 음용법을 따랐다.

차위원회에서는 중국종 차나무를 인도에 이식하기 위해 차나무의 입지조건 연구에 몰두했다. 하지만 중국종의 차나무를 인도에 이식해 재배하는 작업은 결코 쉽지 않았다. 아쌈의 랑푸르(Rangpur, 시부사가르)에서 자생하는 차나무를 형, 로버트 부르스의 소개로 알게 된 찰스 부르스는 1825년 싱포족 족장, 비사 괌(Beesa Gaum)에게 자생 차나무 종자와 묘목을 얻었다.[104] 찰스 부르스가 아쌈 랑푸르의 차나무 종자와 묘목을 아쌈의 책임자인 데이비드 스코트에게 전해주자, 스코트는 마니푸르의 차나무 묘목과 함께 캘커타 식물원의 월리치박사에게 감정을 의뢰했

---

103) William H. Ukers, M.A, *All About Tea Vol. Ⅱ*, Tea Importers Reprint, New London, 2004, p. 503.
104) Hohenegger,Beatrice, *Liquid Jade*, The Story of Tea from East to West, St.Martin's Press, 2007, p.153.

다. 윌리치는 아쌈의 차나무를 중국의 차나무와는 다른 동백나무의 일종이라 감정했다.[105] 이후 차위원회에서는 중국종 차나무가 시험재배에 성공해 이를 인도산지에서 재배하자고 결론을 내렸다. 차위원회에서는 첫 번째 차 재배지역으로 아쌈에 주목했다.

앤드류 찰튼은 1831년에 이어 1834년, 또다시 아쌈에서 자생한 차나무 샘플을 캘커타 식물원에 보냈다. 드디어 윌리치는 찰튼이 보낸 아쌈나무가 진짜 차나무 즉, 정품 차나무라 인정했다. 윌리치의 발표가 있자, 아쌈에서는 야생 차나무 재배와 제조에 관한 연구를 속행하였다. 1836년 찰스 부르스는 아쌈의 실험다원 관리자로 임명되자 중국종 차나무의 성공적인 재배를 연구하면서 한편으로는 아쌈의 자생 차나무 산지를 조사했다[106]. 1936년 찰스 부르스는 중국인 제다 전문가들과 사디야(Sadiya)의 마탁(Matak)에서 아쌈종 찻잎으로 제다해 캘커타로 보냈다. 찻잎이 차위원회가 선호한 중국종이 아닌 아쌈의 야생 차나무인 이유는 중국종 차나무의 찻잎이 제다할 만큼 성장하지 않았기 때문이었다. 그리하여 중국종(*Var. Sinensis*)이 아닌 아쌈종(*Var. Assamica*)의 찻잎을 중국식 제다법으로 상품화한 차가 1838년 인도에서 최초로 생산되었다. 그 차는 소종(小種)과 백호(白毫)의 아쌈차 8상자(350파운드)로, 이듬해인 1839년 런던 동인도회사(East India Company)의 인디아하우스(India house)에서[107] 높은 가격으로 판매되었다. 이는 영국인의 의해 제조된 최초의 상업용 차로, 이는 영국 차산업의 출발점이었다.

첫 아쌈차 판매가 좋은 반응을 얻자 영국의 자본가들은 인도에서의 차산업이 엄청난 수익을 가져올 것이라 예견했다. 영국의 동향을 보고, 영국 정부와 인도정청은 관주도가 아닌 민간주도로 차 산업을 전환했다. 1840년 영국의 자본가들에 의해 아쌈차회사(The Assam Tea Company)는 인도정청 소유의 차 재배지 대부분

105) Griffiths, J., *Tea: The Drink That Changed the World*, Andre Deutsch, London, 2008, pp. 32-33 참조.
106) 磯淵猛, 『一杯の紅茶の世界史』, 文春新書, 東京, 2005, pp. 113-124 참조.
107) Mair, V. H. and Erling Hoh, *The True History of Tea*, Thames & Hudson, London, 2009, pp. 211-213 참조.

을 인수했다.[108] 아쌈차회사는 찰스 부르스를 아쌈의 북부지역인 자이푸르와 디브루갈의 차나무 산지 총감독으로 임명했다. 아쌈차회사는 아쌈 기후에 적합하지 않는 중국종 차나무 재배, 개간비와 관리비용 부족, 숙련된 노동력 부족, 원활하지 못한 교통망 등이 겹치며 도산위기에 처했다.[109] 아쌈에서는 기후·토양 등 자연환경에 적합한 아쌈종 차나무 재배가 필요하다는 찰스 부르스의 의견을 아쌈차회사 주주들이 동조하지 못한 결과이기도 했다. 찰스 부르스의 해임 후 부임한 조지 윌리엄슨(George Williamson)은 중국종 차나무를 선호하는 주주들을 설득해 드디어 아쌈의 다원에서는 중국종 대신 아쌈종 차나무가 재배했다. 이와 함께 제다기술 개선과 면세혜택, 그리고 수출상품으로 차나무를 경작할 유럽인에게는 3,000에이커의 땅을 지급한다는 아쌈차 경지법이 시행되자, 차 생산량은 상승곡선을 그리기 시작했다.[110] 하지만 '영국산 차'라는 프리미엄이 붙으며 영국인들의 투기대상이 된 인도차는 1860년대에 이르자 잠시 주춤했다. 중국차에 비해 품질은 떨어진데 가격은 비쌌기 때문이다. 이후 품질 개선을 위한 연구로 기계들이 발명되며 인도에서 생산한 차는 영국 소비자들에게 인정받기 시작한다.

젠킨스, 찰튼 등 아쌈 차 산업의 선구자, 그리고 중국종 차나무 종자와 중국의 차에 대한 정보를 입수한 고든과 로버트 포춘(Robert Fortune) 등의 개척자 덕분에 인도 차 산업이 개막되었다면, 찰스 부르스, 조지 윌리엄슨 등의 현지화 작업과 기계의 활용, 그리고 근대적 교통망의 건설로 영국령 인도는 차 산업지로 급부상했다. 아쌈에서 다원 개발이 진척되면서 차의 품질개선과 비용절감을 위한 시도가 다각도로 이루어졌다. 비용절감을 위해 중국의 복잡한 제다공정을 단순화시키면서 중국의 제다공정에서 벗어날 수 있었다. 제다에 기계를 활용함으로써 단순해진 공정은 비용과 시간을 절감시키는 효과뿐만 아니라 비숙련공으로도 품질 좋은 차를 생산할 수 있게 되었고, 기호에 맞는 차를 항상 생산할 수 있게 되었다. 19세

---

108) 톰 스탠디지 저, 차재호 역, 『역사한잔 하실까요?』, 세종서적, 2006, pp. 294-296 참조.

109) 磯淵猛, 『一杯の紅茶の世界史』, 文春新書, 東京, 2005, pp. 113-124 참조.

110) R. Moxham, *A Brief History of Tea: Addiction*, Exploitation, and Empire, Running Press, 2003, pp.103-104 참조.

기 말이 되면 차의 가격과 품질, 기호 등 소비자의 기호에 맞춘 차로 영국은 중국을 추월했다. 19세기 중반이후 30여 년 동안 영국의 차 산업은 급속한 발전을 이루며 아쌈차는 중국의 모방품에서 영국의 새로운 제다공정으로 생산한 '영국식차'가 되어갔다.

사람이 살기에 열악한 조건을 두루 갖춘 아쌈은 차가 산업작물로 재배되면서 영국 차 산업의 메카가 되었다. 아쌈의 성공적인 차 산업은 인도 북부에서 남부까지 차 재배지를 확대시키는 결과를 낳았고, 실론, 인도네시아 등 새롭게 건설된 차 산업지의 모델이 되었다.

3. 차 재배지의 확대

차나무가 생육하기 적합한 환경은 10-30℃ 내외의 기온, 2,000mm 내외의 강우량, 해발 1,000-7,000 피트(300-2,134m)의 고도이다. 이와 더불어 습기를 머금고, 약산성 토양에 배수가 잘 되면 좋은 품질의 차가 생산된다.[111) 아쌈, 다즐링 등의 북인도와 남인도의 고원지대가 이에 해당하는 대표적인 지역이다.

인도의 차 산업 개막기인 19세기 초, 차나무 재배 적지를 타진하기 위해 아쌈지역 외에도 히말라야의 북서부와 남부에서 시험재배가 행해졌다. 1832년, 크리스티(Christie)는 닐기리(Nilgiri) 주변지역에서 차나무를 시험 재배했다. 고든이 중국에서 가져온 중국종 차나무 종자를 캘커타 식물원에서 키운 묘목들은 아쌈 북부와 쿠마온(Kumaon), 서모(Sirmore) 등의 북인도지역과 남인도지역으로 보내졌다. 1835-1836년, 휴 팔코너(Hugh Falconer)는 쿠마온의 차산업 책임자로 임명되자 부르트푸르(Bhurtpur)와 뱀탈(Bhemtal)에서 실험다원을 열었지만 실패했고, 쿠마온, 서모, 가활(Garhwal)지역에서는 차나무 재배에 성공했다.

인도에서 차가 상품으로 출시된 이후, 영국은 아쌈의 야생차나무에 대한 관심

---

111) Pettigrew, J., *The Tea Companion*. Macmillan, New York, 1997, p. 28.

이 커졌다. 1840년 캘커타식물원에서는 실론의 페라데니야식물원(Peradeniya Royal Botanic Garden)으로 아쌈종 차나무 205그루를 보내어 실론에서도 차재배가 가능한지 실험재배토록 했다. 이후 기후와 토양 등 차 재배에 적합한 지역을 찾는 시험 재배는 계속되었다. 인도 데라둔(Dehradun), 두알스(Dooars), 치타공 (Chittagong) 등은 바로 차위원회에서 차나무 재배 적지로 선정한 지역이었다. 먼저 중국종 차나무 재배에 성공한 쿠마온을 살펴보면, 북동부 해발 600~1900m 구릉지대에 위치해 있어 서늘하고, 토양이 비옥하다. 1830년대 휴 팔코너가 중국종 차나무를 시험 재배한데 이어 1840년대 윌리엄 제임슨(William Jameson)으로 이어지며 차나무 재배는 계속 진행되었다.[112]

다즐링(Darjeeling)은 인도 북동부의 대표적인 차산지이다. 인도 북동부, 히말라야 고원의 계곡에 위치한 다즐링은 티벳 사람들이 속세를 벗어난 신성한 곳, 도젤링(Dorje-ling)이라 부르던 지역이다. '영원한 힘(Dorje)'을 의미한 다즐링은 본디 티벳사원이 자리한 곳이었는데, 19세기 초 영국이 지배하며 군인을 위한 요양소와 휴양지로 개발되었다. 의료지원단으로 다즐링에 도착한 캠벨(Campbell)은 고든이 가져와 쿠마온에서 재배한 중국종 차나무 종자를 심어 재배에 성공했다.[113] 쿠마온과 그 주변지역 외에는 성공하지 못했던 중국종 차나무가 다즐링에서 재배에 성공한 것이다. 해발고도가 높은 지역에 위치한 다즐링은 서늘한 기후, 짙은 안개, 적당한 강우량과 일조량, 양질의 토양 등 우수한 품질의 차를 생산하는데 적합한 조건을 두루 갖추고 있었다. 이러한 자연환경 덕분에 소엽종의 중국 차나무는 다즐링에 잘 적응할 수 있었다.

캠벨이 차나무 재배에 성공하자 학자, 군인, 공무원, 사업가 등 많은 영국인들이 다즐링을 차산지로 개발했다. 1856년 쿠르송과 다즐링 차회사(Kurseong and Darjeeling tea company)에 의해 알루바리다원(Alubari tea garden)이 개원하며 본격

---

112) Ukers, W.H., *All About Tea Vol. II.* Tea Importers Reprint, New London, 2004, pp. 503-505 참조.
113) Heiss, M.L. and Heiss, R.J. *The Story of Tea.* Ten Speed Press, Berkeley, 2007, pp. 28-206 참조.

적으로 이루어진 차 산업은 1866년에는 39개, 1874년에는 113개의 다원이 개발되었다.[114] '다즐링은 가장 우수한 차재배지다'라고 말한 조셉 후커(Joseph Hooker)의 말처럼 중국종 차나무가 가장 이상적인 기후에서 자란 다즐링에서 자란 차는 고급차라는 이미지를 형성하며 수요가 급증했다. 다즐링 다원은 네팔과 시킴 등 인근지역에서 노동력을 동원하고, 제다공정에 기계를 도입했으며, 여기에 트럭과 기차 등 빠른 운송망을 갖추면서 고급 차생산지로 자리해갔다. 그 외 북동부지역의 데라둔, 두알스, 치타공, 실헷 테라이 등과 히말라야 산맥 아래의 캉그라(Kangra) 역시 차산지로 개발되었다. 특히 실헷에서는 인도인이 다원을 소유하며 인도 역시 차산업에 관심갖기 시작했다.[115]

1830년대 중국종 차나무의 시험재배는 인도 남부지역에도 이어졌다. 마드라스를 비롯한 타밀나두, 케랄라 지역이 대표적인 예이다. 그 중 닐기리는 19세기 이래로 남인도를 대표하는 차산지가 되었다. 남인도 케랄라 주와 타밀나두 주의 마드라스 언덕에 걸쳐 위치해 있는 닐기리는 해발 14,800m, 연중 강수량 2,300mm 정도로 비옥한 토양 등 차나무 재배조건을 두루 갖춘 지역이다. 닐기리는 크리스티(Christie)에[116] 이어 만(Mann)이 제임스 고든이 중국에서 가져온 잣(Jat)품종을 시험 재배한 1830년대부터 차나무 재배 역사가 시작된다.[117] 1840년대 코로넬 존 오우터로니(Cononel John Ouchterlony)와 제임스 오우터로니(James Ouchterlony) 형제, 1850년대 만이 쿠느르(Coonoor)와 티아숄라(Thiashola) 등에서 다원을 개원하면서 차나무는 남인도의 상업작물로 재배된다. 이후 1892년 우수한 품질의 차를 생산하기 위해 닐기리 생산자협회(NPA; Nilgiri Planters Association)가 결성되며[118] 닐기리는 명차산지로 발전을 거듭했다.

---

114) Heiss, M.L. and Heiss, R.J. *The Story of Tea.* Ten Speed Press, Berkeley, 2007, p. 198-206 참조.
115) Ukers, W.H., *All About Tea Vol. II.* Tea Importers Reprint, New London, 2004, p. 506
116) Mair, V. H. and Erling Hoh, *The True History of Tea.* Thames & Hudson, London, 2009, p. 219.
117) Pratt, J.N. *New tea Lover's Treasury.* Tea Society, San Francisco, 1999, p 157.
118) Heiss, M.L. and Heiss, R.J. *The Story of Tea.* Ten Speed Press, Berkeley, 2007, p. 206.

지역명	다원 수	재배 면적 (에이커)	생산량 (파운드)	1에이커 당 평균 생산량
아쌈	1,058	153,657	34,013,583	221
벵골	274	38,805	6,572,481	169
북서지역	-	4,110	838,742	204
펀잡	-	7,466	927,827	124
버마	-	179	16,120	90
마드라스	-	4,275	649,460	151
합계		208,492	43,018,213	206

1880년 홍차재배현황에서 알 수 있듯이 19세기 말엽에 이르면, 북인도의 히말라야산맥의 남부지역부터 남인도까지 차 재배지가 널리 분포하였다. 차는 더 이상 중국을 비롯한 동양의 상품이 아니었다. 인도의 차는 '대영제국의 차'라는 이름을 달고 세계인들과 만났다. 19세기 말엽에 이르자, 영국은 중국 외 새로운 차 공급지로 떠오르며 '차 산업국, 영국'이라는 새로운 이름을 얻게 되었다.

IV. 영국의 차산업과 차 무역

1. 영국 제다법 탄생: 중국 제다법에서 영국 제다법으로

18세기까지도 영국은 동양에서 차를 수입해 음용해왔다. 이국의 신비한 음료였던 차가 점차 일상음료가 되면서 차 수입량은 기하급수로 증가했다. 영국은 중국에서 아편을 밀매하고, 아편전쟁을 일으켜 차 수입을 용이하고자 했지만 이 방법

---

119) 角山 榮, 茶の世界史, 中公新書, 東京, 2007, p.156.

만으로는 완전하게 해결되지 않았다. 영국은 차산지를 개발한 후, 재배·제조·유통을 장악하자 비로소 늘어난 영국의 차 수요만큼 차를 생산할 수 있었다.

영국은 인도의 곳곳에서 야생 차나무를 발견하자 곧바로 차 산업에 돌입했다. 영국의 차 산업 벤치마킹은 모든 차의 고향이자 주된 차 수입국인 중국이었다. 당시 중국에서 차는 최고의 이익을 주는 경제작물이었기에 차나무 종자를 확보하고 차나무 재배와 제다법에 관련된 정보를 입수하는 일은 결코 쉽지 않았다. 정식통관절차를 받지 않고 중국 밖으로 가져올 수 있는 유일한 방법은 밀반출뿐이었다. 인도정청에서는 차종자와 차나무 재배와 제다에 관한 정보를 입수하기 위해 제임스 고든, 사무엘 볼(Samuel Ball), 로버트 포춘(Robert Fortune) 등을 중국에 파견했다.

제임스 고든은 1830년대 여러 차례 중국에 잠입해 차 종자와 제다도구, 그리고 제다 기술자를 데리고 돌아왔다. 고든이 가져온 차 종자는 식물원과 아쌈, 쿠마온 등 인도 각지에 이식하며, 최상의 차나무 재배지를 물색했다. 이와 동시에 중국인 제다 기술자의 도움을 받아 차를 상품화하는 작업에 힘썼다.

사무엘 볼과 로버트 포춘은 중국에서 수집한 차나무 재배와 제다에 관한 지식을 책으로 엮어 차산업자들의 지침서가 되도록 했다. 사무엘 볼은 『중국차 재배와 제다에 관한 고찰(An Account of the Cultivation and Manufacture of Tea in China, 1848)』에서 광둥(廣東)에서 채집한 부분발효차 제법을 기록했다. 로버트 포춘은 중국 차산지를 다니며 정탐했다. 첫 번째 여행에서 푸젠성(福建省), 저장성(浙江省), 광둥성(廣東省) 등의 차산지를 3여 년간 조사했고, 인도로 돌아갈 때 차나무 종자를 챙겨갔다. 두 번째 여행에서는 차나무 재배와 제다에 대한 정보 입수와 함께 차나무 종자와 묘목, 차 재배와 제다 도구와 함께 제다숙련공을 데리고 인도로 돌아왔다. 로버트 포춘은 습한 모래를 가득 넣은 대바구니에 차나무 종자를 넣어두면 겨울 내내 죽지 않는다는 정보를 입수하고 이와 같은 방법으로 좋은 품질의 차종자를 밀반출했다. 로버트 포춘은 밀반출을 성공하여 가져온 차종자는 인도 곳곳에 파종되었고, 덕분에 1852년 아쌈차회사는 처음으로 2.5% 배당금을 줄 수 있었다. 포춘이 중국에서 가져온 기술과 지식은 초기 인도의 차산업을 일으키는데 중요한 길라잡이가 되었다. 로버트 포춘이 남긴 『중국 북부 여행기(Wanderings in the Northern Provinces of China)』, 『중국차 재배지 방문기(A Journey to the Tea Countries of China)』 등에서 영국인들이 좋아하는 백호차(白毫茶)와 소종차(小種茶)의 산지가 무이산임을 알고 무이차(武夷茶)에 대한 제다 정보와 함께 중국인들이 즐겨 음용하는 녹차에 대한 정보[120]도 자세히 기록했다. 볼이나 포춘이 기록한 홍차(Hong-cha)의 제다과정을 살펴보면 완전발효차의 공정이 아닌 부분발효차 공정이다.[121] 발효에 대한 개념을 잘 몰랐던 중국인과 유럽인은 붉은 빛을 띤 찻잎과 찻물색을 보며 홍차(紅茶)로 명명한 듯싶다.

영국의 초기 차 산업 개척자들은 중국품종의 차나무에서 채취한 찻잎을 중국 제다법으로 만든 차를 인도에서 생산하기 위해 연구했다. 인도에서 최초로 상품으로 출시된 아쌈종 찻잎을 중국식 제다법으로 제조한 차였다. 이후 차는 향미를 음미하는 기호음료가 차라는 개념에 초점이 맞춰졌고, 이에 따라 제다법은 변화했다. 채다 → 일광위조 → 양청 → 요청 → 살청 → 유념 → 건조 과정을 거친 찰스 부르스의 차는, 중국인 제다숙련공에게 전수받아 중국의 부분발효차와 유사하면서도 유럽인들의 기호에 맞춘 차였다.[122] 여기에 진한 향미와 검은 찻잎, 붉은 찻물색의 차를 만들기 위해 강한 위조와 실내에서 양청과 요청을 3회 반복한 과정을 추가했다. 즉, 찰스 부르스의 차는 완전히 발효한 홍차로 가기 위한 전단계인 전환기의 홍차제다법이었다.

찰스 부르스는 인도에서 차 산업에 성공하려면 중국종보다는 아쌈종의 차나무로 제다해야 한다고 주장했다. 이와 더불어 야생 차나무를 재배하는 방법, 가장 적합한 차산지, 그늘나무(Shadow tree)에 차나무 전정 등 효율적인 다원 조성 등 자연환경에 맞는 차나무 재배와 제다법을 제시했다.[123] 찰스 부르스의 차나무 재배

---

120) Pratt, J.N. *New tea Lover's Treasury.* Tea Society, San Francisco, 1999, pp. 94-98 참조.
121) 松下智, 『アッサム紅茶文化史』, 雄山閣出版, 東京, 1999, pp. 198-99 참조.
122) Hohenegger, B., *Liquid Jade; The Story of Tea from East to West.* St. Martin's Press, New York, 2007, pp. 154-157 참조.
123) 톰 스탠디지 저, 차재호 역, 『역사한잔 하실까요』, 세종서적, 서울, 2006, pp. 293-296 참조.

에 대한 제안은 후임인 조지 윌리엄슨에 의해 실행되어 아쌈의 다원에서는 아쌈종의 차나무가 재배되었다. 초기 영국의 차 산업은 중국을 벤치마킹함으로써 차나무 재배와 제다법을 학습했지만 연구에 실험을 거듭하면서 재배환경에 따라 많은 변이 환경에 맞는 품종을 재배 등 차나무 재배와 제다에 관련된 지식을 쌓아갔다. 찰스 부르스의 끊임없는 연구와 조지 윌리엄슨의 실천적 의지는 인도 차 산업이 중국의 틀을 깨고 새롭게 출발할 수 있는 동인(動因)이 되었다.

아쌈차 생산 초기, 아쌈차를 음용한 소비자들은 차 생산지가 중국이 아닌 영국령이라는 데에는 자긍심을 가졌지만 향미에 있어서는 중국차에 비해 부족하다는 반응이었다. 인도차에 대한 시들해진 반응은 곧 판매부진으로 이어졌다. 인도의 차산업자들은 중국의 차나무 재배와 제다법을 충실히 배운 후, 시험재배 결과를 분석하고 수정·보완해 갔다. 이와 함께 소비자들의 기호와 판매반응을 살피며 차를 생산했으며, 제다에 기계를 이용한 선진적인 기술력이 가미되며 영국식 차로 재창조되어갔다.

전통의 중국 제다법에서 찰스 부르스의 제다법은 약간 변형된 살청과정을 포함한 부분발효 제다법이었다. 그 후 살청과정이 사라진 대신, 발효과정이 추가되, 제다과정이 간략해지는 등 제다법이 수정·보완되었다. 19세기 후반, 『차의 재배와 제조(The Cultivation and Manufacture of Tea)』에서 에드워드 마니(Edward Money)는 기존의 12 과정의 복잡한 제다공정을 5 공정으로 단순화했다. 위조(withering) → 유념(rolling) → 발효(fermenting) → 일광건조(sunning) → 열건조(firing or drying)로 진행되는 제다과정으로, 이때 살청과정을 생략한 것 외에도 위조시간을 20시간에서 4시간으로 단축해 약하게 위조한 제다법이었다. 이는 효용성이 적은 살청과정을 생략한 완전 발효된 홍차의 제다법이다. 에드워드 마니의 제다법으로 이전보다 훨씬 나은 품질의 차가 생산되었고, 장기간 보관도 가능했다.[124] 마니의 제다법은 차나무 재배 경험과 수많은 실험을 통해 얻어진 결과, 즉 수많은 시행착오를 거쳐 완성된 창의적 제다법이었다.

---

124) Ukers, W.H., *All About Tea Vol. I*. Tea Importers Reprint, New London, 2004, p. 465.

찰스 부르스와 에드워드 마니를 비롯해 헨리 와트(Henry Watts), 존 스코트(John Scott), 윌리엄 해리 존스톤(William Harris Johnston) 등 많은 차 관련 종사자들은 소비자의 기호를 충족시킬 수 있는 좀더 좋은 품질의 차를 생산하고자 새로운 제다법을 제안했다. 이와 더불어 산업화시대에 맞게 시간과 비용을 절감하는 고효율의 차를 생산하는 데에도 노력을 게을리 하지 않았다. 그 결과 탄생한 마니의 다섯 과정으로 축약시킨 제다법은 오늘날 홍차제다의 표준이 되었다.

2. 기계화 제다와 경쟁력 확보: 차 산업의 성장

19세기 이전까지만 해도 제다는 수공업이 압도적이었다. 산업혁명의 진원지인 영국은 생활필수품이자 소비재인 차 생산에 기계를 도입했다. 차는 영국에 의해 수공업적 소규모 생산에서 공장제 기계공업으로 전환되며 일정한 향미의 차가 대량생산되었다. 즉, 19세기 후반, 영국은 차산업에 관심을 갖게 되면서 기술 개발로 차 산업 발전을 가속화시켰다.

1840년대까지만 해도 대부분 중국의 제다법으로 차를 생산했던 영국은 1850년대 특허를 받은 이후 기계 제다의 시대를 열며, 조금씩 영국의 색깔을 내었다. 이제 영국은 비숙련공으로도 제다가 가능하게, 그리고 적은 인원으로 많은 양의 차를, 일정한 향미의 차를 생산하게 되었다. 1854년 찰스 헨리 올리비에(Charles Henry Olivier)가 차 건조기를, 1855년~1860년 알프레드 새비지(Alfred Savage)가 절단기(tea cutter), 분리기(separator), 혼합기(mixer)를, 1859년에는 에드워드 프란시스(Edward Francis)가 차 선별기를, 1860년에는 헨리 드 모네이(Henry de Mornay)가 차 분류기로 차 관련 산업에 특허가 쏟아질만큼 차산업은 당시 뜨거운 감자였다.[125] 차산업자와 과학자의 부단한 노력으로 일군 제다기술과 새로운 기계가 차 산업에 덧붙여지며 영국을 새로운 차 산업국으로 세계시장에 알렸다.

---

125) Ukers, W.H., *All About Tea Vol. I*, Tea Importers Reprint, New London, 2004, pp. 465-466 참조.

홍차의 정통적인(orthodox) 제다공정 순으로 기계화된 제다공정을 살펴보면 다음과 같다. 먼저 위조과정을 살펴보면, 다원에서 채취한 신선한 찻잎의 수분함량을 감소시키는 위조(萎凋)는 1870년대부터 점차 일광위조에서 실내위조로 전환되었다. 날씨가 안 좋을 때면 온풍건조기를 이용해 찻잎을 시들렸는데, 이때 팬으로 공기의 양과 습도 등을 조절했다. 결코 쉽지 않았돈 찻잎 시들리기 작업은 1927년 마샬 앤드 선스사(Marshall & Sons. Ltd)의 마샬(Marshall)이 위조기계를 만들면서 인공 위조 작업은 순조롭게 이루어졌다.[126]

찻잎의 세포조직을 파괴하여 차의 성분이 잘 우러나도록 찻잎을 비비는 유념과정은 초기 중국식을 모방하여 긴 테이블에서 손바닥으로 비비거나 발로 비볐다. 유념에도 인공이 가해졌다. 1860년대 들면서 제임스 넬슨(James Nelson)은 손바닥 대신 두 테이블을 교차하는 유념기를, 호어스(Howorth)와 라일(H. Lyle)은 초기 유념기를 개량해 실린더를 이용한 회전식 유념기를 발명해 유념했다. 그 이후 제임스 킨몬드(James C. Kinmond), 윌리엄 잭슨(William Jackson) 등은 새로운 유념기를 발명했다. 제임스 킨몬드는 기어를 추가해 동력으로 빠르게 돌며 유념하는 크로스 액션(Cross Action)과 압력을 조절하는 고속(rapid) 유념기를 개발하며 상당한 노동력이 필요한 유념단계의 수고로움이 한결 덜어졌다.[127] 특히 고속 유념기는 많은 양의 차를 빠르게 유념함으로써 제다시간을 이전에 비해 훨씬 단축시켰고, 균일한 품질의 찻잎을 대량생산할 수 있게 되었다. 유념과정의 기계화는 시간과 노동력이 절감되면서 소비자는 좋은 품질의 차를 적은 비용으로 음용할 수 있게 되었다.

건조과정에도 기계화가 이루어졌다. 전통적인 건조과정은 대나무판 위에 펼쳐둔 찻잎이 적당히 산화발효되면, 숯의 열기로 멈추게 하는 작업이다. 건조과정의 기계화는 1860년대 벤자민 디킨슨(Benjamin Dickinson)이후, 에드워드 마니, 윌리엄 잭슨, 토마스 맥미킨(Thomas McMeekin), 새뮤엘 데이비슨(S. Davidson) 등으로 이어지며 오늘날과 같은 건조기가 발명되었다. 1870년대 에드워드 마니는 비싸고

126) Ukers, W.H., *All About Tea Vol. I*. Tea Importers Reprint, New London, 2004, p. 476.
127) Ukers, W.H., *All About Tea Vol. I*. Tea Importers Reprint, New London, 2004, pp. 470-471 참조. Ukers, W.H., *All About Tea Vol. II*. Tea Importers Reprint, New London, 2004, p. 506 참조.

오랜 시간을 요하는 훈증의 숯이 아닌 나무, 석탄 등의 연료를 사용해 건조했고, 토마스 맥미킨은 넓은 공간을 차지 않는 서랍형 건조기를 발명했다. 특히 1870년 대 이후 사무엘 데이비슨과 윌리엄 잭슨은 보다 나은 건조기를 계속 발명했다. 데 이비슨의 건조기는 열 낭비가 심한 숯이 아닌 시간과 비용 절감하면서도 고루 건 조되는 공기순환, 즉 원심팬을 이용한 열풍 건조기를 발명했다. 윌리엄 잭슨 역시 대용량의 건조기, 빅토리아(Victoria)를 발명함으로써 대량으로 차를 건조할 수 있 게 되었다. 이 외에도 안셀(Ansell)은 거미줄 모양의 건조기를, 톰슨(Thopson)은 파 워 드라이어(power drier)를 발명함으로써 인도는 중국보다 고품질의 차를 생산할 수 있게 되었다.[128]

유념, 건조, 선별과정을 제다과정에서 가장 중요히 생각한 발명가들은 다른 과 정보다 특허가 많았다. 선별기는 완전히 다른 방법으로 발명된 기계가 많았다. 처 음 인도에서는 둥근 대나무망으로 판을 손으로 흔들며 찻잎을 선별했다. 안셀 (Ansell), 쿡(Cooke), 잭슨(Jackson), 베일리(Baillie), 톰슨(Thompson), 무어(Moore) 등이 선별기를 발명하면서 선별과정에 기계화 작업이 진행되었다. 처음에 발명된 선별기는 가장 우수한 품질의 찻잎부터 점차 아래 품질의 찻잎 순으로 체에 걸려 망 아래로 떨어지는 기계였다. 이후 선별기는 실린더모양의 체를 돌리며 각 크기 에 맞는 구멍을 통해 걸러지는 방식으로, 수평으로 돌아가는 실린더 기계를 흔드 는 방식으로 점차 발전되었다. 특히 흔들체인 매직 시프터(Magic sifter)는 아주 작 은 잎이나 파쇄한 찻잎을 걸러내는데 적합한 선별기였다. 찻잎을 선별하고 등급 을 책정하기 위해서는 적절한 사이즈의 찻잎 파쇄가 요구되었다. 이를 위해 조지 레이드(George Reid), 잭슨(Jackson), 사베지(Savage) 등은 드럼통 끝에 칼을 부착하 여 회전하는 기계를 발명했다. 파쇄기는 분급(粉級, Dust)을 적게 만들면서 먼지를 날려 깨끗하게 선별하는 기계였다[129]. 선별기가 발명되자 크기에 상관없이 채다하 여 기계 체로 찻잎의 대소·상하를 구분함으로써 플라워리 페코(Flowery Pekoe, 彩

128) Ukers, W.H., *All About Tea Vol. I* . Tea Importers Reprint, New London, 2004, pp. 468-476 참조.
129) Ukers, W.H., *All About Tea Vol. I* . Tea Importers Reprint, New London, 2004, pp. 470-476 참조.

花白毫), 오렌지 페코(Orange Pekoe, 橙黃白毫), 페코(Pekoe, 白毫), 소총(Souchong, 小種), 쿵푸(Congou, 工夫), 보헤아(Bohea, 武夷)의 6등급으로 나누었다.[130] 이는 저임금의 노동자와 기계화를 통해 시간과 비용의 감소, 균일한 제품을 대량생산하는 획기적인 작업이었다. 마지막 제조단계인 포장에도 기계화가 이루어졌다. 손과 발을 이용해 포장했던 차는 데이비슨, 잭슨, 브리튼(Briton) 등에 의해 빠르게 흔들며 회전하여 차가 상자가 가득 채워지도록 하는 기계로 바뀌었다.[131] 유념, 건조, 선별, 포장 등 제다공정에 기계가 이용되자 적은 비용과 짧은 시간으로 고품질의 차가 대량으로 생산되었다. 작업의 편리성과 속도를 높이기 위해 다양한 기술이 개발되었고, 동력을 이용한 기계장치가 발달되자 차 재배는 더욱 대규모화되었다. 이렇듯 영국의 발전된 과학은 차 관련 산업에 적용되며 차는 동양의 정신문화에서 서양의 물질문화로 부각되어갔다.

(표 2) 영국의 홍차 수입(1866-1889)[132]

단위: 중량 파운드(lb), %

년도	인도차	%	중국차	%	실론차	%	합계
1866	4,584,000	2.3	97,681,000	48.0	101,265,000	49.8	203,530,000
1867	6,360,000	2.9	104,628,000	47.1	110,988,000	50.0	221,976,000
1871	13,956,000	5.7	109,445,000	44.3	123,401,000	50.0	246,802,000
1872	16,656,000	6.5	111,005,000	43.5	127,661,000	50.0	255,322,000
1876	25,740,000	8.6	123,364,000	41.4	149,104,000	50.0	298,208,000
1877	27,852,000	8.9	132,263,000	42.5	151,115,000	48.6	311,230,000
1881	48,336,000	15.1	111,715,000	34.9	160,051,000	50.0	320,102,000
1882	50,496,000	15.3	114,462,000	34.7	164,958,000	50.0	329,916,000
1886	68,420,000	38.2	104,226,000	58.3	6,245,000	3.5	178,891,000
1887	83,112,000	45.3	90,508,000	49.3	9,941,000	5.4	183,561,000
1888	86,210,000	46.5	80,653,000	43.5	18,553,000	10.0	185,416,000
1889	96,000,000	51.7	61,100,000	32.9	28,500,000	15.4	185,600,000

---

130) 角山 榮, 『茶の世界史』, 中公新書, 東京, 2007, pp. 115~190 참조.
131) Ukers, W.H., *All About Tea Vol. I*, Tea Importers Reprint, New London, 2004, p. 476.
132) 松下智, 『アッサム紅茶文化史』, 雄山閣出版, 東京, 1999, p. 228.

19세기 후반으로 갈수록 영국의 차수입량은 인도와 실론은 증가한 반면 중국은 점차 감소했다. 영국은 인도의 대규모화된 다원에서 기계화 · 분업화로 제다공정으로 중국을 밀어내고 세계 차 산업의 선두국이 되었다. 과학이 발전함에 따라 수확한 차를 기계로 가공 · 포장하여 근대화된 교통수단으로 유통과정으로 수요자에게 공급하는 시스템 덕분에 영국의 차 산업은 르네상스시대를 맞이할 수 있었다.

3. 박람회 : 대영제국 차, 세계시장에 알리다

18세기 말엽에 이르러 영국의 일상에 추가된 차는 19세기에 이르자 다양한 영국식 차문화를 탄생시킬 정도로 모든 계층의 생활필수품이었다. 이 과정에서 티타임에 필요한 다기구와 다복(tea gown), 티 테이블보(tea table cloths), 균일한 향미의 차 등 음다 관습에 신기술이 접목되며 차 산업뿐만 아니라 도자기산업과 면산업 등 차와 관련된 산업까지 영향을 미쳤다. 특히 영국은 인도에 이어 실론 등 식민지를 차 생산지로 발전시키면서 차의 대량 확보가 가능해졌다. 영국은 차 수입국에서 차 수출국이 될 만큼 충분한 자원이 식민지에서 생산되었다. 영국의 혁신적인 기술이 제조공정에 도입되면서 우수한 품질의 차가 대량으로 생산된 것이다. 만국박람회는 영국이 새로운 방식으로 제조된 차를 대중화하고, 세계화 하였다.

영국의 초기 차 산업에 단점이 보완되며 수익을 올리기 시작한 시기가 바로 런던에서 처음으로 세계만국박람회가 열린 즈음이다. 영국은 수정궁에 근대산업이 낳은 다양한 상품과 영국 식민지에서 생산되는 원료와 생산품들을 전시하며 대영제국의 풍요로움과 우월함을 과시했다. 인도관에는 대부분 광물자원과 농산품을 전시했는데, 차 역시 전시품 중 하나였다. 영국은 인도에서 산출된 차, 즉 영국의 산품인 차를 세계에 알리면서, 대영제국의 기술력과 부를 과시했다.[133] 제1회 런던 만국박람회 이후, 영국령 인도차는 세계만국박람회에 계속 출품했다. 영국령 실론

---

133) 톰 스탠디지 저, 차재호 역, 『역사한잔 하실까요』, 세종서적, 2006, pp. 295-296 참조.

또한 차가 생산되면서 만국박람회를 홍보수단으로 활용했다. 특히 1893년 시카고 만국박람회에서 실론차는 100만통 이상 판매될 만큼 세계 소비자들에게 인정받았다[134]. 영국의 내수용품으로 수입된 차는 19세기 말엽이 되면서 인도에 이어 실론에서 차가 대량 생산되면서 영국을 대표하는 수출품으로 점차 입지를 굳혔다.

1900년 파리에서 개최된 만국박람회에서 일본과 인도 실론에서 생산된 영국차에 대한 반응을 보면, 차문화의 흐름이 동양의 녹차문화에서 서양의 홍차문화로 옮겨지고 있음을 감지할 수 있다. 중국, 일본 외에도 인도, 실론, 프랑스, 러시아, 미국(하와이) 등이 파리 만국박람회에 차를 출품한 나라들이다. 이들 나라 중 찻집을 열어 차를 홍보한 대표적인 나라는 일본과 인도, 실론이었다. 일본은 1867년 파리 만국박람회에 시미즈 우사부로(淸水卯三郎)가 전통찻집을 설치한 이후[135] 만국박람회를 통해 일본차를 홍보했다. 일본은 전통찻집에서의 문화체험을 제공하며 큰 반응을 얻었지만, 이와 같은 반응은 이국문화에 대한 호기심일 뿐, 차의 향미에 매료된 반응은 아니었다. 1902년 일본 농무상성의 파리 만국박람회에 대해 기록한 공식 보고서가 이를 잘 설명해 준다.

손님들 가운데 녹차를 찾는 사람도 적지 않았지만 반드시 설탕을 요청하여 차에 타 마셨으므로 결국 순수하게 차 본래의 맛을 감상하고자 한 사람은 없었다고 하겠다. 점원이 녹차를 마시는 법부터 시작해 그 분석결과와 제조법에 이르기까지 친절하게 설명하며 기호를 유도해보려고 노력했다. 그러나 입과 혀의 기호는 하루아침에 바뀔 수 있는 것이 아니다. 하물며 풍토가 다르고 상식(常食)하는 음식이 전혀 상이한데 있어서야 더욱 그러하지 않겠는가.[136]

교토의 풍경을 고스란히 재현한 일본관의 전통찻집에서는 기모노를 입은 여성들이 옥로와 가루차, 그리고 녹차를 접대하면서 일본차를 홍보했다. 일본관은 순

---

134) 스테판 멜시오르 뒤랑 외 저, 박혜영 역, 『차』, 창해, 2000, p. 48.
135) 요시미 순야 저, 이태문 역, 『박람회』, 논형, 2004, p. 89.
136) 츠노야마 사가에, 서은미 역, 『녹차문화 홍차문화』, 예문서원, 2006, p. 196.

수하게 녹차의 향미를 음미하기보다는 홍차에 우유와 설탕이 함유한 밀크티에 식습관이 배어있는 이들에게 색다른 문화를 접하는 장소일 뿐이었다. 이에 반해 인도관과 실론관에 마련된 찻집에 대한 내방객들의 반응은 열광적이었다. 인도 전시관은 은식기, 보석, 인도의 직물로 단장한 우아한 찻집에서 민속의상을 입고 산지의 차를 제공했다. 이국적인 인테리어와 함께 내방객들의 기호에 맞는 차가 제공되는 인도의 찻집은 만국박람회장에서 가장 인기있는 휴식과 만남의 장소로 꼽혔다.[137) 실론의 찻집 역시 인도 찻집만큼이나 인기가 높았다. 영국 여성의 지휘아래 실론의 여성들은 차를 시음토록 권했며 마신 차의 성분과 효능에 대한 분석표를 보여주었다.[138) 인도와 실론에서 기계 제다한 영국차는 건강음료요, 선호하는 향미가 늘 일정한 기호음료임을 분석표를 통해 홍보한 것이다. 당시 신문에 실론 전시관에서 받은 강렬한 인상을 쓴 기사이다.

> 멋진 블라인드가 있는 예쁜 실론 전시관, 맛있는 차, 눈부시게 하얀 옷을 걸친 실론인들의 아름다움, 살아있는 듯한 청동제의 동상들, 이 모든 것이 트로카데로에 위치한 이곳을 성공으로 이끌었다.[139)

영국이 만국박람회에서 선보인 차는 기계 제다의 차에 인도와 실론이라는 이국의 향취의 문화가 합쳐진 대영제국의 상품이었다. 또한 인도와 실론의 차는 블랜딩 기법과 첨가물에 의해 다양한 향미를 느낄 수 있는 기호음료였고, 전염병이 만연한 시대에 건강을 지켜주는 안전한 음료, 대량생산되어 저렴한 민중음료였다. 영국은 소비자들의 기호에 맞춰 만국박람회에서 영국산 차를 알렸다. 영국이 세계인에게 홍보한 내용이 적중하며 인도와 실론에서 생산되는 대영제국의 차는 곧 세계인들의 사랑을 받은 음료로 등극했다.

---

137) 이지은, 『부르주아의 유쾌한 사생활』, 지안, 2005, p. 229 참조.
138) 츠노야마 사가에, 서은미 역, 『녹차문화 홍차문화』, 예문서원, 2006, p. 198.
139) 스테판 멜시오르 뒤랑 외 저, 박혜영 역, 『차』, 창해, 2000, p. 48.

V. 나가며

19세기는 현대의 세계인이 향유하고 있는 차문화를 품고 있는 시간이며, 차문화의 바탕이 되는 차 산업이 중국에서 영국으로 이행하는 시간이기도 하다. 본 장에서는 영국의 홍차가 세계인의 기호음료로, 영국 차문화가 세계인의 차문화로 자리하게 된 배경을 19세기 영국 차 산업, 즉 영국령 인도의 차 산업을 통해 살펴보았다. 이는 영국의 차문화가 세계화되는 과정을 이해하는 또 하나의 방법이다.

17세기까지만 해도 영국인에게 낯선 음료인 차는 18세기 후반이 이르자 전 계층으로 확산되며 대량소비시대를 열었다. 동양의 차가 수입된 초기에는 상류층의 세련된 유행품이었지만, 점차 산업노동자들의 일용품이 되면서 모든 영국인의 보편적인 음료가 되었다. 19세기에 이르자 차는 식사의 양식을 완성하는데 일조했으며, 하루에도 여러 차례 영국식 티타임을 만들며 이전과는 완전하게 다른 생활방식을 즐겼다. 차는 영국에서 새로운 전통을 만들어가자 안정적인 공급이 중요한 과제가 되었다. 영국은 안정적이고 지속적인 공급을 위해서 중국에 의존한 무역이 아닌, 식민지 인도에서 직접 차를 생산하는 방식을 택했다.

18세기 후반부터 시작된 야생 차나무와 차나무 재배적합지역을 찾는 작업은 19세기 초부터 본격적으로 이루어졌다. 로버트 부르스 등 개척자들에 의해 인도 동북부지역에서 자생하는 차나무가 발견된 이후, 차위원회와 과학위원회가 신설되었다. 인도의 야생차나무가 중국종과 비슷한 품종이라고 확인된 이후 인도는 차 생산지로 탈바꿈했다. 영국은 아주 예부터 차를 식음했던 아쌈에서 차 산업을 시작했다. 아쌈의 원주민은 차의 고향인 윈난에서 살던 소수민족으로, 인도 동북부지역에 남하해 살면서 조상의 차생활에 새로운 주거지의 환경과 삶을 담은 차문화를 향유하고 있었다. 레터, 찰스 부르스, 윌리엄 로빈슨 등은 아쌈 원주민의 차생활을 관심을 가지며 연구하였지만 그들의 차문화를 모방하지 않았다. 그들이 모방한 나라는 바로 중국이었다.

영국은 중국의 차 산업을 벤치마킹했다. 제임스 고든, 로버트 포춘 등 차 산업 스파이들의 활약으로 인도에서 차 생산의 모든것이 이루어졌다. 1938년 아쌈종 찻잎을 중국식 제다법으로 만든 인도차는 이듬해인 1839년 영국에서 최초로 판매되었다. 이후 인도에서 제조된 대영제국의 차가 산업자본가들의 열렬한 지지를 받자 아쌈은 차 산업지로 급부상했다. 아쌈과 함께 다즐링, 쿠마온, 두알스, 닐기리 등 인도의 여러 지역에서도 차나무가 시험 재배되다가, 19세기 말엽에 이르자 북인도에서 남인도까지 차 플랜테이션이 개간되었다. 특히 중국종 차나무 재배에 성공한 다즐링 지역은 고급차 생산지로 명성을 날렸다.

차 생산자들은 중국에서 차 생산을 위한 지식을 충분히 익힌 후, 현지 사정에 맞게 수정 보완하며 새로운 차 산업의 길을 열었다. 제임스 고든과 로버트 포춘 등이 이제 막 시작하는 차 산업자에게 차 생산을 위한 기본지식을 제공했다면, 찰스 부르스와 조지 윌리엄슨은 기존의 차 생산에 관한 지식에 경험과 연구에서 습득한 지식을 보완한 새로운 차 생산법을 현지 차 산업자들에게 알렸다. 이는 영국식 홍차로 가기위한 과도기적 제다법이었다. 19세기 후반, 에드워드 마니는 기존의 복잡한 제다공정을 5공정으로 단순화시켰다. 위조 → 유념 → 발효 → 일광건조 → 열건조 과정으로, 살청이 생략된 완전 발효의 홍차제다법이 완성되었다. 전통의 중국 제다법을 익힌 영국 차산업자들은 19세기 후반에 이르자 중국의 복제품 차가 아닌 '영국식 제다법'이라는 새로운 가치를 만들어냈다.

영국이 수작업으로 이루어진 복잡한 공정의 중국식 제다법에서 단순화된 영국식 제다법을 완성시킬 수 있었던 데에는 산업혁명의 역할이 컸다. 제임스 킨몬드, 윌리엄 잭슨, 사무엘 데이비슨 등에 의해 유념, 건조, 선별, 포장 등 제다공정에 기계가 이용되자 시간과 비용이 절감되면서도 고품질의 차가 대량으로 생산되었다. 산업기계가 차 생산의 주역이 된 다원은 규모가 대규모임에도 불구하고 많은 제다 숙련공을 필요하지 않았다. 19세기 말엽에 이르자 영국은 마침내 세계 차 산업의 선두국가로 발돋움했다. 19세기 영국의 차 산업은 산업국가이자 제국주의 국가답게 영국령 인도에서 과학적 사고와 기계화, 즉 제국주의국과 산업화 바탕에서 이루어졌던 것이다.

인도에서 차가 대량으로 생산되자 소비지 영국으로의 빠른 유통망이 절실히 요구되었다. 차수입을 중국에 전적으로 의존한 당시 쾌속선에 만족했지만, 영국이 직접 인도에서 차산업에 착수하자 그보다 훨씬 나은 성능의 운송수단을 강구했다. 영국은 인도 차산지에서 항구까지, 그리고 인도 항구에서 영국 항구까지 신속하게 운송하기 위한 유통망이 절실했다. 필요의 절실함은 아쌈, 다즐링 등의 생산지에서 대량의 차를 신속하고 안전하게 대도시와 항만으로 운송하는 도로와 철도를 건설로 이어졌다. 새로운 유통망은 인도차를 영국은 물론이고 세계시장과도 빠르게 연결시켰다. 도로와 철도는 인도에서의 차 산업을 완성시키며, 영국을 차 수입국에서 차 산업국으로 점차 전환시키는데 큰 역할을 하였다.

영국은 대량생산된 차를 판매함에 있어서도 과학적이고 적극적인 마케팅을 구사했다. 만국박람회를 통해 인도가 새로운 차 산지임을 세계에 홍보함과 아울러 건강음료, 사교음료임을 밝히며 차 소비를 증대시켰다. 신기술로 제조된 대영제국의 차는 만국박람회라는 테스트마켓을 통해 소비자에게 호감을 얻으며, 세계인의 기호품으로 자리했다. 영국은 19세기 대중이 근대의 신상품과 처음으로 만난 장소, 만국박람회에서 기호에 맞는 싼 가격의 차, 균일한 향미의 건강음료인 차를 선보임으로 차산업의 트렌드를 바꿔놓았다.

역사의 본질은 현대성에 있으며 미래의 거울이기도 하다. 그것은 과거의 역사 속에 살아있는 현대를 찾아내어 현재 생활에서 가장 확실한 위상을 찾는 일이며, 보다나은 삶을 살아가고자 함이다. 영국의 차 산업이 중국의 모방에서 시작하여 영국식 홍차로 재탄생하며 세계 차 산업 시장에 독보적인 역할을 하며, 영국식 차문화를 꽃피운 것처럼, 우리 차문화 역시가 기호에 맞는 차, 지향하는 사고와 문화 등에 어울리는 차가 생산되어 대중의 사랑받는 음료가 되어야 한다. 19세기 영국의 차 산업의 발전으로 차문화가 전성기를 맞이했듯이 우리 차문화의 르네상스를 맞이하기 위해서는 차 산업의 발전이 무엇보다 절실하다.

【참고문헌】

스테판 멜시오르 뒤랑 외 저, 박혜영 역, 『차』. 창해, 2000.

요시미 순야 저, 이태문 역, 『박람회』, 논형, 2004.

이옥순, 『인도현대사』, 창비, 2007.

이은경, 「근대 엔지니어의 탄생: '철도붐'과 영국 기계 엔지니어의 사회적 등장」, 『공학교육연구』 제14권 5호, 한국공학교육학회, 2011.

이지은, 『부르주아의 유쾌한 사생활』, 지안, 2005.

정병조, 『인도사』. 대한교과서, 2005.

정은희, 『홍차이야기』, 살림, 2007.

-----, 「17-8세기의 유럽의 홍차논쟁과 차의 사회적 수용」, 『차문화학』 제1권2호, 한국국제차문화학회, 2005.

-----, 「19세기 영국 가정의 차문화에 관한 연구」, 『한국국제차문화학회지』, 제2권 1호, 2006.

------, 「19세기 영국소설에 나타난 영국 차문화특성」, 『한국차학회지』 제14권 3호, 2008.

조기정, 「중국 소수민족의 油茶 연구: 瑤族의 打油茶를 중심으로」, 『중국인문과학』 제33호, 중국인문학회, 2006.

地球の步き方 편, 박정애 역, 『세계를 간다 인도』. 랜덤하우스, 2010.

케네스 포메란츠 · 스티븐 토픽 저, 박광식 역, 『설탕, 커피 그리고 폭력』. 심산, 2003.

톰 스탠디지 저, 차재호 역, 『역사한잔 하실까요?』. 세종서적, 2006.

퍼시빌 스피어 저, 이옥순 역, 『인도 근대사 16-20세기-』. 신구문화사, 1993.

角山 榮, 『茶の世界史』, 中公新書, 東京, 2007.

磯淵猛, 『一杯の紅茶の世界史』, 文春新書, 東京, 2005.

松下智, 『アッサム紅茶文化史』, 雄山閣出版, 東京, 1999.

曹子丹 曹進, 『吃茶的民族』, 湖南美術出版社, 長沙, 2005.

Austen, J., *Mansfield Park: in Jane Austen The Complete Novels*, Gramercy Books, New York, 1981.

Griffiths, J., *Tea: The Drink That Changed the World*, Andre Deutsch, London, 2008.

Heiss, M.L. and Heiss, R.J. *The Story of Tea*, Ten Speed Press, Berkeley, 2007.

Hohenegger, B., *Liquid Jade: The Story of Tea from East to West*, St. Martin's Press, New York, 2007.

Liu, A.B., "*The birth of a noble tea country: on the geography of colonial capital and the origins of Indian tea*", Journal of Historical Sociology, 23.1, 2010.

Mair, V. H. and Erling Hoh, *The True History of Tea*, Thames & Hudson, London, 2009.

Mishra, D. Sarma, A. and Upadhyay, V., "*Invisible chains? crisis in the tea industry and the 'unfreedom' of labour in Assam's tea plantations*," Contemporary South Asia, 19.1, 2011,

Pettigrew, J., *The Tea Companion*. Macmillan, New York, 1997.

--------, *A Social History of Tea*, National Trust, London, 2002.

Pratt, J.N. *New tea Lover's Treasury*. Tea Society, San Francisco, 1999.

Rana P. Behal, R.P., "*Power Structure, Discipline, and Labour in Assam Tea Plantations under Colonial Rule*", International Review of Social History, 51, 2006.Ukers, W.H., *All About Tea Vol. I* , Tea Importers Reprint, New London, 2004.

------------, *All About Tea Vol. II*, Tea Importers Reprint, New London, 2004.

〈출전〉『한국차학회지』 제18권, 제3호, 한국차학회, 2012.

20세기 전반기 차생활과 다복을 통해 본
영국 여성의 사회참여

Ⅰ. 들어가며

20세기 영국은 산업혁명이후 과학과 기술이 만나면서 기술적 진보와 물질적 부가 이루어지며 생활수준이 향상되었다. 이에 따라 사회·문화의 변화가 가속화되었고, 여성의 사회적 지위 또한 재산 소유권, 이혼할 수 있는 권리, 투표권 등이 제도화되며 삶의 질이 이전 시기에 비해 훨씬 향상되었다. 빅토리아시대(Victorian Age, 1837-1901)에서 에드워드시대(Edwardian Era, 1901-1910), 그리고 이 이후로 계속 진행된 차는 영국의 음료에서 세계의 음료로 점차 자리하며 세계의 차문화를 주도했다. 차생활은 영국의 가정뿐만 아니라 가정 밖에서도 활발히 이루어졌다. 특히 여성들은 의상, 도자기, 테이블 세팅, 예절문화 등을 차생활에서 생성·발전시키며, 삶의 방식을 변화시켰다. 외식공간에서의 차생활은 여성들의 정신적·사회적·예술적 가치를 지닌 여가문화로 발전했다.

애프터눈 티(Afternoon tea)가 점차 확산되자 집밖에서도 애프터눈티는 보편화되었다. 여자들의 외출이 통제된 19세기 중엽 탄생한 티룸은 여성을 고객으로 참여시키며 사회적 존재로 만들어갔다. 티룸(tea room)은 인기있는 외식공간으로 안착하기 위해 직원들의 서비스를 강화했고, 탱고·연주회 등 서비스를 추가한 신개념의 복합문화공간으로 키워갔다. 외식공간에서의 차생활은 여성의 사회화 과정에 있어 수단적 도구가 되며, 새로운 형태의 차문화를 창출했다.

본 장에서는 20세기 전반 영국 여성의 가정 밖 차생활과 다복의 변화를 살핌으로서 변화된 여성 차생활의 특징을 분석하고자 한다. 이를 위해 먼저 20세기 전반기 영국의 차문화 공간과 여성의 차생활을 통해, 가정에서 차생활을 할 때 착용한 다복의 고찰을 통해 당시 차문화 이해의 폭을 확장하고자 한다. 티룸의 특징적인 모습과, 티룸의 유니폼을 통해 여성의 집밖에서의 여가문화를 고찰한다. 나아가 티 댄스(tea dance) 열풍과, 여성의 티 댄스 의상에 관한 분석을 통해 20세기 전반기 여성의 차생활의 변화된 모습을 살펴보고자 한다.

이 글에서 다복은 가정에서 여성들이 애프터눈 티를 즐길 때 착용한 의상과 외식공간에서 티 댄스를 추면서 착용한 의상, 티 마스터와 서빙을 담당한 유니폼, 즉 차생활의 공간에서 특별하게 갖춰 입은 의상이라 정의한다.

Ⅱ. 이론적 배경

1. 20세기 전반기의 영국 차문화

20세기가 시작되는 에드워드시대에 차는 영국인의 생활에서 떼어놓을 수 없는 중요한 부분을 차지하고 있었다. 유입된 지 300년도 채 안된 차는 19세기 말에 이르자 영국의 전통문화이자 영국의 생활문화를 대표하는 상징이 되었다.

영국과 아일랜드는 세계에서 차를 가장 많이 소비하고 있는 나라이다. 남녀노소 모두가 차 우리는 법을 알고 있다. … 영국 사람들이 마시는 차의 양은 경이로울 정도이다. 미국이나 유럽에서 온 방문객뿐만 아니라 영국 사람들조차도 영국인이 마시는 차의 양을 자세히 계산해 보고는 놀랄 정도이다. 영국 사회에서는 모든 계층이 자신만의 음다 관습과 음다 공간을 가지고 있다. … 최근 영국의 사회변화를 보면, 가정의 하인, 쇼핑객, 직장 여성들이 이른 아침과 한낮에 차를 마시는 관습이 확산되고 있다. 한낮에는 부유층들은 차를 잘 마시지 않고, 노동계층과 중하계층이 주로 마신다. … 상류층이 즐기는 오후의 차가 영국의 가장 특징적인 관습일 뿐만 아니라 하루 중 가장 매력적인 만남의 시간이다. 또한 나이 많은 청소부 베티에게는 이 오후의 차는 가장 좋은 식사시간이다. 부유층에게 오후의 차는 늦은 저녁의 서곡이지만, 가난한 사람들에게는 하루의 마지막 식사로서 아침식사의 후속편이다.[140]

1935년 윌리엄 유커스(William H. Ukers)가 『차에 관한 모든 것(All About Tea)』에 당시 영국인의 차생활을 기록한 내용 중 일부분이다. 20세기 초에 이르면 영국인의 모든 생활은 차에 맞춰져 있었다. 얼리 모닝티(Early Morning Tea), 브랙퍼스트티(Breakfast Tea), 티 브레이크(Tea Break), 애프터눈 티(Afternoon Tea), 하이티(High Tea), 애프터디너 티(After Dinner Tea) 등 시간대별로 규칙적으로 티타임을 즐겼다. 차생활은 완전히 영국식 라이프 스타일로 전환되어 자리했다.

요리사는 물론이고 윌리엄 유커스, 조지 오웰(George Orwell) 등 작가까지도 맛있게 차 우리는 법(Golden Rules)에 관해 의견을 내놓을 정도로 차는 모든 계층의 생활 중심에 자리했다. 각 가정에서는 즐거운 차생활을 위해 맛있게 차 우리는 비법은 물론이고, 티 푸드·다기·테이블 세팅·의상 등을 구입하는데 많은 시간과 비용을 할애했다. 직장생활에서도 차는 중요한 부분을 차지하고 있었다. 1930년대 대공황기에 고용주들은 직원들의 티 브레이크를 없애려하자 노조에서는 임금협상과 차 휴식시간을 최우선 협상쟁점으로 삼으며 사측과 회동할 정도로 티타임을 긴요하게 생각했다.[141] 직장에서의 차 휴식시간은 직장인들의 기분전환과 건강을 챙겨주었고, 맑은 정신으로 일할 수 있도록 도왔다. 공장이나 사무실에는 근무시간에 차를 마실 수 있도록 공간을 마련하거나 티 레이디(tea lady)를 두어 일정한 시간에 차를 제공했다.[142] 두 차례 세계대전 전후로 많은 산업인력이 필요했던 영국은 티 브레이크를 유용하게 활용하며 직장의 휴식시간으로 빠르게 자리잡아갔고, 이후 티 브레이크는 직장 외에도 배움의 공간이나 회의·공연 등 다양한 영역

---

140) Ukers, W.H. *All About Tea Vol. Ⅱ*. Tea Importers Reprint, New London, 2004, pp. 409-414 참조.
141) Burgess, A. *The Book of Tea*. Flammarion, Paris, 2005, p. 59
142) Pettigrew, J. *A Social History of Tea*. National Trust, London, 2002, pp. 147-167 참조

에서 점차 행해졌다.

차는 당시 식사의 자리에는 물론이고, 여가시간에도 함께 하며 영국인의 식생활 곳곳에 스며들었다. 특히 애프터눈 티와 하이 티는 집 외에도 티룸과 같은 상업 공간, 여행지, 운송기관, 스포츠 장소 등 다양한 곳에서, 목적에 따라 조금씩 다른 모습으로 즐겼다. 사람들은 연극, 오페라, 영화, 콘서트 등을 관람하는 사이에, 테니스, 크리켓(cricket), 보트 등 운동 경기 사이에 잠시 차 마시는 시간을 마련해 휴식과 기분전환을 했다. 여행 중에도 기차·배·비행기에서 차를 마시는 등 차는 언제 어디에서나 즐길 수 있는 음료였다.[143]

차생활은 1·2차 세계대전의 혼란한 상황 중에도 일상에 굳건히 자리하고 있었다. 전쟁에 참가하는 군인이나 후방에 있는 국민들은 차를 마시며 잠시나마 안정을 취하고 위로를 받았으며, 이길 수 있다는 자신감을 충전시켰다. 윈스턴 처칠은 차가 군수품보다 더 중요하다고 선언했을 정도로,[144] 차는 전쟁기간 동안에도 영국인 곁에 자리하며 하나로 묶어주는 버팀목이 되었다.

차가 영국인의 일상음료에서 세계인의 음료로 확산되자 차산업은 영국의 국가산업이 되며 인도와 실론은 물론이고, 말라위·케냐·우간다 등 아프리카에 플랜테이션을 건설했다. 그곳에서 전통 제다법으로 전엽(Whole Leaf)의 차를 생산함과 동시에 영국인의 입맛과 효율적인 차 생산을 위해 찻잎을 파괴하고 절단하여 둥글게 성형한 C.T.C.(Crush, Tear, Curl) 제법의 차를 생산했다.[145] 트와이닝(Twinings), 포트넘 앤 메이슨(Fortnum & mason), 브룩본드(Brooke Bond), 마자와티(Mazawatte), 립튼(Liptons), 헤러게이트(Harrogate), 라이언스(Lyons), 타이푸(Typhoo), 코업(Co-op) 등 식품회사는 물론이고, 헤로즈(Harrods), 루이스(Lewis) 등 백화점에서도 소비자들의 기호에 맞는 다양한 차를 생산, 판매했다. 소비자들은 산지의 차를 설탕을 넣어 스트레이트 티(straight tea)로, 혹은 우유·계피·레

---

143) Ukers, W.H. *The Romance of Tea*. Alfred, New York, 1936, pp. 185-189 참조.
144) Pettigrew, J. *A Social History of Tea*. National Trust, London, 2002, pp. 147-167 참조.
145) Hohenegger, B. *Liquid Jade: The Story of Tea from East to West*. St. Martin's Press, New York, 2007, pp. 112-201 참조.

몬 · 위스키 등 여러 첨가물을 가미해 베리에이션 티(Variation tea)로 음용하며 풍요로운 차생활을 했다. 또한 잉글랜드, 웨일즈, 스코틀랜드, 북아일랜드 등 지역에 따라 스콘(scone) · 오이 샌드위치 · 진저 브래드(Ginger bread), 첼시 번(Chelsea bun) · 레이버 브레드(Laver bread) · 바라 브리스(Bara brith) · 웰시 레빗(Welsh rarebit) · 쇼트브레드(short bread) · 감자 팬케이크 등 향토색이 드러난 티 푸드를 차와 함께 먹는 지역마다의 독특한 차생활을 했다.[146] 동양의 차를 무척 사랑한 영국은 차생활을 생활의 일부로 정착시키며, 건강을 지키고 사교문화를 더욱 풍요롭게 꽃피웠다.

2. 영국 여성의 차생활과 다복(Tea gown)

차가 영국에 본격적으로 유입된 초기부터 남성보다 여성이 차를 좋아했다. 영국인의 보편음료로 수용되는 18세기 중엽, 차의 음용이 노동계층까지 확산되자 사회 · 경제적 측면에서 반대론이 일어났다. 모든 이의 차음용을 찬성한 새뮤엘 존슨(Samuel Johnson)에 맞서 조너스 한웨이(Jonas Hanway)는 차는 건강에 해롭고, 산업발전에 저해해 국민을 빈곤에 빠트린다고 주장하면서 새뮤엘 존슨의 생각을 정면으로 반박했다.

　차를 음용하게 되자 남성들은 정신적 진보와 품위를 잃게 되었고, 여성들은 아름다움을 잃어버리게 되었다. 당신의 하녀가 차를 즐겨 마시게 된다면, 자기의 본분을 잃어버리게 될 것이니, 안주인은 이를 자제시키도록 해야 한다.[147]

조너스 한웨이가 『8일간의 여행일지(A Journal of Eight Days)』에서 밝힌 차음용에 대한 반대론 중 일부분이다. 조너스 한웨이는 차의 주 소비층인 중상류층 여성

---

146) 정은희·오사다 사치코, 『차 한 잔으로 떠나는 세계여행』, 이른아침, 2008, pp. 297-300 참조.
147) 정은희, 「17-8세기의 유럽의 홍차논쟁과 차의 사회적 수용」, 『한국국제차문화학회지』 1권 2호, 2005, p. 486-487 참조.

들을 향해, 아름다움을 잃어버리고, 자신의 본분마저 잊게 하는 차를 근절해, 아래 계층에 모범을 보이자고 호소했다. 이 밖에도 차의 주 소비층이 여성이라는 사실은 당시 시대상을 사실적으로 기록한 문학작품과 애프터눈 티를 즐기는 모습을 보면 충분히 짐작할 수 있다. 19세기, 제7대 베드포드 공작부인 안나 마리아(Anna Maria Russell 7th Duchess of Bedford)의 사적인 생활습관이 점차 확산되어 영국의 관습으로 자리하게 되었다는 애프터눈 티의 탄생이야기가 있는 것처럼 애프터눈 티는 여성에 의해 시작되고 발전된, 여성중심의 티타임이다[148]. 오후에 차 마시는 관습은 20세기에도 여전히 여성에 의해 주도되어, BBC방송국에서는 주부의 애프터눈 티타임을 고려해 프로그램을 편성할 정도였다.

> 공중파 방송국은 티타임은 아침식사시간이나 점심시간보다도 훨씬 더 중요하게 생각한다. 아이들이 학교에서 돌아와 티타임까지의 시간이나 티타임이 끝날 때까지의 시간에는 반드시 어린이 프로그램을 방영해야만 한다. 가정주부를 위한 프로그램이 차를 준비하거나 설거지를 하는 시간에 방영되면 높은 시청률을 확보할 수 없다.[149]

당시 거의 모든 가정에서는 여성에 의해 차생활이 진행되었다. 티타임에 가족과 혹은 가까운 이웃이나 친지들을 초대해 즐길 때면 주부는 다관의 보호자가 되어, 모두가 편안한 시간이 될 수 있도록 화목한 분위기를 조성했다. 애프터눈 티타임을 화기애애하고 멋스러운 사교의 장으로 이끌기 위해 여성들은 날씨와 목적에 따른 장소 선정부터 의상까지 티타임의 모든 부분을 세심하게 살폈다. 19세기 후반에 이르자, 여성들은 보다 즐거운 애프터눈 티타임을 위해 티 가운(Tea gown)을 입기 시작했다. 가정에서 차생활의 주관자인 여성들은 티 가운을 향미 좋은 차와 다과만큼이나 반드시 준비해야할 부분으로 생각했다. 여기에는 집안에서 차생활만큼은 편안하게 즐기고픈 마음과 자신을 돋보이고 싶은 마음이 내재되어 있었기 때문이다. 당시에 유행한 패션은 가는 허리를 강조하기 위해 잔인할 정도로 꽉 조

---

148) 정은희, 「19세기 영국소설에 나타난 영국 차문화의 특성」, 『한국차학회지』 14권 3호, 2008, p. 41 참조.
149) Pettigrew, J. *A Social History of Tea*. National Trust, London, 2002, p. 147.

이는 코르셋을 입은 스타일이었다. 편안한 분위기에서 차생활을 즐기고픈 여성들은 코르셋을 벗고, 신체의 자유를 주는 디자인의 티 가운을 입기 시작했다.[150] 가정의 차생활에서 여성들이 티 가운을 선호하자, 『미와 패션(Beauty & Fashion)』, 『프린세스 Princess』 등의 패션잡지와 리버티(Liberty), 헤로즈(Harrods), 셀프리지(Selfridge) 등의 백화점과 만국박람회(World's Fair) 등에서는 최신 티 가운을 선보이며, 새로운 트렌드를 주도해갔다.

중상류층 가정에서 티 가운이 여성의 필수품목으로 자리하자 디자이너들은 다양한 디자인의 티 가운을 선보이기 시작했다. 디자이너들은 소비자의 호응에 맞춰, 혹은 새로운 디자인으로 최신유행을 선도하자, 다복은 빠르게 변화를 거듭해갔다. 빅토리아시대의 티 가운은 편안하게 즐기기 위한 즉, 기능성을 추구한 단순한 디자인과 검정색이 유행했다. 풍요의 시대인 에드워드시대를 맞이하자 여성들은 밝고 화려한 색상, 하늘하늘한 옷감, 스팽글·크리스털 등의 장식물, 리본과 레이스 등 화려하고 우아함을 추구하는 패션을 선호했다.[151] 티 가운 역시 이에 맞춰 하늘거리는 옷감에 레이스나 리본을 달거나, 크리스털·옥·수술로 장식을 하는 등 여성스러우면서도 화려한 스타일로 변해갔다. 돋보이고 싶은 욕구에 커짐에 따라, 점차 기능성보다는 심미성을 추구한 디자인의 티 가운은 20세기 전반기 중상류층의 애프터눈 티 문화와 함께 우아함의 상징으로 자리했다.

에드워드시대가 지나자, 여성의 의복은 이전에 비해 훨씬 더 활동성이 갖춰졌다. 제1차 세계대전 이후, 여성의 사회진출이 활발해지면서 여성들은 움직임이 편한 디자인의 의상을 주로 입었다. 차생활 역시 특별히 티 가운을 갖춰 입기 보다는 격식을 갖춘 드레스나 야회복으로 대신했다. 여성들은 집 외에도 백화점·티룸·호텔·운동장 등의 다양한 공간에서 차가 포함된 여가문화를 즐겼다. 외출하다가 시장기를 느끼거나 잠시 쉬고 싶을 때, 누군가와 만나거나 기분을 전환하고 플 때, 티룸은 여성들의 이와 같은 바람을 충족시켜주었다. 티룸이 차와 간단한 음

---

150) 정은희, 『홍차이야기』, 살림, 2007, pp.88-91 참조.
151) 제임스 레이버 저, 이경희 역, 『복식과 패션』, 경춘사, 1988,223- 230 참조.

식뿐만 아니라 음악연주와 티 댄스 등 당시 유행문화를 첨가하며 복합문화공간으로 업그레이드되자, 여성들은 집에서 착용한 티 가운과는 또 다른 다복, 티 댄스 의상을 입고 차생활을 즐겼다. 당시 차문화를 이끌어간 외식공간인 티룸은, 여성들의 즐길 거리가 한 공간에 자리한 여가공간이었다.

티룸은 여성들에게 즐거운 일탈의 장이자 사회진출의 공간이었다. 티룸을 찾는 고객은 자유롭게 의복을 입었지만, 그곳에서 일하는 여성은 규격화된 복장을 입고, 보다 안락한 공간을 위해 티 마스터링과 서빙을 담당했다. 티룸의 다복, 즉 유니폼은 고객에게는 청결하고 단정한 이미지, 친절함의 상징이었지만, 이를 착용한 여성에게는 사회인으로서의 표식이자 자부심이기도 했다. 이렇듯 여성의 다복은 다양한 공간에 위치하며 폭넓은 의미를 함축하고 있었다.

Ⅲ. 여성의 여가 공간, 티룸과 유니폼

1. 티룸의 특성과 여성 차생활의 변화

차와 티 푸드를 즐기면서 대화를 나누는 외식공간인 티룸은 홍차의 나라 영국에서 친숙하게 쓰이는 단어중 하나다. 차문화와 레저생활을 이끌어간 티 가든(Tea Garden)이 시들해진 19세기 중반, 티룸은 새로운 외식공간으로 떠올랐다. 티룸은 1864년 에어레이티드제과점(Aerated Bread Company, 1862-1980)의[152] 런던지점 매니저가 제과점 안뜰에 차와 간식을 제공하는 조그마한 티룸을 만들면서 비롯되었다. 남성의 에스코트 없이 여성이 주체가 되어 다과를 즐길 수 있는 곳으로 유

---

152) Aerated Bread Company의 첫 글자를 따 ABC라 불렀다. 이후 ABC라 부른다.

명한 ABC 티룸은, 1920년대 이르러서는 체인점이 250개나 될 정도로 사랑받았다. 티룸은 집 밖에서 소극적인 차생활을 한 여성들이 집안에서처럼 편안게 즐길 수 있도록 유도했다.

20세기에 들어서자 리버티, 헤로즈, 샐프리지, 바커스, 폰팅스 등의 백화점에서도 쇼핑하러온 고객을 위한 티룸을 개설했다. 헤로즈 백화점은 쇼핑을 하러온 상류층 여성고객과 지역 명사들을 위해 차와 다과, 식사를 즐길 수 있는 그랜드 레스토랑(Grand Restaurant)과 락 티 가든(Rock tea gardens)을 백화점 내에 개점했다. 특히 테라스천장으로 유명한 락 티 가든은 지중해 정원 분위기의 티룸으로, 사교를 위해 찾는 고객들을 위해 로얄 레드 오케스트라의 연주가 울려퍼졌다.[153] 아름다운 연주 속에서 차의 향미를 느낄 수 있는 우아한 분위기는 백화점 고객들이 즐겨 찾는 공간이었다.

티룸은 상류층의 새로운 외식 공간, 사교를 위한 여가장소로 사랑받았다. 리츠(Ritz), 사보이(Savoy), 랭험(Langham), 클레리즈(Claridge's), 월도프(Waldorf), 고링(Goring) 등 당시 거의 모든 런던의 고급호텔에서는 상류층을 타깃으로 한 티룸이 개설되었다. 헬렌 심슨(Helen Simpson)은 『런던 릿츠호텔의 애프터눈 티(The London Ritz Book of Afternoon Tea)』에서 팜 코트(palm court) 티룸을 다음과 같이 설명하고 있다.

> 리츠호텔의 차는 에드워드시대 런던에서 최고라 자부한다. 리츠호텔 티룸의 조명은 은은하고, 케이크는 조그맣고, 연주 속도는 잔잔하고 우아하며 자신감에 차 있다.[154]

호텔의 티룸은 헬렌 심슨의 설명처럼 부드러운 조명과 잔잔한 음악 속에 각 호텔의 특성을 담은 품격있는 분위기를 자아내며 애프터눈 티를 선보였다. 호텔의 티룸을 찾는 고객들은 유명 티 댄서 공연과 밴드 공연을 보면서, 혹은 직접 탱고티를

---

153) Cohen, S. *Where to Take Tea*. Northampton, New York, 2003, pp. 28-42 참조.

154) Harvest House Publishers, *365 Things Every Tea Lover Should Know*. Harvest House Publishers, Eugene Oregon, 2008, p. 126

추며 티타임을 즐겼다. 당시의 유행문화가 함축된 티룸을 부대시설로 설치했는데, 각 호텔마다 각기 다른 전통의 티룸을 만들어갔다. 티룸마다 특징적인 인테리어, 음악 연주와 서비스 등으로 각기 다른 분위기를 연출하며, 경쟁에 돌입했다. 아르데코 스타일의 인테리어에 스위스와 영국 스타일을 퓨전화한 요크셔의 베티스(Betty's), 아라비아풍으로 티룸을 꾸민 맨체스터의 캔달 밀네(Kendal Milne), 커피 서빙 방식을 모델로 삼은 비엔나의 데멜스(Demels)와 게르스트너스(Gerstner's), 맛있는 케이크로 고객을 맞이한 건터스(Gunter's) 등 다양한 스타일과 특별한 서비스로 여성 고객을 맞이했다. 여성들은 티룸에서 집밖에서의 사교활동에 대한 욕구(needs)를 분출하며, 당시 유행하는 여가문화를 누렸다.

글래스고는 1875년 스튜어트 크랜스턴(Stuart Crranton)이 차를 사러온 고객의 편의를 위해 티룸을 개설한 이후, 런던과 함께 티룸의 중심지로 부상했다. 스튜어트 크랜스턴의 여동생 케이트 크랜스턴(Kate Crranton)은 크라운 티룸(Crown Tea Room)과 윌로우 티룸(Willow Tea Room)을 개설한데 이어 많은 티룸들이 개설되었다. 특히 윌로우 티룸은 1903년 찰스 레니 매킨토시(Charles Rennie Mackintosh)가 인테리어를 맡아 디자인한[155] 예술 티룸으로, 스코틀랜드를 대표하는 티룸으로 자리했다. 글래스고에서 크랜스턴 가족의 티룸은 품질이 좋은 차와 맛있는 다과를 싼 가격에 편안하게 즐길 수 있는 곳으로 남녀노소 모두의 사랑을 받았다. 1894년 런던의 피카딜리에 첫 티룸을 개설한 이후, 20세기 전반 가장 사랑받았던 라이언스(Lyons)의 모습을 보면, 다음과 같다.

이곳은 궁전의 연회장처럼 거대하다. 천장에는 어마어마한 샹들리에와 유리기둥이 설치되어 있고, 발코니에는 크림색과 황금색의 테이블이 배치되어 있다. …… 나는 정장을 입은 키가 훤칠하고, 마르고, 근엄한 영국인 수석 웨이터가 중간계층의 고객들을 테이블로 안내하는 모습을 보고 감동을 받았다. …… 깔끔한 라이언스 티숍은 런던 전역에서 무척 유명했다. 이제 우리 회사는 많은 수익을 내고 있으며, 에드워드 7세께서는 "짐은 국민들에게 좋

---

155) Pettigrew, J. and Richardson, B. *Tea in the City London*. Benjamin Press, Kentucky, 2006, p. 11.

은 음료를 제공해준 조셉 라이언스를 칭찬하노라"라고 칭찬하셨다.[156]

윗부분은 1913년 런던의 라이언스를 방문한 미국의 소설가 드라이저(T. Dreiser)의 기록이고, 아랫부분은 1959년 라이언스의 기업보고서 중, 에드워드시대의 라이언스를 회고하는 내용으로, 라이언스는 20세기 전반 자타가 공인한 최고의 티룸임을 밝히고 있다. 중간계층을 타깃으로 개설한 라이언스는 고급호텔과 같은 인테리어와 최상의 서비스로 고객을 맞이하며 대중의 사랑을 받았다. 특히 라이언스는 청결하고 안락한 분위기에서 신선하고 맛있는 차와 음식을 저렴한 가격은 물론이고, 편안한 음악연주와 세련된 직원의 매너 등으로 접대하며 고객의 마음을 사로잡았다. 그 결과 20세기 전반기 내내, 라이언스를 비롯한 티룸은 영국에서 가장 사랑받는 외식공간이 되었다. 라이언스 외에도 윌로우 · 익스프레스 데어리(Express Dairy) · 버잘즈(Buszards) · 리지웨이(Ridgways) · 케빈스(Cabins) · 립튼스(Liptons) · 스튜어츠(Stewarts) · 윌리암슨스(Williamsons) · 메카(Mecca) 등 제과점과 호텔, 백화점, 낙농회사, 초콜릿회사, 담배회사 등이 티룸 사업에 진출했다.[157]

철도의 발달로 장소의 이동이 쉬워지자 영국 전역에 티룸이 개설되었다. 도시인들은 휴일이면 바쁜 생활에서 잠시 벗어나 도시 근교나 관광지의 티룸에서 한가함을 즐겼다. 영국인들은 휴식을 취하며 혹은 테니스 · 하이킹 · 크리켓 등 야외 스포츠를 즐긴 후 티룸을 찾곤 했다. 20세기 전반 티룸은 차생활에 대한 지극한 애정을 배경으로 한 소비와 여가공간이었다.

빅토리아시대는 여성들이 고등교육을 받거나 전문 직종에 나갈 수 있는 기회가 극히 제한되었다. 여성은 남성에게 봉사하고, 영감을 주는 종속적인 존재일 뿐이었다. 19세기 중반까지도 남성들은 언제 어디서나 자유롭게 식사할 수 있었지만 여성들은 아버지나 남편이 보호자가 되어 동행할 때에만 집밖에서 식사가 가능했다. 여성의 활동이 제한된 시대, 티룸은 여성들에게 집밖에서 차와 식사를 하며 자유롭게 이야기할 수 있도록 공간을 마련해 주었다. 20세기에 들어서자 남성과 동

---

156) Pettigrew, J. *A Social History of Tea*. National Trust, London, 2002, pp. 164-165.
157) Ukers, W.H. *The Romance of Tea*. Alfred, New York, 1936, pp. 185-189 참조.

등한 참정권부여, 활발한 사회진출, 사회정책의 확장 등으로 여성의 일상에 변화가 왔으며, 티룸은 더욱 여성들의 사랑을 받는 공간이 되었다. 티룸은 문화적 생활규범에 길들여진 가정의 여성을 사회로 안내하며 자유롭고 평등한 근대적 개인으로서 여가를 즐기던 공간이었다. 여성의 일상생활에 사회생활이 편입되면서 티룸에서 여성은 홀로 혹은 동행과 함께 차와 다과를 즐기고 이야기를 나눌 수 있는 최고의 기분전환 외식장소였다. 동시에 남성 직장인들에게는 점심시간 혹은 오후의 휴식시간에, 잠시 일과에서 벗어나 휴식을 취하는 최적의 장소였다.

티룸이 선풍적인 인기를 끌 수 있었던 데에는 여성들의 역할이 컸다. 사업가들은 집밖의 자유로운 생활을 꿈꾸던 여성들의 요구를 민감하게 감지함으로써 티룸은 여성들에게 절대적인 지지를 받았다. 티룸은 여성들의 집밖 아지트였고, 여성들의 사적인 비밀을 간직한 비밀의 화원이었다. 나아가 힘겨운 직장인들이 잠시나마 일상에서 벗어나 즐거운 일탈을 실현케 해주는 장소였다. 20세기 전반기 영국인에게 티룸은 펍(pub)처럼 일상생활의 사랑방으로 자리했다.

2. 티룸의 유니폼 : 라이언스의 니피(Nippy) 복장

여성의 집밖 휴식처인 티룸은 남성에게도 사무실에서 잠시 벗어나 잠시 자신만을 위한 휴식공간으로 자리하며, 남녀 모두의 생활 속 활력소가 되었다. 티룸의 장점이 여성은 물론이고 남성에게까지 어필되었다. 티룸은 호텔·백화점 등의 부대시설로, 17~18세기에 유행한 커피하우스처럼 독자적인 상업공간으로 개설되며, 20세기 전반기 내내 호황을 누렸다. 티룸은 차와 티푸드 외에도 다양한 음료와 간단한 식사까지 해결할 수 있는 등 한층 다양해진 메뉴를 선보였고, 티룸마다 독특한 음식으로 고객을 맞이했다.

외식이 일시적 유행이 아닌 문화로 자리함에 발맞춰 티룸은 메뉴·분위기·시설 등의 품질과 서비스 확대에 관심을 가졌다. 티룸에서는 질 좋은 품질의 다양한 차와 다과를 세련되게 세팅했고, 특색있는 인테리어와 음악연주와 티 댄스 공연,

친절한 서비스 등을 갖추고 고객을 맞이했다. 특히 티룸마다 차별화된 전략으로 고객 감동을 위한 서비스 제공에 노력했다.

이제까지 엄마와 아이들이 함께 앉아 차 한 잔이나 가벼운 음식을 먹을 만한 곳이 없었다. 값 또한 너무나 비쌌다. 라이언스는 간단히 말해, 런던사람들과 영국국민에게 값싸고 좋은 음식을 청결하고 세련되게 제공해 주었다. 또한 이 회사는 요식업에 신선한 긍지를 심어주었다. 이제 새롭게 문을 연, 유니폼을 입은 멋진 종업원들이 있는 깨끗하고 고급스러운 티하우스들이, 런던의 칙칙한 술집과 우중충한 커피하우스, 지저분한 웨이터와 너저분한 여자아이들이 맥주, 커피, 차를 파는 '시끄러운 선술집'을 제치고, 런던을 빛내고 있다.[158]

라이언스가 성공할 수 있었던 데에는 안락한 분위기에서 깔끔하고 맛있는 음식을 합리적인 가격으로 고객을 맞이하는데 있었다. 라이언스는 ABC 티룸보다 상위의 소비시장을 겨냥하기 위해 아트 디렉터인 버나드(Oliver P. Bernard)를 고용해 우아하면서도 시크한 분위기를 연출하고, 니피(Nippy)를 고용해 서비스에 만전을 기했다. 라이언스는 티 마스터이자 서빙을 담당하는 니피가 보다 정확하고 신속하게 역할을 수행할 수 있도록 유니폼을 입혔다. '민첩하고 열정적으로 고객에게 빠르게 응대한다'는 의미가 담긴 니피는 라이언스의 상징이 되며, 라이언스를 최고의 티룸으로 만들었다. 동시에 니피는 다른 티룸의 모델이 되며 티룸은 런던뿐 아니라 영국을 대표하는 최고의 외식공간으로 자리하는데 밑거름이 되었다.

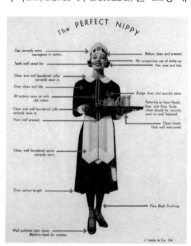

〈그림 1〉 완벽한 니피복장
(The Perfect Nippy)[159]

---

158) Pettigrew, J. *A Social History of Tea*. National Trust, London, 2002, p. 135.

159) Hohenegger, B. (2007) Liquid Jade: The Story of Tea from East to West. St. Martin's Press, New York, p. 112

라이언스는 직원에게 유니폼을 입히고, 머리부터 발끝까지 규정을 정했다. 모자는 반듯하게, 치아와 손톱과 구두는 깨끗하게, 칼라와 손목 옷깃·에이프런 등은 깨끗하게 세탁해 단정하게 입고, 검은색 스타킹에 중간 굽의 편안한 신발을 신으며 붉은색 버튼과 가슴에 배지와 모자의 리본은 잘 부착하며, 화장은 너무 진하지 않게 할 것 등이다. 라이언스의 니피 유니폼은 빅토리아시대 가정의 여성 하인들이 검정색 옷에 하얀 모자와 앞치마를 착용한데서 비롯된 것으로, 외식공간에서 서비스를 수행하는 여성유니폼으로는 라이언스가 처음이었다. 가정의 하녀복을 수정 보완해 외식공간에서 직원에게 입힌 다복 즉, 유니폼은 집밖의 최고의 여가 장소인 티룸의 이미지를 만드는데 기여했다.

라이언스는 청결하면서도 친근하고 세련된 니피의 유니폼으로 기분 좋은 외식공간이라는 이미지를 만들었다. 유니폼을 입은 니피는 라이언스의 마스코트가 되어 모든 상품과 광고에 등장했으며, 서비스업종의 모델이 되었다. 또한 니피를 주인공으로 하는 뮤지컬이 공연되고, 축제나 행사에서 니피 유니폼이 코스프레(Costume Play) 복장으로 등장할 만큼 전국적인 우상(icon)이 되었다.[160] 라이언스의 전략은 성공적이어서, 왕실에서 서민들까지 전 계층이 라이언스의 고객이 되었다.

티룸의 전성기인 20세기 전반기는 여성의 사회적 진출은 활발해진 시기이다. 티룸은 여직원을 채용해 청결과 민첩함, 친절과 예의, 메뉴 등 티룸에 관한 모든 지식을 교육했다. 티룸의 여직원은 단순한 종업원이 아닌 친절한 서빙과 차와 티 푸드 등 메뉴에 관한 전문지식을 갖춘 티 마스터요, 부대시설에 관한 정보를 제공하는 안내자였다. 여직원의 유니폼은 활동에 도움을 줄뿐만이 아니라 고객과의 커뮤니케이션 통로였다. 고객이 티룸에 문을 열고 들어와 맨 처음 받은 서비스와 정보 제공이 여직원에 의해 이루어지기 때문에 티룸에서 여직원의 역할은 지대했다. 니피의 중요성을 인식한 라이언스는 얼굴빛부터 의상, 그리고 서비스 자세 등 니피의 복장과 행동을 규정하며 니피 교육에 힘을 썼다. 티룸은 고객에게 특별한 이미지를 심어주는 유니폼을 갖춰 입은 여직원을 통해 청결하고 안락

---

160) http://www.kzwp.com/lyons/picture1.jpg

한 공간, 맛있고 즐거운 공간이라는 메시지를 주며, 문화적 가치를 부여한 여가의 장이 되었다.

V. 티 댄스와 티 댄스 의상

1. 티 댄스(Thé Dansante) 열풍

20세기 초, 유럽에서는 북부 프랑스의 사는 외지인들에 의해 차를 마시며 아르헨티나의 정열적인 탱고를 추는 새로운 관습이 생겨났다[161]. 소외된 계층의 애환과 비애를 표출한 아르헨티나의 탱고는 세련된 파리 시민을 만나면서 밝고 품위를 갖춘 모습으로 탈바꿈했다. 차생활에 밝고 경쾌한 리듬에 맞춰 탱고를 추는 즉, 유럽인의 정서가 담긴 탱고는 곧 유럽 상류사회로 빠르게 확산되었다. 그리하여 유럽에서 탱고는 '탱고 티(tango tea)' 혹은 '티 댄스(tea dance, thé dansant)'로 명명되었다.

1912년, 탱고는 프랑스를 경유해 영국에 상륙했다. 런던의 게이어티 극장(Gaiety Theatre)에서 「선샤인 걸(The Sunshine Girl)」이 상영될 때 선보인 탱고는 영국인을 곧바로 티 댄스마니아로 만들어 버렸다. 사람들은 호텔·클럽·레스토랑·카페·극장·백화점 등 비교적 큰 규모의 외식공간에서 티 댄스를 즐겼다. 1913년, 티 댄스는 사회생활의 가장 패셔너블한 형태 중 하나로 인식되었다. 1913년, 글라디스 크로지에(Gladys B. Crozier)는 『탱고 추는 법(The Tango and How to Dance It)』에서 당시 영국인들 사이에 새롭게 떠오른 티 댄스를 다음과 같이 기록하고 있다.

---

161) Pettigrew, J, *Tea*, Apple, London, 2007, p. 21.

예쁜 하얀색과 금색으로 장식된 월도프호텔(Waldorf Hotel) 연회장에서 매주 수요일 오후 4시 30분에서 7시 30분까지 열리는 티 댄스는 무척 즐겁다. 벽을 따라서 세워진 크고 하얀 기둥은 기다란 열주를 형성하였고, 작은 티 테이블이 양쪽 주위에 배치되어 있다. 티 테이블에 앉아있는 2명에서 6명의 손님들은 춤을 추다가 잠시 쉴 때면 차를 즐겼다. 때론 손님들은 티 테이블에 계속 앉아서 오후 내내 다른 이들의 춤추는 모습을 지켜보기도 하였다.[162]

매주 수요일 오후 4시 30분에서 7시 30분이면 정기적으로 하얀색 바탕에 금색 장식의 월도프호텔의 팜 코트(Palm Court)에서 티 댄스가 열렸다. 연회장 중심에 배치된 무대(dance floor)를 빙 둘러 2인용에서 6인용의 크고 작은 티 테이블이 놓여있었다. 티 테이블은 티 댄스를 추다 차를 마시며 잠시 쉬는 휴식 공간이자, 전문 댄서들의 공연을 감상하는 공간이었다. 유럽에서 티 댄스는 어둡고 무거운 반도네온 대신 아코디언으로 밝고 우아한 선율과, 가벼운 리듬의 실내악 연주에 맞춰 일정한 형식의 흥겨움을 얹는 춤이었다. 티 댄스의 춤동작은 상체는 떼고 한 팔로 포즈로 취하며, 머리와 상체의 움직임을 강조했는데, 이때 용감한 남성이 아름답고 나약한 여성을 보호하는, 즉 기사도 정신을 가미한 동작이 주를 이루었다.[163] 티 댄스는 아르헨티나의 탱고가 당시 유럽사회에 흐르는 정서를 흡수하여 재탄생한 모습으로, 세련된 음악에 맞춰 매너와 교양있는 상류사회의 신사숙녀들에게 사랑받는 오락이었다.

> What could be pleasanter, for instance, on a dull wintry afternoon,
> at five o'clock or so, when calls or shopping
> are over, than to drop in to one of the cheery little "Thé Dansant" club,
> Which have sprung up all over the West End... to take one's place
> at a tiny table... to enjoy a
> most elaborate and delicious tea...

---

162) Pettigrew, J. *A Social History of Tea*. National Trust, London, 2002, pp. 166-167.
163) 강현희, 「Social Dance에서의 양성평등모색: 탱고의 변천사를 통하여」, 『한국여가레크레이션학회지』, 28, 2005, pp. 127-129 참조.

whilst listening to an excellent string band (and)...

joining in the dance...[164]

무료한 겨울 오후 5시경

가장 즐거운 일은 전화잡담이나 쇼핑 후

작고 즐거운 티댄스(thé dansant) 클럽 방문하기

그곳에선 웨스트엔드의 모든 일들이 일어나지

내가 머문 작은 테이블, 그 곳에서 …

정성이 기득 담긴 맛있는 차 한 잔을 즐기네 …

훌륭한 악단의 연주와 함께 …

춤을 추면서 …

당시 사교계여왕으로 이름을 떨쳤던 글라디스 크로지에의 자전적 저서, 『탱고 추는 법』에 쓴 시, 〈티 댄싱 Tea Dancing〉이다. 글라디스 크로지에가 가장 즐겼던 오락은 테 단잔트(thé dansant) 즉, 티 댄스였다. 그녀에게 티 댄스 클럽은 맛있는 차와 다과를 즐기며 음악연주와 티 댄스를 감상하는 장이요, 티 댄스를 출 수 있는 즉, 맛있는 곳에 흥겨움이 넘치는 축제의 현장이었다.

티 댄스를 추는 공간에 차와 다과가 차려진 티 테이블은 최고의 갈증해소와 휴식 공간이자, 식도락의 장이요, 사교의 장이었다. 티 테이블은 아름다운 선율에 맞춰 우아하게 티 댄스를 추는 전문 댄서들의 모습과 실내악을 맑은 정신으로 감상하는 공간이었다. 기존의 차생활에 탱고를 배치함으로 탄생한 티 댄스는 품위있는 사교 활동과 예절교육을 목적으로 한 상류사회의 사교문화로 빠르게 자리했다. 당시 많은 여성들은 넓은 공간에서 밝고 경쾌한 음악에 맞추어 우아하게 티 댄스를 추었고, 향긋하고 차를 마시며 교양있는 서로의 감정을 소통하는 사교생활을 즐겼다.

에드워드시대, 런던 신문의 헤드라인을 장식할 정도로 티 댄스는 문화의 중심에 있었다. 티 댄스는 상류층 신사숙녀들의 필수교양이 되자, 리츠, 월도프, 사보이 등

---

164) Cohen, S., *Where to Take Tea*, Northampton, New York, 2003, p. 28.

의 호텔과 400클럽(Four Hundred Club), 그라프튼 갤러리(Grafton Gallery)의 보스턴 클럽(Boston Club) 등의 클럽, 프린스(Prince), 조지안(Georgian) 등의 레스토랑, 라이언스 등의 티룸 등이 티 댄스 공연장으로 사랑을 받았다. 에드워드시대를 고하고, 조지 5세의 재위기간(George V, 재위 1910-1936)에도 티 댄스에 대한 영국인들의 사랑은 계속되었다. 그 중, 사보이호텔은 상류층 취향에 맞춰 프랑스 요리와 품위있는 애프터눈 티가 준비되었고, 음악과 빅터 실베스타(Victor Silvester)와 같은 전문 티 댄서를 갖추고 있어 당시 런던에서 가장 세련된 티 댄스 공간으로 알려졌다.[165] 1차 세계대전 발발로 잠시 주춤했던 티 댄스는 전쟁이 끝나자 다시 전국을 휩쓸었지만 일시적인 유행일 뿐이었다. 2차 세계대전의 전운이 감돌던 1930대 중반에 이르자 티 댄스는 상류층의 사교문화에서 점차 밀려났다.

티 댄스는 새롭고 신기함에 잠시 향유한 이국의 문화가 아니라, 차문화 공간에서 새롭게 재탄생된 여가문화였다. 이를 위해 티 댄스 동작과 음악, 의상과 신발 등을 유럽식으로 수정했다. 티 댄스 마니아들은 탱고 티를 통해 삶을 즐겼다. 티 댄스 마니아 대부분은 부유층이었는데, 이는 바로 탱고가 우아한 찻자리에 마련되었기 때문이다. 18세기 초엽까지만 해도 신분의 상징이었던 차는, 19세기를 거치며 모든 이의 음료가 되었다. 부유층들은 다른 계층과 구별 짓기(distinction)를 원했고, 품위있는 분위기의 티룸에서 아름다운 의상을 갖춰 입고 추는 티 댄스는 상류층의 과시적 여가를 보여주었다.

2. 티 댄스 의상

산업혁명은 의식주는 물론이고 여가문화 등 사회전반에 걸쳐 광범위한 변화를 가져왔다. 경제적, 사회적으로 남성에게 의존한 여성은 20세기에 이르자 조금씩 독립적 존재로 활동 반경을 넓혀갔다. 이는 여성의 여가문화에서도 잘 나타나는

---

165) Cohen, S., *Where to Take Tea*, Northampton, New York, 2003, pp. 28-42 참조.

데, 외식 · 스포츠 · 여행 등의 집밖 여가활동에 활발하게 참여할 뿐 아니라 티 댄스를 즐기기 위해 새로운 의상을 만들만큼 새로운 오락에 관심이 많았다. 차와 우아한 커플댄스인 탱고가 함께한 시공간을 여성들은 특히 좋아했다. 여성들은 탱고를 꼭 갖추어야할 필수교양으로 여겨, 강습을 받을 만큼 탱고는 당대를 대표하는 문화로 빠르게 자리 잡았다. 티 댄스를 추는 곳에는 초보나 짝이 없는 여성을 위해 남성 전문 댄서들이 항시 대기하고 있을 정도였다.[166] 당시 많은 여성들은 탱고와 음악, 아름다운 의상에 관심 갖기 시작하며, 티 댄스에 중독되어갔다.

　탱고가 영국에 상륙한 1910년 대 초, 여성의 의상은 좁은 보폭의 걸음걸이만 허용되는 스타일이 유행했다. 작은 움직임만을 허용한 여성의 의상은 남성의 부와 지위를 과시하는 수단이기도 했다. 신체를 조이고, 스커트 길이가 바닥에 닿는 의상은 티 댄스를 추기에 부적절했다. 여성들은 티 댄스를 출 때만큼은 편하고 아름다운 의상을 입기 원했다. 여성들의 티 댄스에 대한 사랑은 티 댄스 의상으로 이어졌다. 여성들은 보다 신나고 아름답게 티 댄스를 추기위해 당시 유행한 호블 스커트(hobble skirt)를 발놀림이 편하게 약간 변형시켰고, 티 댄스 신발을 갖춰 신었다.[167] 티 댄스 의상은 춤을 추는데 움직임이 편하도록 기능성이 우선되었고, 여기에 아름다움을 부가한 디자인이었다. 잔느 파켕(Jeanne Paquin), 폴 푸아레(Paul Poiret), 더프 고든(Duff Gordon) 등 당시 유명디자이너들은 패션쇼에 티 댄스 의상을 선보임으로 티 댄스 열풍에 동참했다.

　〈그림 2〉는 1913년 〈아름다운 숙녀와 아름다운 가운(Beautiful Girls and Beautiful Gowns)〉이라는 제목으로 영국 런던의 팰러스 극장(Palace Theatre)에서 열린 잔느 파켕의 티 댄스 패션쇼 사진이다. 잔느 파켕은 당시 유행하던 좁은 실루엣의 호블 스커트를 응용해 티 댄스 의상을 디자인했다. 상체의 위 허리부분은 몸에 타이트하게 맞고, 스커트 폭은 좁지만 보폭을 자유롭게 스커트에 트임과 안쪽에 숨은 주름을 잡은 디자인했다. 스커트의 트임과 주름은 좁은 스커트에 여유로움으로 활동성을

---

166) Pettigrew, J., *Afternoon Tea*, Pitkin Books, London, 2009, p. 50
167) J. 앤더슨블랙 · 매쥐가랜드 저, 윤길순 역,『세계패션사』, 간디서원, 2005, pp. 406-407 참조.

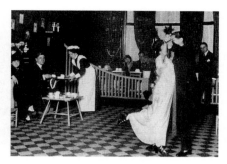

〈그림 2〉 티 댄스 의상[168]   〈그림 3〉 티 댄스 파티[169]

춤과 동시에 변화의 아름다움과 여성미를 드러냈다. 티 댄스를 추기 쉽도록 스커트 길이가 약간 짧아지고, 트임까지 더하자 구두에 머문 시선을 위해 리본을 달거나, 지그재그로 묶는 스타일의 티 댄스 신발이 만들어졌다. 이에 반해 남자 댄서의 의상은 와이셔츠에 넥타이를 착용한 모닝코트에 이마를 완전히 보인 헤어스타일과 검정구두로 단정하고 품위있게 갖춰 입었다.

〈그림 3〉은 1914년 런던의 아르헨티나 & 브라질 댄싱 살롱에서 열린 티 댄스 파티 사진으로, 고객들은 티 테이블에 앉아 전문 티 댄서의 공연을 감상하는 모습이다. 티 댄스를 추고 있는 여성 전문 댄서의 의상을 보면, 약간 폭이 넓고 길이는 복숭아뼈 정도로 입고 있으며 탱고 신발을 신고 있다. 스커트 길이가 짧아지고 트임이 있자 스타킹과 구두는 티 댄스 복장의 중요한 아이템이 되었다. 전문 티 댄서의 춤동작과 더불어 의상·구두 등 모든 부분이 감상하는 여성 고객들에게 많은 영향을 끼치며 티 댄스 의상은 티 댄스를 위한 공간에서 보편화되었다. 사진의 왼쪽 부분을 보면, 여성 종업원이 남성고객에게 차를 주고 있다. 두 사람이 감사하며 앉아있는 티 테이블에는 이미 6잔의 찻잔이 놓여있고, 또다시 주문한 차를 마시며 티 댄스를 감상하고 있다. 20세기 전반, 가장 사랑받는 주제인 차와 탱고가 한 자리에서 상생하는 외식공간은 당시 트렌드가 되며, 많은 사람들이 그곳에서

168) The Bridgeman Art Library, Fashion Museum, Bath and North East Somerset Council
169) Pettigrew, J. A Social History of Tea, National Trust, London, 2002, p 166.

외식과 여가문화를 즐겼다.

〈그림 4〉는 20세기 전반 영국의 정치, 문화, 예술계와 사교계를 이끈 사보이호텔의 템즈 포이어(Thames Foyer)에서 미국의 5인조 밴드, 쉐보스(Sherbo's)의 연주에 맞춰 프로 티 댄서가 티 댄스를 추는 모습이다. 프로 티 댄서와 당시 사교를 위해 티 댄스를 춘 아마추어 댄서와는 의상에서부터 달랐다. 아마추어 티 댄서는 당시 유행의상에서 움직임이 편하도록 약간의 변형을 준 의상을 입은 반면, 프로 티 댄서는 기능성과 심미성을 모두 고려한 의상을 입었다. 즉, 프로 티 댄스복은 팔 다리의 움직임이 편하도록 함은 물론이고 쉬폰(Chiffon), 벨벳(velvet), 새틴(Satin), 네트(net), 모피(fur) 등 여성스러움을 한껏 살릴 수 있는 직물에 장식물을 부착하여 심미성을 추구했다. 거기에 춤 출 때 아름다움을 돋보일 수 있도록 외모와 신체적 결함을 보완한 디자인으로 제작되었다. 티 댄스를 위한 전용의상은 기능성과 심미성, 그리고 자신감을 드러내게 디자인함으로, 여성의 자신감과 자부심을 표출하고, 더욱 티 댄스에 열광할 수 있도록 도왔다.

〈그림 5〉는 1920-30년대 사교계와 패션계를 이끈 사보이호텔 템즈 포이어의 윈터 가든 가제보(Winter Garden Gazebo)에서 티댄스를 추고 있는 모습이다. 템즈 포이어는 실내온실과 같은 윈터 가든 가제보에 유럽풍 앤티크가구와 무라노

〈그림 4〉 사보이호텔의 티 댄스[170]   〈그림 5〉 윈터가든 가제보에서의 티 댄스[171]

---

170) Cohen, S., *Where to Take Tea*, Northampton, New York, 2003, p. 32.
171) Cohen, S., *Where to Take Tea*, Northampton, New York, 2003, p. 35.

(Murano) 샹들리에, 동양풍의 실크벽지가 어우러진 우아하고 아늑한 분위기의 티룸에 초청 연주와 티 댄스를 첨가하여 상류층의 세련된 고객을 유인했다.[172] 템즈 포이어의 상징인 중앙의 윈터 가든 가제보는 초청 연주와 티 댄스 공연장으로 활용되었다. 티룸의 고객들이 피로 티 댄서의 공연을 감상하고, 티 댄스에 참여하기 쉽도록 윈터 가든 가제보 둘레에 티 테이블을 배치했다.

제 1,2차 세계대전을 거치며 여성의 의상은 크게 달라졌다. 여성들은 편리함을 추구하는 실용적 의상을 추구했다. 코르셋은 폐지되고 스커트 길이는 점차 짧아지는 등의 기능주의와 더불어 인체 자연미를 추구하는 등의 착장미 스타일로 변화되어 갔다. 새로운 패션의 아이콘인 근대성(Modernity)을 강조한 여성의 일상복은 티 댄스를 추기에 불편하지 않았다. 여성들은 티 댄스를 추기 위해 별도로 티 댄스 의상이 아닌, 자신의 옷 중 격식을 갖추면서 춤추기 용이한 옷을 택해 입었다. 하지만 프로 티 댄서는 일반인들과 구별된 탱고 티 댄서 복을 입었다. 타이트한 실루엣의 상의에, 하의는 슬릿, 플리츠 등의 디테일을 가미한 핏 앤 플레어(Fit & Flare) 실루엣을 기본으로 하고, 장식물을 부가한 우아한 디자인이었다. 티 댄스, 즉 유럽식 탱고는 남성이 여성의 보폭사이로 전진하며 여성을 후진케 하는 춤이므로 자유로운 발동작을 위해 스커트가 불편하지 않도록 디자인하는 것이 최우선이었지만 심미성 또한 놓치지 않았다. 이를 위해 우아한 레이스와 속이 비치는 시스루, 우아하게 물결칠 수 있도록 부드럽고 신축성 있는 비단 등을 직물을 대체로 선택했다. 이와 더불어 탱고는 무대 조명을 받으며 추는 춤이므로 보석이나 광택이 나는 장식을 착용하여 우아함을 강조했다.[173]

---

172) http://en.wikipedia.org/wiki/Savoy Hotel
173) 백경진·김영인, 탱고 의상의 디자인 특성과 현대 패션에 적용된 사례. 한국복식학회지 58권 2호, 2008, p. 154 참조.

Ⅵ. 여성 차생활을 통한 사회참여

1. 사회참여의 확대와 지위 향상

격한 도덕, 가정의 존귀함 등의 윤리적 가치관은 산업혁명 직후 사회의 주축인 중간계층의 도덕규범을 형성하였고, 절제된 생활 속에서 단란한 가정은 이상적인 모델로 제시하였다. '남자는 집을 만들고 여자는 가정을 만든다(Men make houses, women make homes)'는 영국 속담이 의미하듯이, 여성은 가정에서 가족에게 헌신할 때야 비로소 정체성을 확인할 수 있는 존재였다. 여성은 자율적이며 독립적인 존재가 아니라 타인과의 관계 속에서 정의되는 상대적인 존재였다. 산업 자본주의의 경제적 주체인 남성은 사회에서 활발한 활동을 했지만, 이상적인 여성이 되기 위해서는 아내로서, 어머니로서의 삶에 만족해야 했고, 사회적으로 소외된 삶을 살아야 했다.

이상적인 여성상에는 자신을 위한 삶은 없었다. 가정에서 모든 생활이 이루어져야함에도 불구하고 여성은 가정 경제권도 없었고, 계약서에 서명할 수도, 이혼도 거의 불가능했다. 여성의 시각으로 본 가정은 친밀함 속에 자율을 억압하는 이중적이고 모순적 양면성을 지닌 형태였다. 여성의 삶에 주체적이고 능동적으로 진행되는 새로운 여가활동이 등장했다. 그것은 바로 티타임으로, 여성이 주체적으로 진행하는 오후의 티타임은 점차 중산층이 추구하는 스위트 홈의 상징적인 모습이었다.

20세기 이후 여성 운동가들의 여성의 권리를 찾기 위한 노력은 활발하게 진행되었고, 참정권, 고등교육의, 직업진출의 자유, 재산 및 결혼과 관련된 법 개정 등 교육, 직업, 기혼여성의 법적 권리 등 여성의 사회적 지위 향상과 정치적 기회균등을 위한 법 개정과 제도가 개선되기 시작했다.[174] 20세기 전반기에 이르자 여성은

---

174) 조성은, 『영국여성 참정권운동에 대한 일연구 1897-1928』, 이화여자대학교 석사논문, 2000, p. 2 참조.

남성과 동등한 존재 즉, 스스로 선택하고 결정하는 자유로운 시민으로 실현되어 갔다.

여성에게 주어진 역할을 그대로 수용해야 한다는 전통적인 관념에서 변화된 생각과 모습이 차생활에도 보이기 시작했다. 성적 차별에서 남녀평등으로 변화하는 사회로 가는 길목에 등장한 티룸은 여성을 위한 선도적 역할을 한다. 집밖의 여성 해방 문화공간인 티룸은 남녀가 평등한 사회로 가는 사회분위기를 보여주는 19세기 중엽부터 20세기 초반까지 대표 공간이었다. 티룸은 여성이 남성과 동등한 위치에서 여가를 보내는 가장 선진적인 외식공간으로 자리하며, 여성들이 질곡의 삶에서 벗어나게 하는데 도움을 주었다.

세계전쟁을 두 차례나 거치며 여성은 남성의 역할을 대신하는 경우가 많아졌다. 차산업과 이와 연관된 사업으로 경제적 독립에 성공한 여성들도 등장하기 시작했다. 글래스고에서 티룸을 두 개나 개업하며 사업수완을 보인 케이트 크랜스턴이 그 대표적인 예이다. 차는 당시 위안과 기호의 음료로서만이 아닌 여성들의 사회 진출욕구를 충족시켜주었고, 동시에 여성들의 활동반경을 넓혀주며 사회적 지위를 향상시키는데 일조했다. 20세기 전반기, 가정뿐 아니라 사회에서도 차는 영국인의 일상문화와 사회구조에 변화를 가져오며 여성의 지위향상에 동행했다.

2) 차생활을 통한 여가와 사회적 활동

차생활은 여성에게 숙녀가 되기 위한 예절 학습장임과 동시에 여성 스스로가 주체가 된 오락과 사교생활이었다. 19세기 말엽에 이르면, 중상류층의 많은 여성들은 집안에서 자유의지로 애프터눈 티타임을 비롯한 다양한 티타임을 즐겼다. 차는 가정의 울타리 속에서 수동적으로 살던 여성들에게 여가의 즐거움과 일탈을 꿈꾸게 했다. 무엇보다 차는 제약된 환경에서 살았던 여성들에게 자유로움과 평등한 시간을 펼쳐주며, 자아를 살리며 질곡의 삶을 개선하는데 힘을 돋아 주었다.

19세기 말에서 20세기 전반으로 이어지며 영국의 레저 활동은 종류와 형태는 다양해졌으며, 참여 인원수와 참여자의 사회적 구성은 전례 없이 증가했다. 레저

활동이 팽창하는 과정에서 수반되는 여가문화의 상업화와 전문화, 제도화는 빅토리아 · 에드워드시대의 발명품이라고 불릴 만큼 새롭고 혁신적이었다[175]. 전통적인 레저는 역사의 뒤편으로 사라지고, 새로운 사회질서에 부합하는 레저가 탄생해 여가문화로 자리했다. 사회인으로 등장한 여성들은 남성과 동등하게 새로운 여가를 누리는 주체가 되었다.

집밖에서 즐기는 차가 중심이 된 여가활동은 19세기 중반 이전에도 있었다. 하지만 당시 가정밖에서의 여가는 여성은 남성 보호자와 동반할 때에만 즐길 수 있는 한정된 여가였다. 하지만 19세기 중반 '티룸'이 개설되면서 여성 역시 가정 밖에서 남성과 동등하게 여가의 주체가 되었다. 여성들은 티룸에서 휴식과 기분전환, 다담과 티 댄스로 사교하며 스스로 사회적 존재가 되어갔다.

> Now that you've learn to dance
> That new Braazilian prance
> Go on and show them all you know
> Dance it to and fro, Do it nice and show
> Now for your partner reach, And do the new Mattchiche
> It's Tango-time when that melody starts[176]

> 이제 당신은 춤추는 법을 배웠으니
> 이 새로운 브라질 춤을
> 이제 가서 사람들에게 보여 주세요
> 앞으로 뒤로, 춤을 유연하게 보여 주세요
> 자, 이제 당신의 파트너가 다가오니 새로운 춤을 추어요
> 지금은 탱고 티타임 음악이 시작되네요

---

175) Lowerson, J. *Sport and the English Middle Classes: 1870-1914*, Manchester University Press, Manchester, 1995, p. 3
176) Cohen, S., *Where to Take Tea*, Northampton, New York, 2003, p 35.

콘 콘라드(Con Conrad)의 〈탱고 티에 함께 Come with to the Tango Tea〉에서 알 수 있듯이, 여성들은 외식공간에서 적극적으로 티 댄스를 즐기는 사회적 존재로 발돋음했다. 티 댄스는 왈츠에 비해 자유롭고 경쾌하며, 여성과 남성이 신체가 밀착되어 서로의 체온과 호흡을 느끼면서 추는 커플댄스다. 여성의 사회진출이 본격적으로 이루어진 20세기 초, 남성과 여성이 조화를 이루어야만 완성되는 티 댄스는 상류층의 사교문화로 빠르게 안착되어갔다. 특히 티 댄스는 남성 전문 댄서를 양산할 정도로 여성에게 환영받은 오락이었다. 긍정적 에너지를 발산하며 생활의 활력소가 된 탱고는 외식공간에서 차와 만남으로 '티 댄스'라 이름하며 건전한 사교생활로 안착되었다. 무엇보다 상업공간에서 여성들은 능동적으로 티 댄스를 즐기며 사회 진출에 대한 자신감을 높였다.

여성 외에도 직장인이 티룸의 주 고객이었다. 티룸의 인기는 여성에게 서빙과 티 마스터 역할을 담당할 일자리를 마련해주었다. 티룸의 직원으로 채용된 여성들은 맡은 역할을 성실히 수행하는 것은 물론이고, 직장 내 동호회를 결성해 여가생활을 함으로 사회 경제적 지위 향상과 더불어 자신의 능력을 개발했다.

〈그림 6〉은 1930년, 헤른 힐(Herne Hill)에서 열린 칼 브리슨 자전거경주대회 (Carl Brisson Cup)에 참가한 라이언스 니피의 모습이다. 라이언스 티룸의 유니폼을 변형한 캐주얼한 바이크 룩을 입고 참가한 자전거 경주대회에 사진이다. 당시 티룸과 자전거 열풍, 여성 동호회 활동을 느낄 수 있는 사진으로, 변화된 사회를 엿볼 수 있다. 새로운 스포츠 오락 중 젊은 여성들은 자유로운 활동성을 부여해준 자전거를 특히 좋아해 휴일이면 자전거를 타고 도시 근

〈그림 6〉칼 브리슨 자전거경주대회의 니피[177]

---

177) http://www.kzwp.com/lyons/picture1.jpg

교에 나가 기분전환을 하곤 했다. 자전거 타기 열풍은 곧 직장 여성들에게도 이어져 동호회를 만들만큼 직장 내 새로운 취미생활로 등장했다. 이는 곧, 여성의 사회진출이 활발해지며 여권이 이 전 시대에 비해 엄청나게 신장되었음을 의미한다. 이처럼 차가 자리한 외식공간에서 여성들은 인맥을 넓히고, 일상을 탈출하여 취미생활을 보다 적극적으로 즐김으로 삶의 질을 점차 개선해갔다.

3) 여성들의 사회적 연대와 결속

의복은 입는 자와 보는 자의 상호간의 의미 전달을 내포하고 있다. 통일된 의복은 소속과 단체 내 위치를 나타내는 의사전달과 구성원들과의 연대감과 결속력을 향상시키는 역할을 한다. 20세기 전반, 외식공간에 보이는 여성의 다복 또한 그러한 역할을 충실히 수행했다. 티룸에서 다복은 신분표현, 이미지전달, 구성원의 결속 등 뚜렷한 목적을 표현하고 있다. 즉, 티룸 직원들의 다복은 일반 복식과는 달리 일정한 양식을 갖춤으로써 환경과 작업에 대한 효율성과 더불어 시각적 소통을 내포하고 있다.

상업공간에서 다복은 착용자의 목적에 따라 각기 다른 모습을 보이고 있다. 급변하는 사회구조와 여성의 사회진출, 차문화의 유행 등으로 인해 탄생한 티룸의 유니폼이다. 티룸에서 유니폼은 착용자로 하여금 단체에 대한 소속감을 심어주고, 단체 내에서 지위를 나타내며 질서 유지와 그에 맞는 역할을 원활하게 수행할 수 있게 도왔다. 유니폼은 티룸에서 글이나 소리로 의미를 전달하는 방법보다 훨씬 쉽게 인식되고, 오랜 시간동안 각인되며, 누구와 상호작용을 해야 하는지 분명히 알게 하는 등의 효율성을 부가했다. 유니폼을 입은 니피가 리어언스의 거의 모든 광고의 모델이었던 것처럼, 유니폼은 티룸의 이미지를 효과적으로 전달해주는 다복이었다. 기업의 이미지를 담아 고객의 입맛과 시간 목적에 맞는 차를 추천해주고, 차와 티 푸드 등의 정보를 제공해주는 티 마스터와 서빙담당자인 티룸의 유니폼, 즉 다복은 소속감과 사회에 진출한 여성으로서 자부심 고취시키며 연대의식을 고취시켰다.

외식공간에서 다복은 활기찬 차생활을 위해 착용한 티 댄스 의상이기도 하다. 티 댄스 의상은 티 댄스를 자유롭게 출 수 있도록 하는 기능성과 아름다움이 돋보일 수 있도록 심미성과 상징성을 두루 표현하고 있다. 티 댄스 의상은 아름다움을 위해 색상과 디자인으로 연대 속에 개성을 살렸고, 착용자에게 미적인 만족을 줌으로 결속된 시공간에서 유쾌한 정서를 심어주었다. 더불어 티 댄스는 차와 티 푸드, 춤과 음악, 그리고 의상이 서로 공감대를 이루며 모두가 즐기는 동질적인 연대감을 갖기에 충분했다.

VII. 나가며

인간의 삶은 일상생활 속에서 탄생하고 변용되어 나타나는 사회적 현실의 토대 위에 이루어진다. 일상의 여가공간에서 차생활을 탐색하는 작업은 20세기 전반기 차생활을 이해하는데 새로운 시각을 제공해준다. 본 연구는 20세기 영국여성을 대상으로, 티룸이라는 외식공간에서 즐겼던 티 댄스와 다복을 중심으로 분석함으로 20세기 여가생활로서 차문화의 특징을 추출하고자 했다.

19세기 중엽이후 차문화는 영국의 대표적인 전통문화임과 동시에 당시 영국인의 생활문화를 대표하고 있다. 특히 차는 여가문화를 풍요롭게 만드는데 아주 큰 역할을 담당하고 있다. 일생을 가정의 테두리 속에서 가정의 천사로 한정된 삶을 살아야했던 중상류층의 여성들은 차생활을 통해 자신의 생각과 기호를 담으며 그곳에서만큼은 주체적인 생활을 했다. 여성들은 차와 다기, 티 푸드와 공간배치, 꽃과 음악은 물론이고 티 가운까지 탄생시키며 애프터눈 티타임을 주체적으로 이끌었다. 19세기 중엽에 이르자 여성의 활동반경은 티룸이라는 새로운 외식공간의 주고객으로 자리할 만큼 사회로 넓어지기 시작했다. ABC 티룸이 성공하자, 헤로즈, 샐프리지 등 백화점과 리츠, 사보이, 월도프 등 호텔에 티룸이 개점되었고, 독립적인 티룸 또한 개점할만큼 티룸은 20세기 새로운 외식공간으로 사랑받았다.

티룸에서 여성들은 카타르시스를 느꼈다. 여성들은 티룸에서 잠시 어머니요 아내라는 가정의 존재가 아닌, 남성과 평등하게 사회인이 되어 주체적인 문화 소비자로 빠르게 자리했다. 그곳에서 차를 마시고 소통했고, 차를 마시 티 댄스를 추며 사회에서 주체적인 존재로 소통했다.

차생활은 여가 향유의 수단일 뿐 아니라 새로운 직업을 창출하면서 여성의 사회 활동을 도왔다. 가정에서 다관의 보호자인 여성들은 티룸에서 티 마스터라는 직업여성으로서 큰 활약을 보였다. 새로운 외식공간으로 급부상한 티룸은 고객감동을 위한 서비스 강화에 관심이 컸다. 그 중, 라이언스는 티 마스터이자 서빙을 담당하는 니피를 고용하며 20세기 전반기 영국 최고의 티룸으로 자리했다. 차에 대한 지식, 예를 갖춘 니피를 통해 라이온스는 안락한 공간, 맛있고 즐거운 공간이라는 메시지를 전달했다. 여성들은 가정에서 뿐만 아니라 상업공간에서도 다관의 보호자였다. 티룸의 티 레이디(tea-lady)는 사회에 진출하고픈 욕구를 분출하는 직업인이었고, 고객에게 향긋한 차로써 즐거움을 선물하는데 일익을 하고 있어 보람까지 얻을 수 있는 직업이었다.

외식공간에서 여성의 차생활은 심신을 건강하게 하고, 자유로움 속에서 잠재능력을 개발할 수 있도록 도왔다. 무엇보다 여성들은 티룸에서 차와 티 푸드를 먹고 티 댄스를 추는 등 맛나고 즐거운 시간 속에 문화와 예술의 이해 폭을 넓혔다. 여성들은 차가 있는 외식공간에서 음악과 함께 티 댄스를 감상하기도 했지만 티 댄스를 추며 적극적인 여가를 즐기기도 했다. 티 댄스에 열광하는 여성들이 늘어나자 아름다우면서도 탱고에 용이한 티 댄스 의상이 탄생했다. 티 댄스 의상은 기능성은 물론이고 심미성, 자신감을 표출하는 상징적 디자인이 대부분이었다.

차는 가정의 여성이 사회로 활동의 폭을 넓히고 주체적 존재로 살아갈 수 있도록 적극적 도왔다. 새로운 문화현상들이 의식의 변화를 주며 만들어낸 외식공간에서의 차생활은 여성들에게 자유로움 속에서 충만한 기쁨과 즐거움을 주며, 평등한 사회로 가기 위한 발판을 마련해 주었다.

20세기 전반기 여성들의 여가공간에서 즐기는 차생활을 다복의 시선으로 그 특징을 보면 다음과 같은 특징을 추출할 수 있다. 첫째, 찻자리가 펼쳐진 외식공간은 즐거움 속에서 자아를 탐색하고 개발하고자 하는 자아를 찾기 위한 공간이다. 그곳은 여성들에게 스트레스를 해소시키고 감정표현을 솔직하게 드러냄으로 심신을 건강하게 하고, 자유로움 속에서 자신의 잠재능력을 개발할 수 있는 기회를 제공했다. 동시에 문화와 예술의 이해 폭을 높여주고, 체험을 통한 아름다움의 추구를 경험하게 하며 여성들은 소비문화의 주체자가 되었다.

둘째, 외식공간에서 차생활과 다복은 여성을 사회적 존재로서 소속감과 연대감을 갖게 해주었다. 한 공간에서 다복을 입고 차와 다과를 먹으며 다담과 함께 티 댄스 · 음악 감상 등의 여가를 즐기는 사회적 모임에서 여성들은 동질성을 확인하고, 친목을 도모하며 생활 속 여유를 영위했다. 외식공간에서의 차생활과 다복은 이렇듯 소속감과 관계의 결속을 단단히 해주는 것 외에도 역할의 정체성을 갖게 하며 책무감과 아울러 권리, 연대의식을 강화시켜 주었다.

셋째, 20세기 전반기 여성들은 차를 마시고 티 댄스를 즐기며 새로운 감성문화를 창출했고, 차의 이미지를 새롭게 창출하며 소비 공동체를 형성하였다. 차는 정교한 미각의 충족을 위한 소비가 아닌, 취미생활 · 사회활동 · 연대감 등 여가로서 또다른 삶의 가치를 실현시키는 매개였다. 찻자리가 있는 외식공간에서 여성들은 여가생활을 보내며 활발한 관계를 맺음으로 사회적 지위를 향상시키고 결속력을 강화하며, 사회와 소통했다.

【참고문헌】

강현희, 「Social Dance에서의 양성평등모색」, 『한국여가레크레이션학회지』 제28권, 2005

근대영미소설학회, 『19세기 영국소설 강의』, 신아사, 1999.

김경희, 「유니폼 변천에 관한 고찰」, 한국니트디자인학회 학술대회, 2004.

백경진 · 김영인, 「탱고 의상의 디자인 특성과 현대 패션에 적용된 사례」, 『한국복식학회지』 제58권 제2호, 2008.

이남희, 「젠더, 몸, 정치적 권리」, 『영국연구』 제24권, 2010.

이의정, 「빅토리아시대 여성의상에 나타난 사회상에 대한 연구」, 『한국의상디자인학회지』 제4권 3호, 2002.

장정희 · 조애리, 『페미니즘과 소설읽기』, 동인, 1998.

정병만, 『다시 보는 차문화』, 푸른길, 2012.

정은희 · 오사다 사치코, 『차 한 잔으로 떠나는 세계여행』, 이른아침, 2008.

-----, 『홍차이야기』, 살림, 2007.

-----, 「17-8세기의 유럽의 홍차논쟁과 차의 사회적 수용」, 『한국국제차문화학회지』 1권 2호, 2005.

-----, 「19세기 영국소설에 나타난 영국 차문화의 특성」, 『한국차학회지』 14권 3호, 2008.

제임스 레이버 저, 이경희 역, 『복식과 패션』, 경춘사, 1988.

J. 앤더슨블랙 · 매쥐가랜드 저, 윤길순 역, 『세계 패션사』, 간디서원, 2005.

조성은, 「영국여성 참정권운동에 대한 일연구 1897-1928」, 이화여자대학교 석사논문, 2000.

존 스튜어트밀 저, 김예숙 역, 『여성의 예속』, 이화여자대학교 출판부, 1986.

Bramah, E., *The Bramah Tea & Coffee Walk around London*, Christian le Comte, London, 2005.

Burgess, A., *The Book of Tea*, Flammarion, Paris, 2005.

Cohen, S., *Where to Take Tea*, Northampton, New York, 2003.

Harvest House Publishers, *365 Things Every Tea Lover Should Know*, Harvest House
　　　Publishers, Eugene Oregon, 2008.

Hohenegger, B., *Liquid Jade: The Story of Tea from East to West*, St. Martin's Press,
　　　New York, 2007.

Lowerson, J., *Sport and the English Middle Classes: 1870-1914*, Manchester
　　　University Press, Manchester, 1995.

Pettigrew, J., *Afternoon Tea*, Pitkin Books, London, 2009.

Pettigrew, J., *A Social History of Tea*, National Trust, London, 2002.

Pettigrew, J, *Tea, Apple*, London, 2007.

Pettigrew, J., *The Tea Companion*. Macmillan, New York, 1997.

Pettigrew, J. and Richardson, B., *Tea in the City London*, Benjamin Press, Kentucky,
　　　2006.

Ukers, W.H., *All About Tea Vol. Ⅱ*. Tea Importers Reprint, New London, 2004.

Ukers, W.H., *The Romance of Tea*, Alfred, New York, 1936.

http://www.kzwp.com/lyons/picture1.jpg

http://en.wikipedia.org/wiki/Savoy_Hotel

출전 : 『한국차학회지』 제19권, 제3호, 한국차학회, 2013.

Ⅲ. 잡지, 학술세미나 등 기고문

염색료(染色料)로 이용한 차

전통 색채관

나뭇잎과 꽃, 그리고 열매 등 자연에서 얻은 다양한 염색료는 그 시대의 사상, 종교, 추구하는 미감과 결합하면서 중요한 의미를 갖게 되었다. 문명이 발달하면서 점차 다양해진 색은 색의 구분을 통해 착용자의 신분이나 빈부의 차이를 표현했고, 종교와 민족의 상징물이 되기도 했다. 예를 들면, 우리나라는 음양오행사상(陰陽伍行思想)이 바탕이 된 황(黃)·청(靑)·백(白)·적(赤)·흑(黑) 다섯 가지 기본색을 도출하여 생활화했다. 오방정색(伍方正色)의 기본색과 여기서 오방간색(伍方間色)이 파생된다. 이러한 오행적 색채사상은 삼국시대부터 조선시대에 이르기까지 우리 민족의 색채의식을 지배해 왔다. 의복의 색감을 보면, 색 자체가 지니는 아름다운 조화보다는 음양오행이라는 상징적 의미를 한층 중요하게 생각했다.

〈발효차〉

오행 가운데 만물을 소생하게 하는 흙(土)을 의미하는 황색(黃色)은 오행에서 중앙을 상징한다 하여, 왕의 복색으로 사용했다. 나무(木)를 의미하고 제화초복(除禍招福)의 색, 만물이 생성하는 봄의 색인 청색(靑色)은 삼한시대에 변한과 진한 사람들의 복식 색이다. 쇠(金)를 의미하는 백색(白色)은 결백과 진실, 순결 등의 의미가 담겨있는데, 이는 삼국시대 부여 사람들이 숭상한 색이다. 오방색은 우리 민족은 예로부터 흰옷을 즐겨입었다. 불(火)을 의미하는 적색(赤色)은 잡귀가 병마의 접근을 막는 벽사의 빛깔로 쓰였다. 적색은 또한 태양과 피를 상징하여 생명과 창조, 정열과 애정을 의미하기도 했다. 물(水)을 의미하는 흑색(黑色)은 극음(極陰)의 색으로, 인간의 지혜를 관장한다고 생각했다. 예부터 우리 조상들은 색에 담긴 의미를 삶에 연결하며 생활에 적용해 왔다. 그 대표적인 예가 혼인식에 신부가 연지곤지를 찍고, 돌맞이 아이에게 색동저고리를 입히는 이유다.

빙허각 이씨(憑虛閣 李氏, 1759-1824)는 『규합총서(閨閤叢書)』의 염색제법 첫 부분에 『예소(禮疏)』와 『고공기(考工記)』를 인용해 오행의 정색(正色)과 간색(間色)의 채색관계를 상생과 상극의 이치에서 설명하고 있다. 이어 오방간색 중 적색과 흑색의 간색인 자색(紫色)을 설명하고 있다. 자색은 임금의 색으로, 『계림지(鷄林志)』를 인용해 붉은빛과 보랏빛 염색은 중국보다 훨씬 뛰어나다고 기록하며 자색 염색에 대한 자신감을 드러냈다.

갈색은 오행의 정색과 간색은 아니지만 서민을 상징하는 색이었다. 갈색 염색료는 자연에서 쉽게 구할 수 있었고, 금색(禁色)에도 해당되지 않아 민중의 복색(服色)이 되었다고 생각한다. 갈색은 조선시대에 이르자 착용하는 계층이 확대되어 선비의 복색으로도 이용되었다. 후대 사대부들은 전통적인 갈색 염색료에 다른 색의 염색료 혹은 매염제(媒染劑)를 이용해 더욱 풍성한 갈색류의 색감을 이용했다. 다양한 갈색류가 탄생됨에 따라 조선의 사대부들이 점차 즐겨 입는 색이 되어 갔고, 이에 따라 갈색은 천색(淺色)의 개념을 탈피해 갔다.

전통 갈색염료의 종류와 염색법

전통 염색에 관한 기록은 우리나라 문헌에 많이 남아있지 않다. 염색법 전문서는 아직 찾을 수 없지만 『산가요록(山家要錄)』·『동의보감(東醫寶鑑)』·『산림경제(山林經濟)』·『증보산림경제(增補山林經濟)』·『해동농서(海東農書)』·『규합총서(閨閤叢書)』·『임원경제지(林園經濟志)』 등의 문헌에 염색료와 염색법에 관한 내용이 보인다. 이 서적들은 많은 사대부 가정에 구비해 놓은 조선시대 스테디셀러로, 그 중 『산가요록』·『규합총서』·『임원경제지』에는 염색법에 관해 비교적 자세하게 기록되어 있다.

갈색은 후대로 갈수록 점차 입는 계층이 확산되는 양상을 보이자 다양한 갈색계의 염색법이 개발되었다. 서민의 색이었던 갈색은 사대부를 비롯해 임금의 침구와 조선말 부마에게 예단으로 보내는 옷감색(沈茶色)으로 쓰일 정도로 모든 계층에서 사랑받는 색감이 되었다. 19세기 문헌에 기록된 갈색의 색명을 갈색(褐色)·내현색(內玄色)·다갈색(茶褐色)·다할색(茶割色)·다홍색(茶紅色)·감다갈색(紺茶褐色)·우갈색(藕褐色)·호도갈색(胡桃褐色)·조갈색(棗褐色)·초갈색(椒褐色)·납다색(臘茶色)·명갈색(明褐色)·형갈색(荊褐色)·침향색(沈香色)·전갈색(甎褐色)·타색(駝色)·상아색(象牙色)·추향색(秋香色) 등으로 구분한 것만 보아도 다양한 갈색이 생활에 존재했음을 알 수 있다. 신분이 높은 사람들은 단순한 갈색보다는 여러 염색료를 혼합하거나 철매염(鐵媒染)을 이용해 깊고 고명도의 갈색을 연출하여 색감의 희소가치를 높이고자 했다.

부녀자들이 실생활에서 필요한 내용을 기록한 가정백과사전 『규합총서』에서 갈색계열의 염색법을 볼 수 있다. 빙허각 이씨는 갈색계열을 '駝色(약대빛)'로 칭하며, 염색법을 자세히 기록하고 있다. 타색(약대빛)은 낙타의 털 빛깔로, 황갈색을 의미한다. 타색 부분을 보면, 醬色(쟝식)·노랑빛(션황)·고운 배빛(고은 뵈빗)·주황빛(쥬황-꼿빗)·침향색(침향식)·화류색(화류식) 등 다양한 명도의 타색 색감과 그에 대한 염색법을 설명했다.

향촌에서 거주한 명문 사대부가의 며느리인 빙허각 이씨는 자연에서 쉽게 구할 수 있는 재료로 더 깊고 밝은 갈색 계열의 염색법을 제시했다. 빙허각 이씨는 자주색·남색·보라색 등의 색보다 갈색에 훨씬 다양한 염색법을 소개하고 있는데, 이는 갈색계열의 색감이 사대부가의 복색에 이용됨에 따라 갈색류 염색에 대한 관심이 깊어진 결과다.

『임원경제지』의「전공지(展功志)」에는『본초강목(本草綱目)』·『거가필용(居家必用)』·『천공개물(天工開物)』등 중국의 문헌과『동의보감』,『산림경제』등 우리나라 문헌에서 발췌한 50여 가지의 색명에 다른 염색법을 기록하고 있다. 염색법을 보면, 색을 선명하게 발색하거나 잿물·백반(白礬) 철장액(鐵漿液) 얼음 오미자 등의 매염제로 견뢰도(堅牢度)를 높였고, 불순물이 섞이지 않은 단물 백비탕(百沸湯)을 활용해 순수한 색을 내고자 했다. 그 중 갈색 염색법은 다갈색·우갈색·호도갈색·조갈색·초갈색·명다갈색·형갈색·전갈색·타색·침향색·상아색 등 11가지 갈색을 염색하는 방법을 제시했다. 이는 빙허각 이씨가『규합총서』에 제시한 갈색 염색법보다 한층 업그레이드된 염색법이다.

『규합총서』와『임원경제지』이 실용서임을 고려할 때, 갈색계열의 색감이 15가지나 될 만큼 다양한 색감의 갈색류를 생활에 이용했다고 추정할 수 있다. 다양한 염색제와 매염제를 통한 갈색계열의 염색법은 당시 사대부가 부녀자들에게 긴요한 지식이 되었을 것이다. 갈색을 깊게 혹은 밝게 염색한 옷감은 수수하면서도 기품이 있어 당시 사대부들이 선호하게 되었으며, 다른 색에 비해 월등하게 다양한 염색법이 생성되었다고 생각된다. 다시 말해 당시 다양한 계층의 갈색에 대한 요구와 재료 구매의 용이성, 염색시 매염제에 의해 다양한 색으로 발색, 세탁 후 쉽게 변색이나 퇴색되지 않는 장점 덕분에 19세기 백과사전류에서는 다양한 갈색계열의 염색법을 제시했다고 보인다. 특히 재료를 자연에서 쉽게 구할 수 있어 누구나 쉽게 염색할 수 있는, 대중화되기에 좋은 조건을 갖추었다.

차를 이용한 갈색염색법

『규합총서』와 『임원경제지』를 보면, 갈색의 재료에 황차(黃茶)와 홍차(紅茶)가 보이는데, 이는 당시 차의 구매가 용이했음을 의미한다. 먼저 빙허각 이씨가 『규합총서』「봉임칙」에 기록한 황차를 이용한 염색법을 보면 다음과 같다.

황다나 고련근이나 향유를 달여 흰 모시에 들이면 고운 배빛과 같고,

빙허각 이씨는 고운 배 빛의 염색료로, 황차 · 고련근(소태나무 뿌리) · 향유를 사용했다. 흰 모시에 황차 · 고련근 · 향유를 달여 추출한 색소로 물을 들이면 고운 배 빛, 즉 엷은 갈색 빛의 모시가 된다는 의미이다. 그녀는 〈염색제법〉에 전 준비물과 염색 재료에 대한 설명, 여러 색감으로 염색하는 방법 등을 기록했다. 빙허각 이씨가 기록한 염색법은 생활에서 얻은 지혜라 할 수 있는데, 『규합총서』(영평사본)에 '우는 신증'이라는 기록이 이를 증명해 준다.[1] 즉, 가사생활을 전담한 그녀는 문헌에서 실생활에 활용할 수 있는 내용을 발췌해 실증작업을 거치거나, 생활에서 얻은 경험을 지혜로 염색법을 기록했다. 시골에서 생활하던 빙허각 이씨는 대부분 생활 주변에서 쉽게 구할 수 있는 재료를 염색 재료로 이용한 것으로 보아, 황차 역시 그리 낯설지 않은 재료였다.

일찍이 黃茶를 실은 배 한 척이 남해에 표착한 적이 있다. 그 후 온 나라 사람들이 10여 년 동안이나 차를 사용했으나 지금까지도 여전히 남아 있다.

초정 박제가(楚亭 朴齊家, 1750-1805)가 『북학의(北學議)』에 기록한 황차에 대한 기록을 보면, 황차를 실은 표류선이 경화사족뿐만 아니라 대부분의 조선 사람들이 관심을 두게 되는 계기가 되었다. 이에 관해 이덕리(李德履, 1728- ?)는 「기다(記茶)」에서 자세하게 설명하고 있다.

---

1) 박희준, 『차 한 잔』, 신어림, 1999, p.196.

경진년(1760, 영조 36), 청나라의 차 무역선이 표류해 와서 온 나라 사람들이 비로소 차
에 대해 알게 되었고, 그 후 10년간 그 차를 마셨다. …… 다서(茶書)에 편갑(片甲)이 있는
데, 이는 이른 봄에 채취해 만든 황차이다. 차 파는 상선(商船)이 오자, 온 나라 사람들은
이를 '황차'라 불렀다. 하지만 뾰족한 창이 이미 다 자라, 이른 봄에 채취한 것이 아니었다.
그 당시 표류해온 사람들이 그 이름을 이같이 전했는지는 모르겠다.

　　우리나라 남부지방에 차나무가 자라고 있기는 하지만 주로 약용으로 쓰였고,
음료로 마시는 차는 대부분 중국에서 수입했다. 당시 차를 마시는 대상은 주로 차
산지의 주민과 승려, 그리고 경화사족 등 소수의 그룹이었다. 18-19세기는 장서
(藏書)와 독서 수집, 고동서화 수집과 감상 그리고 품평, 원예 등 문화예술에 지대
한 관심을 둔 시기였다. 차는 특히 경화사족의 관심의 대상이자 취미생활이었다.
청나라에서 수입한 차는 그들에게 문화적 만족감을 주는 음료였다. 경화사족과
승려 등 소수 그룹이 즐겼던 차는 표류선에 가득 실려 오면서 민중의 음료로 음용
대상을 넓혔다. 이후 황차는 약이라는 기능 외에 음료기능이 덧붙여졌다. 이는 정
약용의 죽로차(竹露茶)와 황차(黃茶), 초의 의순의 초의차(草衣茶) 등 우리의 독자적
차문화를 탄생하게 했고, 염색법, 그릇 관리, 방충제 등 차에 대한 관심의 폭을 넓
혀주는 동인(動因)이 되었다고 짐작된다.

(황차 / 황차로 물들인 옷감) (김한숙 제공)

가사생활의 담당자인 부녀자들은 차를 다양한 생활도구로 이용하기에 이르렀다. 경화사족으로서 문화를 향유하던 빙허각 이씨 집안에서 차는 낯설지 않은 음료였다. 그리고 무엇보다 시골로 주거지를 옮기면서 빙허각 이씨는 차 농사를 지었다. 자연에 관한 관심은 일용과 양생으로 이어지며 차는 염료, 방충제, 비료 등으로 재탄생되었다. 생활 주변의 산물을 다양하게 활용하고자 한 그의 생활의 지혜가 차의 용도를 넓히는 결과를 낳았다.

그는 평소 차생활을 하며 다건(茶巾)에 착색된 찻물을 보고, 고운 배 빛으로 물들이는 염색료를 착안했을 것이라 짐작한다. 넓고 깊은 독서량과 차밭 농사를 통해 쌓아온 차에 대한 지식은 빙허각 이씨의 지적 호기심과 연결되면서 새로운 재료를 이용한 염색법으로 탄생하였다. 특히 차를 이용한 염색은 갈색으로 발색되는 것 외에도 통기성, 자외선 차단 등 다양한 기능을 갖춘 기능성 옷감을 탄생시켰다. 그녀의 고운 배 빛 염색법 외에 그의 시동생인 풍석 서유구(楓石 徐有榘, 1764-1845) 역시 홍차를 이용해 전갈색(甎褐色) 염색법을 소개했다. 서유구 역시 집 주위에 차밭을 가꾸며 심신의 건강과 사교음료로 즐겨 마셨다.

전갈색은 홍차를 사용하여 염색하고 鐵漿으로 매염처리를 한다.
(甎褐色 用紅茶染鐵漿軋之)

서유구가 『임원경제지』「전공지」에 기록한 전갈색 염색법이다. 서유구는 전갈색으로 물들이는 염색료로 홍차를 이용했다. 사대부들은 단순한 갈색이 아닌 깊은 고명도의 갈색을 추구했다. 고명도의 갈색인 전갈색을 염색하기 위해 홍차로 먼저 물들인 후, 매염제 철장액(鐵漿液)을 탄 물로 헹구면 섬유에 홍차 염색료가 잘 염착(染着)되어 선명한 전갈색으로 염색이 된다. 용해력이 좋고 섬유에 대한 친화력이 높은 탄닌(tannin)성분이 함유된 홍차는 철장으로 후매염을 더욱 염착력(染着力)이 좋아져 균일한 색상의 염색물을 얻을 수 있다.

(홍차 / 홍차로 물들인 옷감) (김한숙 제공)

차를 사용한 염색법

구분 색명	染材	媒染劑	染色法	기록된 文獻	비고
고운 배빛	황차 · 고련근 · 향유	-	황차 · 고련근 · 향유를 달인다.	규합총서	차에 함유된 탄닌성분은 자외선차단 · 통기성 · 항 균성의 직물로 재탄생케 하여 기능성 옷을 만듦.
전갈색	홍차	鐵漿	홍차로 염색하고, 철장(鐵 漿)으로 매염처리 한다.	임원경제지	

차는 폴리페놀 구조를 기본골격으로 하는 탄닌계 색소를 함유한 식물이다. 폴
리페놀 구조 중, 차는 축합형 카테콜 탄닌(catechol tannin)에 해당한다. 차에 함유
된 탄닌 성분으로 염색 전보다 통기성을 2-3배 증가시켜 준다. 탄닌 성분은 섬유
상의 작은 기공을 막고 섬유를 뭉치게 하여 오히려 큰 기공을 많이 형성하기 때문
이다. 특히 탄닌 성분이 함유된 염료는 견뢰도가 높아 염색물도 잘 빠지지 않으며,
열전도율이 낮고 자외선을 차단하여 시원한 느낌을 준다. 코팅 효과도 좋아 비나
땀에 젖어도 몸에 옷이 잘 달라붙지 않고, 항균효과도 있어 좀이 잘 슬지 않는다.[2]
따라서 타닌 성분이 함유된 차를 주재료로 하여 염색한 모시는 멋스러움에 기능
성을 갖춘 여름철 최고의 의복 소재라 할 수 있다.

---

2) 김재필·이정진 공저, 『한국의 천연염료』, 서울대학교 출판부, 2003, pp.11-82 참조.

빙허각 이씨는 황차로 모시를 염색함으로써 통기성이 염색 전에 비해 2-3배 증가한 여름철 기능성 의복을 제안했다. 특히 생엽이 아닌 발효차를 염색료로 사용함으로써 쉽고 간편하게 염색할 수 있는 방법을 제시하고 있다. 멋스러우면서도 시원한 고운 배빛의 모시는 빙허각 이씨의 생활의 지혜가 빛나는 염색법이다.

또한 서유구는 탄닌 성분을 함유한 홍차 염색료에 철장을 매염재로 하여 선명한 전갈색을 염색했다. 발효차에 후매염 처리까지 한 염색법은 모시 외에도 면, 견 등 다양한 재질의 옷감을 선명하고 균일한 색상으로 염색함으로써 사대부가의 색감으로 활용될 수 있었다. 당시 문화를 이끌어간 경화사족인 서유구 가문에서 생엽이 아닌 황차와 홍차, 즉 발효한 차를 사용함으로써 쉽고 간편하게 염색할 수 있는 방법을 알려주고 있음은 차가 염색의 재료로 대중화의 길로 들어섰음을 말해준다.

갈색계열이 사대부의 색이 됨에 따라 그들의 미의식이 담긴 다양한 갈색계열의 색상을 구상했다. 당시 차는 사대부들이 즐긴 음료이자, 문화생활을 즐기는 도구였다. 중국에 의존해 차생활을 한 것이 19세기에 이르자 우리 땅에서 채엽한 찻잎으로 제다한 차가 생산되면서 차의 음용범위와 역할이 다양화되었다.

〈출전〉:『차의 세계』, 2010년 9월

이유원의 문집에 나타난 19세기 차문화
-『가오고략(嘉梧藁略)』과『임하필기(林下筆記)』를 중심으로 -

19세기는 아암 혜장(兒庵惠藏)과 다산 정약용(茶山 丁若鏞)의 만남, 그리고 다산 정약용과 초의 의순(草衣意恂)의 만남이 있는 시기이다. 이들의 만남은 초의와 유산 정학연(酉山 丁學淵), 추사 김정희(秋史 金正喜) 등으로 이어지며, 경화사족들에게 차문화는 점차 확산되어 갔다.

이 장은 19세기 조선후기 일상생활를 대변하고 있는 귤산 이유원의『가오고략』과『임하필기』를 통해 그의 음다생활과 당시 차문화를 엿보려 한다. 이를 위해 먼저 이유원의 약전(略傳)과 그의 문집을 살펴본 후, 문집 속에 나타난 차에 대한 기록들을 찾아 살펴본다. 특히 그가 음용한 차 가운데 구증구포(九蒸九曝)의 보림사 죽로차(竹露茶)와 고향 남양주에서 한가로움을 즐긴 다옥(茶屋)인 가곡다옥(嘉谷茶屋)을 면밀히 검토한다. 나아가 차 보관법, 당시의 다례(茶禮)의 의미 등을 살펴봄으로써, 19세기 우리나라 음다생활 특성의 다양한 단면을 고찰한다.

귤산 이유원의 약전(略傳)과 문집 속의 차 기록들

귤산 이유원(橘山 李裕元, 1814-1888)은 조선후기의 문신이다. 본관은 경주이며 자는 경춘(景春), 호는 귤산(橘山) · 묵농(墨農)으로, 이조판서 이계조(李啓朝, 1798-1856)의 아들이다. 이유원은 1841년(헌종 7) 정시(庭試) 문과(文科)에 병과(丙科)로 급제하여 예문관검열을 거쳐, 1845년(헌종 11) 동지사(冬至使)의 서장관(書狀官)으로 청나라에 다녀온 후, 지방의 관찰사와 중앙의 판서직을 두루 거친다. 고종 초 좌의정에 올랐으나 흥선대원군이 집권하자 1865년(고종 2) 수원유수로 좌천되었다가, 『대전회통(大典會通)』 편찬의 총재관(摠裁官)을 지낸 후, 1873년(고종10) 흥선대원군이 실각하자 영의정에 올랐다. 이후 관직을 잠시 맡다 1880년(고종 17) 치사(致仕)하고 봉조하(奉朝賀)되었다. 1888년 향년 75세로 서거하자 조정에서는 '충문(忠文)'이라는 시호를 내렸다. 서법과 문장에 능한 이유원은 『가오고략(嘉梧藁略)』, 『임하필기(林下筆記)』, 『귤산문고(橘山文庫)』 등의 문집을 남겼다.

〈이유원〉

39권 33책으로 구성된 『임하필기』는 견문과 체험의 수의(隨意) 수록(隨錄)한 것을 모아서 엮은 잡제(雜著)이다. 경(經) · 사(史) · 자(子) · 집(集) · 금석(金石) · 조선의 전고(典故) · 역사 · 풍속 · 지리 · 서화 · 시문 · 정치 · 외교 · 산물 · 가사 · 궁중비사 등 광범위한 분에야 걸쳐 해박한 식견을 토대로 백과사전식으로 기술했다. 측면사로서 조선후기의 정치 · 경제 · 사회 · 문화 등을 알 수 있는 『임하필기』에는 삼여탑 · 다시청 · 우전차 · 보림차 · 보이차 등 차에 관련된 내용 또한 풍부히 기록되어 있다.

고종이 1868년(고종 5)에 서사(書賜)받은 「귤산가오실(橘山嘉梧室)」에서 문집의 이름을 따와 지은 『가오고략』은 전문(箋文) · 책제(策題) · 서(書) · 설(說), 옥경고등기(玉磬觚謄記), 계 · 의(啓 · 議), 소차(疏箚), 악부(樂府), 묘지명(墓誌銘), 상량문 · 명(上樑文 · 銘), 행장(行狀), 잡저(雜著) 등이 수록된 20책으로 구성된 문집이다. 우리나라와 중국의 역사와 제도, 시서화와 골동품, 인물과 일화(逸話) 등 다양한 분야를 다룬 『가오고략』은 '차문화의 중흥기'라 불린 19세기를 느낄 수 있는, 즉 구증구포로 제다한 보림사 죽로차(竹露茶)의 제법과 효능, 정원에 꾸민 소담한 다옥, 밀양향차 등 당시 차생활과 관련된 내용이 실려 있다.

이유원이 마시던 차의 종류와 특성

1. 밀양황차

『가오고략』과『임하필기』에 황차에 대해 언급하고 있다. 이유원은 호남의 네 가지 명품(湖南四種)중의 하나로 황차를 들며 연경(燕京)의 황차보다는 못하지만 상당히 괜찮다고 했으며, 심양과 사천의 차보다 정은상공이 보내준 밀양 황차가 훨씬 더 좋다는 기록하고 있다.

황차는 17세기 김육이『유원총보(類苑叢譜)』에 조춘황차(早春黃茶)를 소개한 이후, 이덕리의『기다(茶記)』, 황윤석의『이재난고(頤齋亂藁)』, 빙허각 이씨의『규합총서(閨閤叢書)』, 이규경의『오주연문장전산고(伍洲衍文長箋散稿)』, 조재삼의『송남잡지(松南雜識)』,『일성록(日省錄)』등에 보인다. 그 중, 조재삼의『송남잡지』에 의하면, 중국에서 수입한 황차와 더불어 우리나라에서 제다한 황차를 음용했음을 알수 있다. 19세기 들어 황차는 약용과 기호로 마셨을뿐 아니라 배빛을 내는 염색료로 활용하는 등 일상에서 다양하게 이용되면서 국내 생산이 이루어졌다. 중국과 우리나라의 황차를 두루 마셔본 이유원은 〈정은상공이 밀양 황차를 보내온데 감사하며(謝貞隱相公贈密陽黃茶)〉를 통해 연경의 황차보다 못하지만 심양의 차가 뒷전이 될만큼 청량하다고 밀양 황차의 향미와 효능을 기록하고 있다. 황차의 또다른 이름으로 해남의 황차를 정차(丁茶) 또는 남차(南茶)라 불린다고 기록하고 있다.

2. 보림사의 죽로차

이유원은『가오고략』과『임하필기』에서 호남의 네 가지 대표적 물품중 하나로 강진 보림사 대밭의 차(竹田茶), 즉 죽로차를 들었다.『가오고략』에는 보림사 죽로차를 제다하는 방법은 자세하게 기술하고있는데, 이를 대강 살펴보면 다음과 같다. 죽로차는 보림사 주변 대밭에는 차나무가 자라고 있는 것을 본 정약용이 보림사 승려들에게 가르쳐 준 차이다. 곡우 전 여린 찻잎만을 골라 따 아홉 번 찌고 아홉 번 말려(九蒸九曝) 엽전모양으로 빚어 건조했다. 완성된 죽로차는 110개의 엽전 떡차를 꾸러미에 꿰어 얽어 짠 대나무 상자에 포장하고 우전(雨前)이란 상표를 붙였다.

젊은 시절 자하 신위(紫霞 申緯) 집에서 맛 본 후 죽로차의 향미를 잊을 수 없었던 이유원은 사시향관에서 고경스님에게 110편이나 되는 보림사 죽로차 꾸러미를 선물 받았다. 이유원은 죽로차를 마셔보니, 가슴이 시원하게 열리고 잇뿌리에 단맛이 감돌고 번뇌와 기름기가 제거될 만큼 향미와 효능이 뛰어났다. 이유원은 대밭에서 생산한 보림차를 맛 본 후, 당시 심양의 시장에서 가장 비싼 보이차가 부럽지 않다고 자부한다. 이유원은 정약용이 보림사 스님들에게 가르쳐준 죽로차가 우리나라 최고의 명품차임을 후대에 알리고 싶어 기록한다며, 제다법과 포장, 음다후 감평, 차 효능, 그리고 죽로차의 우수성 등을 차례로 밝히고 있다.

이유원은 두 문집의 죽로차 기록에서 알 수 있듯이 당시 귀한 차인 보이차를 의식해, 그리고 보림사의 죽로차가 보이차보다 훨씬 나은 향미와 효능을 갖춘 차임을 강조하기 위해 보림사(寶林寺)의 '보(寶)'를 보이차의 '보(普)'로 기록한 것이라 추정된다. 이러한 추정이 가능한 이유는 18세기 이후 서호수의 『연행기(燕行記)』, 서유문의 『무오연행록(戊吾燕行錄)』, 홍대용의 『연기(燕記)』, 이해응의 『계산기정(薊山紀程)』, 김경선의 『연원직지(燕轅直指)』 등의 연행록에 보이차에 대한 많이 기록된 만큼 보이차는 우리나라 경화사족들에게 관심이 많은 차였다. 특히 『연기』와 『연원직지』를 보면, 가장 귀한 차인 보이차의 가짜가 많다고 주의를 요망한 기록이 우리나라의 경화사족들이 값비싼 보이차를 즐겨 마셨음을 대변해 준다.

〈보림사의 죽로차(보림차)〉

3. 죽로차에 대한 기록

죽로차라는 이름은 중국에는 없는 가장 한국적인 이름의 차이다. 대나무의 이슬을 받고 자란 찻잎으로 만든 죽로차는 대나무 숲에서 자라 자연적으로 해가림 재배가 되고, 서리도 막게 되어 여린 잎의 고급차가 생산된다. 이는 감식안이 뛰어난 김정희가 호남을 대표하는 네 가지 물품 중 하나로 보림사의 죽로차를 꼽은 데서도 증명해준다.

정약용이 서울에서부터 한 차생활은 강진에서도 계속되었다. 우거(寓居)한 귤동의 뒷산에 차나무가 수풀을 이룬 것을 보고, 자신의 호를 '다산(茶山)'이라 이름한 정약용은 차를 마시는데 그치지 않고 제다법을 창안해 이를 스님들과 지역주민들에게 가르쳤다. 차는 심신이 지치고 외로운 강진에서의 유배생활동안 정약용의 귀한 벗이 되었다. 정약용의 강진 유배기간은 약으로, 기호음료로, 사교음료로, 수신의 음료로 마신 차에 대해 좀더 진지하게 생각한 시간이었다.

정약용은 경세치용(經世致用)과 이용후생(利用厚生), 실사구시(實事求是)의 시각으로 차를 살피고, 이를 생활에 적용했다. 그는 제도개혁안인 『경세유표』에 강진, 장흥, 해남 등의 좋은 차를 경제작물로 키우자고 제안했으며, 실제로 일쇄차, 정차,

〈장흥 보림사 / 보림사 야생차〉

〈보림사 보조선사창성탑비와 茶藥〉

만불차, 죽로차 등의 제다법을 주민들에게 가르쳐주었다. 다력(茶歷)의 폭이 넓고 깊었던 정약용은 보림사 스님들에게 보림사 주변 대밭에 지천으로 자라는 차나무를 이용해 구증구포의 떡차, 죽로차 제다를 가르쳤다.

뜰과 샘을 갖춘 '가곡다옥'

우리 조상들은 다양한 공간에서 차를 즐겼다. 하늘에 제사지내는 제천의식의 공간, 조상을 모시는 제례 공간, 궁궐과 사찰의 실내외 공간, 선비들의 사랑방과 누정, 승려들의 승방과 암자 등에서 대부분의 차생활이 이루어졌다. 나아가 아름다운 자연에서, 그리고 초당, 다정 등 인공적으로 건축된 것이기는 하나 자연의 경관을 바라보는 열린 공간에서 차를 즐겼으며, 다점(茶店), 원(院) 등에서도 관리들과 백성들은 차를 즐겼다.

　이유원은 『가오고략』에 노년의 거주지인 가오곡(嘉梧谷)에 만든 차를 마시는 전용공간 '가곡다옥(嘉谷茶屋)'을 상세히 설명하고 있다. 이유원은 46세가 되던 1859년(철종 10년), 서울에서 조금 떨어진 고향 경기도 남양주의 가오곡에 별장을 마련해 기거했다. 이유원은 가오곡 별장에 장서각(藏書閣)과 다옥(茶屋), 사시향관(四時香館)과 오백간정(伍百間亭) 등을 지어, 독서와 화초 재배, 골동·서화 감상 등을 하며 노년을 조용히 보내고자 했다. 그 때의 생활을 담은 그의 글을 보면 다음과 같다.

鄕居滋味有誰知	시골에 사는 재미 이 맛을 그 누가 알겠는가
樂在無窮各異時	즐거움이 무궁하여 각기 철따라 다르네
寒署溫涼吳自得	춥고 덥고 따뜻하고 시원한 것들 내 스스로 얻으니
他人何必問吳爲	타인이 어찌 내 하는 일, 물을 필요 있겠는가

　이유원은 가오곡에서 소박한 다옥을 마련하고, 맑고 시원한 물을 길어 차를 다려 마시며 시서화, 골동감상 등 다양한 문화생활을 즐겼다.

　차를 무척이나 좋아한 이유원은 서울에 살 때에도 한강 가에 춘풍철명지대(春風啜茗之臺)이라는 차 마시는 공간을 마련해 차를 즐겼다. 이후 가오곡으로 이사 와서도 정원 한 켠에 조그맣게 가곡다옥을 마련해 차생활을 했다. 다옥은 퇴사담(退士潭)이라는 연못을 파고, 차솥과 찻사발은 소나무와 대나무 숲 그늘에 늘어놓고, 가운데 화로를 두었으며, 나뭇가지 시렁에 판자를 덮은 조그만 공간이었다. 이유원은 바람 때문에 먼지나 모래가 자꾸 들어가자 판자를 덮어 차 다릴 물을 깨끗이 보존했으며, 가운데 화로 곁에는 두레박을 두고, 탕관은 구리줄 손잡이를 만들어 차를 손쉽게 다릴 수 있도록 했다.

　향미가 좋은 차를 얻으면 산수가 아름다운 곳을 찾아가 마실 만큼 멋진 차인, 이유원은 노년에 은거한 가오곡에서 보림차(普林茶), 황차(黃茶), 귤화차(橘花茶) 등 국내에서 생산된 차는 물론이고 중국과 일본의 차까지 즐겼던 차 마니아였다.

차 사랑이 대단한 이유원에게 가곡다옥은 세속의 걱정을 날려버리고, 자연의 풍취를 오롯이 즐길 수 있는 곳이었다. 가곡다옥은 계절에 따라 느껴지는 자연의 소리에 시정(詩情)을 낳으며 한가로이 차를 마시며 망중한을 즐기는 곳이다. 이유원에게 향기로운 차를 마시는 가곡다옥은 세상의 번민을 잊을 수 있는 공간, 재생산을 위한 휴식의 공간이었고, 옛 선인들을 만날 수 있는 공간이었으며, 사색의 맛과 멋을 느낄 수 있는 창조의 공간이기도 했다.

차의 포장과 보관 중요시

상자에 보관한지 오래된 차	篋中藏舊茗
진토에 10년이나 묵혀 있었네	塵土十年昏
맑게 흐르는 물로 깨끗이 씻자	洗滌淸流下
원래의 모습으로 절로 드높여지네	元規莫自尊

(중략)

나는 좋은 차가 손상되는 것, 슬퍼	我其憐茗朽
등나무 종다래끼에 퍼내어 끓였네	舀蘸藤籠兒
처음 차를 마시니 살갗이 바뀐 듯	一服換形殼
두 번째 끓이니 피부에 윤기 흐르네	再烹潤膚肌

『가오고략』의 책(冊) 5에 실린, 〈정향나무 아래에서 향기 맡으며, 명차를 생각하다(丁香樹下聽香憶名茶伍首)〉의 일부분이다.

대껍질로 촘촘히 포장한 것, 신제품임을 알겠네	竹皮套緊知新製
글씨 위로 터럭 돋은 것보니, 오래되지 않음을 느끼겠네	書面毛生感不遐

이유원의 〈신판추에게 차를 청하다(乞茶申判樞)〉의 일부분이다. 신헌에게 초의 차를 나눠달라고 청하는 위 시를 보면 초의선사가 만든 대껍질로 단단히 포장한 떡차이다. 〈정향나무 아래에서 향기 맡으며, 명차를 생각하다〉와 〈신판추에게 차를 청하다〉에 보인 포장이 비슷하다. 이유원은 나무 상자에 둔 떡차를 오래토록 두고 있다가, 10년 만에 문뜩 생각나 맑게 흐르는 물로 차를 깨끗이 씻어 손질한 후 다리니, 처음 마실 때에는 살갗이 바뀌는 듯, 두 번째 마실 때에는 피부에 윤기가 흐를 정도로 좋아 세속의 먼지 다 씻어졌다고 노래하고 있다. 차에 대한 깊은 애정만큼이나 감식안이 뛰어난 이유원은 향미가 좋은 차를 즐기는데 차의 포장과 보관이 중요함을 읊은 대목이다.

문집에 나타난 차에 관한 기록

1. 다례(茶禮)

『가오고략』에 진전다례(眞殿茶禮)를 물러난 후의 심경이 두 편의 글에 실려 있다. 아침에 왕실 사당에서 현 임금의 아버지와 할아버지, 증조·고조할아버지와 태조임금의 어진을 모셔놓고 임금이 신하와 함께 행하는 예를 진전다례라 한다. 진전다례는 19세기에는 차가 아닌 술로 다례를 행했지만, 여전히 진전다례라는 이름으로 행했다. 이유원은 진전다례 후, 문안인사를 임금께 드리고, 농사와 백성들의 생활고 등을 이야기하고 있다.

소천숙장인 회갑때 기자다례를 행한 것을 듣고서 자손이 번성한 친척을 부러워하며 자신 역시도 자손의 번성함을 바라는 마음을 비는 글(紹川叔丈回甲祀子行茶禮 聞而有作以志追感) 또한 『가오고략』에 실려있다. 차로써 로서 복을 기원한다는 것은 어려움을 풀어내는 중요한 수단이요, 마음의 위안처가 되기도 하다.

"덕판같은 아들소원, 비나이다 비나이다. 이 소원이 성취되게 감로작설 올리오니, 미륵님이 코끝주소, 미륵님께 비나이다"라든지 "지리산에 삼신할매, 허고대에 허씨할매, … 문수동에 문수동자, 화개동천 차객들아, 상개사에 대중들아 이 차 한 잔 들으소서.” 등의 민요에서 차산지 주민들 역시 차를 신에게 올리며 현실의 복을 기원했다.

2. 그 외 차에 대한 기록

차벽이 있던 이유원은 차와 관련된 시문과 당시 차에 대한 정보를 문집에 충실히 실었다. 차를 음미하는 시간을 좋아한 이유원은 국산차 외에도 중국과 일본의 차까지 감식안을 발휘해 두루 맛보았고, 차에 대한 애정만큼 관심있는 차의 이력과 정보에 대한 관심이 컸다.

이유원은 심양과 연경의 차시장에서 판매하는 우전차, 보이차 등의 차뿐만 아니라 차 풍속에 관해서도 기록하고 있다. 특히 심양의 차시장이 가장 큰 것에 주목하면서 그 이유를 군수비용 보충이라 했다. 차는 본디 강남에서 생산되지만 육식으로 인한 병을 막고자 차를 엄청나게 소비한 중국 변방인 심양에 규모가 큰 차시장이 즐비하다고 말하고 있다. 이유원은 중국차 중에서 특히 보이차에 관심이 많아 만드는 법과 효능을 상세하게 다루었다.

체험은 아니지만 책에서 얻은 견문으로 30여개국의 위치, 내력, 풍물 등을 서술하고 있는 〈이역죽지사(異域竹枝詞)〉를 통해 이유원의 개방적인 세계관을 알 수 있다. 다른 나라의 풍속에 남다른 관심을 가졌던 이유원은 일본차에 관해서도 해박한 지식이 있었다. 일본 동경의 산본원(山本園)의 차 종자를 보고 노래한 시 제목을 보면, 능삼(綾森), 응조(鷹爪), 류로(柳露), 매로(梅露), 국로(菊露), 초적백(初摘白), 명월(明月), 청풍(淸風), 박홍엽(薄紅葉), 노락(老樂), 우백발(友白髮), 남산수(南山壽) 등의 다양한 일본 차종을 읊고 있다.

19세기 차문화의 특성

차문화의 중흥기라 불리는 19세기에는 선비와 승려를 중심으로 음다풍속이 성했다. 19세기 경화세족의 대표적 인물인 이유원의 사실적이면서도, 자신의 성정을 잘 드러낸 문집『가오고략』과『임하필기』를 통해 다음과 같은 사항을 확인할 수 있다.

첫째, 이유원은 죽로차, 황차, 보이차, 용정차, 보림차, 귤화차, 능삼 등 국산차 외에도 중국과 일본 등 국내외 차를 두루 마셨고, 대용차 또한 즐겨 마셨다.

둘째, 보림사 죽로차는 정약용이 사찰 스님들에게 가르쳐 준 구증구포(九蒸九曝)의 제다법으로 만든 떡차이다. 특히 곡우 전에 채다하여 제다한 차로, 우전차 혹은 대나무 밭에서 자랐다 하여 죽전차, 보림사 떡차라 하여 보림차라고도 불렀다. 보림사 죽로차는 당시 고급차인 보이차를 정약용이 우리 식의 보이차로 제다한 것이라고 추론한다.

셋째, 당시 귀한 차인 보이차를 의식해서, 그리고 보림사의 죽로차가 향미와 효능면에서 중국의 보이차보다 훨씬 나음을 강조하기 위해 보림사(寶林寺)의 '보(寶)'를 보이차(普洱茶)의 '보(普)'로 이유원이 기록한 것이라 추정된다. 대밭에서 생산되는 보림차가 우리나라 최고의 품질이라는 이유원의 기록은 우리나라에서 생산되는 떡차에 대한 자부심이 느껴진다.

넷째, 이유원은 서울집의 춘풍철명지대에 이어 은거한 남양주의 가오곡 집에 가곡다옥이라는 음다 전용공간을 마련했다. 퇴사담 연못 곁에 위치한 가곡다옥은 차솥과 찻사발을 소나무와 대나무 그늘에 늘여놓고, 차 다릴 깨끗한 물을 위해 나무 시렁에 판자를 덮어두었다. 화로 위 탕관은 구리줄로 손잡이를 달았고, 화로 곁에는 두레박을 두어 차 다리기 편리하도록 했다. 작은 규모의 가곡다옥은 미감보다는 실용적인 기능을 갖춘 다옥이라 할 수 있다.

다섯째, 통풍이 잘되는 대바구니나 등나무 상자에 차를 보관했다. 차를 잘 손질하여 다려 마시니 향기로운 차, 첫 번째 마실 때에는 살갗이 바뀌는 듯, 두 번째 마실 때에는 피부가 윤기가 흐를 정도로 좋아 세속의 먼지 다 씻어졌다 하며 감탄했다.

여섯째, 왕실의 사당에서 임금이 드리는 다례와 자손의 번성을 기원하는 의식의 제물로 차는 오래 전에 이용되었다. 이유원은 관직에 있을 때 진전에 나아가 다례를 행하며, 신하로서 지난날의 회상과 더불어 태평성대를 갈구하는 마음을 담았다. 이유원이 살았던 당시 차로써 예를 행하는 다례는 왕실에서 사라졌지만 차산지에서는 근근히 이어지고 있었다.

일곱째, 이유원은 중국차와 함께 당시 희귀한 정보인 일본차까지 자세히 소개하고 있다. 능삼, 응조, 류로, 매로, 국로, 초적백, 명월, 청풍, 박홍엽, 노락, 우백발, 남산수 등의 일본의 다양한 차를 맛보고서 뛰어난 감식안으로 그 특성을 기록했다.

이제까지 이유원의 차생활을 통해 우리나라 19세기 경화세족의 일상문화의 한 단면을 살펴보았다. 이유원의 생활 속에 깊이 투영된 차의 모습을 엿보며, 우리 조상들의 전통을 이어가고픈 현대인들에게 우리의 차문화를 재음미하고 발전시킬 수 있는 근거가 되었다고 사료된다. 특히 떡차의 자세한 제다 과정과 당시 즐겨 마셨던 차의 종류, 집안에 마련된 다옥 등은 당시 상류층의 일상에서 이루어진 차문화를 이해하는데 중요한 자료이다. 이유원의 기록은 국산차의 전통을 잇는데 매우 귀한 자료라 할 수 있다. 이와 더불어 국산차는 물론이고 당시 마셨던 중국과 일본차에 대해서도 해박한 지식과 감성을 담아 기록함으로 동양 삼국의 차문화를 비교하는데 많은 도움이 된다.

『임하필기』, 『가오고략』을 통해 이유원의 차생활과 더불어 19세기 차문화에 대해 좀더 깊고 풍부하게 알 수 있었듯이, 19세기 차문화를 이해하기 위해서 차문화사의 맥을 이어주는 고전에 대한 이해와 많은 관심이 절실하게 요구된다.

〈출전〉: 『차와 문화』 2006년 vol 2

한국의 홍차산업과 소비문화
- 1960-1980년대를 중심으로 -

I. 들어가며

문화는 사회 구성원의 일상생활의 가치, 태도, 신념 등이 지역사회의 틀을 넘어 사회 전체에서 제도화하면서 변화·발전한다. 한 사회의 음식문화 역시 일상생활에서의 조건과 이를 둘러싸고 있는 사회·정치·경제적 조건들에 의해 영향을 받는다. 사회 구성원은 끊임없이 낯설었던 음식과 식습관을 익숙한 것으로 전환시키고, 새롭게 추가된 것에 의미를 부여하면서 음식문화를 창조해 간다.

우리나라 차문화의 사회적 확산을 가져온 18~19세기에, 차는 건강함 속에 마음을 닦고, 한가함을 즐기는 여유를 위한 매개로 이용되었다. 하지만 서양과 일본에 문호가 개방되면서, 우리의 전통차는 차산지와 사찰에서 음용되는 한정적 음료로 축소되어버렸다. 이 시기에 서양의 기호음료인 커피와 홍차가 서양의 문화와 함께 상륙했다. 외국의 문화가 유입되는 과정에서 등장하는 홍차는 전통적인 음다문화와 다른 모습이었다. 서양의 문화를 흡수하고픈 많은 사람들에 의해 커피와 홍차는 '다방'이라는 문화공간을 창출했다.

홍차는 1961년 '특정외래품 매매 금지법'의 제정으로 '국산품 애용운동'이 전개되면서 홍차의 국내 생산이 본격적으로 시작되었다. 일제 강점기부터 기업적인 차 재배를 시작한 보성지역은 우리나라 차산업의 메카로 떠오르며 국산 홍차를 생산했으며, 현지의 제다회사와 식품회사에서 유통을 담당하며 전국적으로 소비되었다. 하지만 음용 인구의 급속한 증가로 홍차 공급이 부족해지자 저급 홍차와 가짜 홍차가 시중에 유통되기 시작했다. 1970년대 오일쇼크로 인해 국산차 마시기 운동이 전개되자, 부정식품으로 인식되어 소비자에게 소외된 국산 홍차는 다시 소비되기 시작했다. 다양한 향미의 청량음료와 건강을 위한 유산균 음료 등 새로운 기호음료들이 쏟아지자 홍차에 대한 수요는 점차 감소되었다.

일제 강점기와 한국전쟁을 거치면서 우리의 차문화는 서양의 홍차문화와 가까워졌다. 생활 속에 자리한 홍차는 1960년대에 들어서면서 국내에서의 재배와 생산이 본격화되며 이전과는 다른 차문화를 탄생시켰다. 당시 차산지에서는 백운옥판차, 돈차, 잭살 등의 모습으로 우리 차문화의 맥이 근근이 이어져왔지만 대중적으로는 녹차보다는 홍차가, 전통 차문화보다는 서양식 차문화가 우리의 차문화를 이어갔다.

이 장에서는 국내 홍차 산업과 홍차 소비문화가 활기를 띤 1960~1980년대, 보성을 중심으로 국산 홍차의 생산과 유통을 살펴보고, 당시 우리나라의 홍차 소비문화를 고찰한다. 1960년대 이후부터 1980년대까지의 홍차 생산과 소비문화의 특성을 이해하기 위해서는 먼저 정치·사회·경제 등의 변화상을 파악해야 한다. 홍차는 일제 강점기와 광복, 한국전쟁과 산업화 등의 시대를 거치면서 서양문화의 유입·모방과 함께 우리 생활 속에 자리했기 때문이다. 일제강점기의 일본식 녹차, 서양식 홍차, 전통차 등의 다양한 차문화는 1960년대 이후국산품 애용운동으로 국산 홍차시대를 연다. 20세기 말 녹차문화시대로 이어지는 징검다리 역할을 수행한 홍차문화는 국산 홍차가 생산되며 대중의 호응을 얻었기에 가능한 일이었다.

20세기 잠시 유행한 홍차문화에 관해 국산 홍차에 관한 문헌 외에 지방사, 역사서, 언론기사를 주 재료로 삼았다. 여기에 당시 국산 홍차의 생산과 유통에 참여했던 생산자와 유통자의 인터뷰를 참고했다. '1960년대부터 1980년대 한국의 홍차 산업과 소비문화'를 추적하여 한국 현대 차문화의 잃어버린 연결고리를 찾고자 한다.

우리나라 茶事業 아직 未開産業

(1970년 보성 다원)[3]

II. 국산 홍차 음용시기의 시대적 배경

1. 1960년대 이후의 사회 · 경제적 변화

1962년부터 실시된 경제개발 5개년 계획은 경제성장과 수출주도의 공업화 정책을 기조로 전략적인 부분에 집중 투자와 외국자본과 기술의 도입을 전제로 하고 있다. 자립경제를 달성하기 위해 1960년대는 노동이 존중되는 반면, 휴식과 여가는 나태함의 상징으로 인식되었다. 물론 여가를 즐길 만한 경제적 여유 또한 부족했고 문화 활동을 위한 선택의 폭 역시 무척 좁았다. 1960년대 후반에 이르자 영화, 라디오 등의 대중매체를 통한 문화생활을 조금씩 누리기 시작했다. 경제발전과 더불어 소득이 향상되자, 어느 정도 생활의 여유가 생기면서 인식의 틀에 조

---

3) 〈차산업의 선구자 … 장영섭〉, 월간 『다담』 1987년 6월, p.29.

금씩 변화가 찾아왔다.

1970년대 경제성장은 이루었으나, 성장거점론에 바탕을 둔 정책이 추진됨에 따라 지역간의 격차가 심해졌고, 저곡가정책 등의 정부 정책으로 이촌향도현상이 두드러지게 나타났다. 언론·출판·집회·결사 자유가 충분히 보장되지 않는 시대적 환경은 경제·사회 문화 등 거의 모든 일상에 영향을 미쳤다. 유신정권의 문화정책은 획일적 문화로 흐르는 문화의 암흑시대를 만들어버렸다. 이러한 시대적 상황은 여가문화 형성에도 한계를 내포하고 있었다. 개성보다는 총량적 효율성이 우선되면서 문화의 자생력은 약화되었다.

서구화를 향한 욕구가 강한 물질문명시대인 1980년대, 대중소비시대가 본격적으로 시작되었다. 자가용시대 개막, 외식산업의 발달 등으로 이어지고, 지방자치제가 본격적으로 시행되며 다양한 형태의 개인화, 개성화 시대가 열렸다.

2. 홍차의 수요

해방 전후 유행한 만남의 공간, 다방에서는 주 메뉴인 커피에 수입 홍차가 조금씩 늘어나는 추세였다. 4·19혁명을 계기로 신생활운동의 일환으로 국산품애용운동이 시작되었다. 서울대학교 학생들은 '망국(亡國) 사치품, 건국(建國) 국산품'이라는 슬로건을 내걸고 다방, 카바레, 극장 등을 순회하며 의식계몽운동을 했다. 중소기업 역시 자립경제의 달성과 국산품 애용운동을 추진했다. 이와 같은 사회적 분위기가 무르익자 여성단체에서는 국산품의 품질향상을 요구하는 운동이 전개되었다. 1961년 5월 10일 '특정외래품 매매 금지법'이 제정됨으로 국산품 애용운동은 어느 정도 결실을 거두었다.

당시 기호품으로 가장 많이 음용한 커피와 홍차는 국산품이 아니었다. 국산품 애용운동으로 커피 소비는 잠시 주춤했지만, 홍차는 국내생산이 본격적으로 이루어지는 기회가 되었다. 1951년 서양원에 의해 '한국홍차(현 한국제다)'가 전라남도 순천시에서, 1957년에 장영섭에 의해 '대한홍차주식회사(현 대한다업)'가 전라남도 보성에 설립되었다. 시대적 요구에 의해 국내에서 홍차시장에 공급할 준비가 갖추어진 것이다.

국산 홍차 산업이 급속히 성장하자 유해색소를 첨가한 홍차, 질 낮은 찻잎으로 생산한 홍차 등이 시장에 나돌기 시작했다. 부정홍차에 대한 내용이 신문에 대서특필되자 소비자들은 곧바로 등을 돌렸다. 하지만 '제1·2차 오일쇼크(1973, 1979)'라는 경제 위기 상황에 돌입하자 국산홍차의 소비는 점차 회복세를 띠었다. 국가경제 전반이 어려워지자 정부와 시민단체 일각에서는 외화지출을 억제하기 위한 '국산차 애용' 캠페인을 전개했다.[4] 이러한 시대적 분위기에서 동서식품 등 음료회사들은 홍차, 유자차, 쌍화차 등 국산차 개발에 박차를 가했다.

〈1975년부터 생산하기 시작한 동서 쌍화차, 동서 홍차〉[5]

Ⅲ. 국산 홍차의 생산

1. 보성지역에서의 홍차 생산 역사

보성은 예부터 대원사주변인 문덕면 죽산리 야생차밭을 비롯해 복내면 당촌, 벌교읍 징광사터 주변, 보성읍 자원사터 주변, 득량면 송곡에서 조성면 귀산에 이

---

4) 김용언, 『동서 30년사』, 동서식품주식회사, 1998, p.91.
5) 김용언, 『동서 30년사』, 동서식품주식회사, 1998, p.35.

르는 산자락 등지에 차나무가 자생하는 차의 고장이다. 보성은 우리나라 시대별 음다사(飮茶史)를 이끌어왔다 할 수 있을 만큼 차와 관련된 내용이 문헌에 자주 등장한다.

차는 통일신라시대이후 기후와 강수량 등 재배조건이 알맞은 남부지방에서 생산되어왔다. 조선시대에 지리지를 중심으로 차산지 보성을 살펴보면 다음과 같다. 국가 발간 지리서로서는 최초로 차산지를 자세히 밝힌 『세종실록』 지리지의 '약재'편에 보성의 특산물로 차를 기록하고 있다. 그 뒤 『동국여지승람(東國輿地勝覽)』과 『신증동국여지승람(新增東國輿地勝覽)』의 토산조, 『고사촬요(攷事撮要)』의 토산조, 『동국여지지(東國輿地志)』의 물산조, 『여지도서(輿地圖書)』의 토산조, 『대동지지(大東地志)』의 토산조, 『조선팔도기요(朝鮮八道記要)』의 물산조, 『여재촬요(輿載撮要)』의 토산조 등에 보성을 차산지로 기록하고 있다.

일본이 한반도를 강점한 이후, 우리나라에서는 일본 주도하에 계획적인 차나무 재배 정책이 시작되었다. 전 상공대신 후지와라 긴지로우(藤原飮次郎)는 『조선의 차(茶)와 선(禪)』 서문에, 차 소비가 많은 유럽과 미국 등의 나라에서는 인도와 중국의 차를 주로 음용한다고 밝히고 있다. 특히 영국인은 차 생산·유통·판매 등 세계 산업의 중심국이 되어 막대한 이익을 얻고 있다며, 일본은 판로를 개척할 필요가 있다고 지적한다. 그는 예로부터 품질 좋은 차의 입지조건을 갖춘 조선을 개발하자고 주장했다. 이는 곧 실행에 옮겨졌다.

19세기 후반 차산업에 있어 만족할만한 궤도에 오르지 못했던 일본은 선진 차산업국이 되기 위해 먼저 세계 차산업의 현황을 파악했다. 일본은 인도와 실론의 차가 중국차를 압도하게 된 이유를 살폈고, 급속도로 성장한 인도와 뒤이어 비약적인 발전을 보인 실론의 차 생산의 동향에 관심을 가졌다. 그 결과 일본차가 세계시장의 요구에 대응하기 위해서는 녹차가 아닌 홍차 중심으로 차산업구조를 전환해야 한다는 결론을 내렸다. 일본정부는 『홍차 제법서(紅茶 製法書)』를 각 지방에 배포해 홍차 제조를 장려하고, 인도에 산업시찰단을 파견했다. 인도에 파견된 다다 모토요시(多田元吉) 일행은 차나무 재배법과 제다법을 익히고, 인도산 차 종자 수입 등 홍차 생산증대를 위해 많은 노력을 기울였다.

20세기 초에 이르자 예부터 일본 녹차의 최대 시장인 미국과 캐나다에서조차 일본 녹차는 고전을 면치 못했다. 일본은 해외 박람회를 선전의 장으로 삼으며 녹차 시장을 확대하려고 했지만 홍차의 향미와 문화에 익숙한 유럽에서 일본 녹차의 향미와 문화는 매력적이지 않았다.

　20세기 전반, 세계 시장에서 실패를 체험한 일본은 홍차를 산업화하는데 이전 시기보다 훨씬 적극적이었다. 총독부는 일본에서 가져온 차종자를 광주, 보성을 비롯하여 정읍, 나주, 제주, 고흥 등지에 심으며 차밭을 조성했다. 질 좋은 차를 수출하여 수익을 올리고자 계획한 일본은 기후, 지형 등 지리적 조건과 풍부한 노동력 등을 갖춘 전남 보성이 차나무 재배에 적합한 지역임을 간파했다. 보성군 보성면 봉산리 봉화산 기슭을 중심으로 아마가사키 간사이(尼崎關西) 페인트주식회사의 방계회사인 경성화학공업(주)는 30정보(町步)에 인도품종의 '베니호마레종'을 심으며 전국 최초로 대규모 다원을 조성했다. 이후 보성은 우리나라 차 생산의 메카로 성장했다.

　광복 후 방치된 보성의 차밭은 1957년에 장영섭에 의해 인수되어 '대한홍차(현 대한다업)가 설립되었다. 홍차는 커피와 함께 1960년대 가장 사랑받은 기호품이었다. 1961년 특정외래품 매매 금지법 제정으로 기호품 수입이 금지되자 국산홍차 수요가 급증했다. 유망사업으로 급부상한 홍차로, 전남 보성과 경남 하동일대는 관심을 받기 시작했다. 특히 보성의 대한홍차는 일본에서 홍차 가공기계를 도입하고 기술력을 전수받으며 홍차를 생산하기 시작했다. 홍차붐은 대한홍차를 비롯해 한국홍차, 동양홍차 외에도 남부지방 곳곳에서 차밭이 새로이 조성되었다. 특히 홍차수요가 무척 많았던 1969년, 정부는 농어민 소득증대 특별사업(農特事業) 중 하나로 다원조성을 채택하고, 개간비와 식재비 등을 차나무 재배 농가에 보조하거나 융자해주었다. 1970년대 새마을 운동이 시작되면서 농어촌 소득 작물 개발과 보급은 한층 활기를 띠었었다. 차산업 역시 차 종자를 심는 법, 꺾꽂이 기술 개발 등 차나무 지배 확산을 위한 결과물이 나오기 시작했다. 농특산업 등 정부의 적극적인 지원으로 차농사에 관심이 높아지며 다원은 590ha으로 확대되었다(1973).

(보성홍차, 우리나라 유일의 산지 … 우수한 품질 수출전망 밝아, 〈조선일보〉, 1962년 2월 20일)

    1972년 일본은 중국과 수교하고, 대만과 외교를 단절하는 외교마찰로 인해, 대만에서 막대한 양의 차를 수입할 수 없게 되자, 일본의 기업들은 한국에 눈을 돌렸다. 대한다업(전, 대한홍차)는 일본 마루베니사(極東農産株式會社)와 연계해, 차 생산 전량을 수출했다. 국내 홍차의 최대 다원인 대한다업이 녹차수출로 돌아서자, 잠시 국내 홍차의 생산·공급이 어려워졌다. 공급물량이 부족해지고, 저급의 홍차 제조자와 감나무잎, 고구마잎 등의 이물질이나 유해색소를 섞는 등의 가짜 홍차를 제조해 유통하는 비양심적인 생산 유통업자들이 생겨나면서, 홍차 수요는 대폭 감소하였다. 여기에 1976년과 1977년, 2년 연속된 겨울 혹한과 가뭄으로 차나무가 고사하자, 다원 농가들은 차나무를 방치해 버렸고, 이는 곧 다원의 감축, 그리고 소비자가 등을 돌린 원인이 되어버렸다. 비슷한 시기에 일어난 여러 요인들이 차 생산에 커다란 영향을 미쳤음을 〈그림 1〉에서 보여준다.

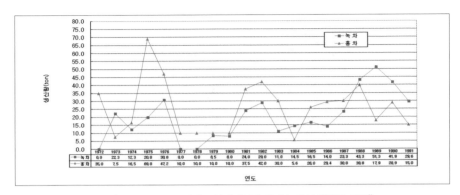

〈그림 1〉 1972~1991년간 보성지역의 홍차와 녹차의 생산량 변화[6]

　　1972-1991년까지 보성지역의 홍차와 녹차 생산량 변화를 나타낸 그래프이다. 1973년과 1979년의 두 차례 오일쇼크로 '국산품 애용운동'이 전개되면서 국산 홍차의 소비량은 1974~1976년까지, 1981~1983년까지 주요 기호음료로 자리하게 되며, 생산량이 많아졌음을 알 수 있다. 1976~1977년까지는 반세기만에 찾아온 혹한과 겨울 가뭄은 차 생산량 저조에 큰 요인이 되었다. 녹차는 1988년, 서울올림픽을 기점으로 전통문화에 대한 의식이 두드러지며 상승곡선을 타고 있음 또한 발견된다. 이후 우리나라에서 차는 홍차보다 녹차를 훨씬 많이 생산했고, 보성 역시 특산물이 홍차에서 녹차로 변화되었다.

　　홍차는 1970년부터 1978년까지 서양문화를 모방하고픈 의식과 국산품 애용운동이라는 호재에 의해 끊임없이 신문에 오르내리며 관심을 받았지만 점차 80년대로 가며 점차 소비량은 줄어들게 된다. 1960년대 홍차의 유행기를 지나 1970년대 두 차례 오일쇼크로 인한 국산품애용운동이라는 시대적 흐름에도 불구하고 홍차 생산은 점차 하향곡선을 그리게 된다. 특히 1988년을 기점으로 녹차의 생산량이 홍차의 생산량을 추월하면서 보성의 다원들은 새로운 도약기를 맞이한다. 1974년도에 발행한 『보성군 향토사』와 1981년도에 발행된 『내 고장 전통 가꾸기』에 기록된 보성의 특산명물로 홍차가 있음도 이를 증명해준다.

---

6) 보성군사편찬위원회, 『보성군사』, 전일실업(주)출판국, 1995, p.1197.

2. 홍차 제다공정

국산홍차의 유행 시기는 1960년대부터 1980년대 중반까지라 할 수 있다. 전라도 보성, 경상도 하동 등 차산지에서는 1960년대 이후부터 본격적으로 홍차를 생산했다. 국산 홍차가 만들어지기 시작한 1960년대, 전라도와 경상도에 흩어져있는 차산지에서 찻잎을 수거해 와 보성의 대한제다, 한국제다 등에서 홍차를 제다하여 상품화했다. 당시 대표 홍차제다회사인 한국제다, 동양다원 등에서는 보성의 차가 부족하자 야생차 수집상에게 다른 지역에서 생산한 차도 공급받아 제다했다. 보성의 문봉화, 주창렬, 김동률 등이 야생차 혹은 1차 가공된 건차를 수집해 차 회사에 공급한 야생차 수집상이다. 김동률은 당시 야생차 수집상들의 활약을 다음과 같이 묘사한다.

> 야생차 수집상들은 곡성, 순천, 함평, 구례, 정읍 등 전라도 외 남해 금산사 주변, 하동 등의 경상도와 제주도 등에서 찻잎을 채취했지. 나도 순천 선운사, 장흥 보림사, 하동 쌍계사 등의 절 주변과 함평, 강진, 해남 등 부유한 농가 주변에 자생하는 찻잎을 수거해왔어. 대부분 4월부터 10월까지 찻잎을 수거하러 다녔는데, 찻잎이 너무 적을 때엔 건차인 상태로 수거해 왔어.[7]

(야생차 수집상, 김동률)

---

7) 김동률, 2006년 12월 26일 인터뷰.

한국홍차(현 한국제다)의 서양원 역시 문헌에 나타난 차산지는 물론이고, 전라도 이곳저곳을 다니며 야생 차나무 군락지를 찾아 나섰고, 그곳에서 찻잎을 수매해 홍차를 제다했다. 책을 통해 알게 된 바를 오랜 연구와 수많은 시행착오를 거치는 과정을 통해 국산 홍차가 제다되었다. 한국제다의 서양원은 찻잎을 수매해 알루미늄공장에 공업용 홍차를 납품하면서, 공업원료가 아닌 기호품으로서의 차에 대한 관심이 깊어졌다. 당시 홍차 수요층의 증가와 어릴 적 일상에서 보건음료로 차를 마셨던 추억은 그의 삶을 차 음료 생산으로 전환하는데 커다란 힘이 되었다. 서양원은 공업원료와 식품원료의 차 생산과정을 유심히 살피며 연구했다. 당시 알루미늄 착색용으로 쓰인 공업용 홍차는 경화된 야생 찻잎을 훌터 창고에서 발효와 건조과정을 거쳤다. 이에 반해 음료용 홍차는 채엽한 찻잎을 시들린 후 유념하여 발효 후 건조라는 좀더 세밀한 과정을 거쳐 완성했다.

자신의 차밭은 물론이고 다른 차밭까지 임대해 총 16ha의 차밭에서 수거한 찻잎을 한국제다에 납품한 보성제다의 서찬식은 당시 홍차 제다를 이렇게 기억하고 있다.

야생 찻잎을 따와 절구에 찧어 따뜻한 온돌에 찻잎을 두고 비닐을 덮어 발효했지. 또다른 방법으로는 채취한 찻잎을 그들에서 시들여 차 공장에 보냈어. 이때 찻잎은 일정하게 시들려지지 않았고, 차 업체는 제대로 시들려지지 않은 찻잎과 생 찻잎을 유념과정에 섞어

(서양원이 10여년동안 직접 답사다니며 그린 전라도 차산지 지도)

제다하기도 했어. 이는 차 품질을 떨어트리는 결과를 만들었고, 곧 홍차가 소비자에게 외면 받게 된 이유 중의 하나라 할 수 있지.[8]

당시 홍차 제다법을 기억하는 사람들의 의견을 종합해 보면, 홍차 제다에 특별한 원칙은 없었다. 그들의 기억은 대체로 다음과 같다. 먼저 찻잎을 훑어 채취한 찻잎을 그늘에 시들인다. 어느 정도 풀이 죽으면 줄기, 씨앗, 돌 등을 선별한 후 방앗간의 보리 찧는 기계로 찻잎을 파쇄 해 유념하면 찻잎이 갈색으로 변했다. 이를 나무로 만든 차 박스에 층층이 담아 재어두는 발효과정을 거친다. 이후 차를 건조하여 상품화했다. 제다공정은 계절과 온도에 따라 발효시간을 달리 했다. 발효시간은 찻잎의 색과 향을 본 후, 즉 상황에 따라 마치는 시간을 결정했다. 봄과 가을에 발효실은 온도를 높여주고, 수증기를 발산하여 발효를 촉진했다. 여름엔 밀폐된 공간에 파이프로 적당한 수분을 주었다.

IV. 국산홍차의 유통

1. 기업 생산

□ 대한다업(주)

일제말기 일본 내에서 일었던 군량미 조달을 위한 식량증산운동은 일본 내의 많은 차밭을 주식을 위한 농사로 전용케 했다. 이에 일본의 차 전문가들은 차 생산 확보를 위해 식민지인 한국의 전 지역을 탐사했고, 그 결과 보성을 한국 홍차 재배 최적지로 확정했다. 1940년 아마가사키 간사이(尼崎關西) 페인트주식회사는 인도품종 '베니호마레'를 수입해 보성읍 봉산리의 봉화산 기슭(30정보)에 심었다. 계획적인 정책에 의한 첫 번째 차나무 재배 농장은 아마가사키 간사이의 방계사인 경성화학공업주식회사에서 관리한 다원이었다.

---

8) 서찬식, 2007년 12월 26일 인터뷰.

광복 후 해군 관리 재산이 되어 방치되다가 1957년에 목재사업가 장영섭(張榮燮)에 의해 인수되어 대한홍차(주)가 설립된다. 5.16 혁명이 일어나고 군사정부는 외래품 단속을 실시하자, 대한홍차(현 대한다업)은 차밭을 다듬고 현대식 홍차 제다공장을 설치하는 등 다원 조성에 주력했다. 1965년 차묘 400만 그루를 심는 등 1960년대 후반, 대한다업은 최신식 대단위 재배다원으로 거듭났다. 당시 국내 소비 홍차는 수입품과 미국 PX에서 흘러나오는 홍차여서, 홍차 제다의 기술은 일본에 도움을 받았다. 대한홍차는 일본에서 홍차가공을 위한 기계와 기술진의 도움을 받아 국산 홍차를 출시했고, 극장 스크린을 통해 광고하면서 국내 소비시장을 넓혀나갔다.

1970년대 대만과 국교가 단절된 일본은 차 수급에 차질이 빚어지자 비교적 넓은 다원을 운영하고 있는 한국의 대한다업에 눈을 돌렸다. 대한다업은 1971년 일본 마루베니사(丸紅株式會社)와 합자하여 1978년까지 녹차 전량을 수출했다. 국내 홍차 수요의 70% 가까이 점유했던 대한다업이 녹차수출에 주력하자 국내 홍차수급에 문제가 발생했다. 마루베니사와의 거래가 자율화된 1978년 이후에야 대한다업은 국내 시장에도 관심을 가졌다. 그 무렵 차 사업에 막 뛰어든 (주)태평양에 대한다업이 찻잎을 대량으로 납품하였고, 국내 판매에도 집중했다.

(다방에서 커피에 못지않게 인기 좋은 홍차 … 대한홍차 연간 약1만5천관 생산 〈매일경제신문〉, 1966년 10월 29일) / (1972년 다원을 둘러보는 마루베니 서울지점장과 상무 그리고 대한홍차의 장영섭 사장)[9]

---

9) 〈차산업의 선구자 … 장영섭〉, 월간 『다담』 1987년 6월, p.31.

□ 한국제다

국내 차 산업계의 산증인인 '한국제다'의 대표, 서양원(徐洋元)의 차와의 인연은 고향에서부터 시작된다. 고향인 전라남도 광양군 백운산 주변에는 자생하는 차나무가 많았는데, 고을민들은 차를 상비해두고 배가 아프거나 머리 아플 때면 달여 먹었다. 치료와 보건을 겸한 찻잎 활용의 예는 차산지에서는 예로부터 전해온 민간요법이었다.

서양원이 잠시 잊고 지냈던 어릴 적 기억을 떠올리며 차에 관심을 갖게 된 계기는 미군부대에서 식량청 담당으로 근무하면서 부터이다. 그 후, 부산 남전에서 근무할 때, 알루미늄 공장에서 착색제로 홍차를 수입한 것을 보고, 본격적인 차와의 인연이 시작된다. 당시 수입홍차가 커피와 함께 사랑받는 음료로 떠오르자, 서양원은 음료인 차를 만들기 위한 일에 매진한다. 아직 차밭을 마련하지 못한 초기, 서양원은 착색제로서의 찻잎을 얻기 위해 차 관련 문헌이나 풍문을 통해 들은 차 밭을 찾아다녔다. 일제 강점기와 한국전쟁을 겪은 동안 땔감을 구하기 위해 민둥산으로 만들어버린 시절인데도 그가 당시 야생 차나무 군락지를 찾은 곳만 해도 전라도 내 27개의 시군에 달했고, 읍·면의 수만 해도 97개에 이르렀다. 10여년 동안 그는 현지답사를 통해 확인한 200여 곳의 차나무 자생지에서 찻

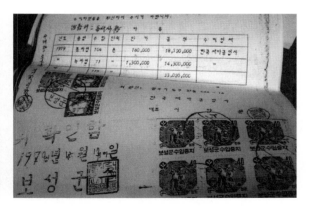

(한국제다 서양원 사장이 당시 차산지를 다니며 찻잎을 수매한 내용(좌)와 동서식품에 납품했던 수매 확인서)

(한국제다에서 생산하는 차 제품)

잎을 수매 계약했다. 수매한 찻잎은 초기 공업용으로 납품과 음료용으로 홍차를 자가생산하다가, 착색제가 개발되자 서양원은 음료용 홍차 생산에 주력했다.

농어민 소득증대 특별사업이 시행되자 전라남도는 보성지역에 다원 조성을 장려했지만, 점차 차가 소비자의 사랑을 잃어가자 찻잎 수매는 제대로 이루어지지 않았다. 서양원은 50여 세대의 차재배 농가와 10년 수매계약을 체결했고, 동양다원을 임차 경영하며 위기를 기회로 삼고자 했다. 그의 바람은 현실로 이루어져 녹차가 생산·보급되기 시작한 70년대 말에서 80년대 초, 태평양과 한남체인과 제휴와 자체 제품 출시로 차 수급은 원활하게 이루어졌다.

한국제다는 1965년에 조성한 장성다원 외 영암, 해남, 보성의 직영다원과 광주와 영암에 현대식 전자동 공장을 설립하며 홍차, 녹차, 감잎차 등을 생산했다. 홍차는 처음 잎차로 출시하다가 1.6g의 티백 30개를 한 상자 포장해 '한국홍차' 브랜드로 판매하고 있다. 그리고 1999년부터는 스리랑카산 중지대의 찻잎을 수입해 배합한 '다지리(茶知里)'를 시판하고 있다.

2. 전국적 유통

다원에서 채취한 찻잎을 그늘에 시들려 유념한 후 발효, 건조한 1차가공공정은 대한다업과 동양홍차공업사, 한국제다 등 현지의 제다회사에서 이루어진다. 그 후 (주)동서식품, 삼화식품(주) 등의 음료회사에서 분말화 및 포장하는 2차 가공공정을 거쳐 상품으로 판매된다. 다시 말해, 현지에서 1차 공정을 마친 차는 2차 가공 처리공장에서 홍차에 포도당류와 향료가 혼합된 인스턴트제품과 순수한 홍차 티백을 제조하여 시중에 시판하였다.

〈표 1〉 홍차의 유통과정

농민	1차 가공공장	2차 가공공장	판매기관	소비자
생산농가 113호	대한다업(주) 한국제다사 동양홍차공업사	동서식품 삼화식품	일반상점 슈퍼마켓	다방 일반소비자
생엽생산	홍차제조 녹차제조	인스턴트제조 티백 제조	판매	소비

　물론 한국제다와 대한다업 등의 제다회사는 1·2차 가공처리과정이 한 곳에서 이루어져 상품화되기도 했다. 이 밖에도 홍차는 애경의 립톤티 등 정식 통관한 수입차와 남대문·동대문시장을 비롯한 전국 암시장에서 유통되었다.

　□ 동서식품(주)

　1973년대 말 몰아닥친 오일쇼크로 국가경제가 꽁꽁 얼어붙자 정부와 시민단체 일각에서는 국산차 애용 캠페인을 전개했다. 시대적 요청을 빠르게 간파한 동서식품은 1974년의 곤포차, 1975년도의 홍차, 1976년도에는 유자차, 생강차, 쌍화차 등 다양한 국산차를 연이어 개발했다. 동서식품의 인스턴트 홍차는 국산차를 음용하자는 시대의 흐름을 타며, 공급이 부족할 정도의 큰 인기를 누렸다. 하지만 주력상품인 커피를 놓칠 수 없었던 동서식품은 커피의 비수기인 여름철에만 커피 생산라인을 국산차 생산으로 하는 어려움이 있었다.

〈애경산업의 립톤티 광고, 1983년〉

　1980년대 동서식품은 녹차와 홍차 등 국산차를 차산지의 전문업체에 의뢰하여 OEM방식의 제품개발을 통해 채산성을 높여나갔다. 1980년대부터 점차 하향곡선을 긋던 홍차생산이 1990년대에는 현저하게 감소되자 동서식품은 홍차보다 녹차 판매에 주력하기 시작했다. 또한 기호음료의 음용추세에 따라 동서식품은 차보다는 커피에 주력하는 식품업체로 자리매김하고 있다.

(1974년 이후부터 개발 시판된 동서식품의 국산차)[10]

□ 태평양화학 식품사업부

사업차 외국 방문이 잦았던 (주)태평양의 서성환(徐成煥)은 각국의 고유한 전통 문화가 담긴 차를 대접 받으며, 우리의 전통 기호음료에 관심을 갖게 되었다. 1970년대 제주도에서 특용작물 재배에 열정을 쏟던 서성환은 일제강점기에 일본 학자들이 차나무 재배 최적지로 제주도를 선정해 서귀포 토평리 일대를 다원으로 조성했다는 사실을 알게 된다. 아울러 허인옥(許仁玉)이 1956년부터 일본에서 신 품종을 구입해 차나무 재배를 시도했지만 묘목 재배기술 부족과 가공시설 및 판 로가 제대로 마련되지 않아 성공하지 못했다는 사실 또한 알게 되었다.

서성환은 대천식품의 다원을 5년 계약으로 운영하고 있던 한국제다의 서양원 과 허인옥에게 차 사업에 관한 많은 자문을 구하며 차 산업에 본격적으로 뛰어든 다. 1980년, 일본 시즈오카현의 다원연구실장 와타나베(渡邊)를 초빙해 차나무 재 배 기술을 지도 받으며, 전라도와 제주도에 종자를 심고, 삽목했다. 태평양은 1980년대 초 다원을 조성하면서, 한국제다와 녹차 공급 제휴를 맺어 차를 판매하 기 시작했다. 이후 태평양은 제주도 도순농장의 개간을 비롯한 서광다원, 전라도

---

10) 김용언, 『동서 30년사』, 동서식품주식회사, 1998, p.91.

강진과 해남 등을 개간하며 점차 다원을 넓혀갔다.

1981년부터 판매된 홍차는 국내 생산된 찻잎보다 수입 찻잎을 들여와 2차 가공 공정이 태평양에서 이루어진 형식으로 제조 판매되었다. 스리랑카 홍차(반제품, 차 원료)를 수입해 1990년대 중반까지 25·50·100개 단위로 포장한 '태평양 홍차'를 판매했다. 태평양은 티백 1개당 2g의 차를 넣어 '노블'과 '화인'라는 이름으로 홍차는 판매되었다.

태평양화학 식품사업부의 1983년 홍차 광고.

(서성환과 설록다원 개발의 주역, 좌로부터 허인옥, 서항원, 서양원, 서성환) /
〈태평양 식품 사업부의 1983년 홍차광고〉

1983년도의 태평양화학 식품사업부에서 출시한 '태평양 홍차' 광고를 보면, 홍차의 나라, 영국을 연상시키는 금발의 여성이 홍차를 연상케 하는 빨간 드레스를 입고 홍차 잔을 들고 있는 모습이다. 서양의 생활양식을 동경한 사람들에게 광고는 적은 돈으로 정서적 효용을 높이는 위안의 음료이자 작은 사치인 홍차임을 밝히고 있다. 홍차를 마신다는 것은 작은 투자이지만 누구나 누릴 수 있을 만큼 적은 돈으로 큰 만족감을 줄 수 있음을 홍보하고 있다.

1997년 티백의 '헤이즐넛 향티'가 개발되고 이어 잠시 영국 트와이닝사(Twinings)의 홍차 완제품을 수입해 판매했다. 이후 태평양의 홍차는 거의 티백으로 판매되다가 2001년 잎차제품이 출시된 이후 점차 다양화되어 순수한 홍차 외에도 다양하게 블랜딩 한 홍차류가 생산되고 있다.

V. 홍차의 소비 공간

1. 다방

다방(茶房, Tea Room)은 자유로운 담론과 사교를 즐길 수 있는 사랑방이다. 일상성으로부터 해방된 가벼운 일탈의 공간으로, 바쁜 현대인에게 이용하기 편리한 약속 장소, 만남의 장소, 휴식의 장소이다.

한말, 일제 강점기는 새로운 사조가 국내에 쏟아진 시기이다. 개항기 이후 의식주는 물론이고 사회문화생활 등 모든 면에서 오랫동안 고착된 전통사회는 빠르게 변화되어갔다. 개화의 바람과 함께 홍차, 커피 등의 새로운 기호음료가 보급되어 갔고, 이는 모던걸과 모던보이가 즐겨 찾는 다방에서 주로 음용하는 음료로 정착되었다. 점차 서양문물에 눈을 뜬 지식인과 새로운 문물을 흠모하는 이들이 늘어나면서 다방은 명동, 종로, 소공동, 충무로 일대를 중심으로 개점되었다. 다방 출입은 문화인의 필수조건으로 이해되면서 여가생활에 큰 변화를 가져왔다.

다방은 1960년대까지 시대를 이끄는 문화공간으로서의 역할을 담당했다. 한국전쟁 전후로 전쟁의 부산물 중 하나로 미국을 비롯한 서구의 문물이 일상생활에 직접적으로 파고드는 계기를 낳았다. 신식을 쫓는 신사숙녀들의 활동 영역은 젊은 실업자군의 활동 영역과 중첩되었는데, 바로 그곳이 다방과 서양식 고급 음식점이었다.

4.19 혁명 직후 서울대학교 학생들에게서 비롯된 신생활운동은 점차 확대되어 농촌에서는 농촌계몽대가, 서울·부산 등 대도시에서는 국민계몽대가 중심이 되어 국산품 애용운동으로 확산되었다. 1961년 9월 4일 국가재건최고회의는 '다방에서 커피원두를 판매하면 혁명분위기를 저해하는 결과가 낳으므로 음용 금지와

역수출를 결의했다. 이후 특정 외래품 판매금지로 커피수입이 제한되자 다방에서는 커피 품귀현상이 일어났다. 검소한 생활과 국산품 애용운동이라는 시대적 요구에 맞춰 국산차 특히 국산 홍차의 소비는 급속도로 증가했다.

1960년대 초, 주스나 사이다 등 음료는 병이나 비닐에 담아 판매했다. 1960년대 말 수입한 코카콜라는 수입초 잠시 주춤했지만 톡 쏘는 맛과 향으로 붐을 일으키며 음료시장의 선두에 우뚝 선다. 이후 콜라에 눌려있던 사이다의 소비가 늘어나 콜라의 판매량을 위협할 정도로 사이다는 많은 이들의 사랑을 받았다. 이와 더불어 1960년대 초 군소 음료업체에서 생산한 향료를 가미한 분말주스, 과일향 색소를 희석한 향음료(flavored beverage) 는 점차 '건강'이 음료의 화두로 떠오르며 천연과즙음료로 대체되었다.

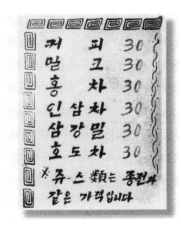

〈사진〉 1970년대 다방의 모습과 다방 메뉴[11]

도심에 중요 공공시설, 각종 위락 · 유흥시설 등이 집중되면서 거미줄처럼 그려진 큰 길과 골목길은 사람의 왕래가 끊이지 않았고, 큰길가나 골목입구, 혹은 거리 모퉁이에는 다방 · 음식점 · 주점 등이 상권을 형성했다. 가장 번잡한 곳에 위치한

---

11) 김용언, 『동서 30년사』, 동서식품주식회사, 1998, pp.62-63.

다방은 1960년대 초반 30-40대 여성이 소자본으로 장소를 임대해 자영하는 곳이 많았다. 1960년대 중반에 이르자 경쟁이 치열해지며 소위 미인형의 얼굴마담을 고용한 다방들이 급증하기 시작했다.

1950년대 서울의 영보다방과 은하수다방에 이어, 음악다방의 명성은 1960년대 초원다방으로 이어졌다. 초원다방은 리퀘스트 용지에 적은 희망곡을 들을 수 있는 최초의 다방으로, 새로운 다방의 문화를 이끌어갔다. 젊은이들이 데이트 장소로 즐겨 찾았던 클래식 음악 감상실에서는 극장처럼 입구에서 입장권을 끊으면 음료 티켓과 리퀘스트권을 주었다. 홀에 들어가 음료권으로 커피나 홍차를 마셨고, 리퀘스트 용지에 적은 희망곡을 감상할 수 있었다. 1960년대 다방은 젊은이들이 좋아한 음악을 마음껏 감상할 수 있는 문화공간이자 사랑의 시동을 거는 데이트공간이었다. 장년층에게는 사무실이자 연락 장소였으며, 섭외기관이기도 했다.

1970년대 들어서며 다방은 빌딩 주변이나 정류장 부근 등 사람들이 모이는 곳에 위치하며 각기 개성을 자랑했다. 또 대학가나 시내 중심가에서는 다방 한 곳에 뮤직박스를 설치하고 DJ를 고용해 음악 해설과 함께 세상사는 이야기를 나누는 음악다방이 생겨났다. 음악다방은 곧 젊은이들의 폭발적인 인기를 누리며 청년문화를 대표하는 장소로 다방은 명성을 드높였다. 젊은이들의 다방인 음악다방 외에 고고열풍과 12시 야간 통금에 따라 등장한 새벽다방, 여성전용다방 등도 생겨났다. 다방의 메뉴는 커피와 홍차, 그리고 코코아, 우유, 청량음료, 주스, 쌍화탕 등 다양한 음료들이었다. 주류 판매가 제한된 다방에서는 홍차에 위스키 몇 방울을 떨어뜨린 '위스키 티'와 참기름 한 두 방울 떨어트린 날계란 노른자를 띄운 '모닝커피' 등의 메뉴는 손님들의 사랑을 독차지한 다방의 대표메뉴였다.

1960-1970년대의 신문기사를 보면, 다방의 홍차 가격은 물가를 다루는 기사에 자주 지재될 만큼 홍차는 일상음료였다. 특히 1973년의 오일쇼크로 보사부에서 국산차 장려운동을 벌이자, 홍차의 대중음료로서의 지위는 더욱 튼튼해졌다. 물가당국은 홍차, 인삼차 등의 국산차 품질을 높이고, 가격을 동결해 다방에서 의무적으로 팔도록 권고했다. 정당들은 물자절약운동의 일환으로 수입가가 수직 상승한

커피의 절약방안을 협의했는데, 그 결과 주 1일 무(無) 커피일 제정과 커피 관세율 인상 등의 억제방안을 내놓았다. '커피 안마시기운동'은 여야 모두 추진하여 각 당에서는 커피 대신 국산차를 접빈음료로 내놓았다.

전통차가 주가 된 찻집도 다시 등장하기 시작했다. 1987년 월간 『다담』지에 실린 찻집 '다경향실'의 광고를 보면, 한·중·일의 녹차 외에도 오룡차와 태평양, 애경산업, 한국제다 등의 국산홍차와 인도·스리랑카산 홍차가 다과(茶菓)와 함께 판매되었다.[12] 이 외에도 커피가 주류를 이룬 다방 외 차가 주류가 된 전통찻집으로 양분되어 발전해 갔는데, 홍차는 두 곳 모두 주 음료로 사랑받았다.

2. 가정 및 기타 공간

홍차는 다방뿐 아니라 가정, 사무실, 레스토랑과 같은 고급 서양 음식점 등 어디에서나 흔히 볼 수 있는 기호음료였다. 홍차는 가정과 사무실에서는 손님접대나 식후에 주로 마셨으며, 레스토랑에서는 디저트 메뉴 중 하나였다. 쌀쌀한 늦가을의 따끈한 홍차는 감기 기운에 좋은 음료로, 무더운 여름에 아이스티는 더위를 이겨낼 수 있는 좋은 음료로 추천되었다.

홍차는 대통령 영부인도 사랑한 음료였다. 이승만대통령의 영부인 프란체스카여사는 여름의 손님대접 음료로 홍차를 떡과 함께 차렸고, 박정희대통령의 영부인 육영수(陸英修)여사 역시 청와대 접빈음료로 홍차를 대접하곤 했다. 홍차는 접빈음료뿐만 아니라 저녁 늦게 집에 돌아오는 가족의 몸을 녹여주는 음료, 국내선 비행기 탑승시 서비스 음료, 늦은 밤까지 공부하는 수험생을 위한 피로회복과 감기기운에 좋은 약용음료, 격려와 위안의 음료, 파티음료 등 다방면에서 환영받았다. 1970년대 홍차는 국내생산과 더불어 미군 PX물품, 월남 파병 장병을 통해 들어온 홍차, 부정식품 등에 의해 공급되며 주요 음료로 여전히 자리했다.

홍차의 공급지인 전남 보성은 국내 수요에 힘입어 다원 조성은 빠르게 진척되

---

12) '다경향실' 광고, 월간 〈다담〉, 1987, 10.

(커피-홍차 자동판매기 등장,
〈중앙일보〉, 1973년 2월 8일)

었다. 제다업이 활기를 띤 1970년대 초 〈차밭을 누비는 근대화〉라는 〈조선일보〉 기사 제목대로, 30여 대의 택시가 보성 군내를 누빌 정도로 빠르게 생활혁명이 일어났다. 1970년대 전국적인 홍차의 인기는 처음 등장한 자동판매기와 명절 선물에서 여실히 나타났다.

홍차가 일상음료로 자리하자 맛있게 우리는 법이 신문과 요리책에 자주 등장했다. 1960년대 맛있는 홍차를 우리는 법을 보면, 적당한 온도로 따끈한 65-80도를 권하고 있다.[13] 1970년대 이르자 홍차는 서양식 음료로 전수되었다.

홍차를 맛있게 끓이는 요령
1. 티폿트와 티컵은 미리 더운 물에 데워준다,.
2. 2-3분 지나서 차 거르기를 사용하여 컵에 따른다.
3. 끓인 물을 1인당 1컵 꼴로 부어 넣는다
4. 차를 1인당 찻술 고봉 1순갈로 티폿트에 넣는다.
5. 여러 사람에게 차를 대접할 때는 처음에는 반쯤씩 붓고 나중에 다시 차례로 컵을 채워 농도를 고르게 대접한다.[14]

순수한 홍차는 물론이고 향을 가미한 가향홍차(flavory tea)도 즐겨 마셨다. 1980년대 요리책을 보면, 기본적인 스트레이트 티(straight tea) 외에도 레몬티, 밀

---

13) '조리의 과학/식생활개선은 이렇게', 〈중앙일보〉, 1969년 4월 10일.
14) 문공사편집부, 『현대여성생활대백과』, 문공사, 1977, p.220.

크티, 생강 티 등의 베어리에이션 티(variation tea), 알코올을 약간 첨가해 특유의 향미를 즐기는 스피리츠 티(spirits tea) 등 한층 다양한 방법으로 홍차 마셨다. 1960-1970년대 2대 기호음료로 사랑받던 홍차의 인기는 1980년대 초반까지 진행되었다.

> 미국산 쌀밥에 호주산 쇠고기, 아르헨티나 근해에서 잡은 오징어를 일본산 간장에 찍어 먹는다. 콩나물은 미국산 콩으로 길러먹고, 식사 후엔 스리랑카산 홍차를 마신다.[15]

'식탁도 날로 국제화'라는 제목의 1983년 11월 11일 〈중앙일보〉기사다. 더 이상 우리 식탁은 신토불이가 아니라면서, 가장 일반적인 식사풍경과 기본 메뉴를 싣고 있다. 이때 식후음료로 스리랑카산 홍차를 마신다고 쓰여 있다. 국산홍차와 더불어 스리랑카산 홍차를 마실 만큼 홍차 소비가 생각보다 엄청나게 음용되었음을 알 수 있는 대목이다. 하지만 1980년대 중반이 지나면서 홍차의 소비는 급격히 떨어진다. 1986년 2월에 리스피아르조사연구소에서 5대 도시(서울·부산·대구·광주·대전)에서 실시한 '밥 이외 많이 먹는 음식·음료에 대한 설문조사'[16]를 결과를 보면, 우유(87%)와 라면(86%)이 가장 높은 수치를 나타냈고, 커피는 세 번째로 77%가 즐겨 마시고 매일 1잔 이상 마신다고 답한 이도 45%나 되었다. 이에 비해 홍차는 24%만이 즐긴다고 답했는데, 이는 청량음료보다 낮은 수치였다.

홍차는 기호음료 외에도 요리, 민간요법, 가구세척제, 미용 등 생활에서 요긴하게 쓰이는 재료로 활용되었다. 특히 햇볕에 그을린 피부를 복구하기 위한 홍차 미용법은 1960-1970년대 사랑받는 미용법이었다.

---

15) '식탁도 날로 국제화', 〈중앙일보〉, 1983년 11월 11일.
16) '밥 외에 많이 먹는 음식·음료·우유·라면·코피·콜라·사이다', 〈중앙일보〉, 1986년 2월 10일.

VI. 국내 홍차산업과 소비문화의 특성

1. 국산 홍차의 생산 특성

개화기에 수입된 홍차는 일제강점기를 지나 1950년대를 거치며 점차 사랑받는 음료로 소비되었다. 특히 당시 서민에게 큰 인기를 누렸던 C-레이션에는 1회용 은박지에 분차(Dust tea)형태의 홍차가 있었다. C-레이션 외에도 다양한 수입 경로로 우리 곁에 자리한 홍차는 커피와는 다르게 정부의 국산품애용정책에도 변함 없이 자리했다. 홍차는 차의 원료인 차나무가 자생하고 있었기에 수입품에서 국산품으로 생산지가 달라졌을 뿐이었다.

국산 홍차는 점차 품질이 향상되었다. 국내 홍차 수요의 90%를 생산한 전라도 보성의 홍차는 미군 납품과 일본 수출 등으로 품질을 인정받으며 수출상품으로 부상했다. 대한다업, 한국제다, 동양다원, 동서식품 외에 화개제다, 한국식품공업사(대왕홍차), 동화산업(동화홍차), 고려산업사, 가정표홍차 등 많은 기업들이 국내 홍차 수급을 담당했다. 국내 차산업이 활기를 띠자 태평양, 애경산업 등의 제법 큰 기업에서 관심을 갖기 시작했다. 이들 회사는 홍차산지인 스리랑카와 인도에서, 그리고 홍차의 명가인 립튼(Lipton)과 트와이닝(Twinings) 등에서 홍차를 수입하기에 이른다.

자영다원을 조성한 대한다업, 한국제다 등은 찻잎 채취부터 완제품까지 직영으로 생산했지만, 동서식품, 삼화식품 등에서는 차산지에서 1차 가공된 반제품을 티백과 인스턴트 티로 2차 가공해 판매했다. 홍차 제다는 예부터 전수된 제다법과 문헌, 그리고 수많은 시행착오를 거치며 익힌 제다법으로 생산했고, 홍차 제다의 선진 기술을 습득해 홍차를 생산하기도 했다. 잎차 제다법은 일정치 않았다. 국산 홍차는 잎차와 티백 외에 포도당류와 향료가 혼합된 인스턴트 티로 생산되었다. 완성된 홍차는 잎차와 녹차는 주로 나무상자나 종이상자 등으로, 인스턴트 티는 주로 유리병에 포장되어 판매되었다.

2. 홍차 소비문화의 특성

녹차는 일제 강점기를 거치면서 일본 음료로 인식되어 자연스레 멀어진 반면 홍차는 커피와 함께 서양 음료로 인식되며 소비는 날로 증가했다. 또한 홍차는 당시 고루하다고 인식한 전통차와는 다른 모습으로 즐긴 덕분에 소비자에게 더욱 환영받았다. 잎차 보다 티백으로 주로 마시는 것부터 시작해 설탕, 레몬, 위스키, 우유 등을 첨가해 마신 것 또한 새로웠다. 차를 우리는 티포트, 찻잔과 잔받침, 티스푼 등 모든 것이 새로워 한 잔의 홍차는 세련의 상징으로 인식되었다. 가정과 사무실 외 외식공간에서 음용하는 장소 또한 다방, 서양음식점 등이었다. 특히 서양문화를 흠모하는 마음이 강했던 1960년대부터 80년대 전반까지 홍차는 다방에서 일군 젊음의 음료였다. 1960년대 이전까지 수입에 전적으로 의존한 홍차는 특정외래품 매매 금지법(1961) 제정으로 국산품애용운동이 전개되자 국산 홍차로 대체되었다. 이러한 정부의 시책은 국내 제다업자들의 활로를 열어주는 희소식이었다.

커피와 홍차의 수입 억제에 힘입어 홍차 생산은 빠르게 증가했다. 하지만 제다 기술의 부족과 다원의 확충 없이 이루어져 원료인 찻잎 공급이 절대적으로 부족했다. 그에 따라 비도덕적인 업자들에 의해 저급한 품질의 홍차와 유사음료 등의 가짜 홍차가 시중에 유통되기 시작했다.

인스턴트 홍차를 만들 때, 주성분인 홍차 엑기스를 35% 이상 넣어야 하는데 그 대신 화학합성품인 '블랙티 미크론', '블랙티 오일' 등의 값싼 향료를 배합해 제조한 회사들이 속속 생겨났다. 인스턴트 홍차는 당시 대표 몸에 해로운 부정식품으로 신문에 오르내렸다.[17] 당시 다방에서는 인스턴트 홍차를 주로 판매하고 있었는데, 이후 다방에서의 홍차 소비는 거의 이루어지지 않았다.[18] 저급·가짜홍차의 범람으로 홍차시장은 점차 경쟁력을 상실해갔고, 아울러 1970년대 식품의 산업화

---

17) 시판 홍차 90% 가짜, 〈조선일보〉 1974년 1월 25일.
18) 2007년 2월 21일, 한국제다 서양원 회장과 인터뷰.

(다방서 가짜 홍차 팔아, 〈경향신문〉, 1971년 12월 8일) / (시중 홍차 거의 가짜, 〈동아일보〉, 1975년 1월 25일)

로 인해 청량음료와 유산균 음료 등 다양한 기호음료가 개발되면서 홍차는 점차 대중의 관심에서 멀어졌다.

차 수입이 어느 정도 풀리자 국산 홍차와 함께 영국, 스리랑카, 일본, 미국 등에서 립튼티, 실론티, 베니가오리, 하츠모미지 등의 홍차가 수입되었다.[19] 또 월남에서 귀국한 장병들이 '거꾸로 홍차'라 불리는 인스턴트 홍차 역시 들여와 이 역시 제법 소비되었다.[20] 홍차는 판매자에게는 단가가 싸고 이윤이 많이 부가가치가 높은 음료였으며, 소비자에게는 레몬·위스키·우유 등으로 다양한 맛과 향을 즐길 수 있었기 때문에 인기가 높았다. 무엇보다 홍차 음용을 통해 서양문화를 맛보고자 하는 욕구를 충족시켜 주어, 국적을 불문하고 소비한 인기 기호품이었다.

---

19) 최계원, 『우리茶의 再照明』, 삼양출판사, 1983, p.236.
20) 2007년 2월 21일, 한국제다 서양원 회장 인터뷰.

VII. 맺으며

이 장에서는 1960-1980년대의 우리나라 차문화의 주류를 이루었던 홍차의 생산과정과 소비문화의 특징을 고찰하였다. 우리나라의 홍차 생산은 1960년대 초 보성지역을 중심으로 대한다업과 한국제다에서 생산해 전국적으로 유통시켰으며, 차산지 외에서 동서식품 삼화식품 태평양 식품사업부 등 대기업과 한국식품공업사, 동화산업, 가정표홍차 등 중소기업들이 점차 참여했다. 생산자가 재배·생산·유통 모두를 책임지는 일원화된 체제와 재배와 1차 가공은 생산농가에서하고, 2차 가공과 유통은 기업에서 담당한 이원화된 생산·유통체제가 공존했다.

1960년대 홍차의 유행기를 지나 1970년대에 두 차례 오일쇼크로 일어난 국산품애용운동으로 국산 홍차는 꾸준히 소비되었지만 1988년을 기점으로 녹차 생산량이 홍차 생산량을 추월하면서 홍차 생산은 급감하게 된다.

1960~1980년대 홍차문화의 특성을 요약하면 다음과 같다. 첫째, 홍차는 서구문화의 유입과 함께 다방을 중심으로 음용되면서 1980년대 후반까지 주요음료로 자리하였으며, 생산과 음용에 있어서도 녹차보다 더 큰 비중을 차지했다. 이러한 홍차문화의 발전은 20세기 후반 녹차문화 발전에 중요한 징검다리 역할을 하였다. 둘째, 우리나라 차 생산의 중심지인 보성은 1980년대 중반까지 홍차 생산이 주류를 이루었으며, 대한홍차, 한국홍차, 동서식품 등이 주요 홍차생산업체로 등장했다. 셋째, 일제강점기를 거치며 일본 음료로 인식된 녹차는 자연스레 멀어지고, 반면에 서양의 음료인 커피와 홍차는 서구문화에 대한 흠모하는 마음과 함께 다방문화를 형성하며 사랑받았다. 넷째, 외국문화를 흡수하는 과정에서 등장한 홍차여서 오래전부터 전해온 전통 차문화와는 완전히 다르게 즐겼다. 음용 장소는 사회생활의 확장에 따라 가정과 사무실 외 다방, 고급 서양음식점, 유원지 등 다양한 외식공간으로 확장되었고, 마시는 법 역시 순수하게 차만을 우려 마시지 않고, 위스키, 설탕, 우유, 레몬 등을 첨가해 마셨다. 티푸드 역시 훨씬 다양해지고 서양화되어 쿠기나 빵, 케이크가 주류를 이루었다.

홍차문화의 쇠퇴의 원인을 살펴보면 다음과 같다. 첫째, 붐을 일으켰던 홍차는 저급홍차 가짜홍차의 범람으로 소비가 줄어들었고, 아울러 1970년대 식품의 산업화로 청량음료와 유산균 음료 등의 기호음료가 다양하게 개발되며 홍차의 인기는 차츰 시들해져 갔다. 둘째, 홍차 생산은 충분한 기술적 진전을 이루지 못했으며, 찻잎을 직접 우리기보다 주로 티백을 이용한 간편한 음용이 홍차의 맛과 멋을 살리지 못한 데에 있다.

일제강점기 이후 우리의 차 소비는 홍차와 녹차가 대부분을 차지했으며, 전통 발효차는 차산지와 사찰 일부에서 음용되고 있었다. 특히 홍차는 국내에서 생산되며 1960-1980년대 전반까지 주요 음료로 급부상해, 1980년대 말 녹차문화로 이어질 때까지 일상생활은 물론 사교와 커뮤니케이션의 중요한 매개체였다.

홍차의 제다공정에서 알 수 있듯 녹차보다 훨씬 생산기간이 여유롭다. 봄에는 녹차, 여름에는 발표차인 홍차를 제다한다면 차 생산자들은 그만큼 수입을 늘일 수 있다. 또한 소비층이 훨씬 두터워질 것이다. 녹차보다 훨씬 다양하게 즐길 수 있는 홍차의 이점을 최대한 활용한다면 좀더 많은 차인구를 확보할 수 있다. 녹차와 함께 발효차인 홍차가 우리 차문화에 자리한다면, 계절. 체질, 기호도 등에 따라 골라 음용할 수 있도록 선택의 폭도 커 풍요롭게 즐길 수 있다.

차산지에서 살았던 우리 조상들의 음다생활을 더듬어 보면 발효차를 약용과 기호음료로 상용했음을 알 수 있다. 차는 알코올을 제외한 세계 3대 음료 중 하나다. 녹차 중심의 우리 차문화의 외연을 넓히고 대중화를 위해서는 우리 조상들이 음용해왔던 떡차 등 발효차의 다양한 제다법 연구와 국산 홍차의 생산 진흥이 필요하다. 또한 우리 입맛에 맞는 차, 다양한 종류의 차, 합리적인 가격의 차를 유통시키기 위해 홍차 재배와 생산 공정의 혁신도 요구된다. 유통기한이 길고, 종류와 음용법이 다양한 홍차는 녹차와 더불어 우리 차 산업과 문화의 밝은 미래를 약속할 소중한 자원임을 잊지 말아야 한다.

〈출전〉:『월간 茶道』 2007년 10-12월, 2008년 1-2월

금랑 노석경(錦浪 魯錫俓)의 삶과 국다(國茶)

금랑 노석경(錦浪 魯錫俓, 1921-1986)은 1960년대 이후 차문화와 관련된 「다설(茶說)」, 「다산(茶山)과 문산(文山)의 다시(茶詩)」 등의 고전 번역과 차에 관한 생각을 밝힌 「국다연구(國茶研究)」, 「찬 다례(讚 茶禮)」 등의 논문, 차생활에 쓰이는 낱말을 정리한 「다제구명칭사어휘고(茶諸具名稱辭語彙考)」, 그리고 차와 관련된 유물 수집 등 우리 차문화의 원류를 찾는데 힘쓴 학자이다. 또한 그는 전남여고에서의 녹차강연회(1969) 이후, '금랑다회(錦浪茶會)'를 창립해 행다례를 보급시킨 현대 우리 차문화에 큰 족적을 남긴 차인이다. 노석경은 광주박물관장과 한국민속촌 박물관장을 역임하며 차문화 외에도 우리 것을 찾아 보존하고 미풍양속을 전승하고자 애썼다. 금번 학회를 통해 우리의 전통 문화의 계승과 차 생활 보급에 힘쓴 차인이자 학자인 금랑 노석경을 소개하려 한다.

(금랑 노석경)

전라남도 영암에서 태어난 노석경은 일본 와세다대학교를 졸업한 후 광주 제일여자고등학교, 춘태여자중고등학교, 전라남도 교육위원 등에서 교편을 잡았고 광주와 한국 민속촌에서 박물관장, 문화재 감정위원, 유네스코 등 문화계에 열정을 쏟았다. 그는 교육과 우리 전통문화를 보존·계승하는 데 평생을 보냈다. 또한 차에 관한 문헌연구, 다회 창립과 행다례 발표 등을 통해 차생활 보급하는 데에도 열심이었다.

노석경을 차의 세계로 이끈 분은 바로 남종화의 대가이자 실천하는 교육자, 청빈한 민족사상가인 남도의 정신적 지주, 의재 허백련(毅齋 許百鍊, 1891-1977)이다. 노석경의 교육과 전통문화에 대한 열정은 그를 자주 춘설헌으로 이끌었다. 노석경은 무등산자락에서 농업학교와 차밭을 가꾸며, 검박한 차생활을 한 허백련과의 만남을 통해 전통문화와 정신을 배우고 느꼈다. 노석경이 춘설헌에 찾아오면, 허백련은 차를 정성스럽게 내주며 노석경의 이야기를 귀 기울여 들었고, 허백련의 교육관과 민족관을 이야기 했다. 노석경에게 낯설었던 차는 허백련과의 만남이 잦아지며 그의 일상으로 스며들었다. 허백련은 인생의 선배로써 노석경이 편안함 속에서 차를 즐길 수 있도록 이끌어주었다.

'정성을 다하면 돌 위에도 풀이 나는 법이다',
'차내는 사람이 극진함을 다한다면 대접받는 손님의 눈에 비칠 것이니 그 차 맛에도 통함이 있다. 성의를 다하여 규범과 예절을 갖추는 것만이 우리의 행다례도(行茶禮度)다.'

허백련의 가르침 아래서 노석경은 본격적으로 차생활에 입문한다. 그는 허백련이 추천한 고전들을 두루 읽고, 우리의 차문화사를 살폈으며, 이를 통해 조상들의 차생활을 좀더 깊게 연구했다. 이와 더불어 차생활과 관련된 다기구 수집에도 열심이었다. 그의 차에 대한 열정 바탕에는 허백련이 있었다. 허백련의 말씀은 곧 금랑의 인생관이 되었고, 사상이 되었다.

교육과 문화계에 몸담고 있었던 그는 정립된 생각을 발표하고 보급하는데 많은 시간을 보냈다. 오래 전부터 우리 민족이 건강과 풍류생활을 위해, 심신을 맑히기

(무등산 / 맨 좌측 노석경, 왼쪽에서 세번째 허백련) / 1970년 다솔사 다회 참석(좌-최한영, 허백련, 노석경)

(1970년 현중화 개인전 광주전시회 /
좌부터 허백련 동생, 구철우, 박건복, 현중화, 허백련, 김철수, 노석경, 문장호)

위해 차를 즐겨 마셨음을 확신한 그는 그동안 연구한 바를 「국다연구의 역사적 소로(國茶의 歷史的 遡老, 1965)」로 발표했다. 이듬해인 1966년, 「국다연구의 역사적 소로」를 좀더 수정보완 한 「국다연구(國茶研究)」를 소책자 단행본으로 내놓았다.

「국다연구」의 내용을 보면, 우리 차의 역사, 국다와 문화, 경제부흥과 우리 차, 건강과 영양, 우리 차 분포지, 우리 차의 종류 등이 실려 있다. 노석경은 차는 한민족(韓民族)의 정신이 스며있는 고유문화요, 경제·교육·건강에 유익한 음료로, 국가부흥에 기여할 것이라 확신한다고 논문에 밝히고 있다. 금랑이 광주박물관장으로 재직시 발표한 「국다연구」는, 광복이후 우리나라에서 발표된 최초의 차에 관한 논문이라 한다.

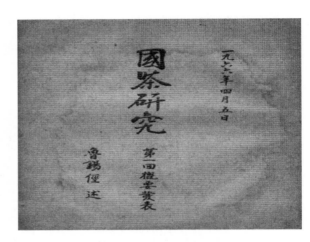

「다제구명칭사어휘고(茶諸具名稱辭語彙考)」 / 『국다연구(國茶研究)』

(1971년 광주박물관에서 소구산(蘇九山)방장스님과 차를 마시는 모습) / (모재서실(茅齋書室)에서 광주다회)

광주박물관장으로 재직시 노석경은 허백련의 사상과 지행합일의 모습에 감동해 자주 춘설헌을 찾았다. 허백련의 차생활과 그의 철학, 그리고 춘설헌에 갈 때마다 마시는 차와 우리 차문화이야기를 들으며 차문화에 심취했다. 허백련에게 사사받은 우리 고유차는 노석경의 생활 속에 스며들었고, 1968년 이후 학교를 중심으로 보급하기에 이르렀다.

　　노석경이 보급한 행다례도(行茶禮度)는 『예기(禮記)』와 허백련의 차생활을 바탕

〔그림 5〕 영접
〔그림 6〕 팽다준비
〔그림 7〕 차 끓이기
〔그림 8〕 진다(손님이 금랑)
〔그림 9〕 두 번째 진다
〔그림 10〕 행다례도

(행다례 교육)

으로 하고, 응송 박영희, 효당 최범술 등 선배 차인들의 조언과 체험에서 얻어진 깨달음을 근거로 정립한 이론과 행다례이다. 이후 〈녹차 강연회〉, 〈행다의 생활화〉, 〈행다문화 연구 발표회〉 등의 강연을 통해 그동안 연구한 바를 발표했고, 생활다례 · 의식다례 등 다양한 행다례를 연구하여 보급하는 등 적극적인 차생활을 했다.

노석경은 제례차(祭禮茶), 의식차(儀式茶), 생활차(生活茶) 행다로 구분해 다례법을 만들었다. 구분된 다례법마다 행다례의 순서와 모습을 달리하며 목적을 분명히 드러냈다. 그는 우리 차문화의 연구와 계발의 시급함을 밝히면서 다례(茶禮)로서 행다와 다선일미의 차 정신을 계승해야 한다고 역설했다. 특히 노석경은 우리의 유구한 역사 속에서 선조들의 사상과 철학으로 수백 년 이어와 우리의 중요한 의식구조로 남아있는 다례를 민중의 문화라 했다. 다례문화를 인위적으로는 도저히 창조할 수는 없는 민중문화라 규정하며, 후세는 계승 발전시켜야할 책임과 의무가 있다고 강조했다. 행다례 보급을 위해 제자를 지도했으며, 금랑헌은 물론이고 다양한 무대와 글, 비디오로 보급하는데 힘썼다.

광주에서 시작한 그의 전통차 알리기 운동은 1975년 한국민속촌 박물관장으로 옮긴 후에도 계속되었다. 그는 수원으로 이사한 이듬해인 1976년 수원다회 및 금

(행다문화연구발표회 / 수원여성회관)

(전통문화 강의, 숭전대학교, 1960년대) / (행다의 생활화 특강, 한국정신문화연구원, 1980년 9월)

랑다회를 창립하고 제자 육성에 힘썼다. 그에게 정신적 지주인 허백련은 늘 힘이 되었다. 이와 함께 영친왕비 이방자, 노산 이은상, 응송 박영희, 효당 최범술, 명원 김미희, 운차 서양원 등과 자주 소통하며 차문화 보급을 위한 열정을 쏟았다. 차생활과 행다례 정립, 그리고 고전 번역과 차 논문 등 그의 열심인 결과물은 후학들에게 좋은 자료가 되었다.

노석경은 다양한 음용법과 음식 재료로서의 차를 알리는 데에도 마음을 썼다. 춘설헌을 방문할 때마다 춘설차는 물론이고 다양한 차를 맛보았고 차를 재료로 한 음식을 맛본 노석경은 다회와 특강을 통해 차의 다양한 활용법 또한 보급했다. 여름날 청량음료와 피로회복제로 차즙과 차 시루떡과 차 범벅, 그리고 노약자와 환자를 위한 영양인 차죽, 어린 찻잎으로 만든 차나물 등의 차음식이 그 예이다.

(금랑문화논총)

노석경의 회갑 축하의 마음을 가족과 제자들은 『금랑문화논총(錦浪文化論叢, 1981)』로 묶어 기념했다. 『금랑문화논총』에는 학계와 문화예술계에서 활발히 활동하고 있는 인사들의 차에 대한 생각이 많이 실려 있다. 이은상의 머리말을 시작으로 논총에 실은 분들을 보면 다음과 같다. 허백련, 구철우, 박생광, 임직순, 남관 등이 그림으로, 허백련, 영친왕비, 최범술, 김용구, 김철수 등이 글로, 지순택, 유근영, 임재영, 심수관 등이 도자기로 금랑의 회갑을 축하했다. 이은상, 유희경, 황혜성, 임동권, 김해성 등 학계의 중진들의 연구논문 외에 육우의 『다경』, 초의의순의 『동다송』과 『다신전』을 실었다. 『금랑문화논총』에는 당시 차계를 이끌고 있는 김명배, 김봉호, 정승연, 김미희, 한웅빈 등의 글을 싣고 있다.

　　노석경의 삶은 우리 조상이 물려준 찬란한 문화유산을 찾기 위한 시간이었다. 우리 것을 바르게 알아 이 시대의 문화로 즐기며, 후대에 물려주고자 하는 마음은 그의 삶이 되었다. 노석경은 차문화의 보급을 위해 우리 차의 원류를 찾아내어 연구했으며, 오늘의 문화로 자리할 수 있도록 행다례를 보급하는 데에도 열심이었다. 박제된 차문화로 박물관에 비치된 전통문화가 아닌 향유하는 차문화로 자리하기 위한 그의 노력은 오늘 우리에게 큰 교훈을 준다.

〈출전〉: 국제차문화학회 광주추계학술세미나 발표문, 2007

차를 사랑한 나라, 영국과 스리랑카의 차문화 이야기

차, 삶이자 역사

차는 오랫동안 세계인들에게 뗄 수 없는 휴식과 같은 존재이다. 황하에서 아라비아의 낙타를 타고 사하라사막을 지나 이구아수폭포 주변의 어느 카페에 이르기까지, 노마딕초원의 게르에서 이스탄불의 바자르를 지나 런던에 티룸에 이르기까지, 차는 남녀노소와 신분의 차이를 훌쩍 넘어서고 인종과 국경, 종교를 초월해 세계 곳곳에 존재하고 있다.

예부터 오늘까지 세계 곳곳에서 많은 사람들에게 두루 사랑받는 차이지만 가만히 들여다보면, 참 많이 다름이 발견된다. 차를 마시는 모습은 물론이고 차를 마시는 잔, 차와 함께 먹는 음식, 차를 마시는 공간, 차로써 행하는 의식 역시 다르다. 차는 마시는 지역의 생활과 밀접한 연관 속에, 음식, 도자기, 의복, 가구 그리고 음악, 미술, 스포츠, 오락 등의 의식주와 문화생활 전반에 걸쳐 큰 영향을 주며 성장해왔다. 즉, 한 잔의 차에는 그 당시, 그 지역 사람들의 삶의 모습과 철학 그리고 감성과 미학이 고스란히 담겨있다.

차가 안내하는 생활의 쉼표, 영국의 티타임

자욱한 안개 속에서 서서히 황금빛으로 물들어가는 가을이 깊어 가면 영국은 긴 동면의 시간이 시작된다. 오후 3시면 어둑해지고, 한낮이라 해도 꼭꼭 숨어버리는 햇빛 때문에 하루 종일 전깃불을 켜놓고 지내야 하는 날이 부지기수이다. 지루한 겨울은 이렇게 영국 땅을 밟는다. 무거운 회색빛 하늘과 짙은 안개는 영국인

〈사진〉 스리랑카 누와라 엘리야의 차밭에서 찻잎을 따고 있는 타밀족의 여성들

을 괜스레 우울하게 만든다. 비바람 소리와 벗하는 밤, 두터운 커튼이 드리워진 실내에는 벽난로가 빨갛게 타오르고 있다. 벽난로 옆 테이블에 찻잔을 두고 흔들의자를 흔들면서 책을 읽거나 뜨개질을 하는 모습은 전형적인 영국 가정의 겨울 풍경이다.

영국은 코난 도일과 애거서 크리스티의 나라이다. 흔들의자에 앉아서 애거서 크리스티의 안내를 받으며 영국 남서부로 여행을 떠나보자. 겨울밤에 느꼈던 여운을 좇아 그녀의 고향인 19세기의 휴양지, 토키

(크림티)

와 그 주변으로 여행을 떠난다. 토키박물관과 토어 대사원에서 애거서 크리스티의 발자취를 더듬다 보면 왠지 모를 음산함은, 여름날 그곳을 찾았다면 박물관을 나오는 순간 다 날아가 버린다. 푸른 바다와 하얀 모래사장이 태양에 빛나고, 잘 가꾸어진 정원은 마음을 밝게 해준다. 그곳에서는 크림티(Cream tea) 간판이 곳곳에 보인다. 소박하고 편안한 티룸에서는 홍차세트, 스콘과 함께 이 지방의 특산물인 클로티트 크림(Clotted cream)이 딸기잼과 곁들어져 나오는데, 일반 가정에서도 티타임 메뉴에 클로티드 크림이 꼭 있다.

로마시대 목욕탕과 18세기 거리가 남아있는 온천도시 바스에서는 제인 오스틴, 찰스 디킨스 등의 수많은 문학가들의 흔적을 찾을 수 있다. 작고 아늑한 시가지, 시가지를 적시며 흐르는 에이븐 강, 그림 같은 공원 등 아름다운 바스에 취해 다니다 잠시 바스 번(Bath Bun)으로 유명한 티룸, 샐리 런즈(Sally Lunn's)에 앉아 제인 오스틴의 소설 속 배경이 된 18세기 말경의 바스에서 잠시 멈춘다. 차 애호가였던 제인 오스틴도 이곳에 와서 차를 마셨을까?

산악지대인 국립공원 피크 디스트릭트는 샬롯 브론테의 소설,『제인 에어』의 배경이 된 마을이다. 고아로 성장한 소녀가 가정교사가 되어 저택의 주인을 사랑하게 되는『제인 에어』의 무대가 바로 피크 디스트릭트의 헤더세지 마을이다. 로체스터 경의 저택을 둘러본 후, 데번셔 공작의 웅장한 저택인 채츠워스에 가기 위해 베이크웰을 지나친다. 과자점이 많기로도 유명한 이곳에는, '베이크웰 푸딩(Bakewell Pudding)'이라는 달고 맛있는 푸딩이 있다. 속에 잼이 들어있는 에그 타르트(egg tart)의 일종으로, 이 지역의 티룸에서 차와 함께 먹는 대표적인 티푸드이다.

독자적인 전통과 문화를 지키고 있는 웨일즈(Wales)는 아서왕의 전설을 보유한 신화와 전설의 땅이다. 이곳에서는 귀족들의 화려한 생활을 체험할 수 있는 매너 하우스에서도 애프터눈 티를 만날 수 있다. 웨일즈에서는 스콘, 샌드위치 외에도 웨일즈의 전통 티푸드인 레이버 브레드(Laver bread: 해초류를 끓여서 오트밀·베이컨과 함께 내놓는 팬케이크), 바라 브리스(Bara brith: 말린 과일을 듬뿍 넣어 만든 과일 빵), 웰시 래빗(Welsh rarebit: 우스터소스를 섞은 것을 살짝 굽거나 녹여 구운 일종의 치즈토스트) 등이 함께 나온다. 귀족의 저택의 티룸에서 차와 함께 웨일즈 전통음악을 듣다 보면, 잠시 중세시대로 시간여행을 떠나게 된다.

이렇듯 영국의 각 지역을 여행하다 보면, 독특한 티 푸드와 함께 차를 즐길 수

〈웨일즈의 레이버 브레드와 홍차〉

〈해롯백화점에서 차를 구입하는 모습〉 / 〈티푸드를 고르는 모습〉

있다. 동양의 차를 무척 사랑했던 영국은, 차를 생활의 일부로 정착시키며 '애프터 눈 티(Afternoon tea)'라는 독특한 차문화를 형성시켰다. 출출해지는 오후 3시에서 5시 사이에 샌드위치와 스콘 등의 티 푸드와 함께 부드러운 밀크티를 즐기는 오후의 티타임은, 빅토리아여왕시대에 꽃피운 사교문화다. 오후의 티타임에 손님을 초대했다면 격식을 갖추고, 정성을 표현해야 한다. 테이블 보 위에 신선한 차와 찻 잔 등의 차도구와 티 푸드 등을 준비한다. 거기에 계절에 어울리는 꽃과 클래식한 음악을 준비하면 더없이 따뜻하고 화사한 분위기의 오후의 티타임이 된다. 차를 마시며 한담이 오가는 향기로운 티타임은, 모임을 통해 정보를 교류하고 함께 어 우러지는 사교의 시간이다. 일에 쫓겨 무리하거나 서두르지 않는 영국인들은 티 타임을 가지면서 생각을 교환하고, 정을 나눈다.

'혼자면 책을 읽고, 둘이면 대화를 하고, 셋이면 게임을 하라'는 영국속담처럼, 남에게 피해를 주지 않으면서 자신의 사생활 보호받고 싶어 하는 그들은 화를 내 거나 우는 모습을 잘 보이지 않는다. 극단적인 말과 행동을 자제하는 영국인들은 스트레스를 차 한 잔으로 녹여낸다. 마치 묘약이나 되는 것처럼 차를 마시며 외로 움을 달래고 즐거움을 찾는다. 편안하고 소박한 생활의 쉼표, 오후의 티타임 속에 서 영국 사람들의 행복한 삶이 보인다.

(사진) 제임스 티소 / In the Conservatory (The Rivals) / 1875, 미국 뉴욕 메트로폴리탄 박물관 소장

〈제프리 뮤지엄의 카페테리아〉 / 〈런던박물관 카페에서 차 마시는 모습〉

〈포트넘 앤 메이슨에서 즐기는 애프터눈 티〉 / 〈캔싱턴궁전의 오랑제리 티룸〉

찬란하게 빛나는 차의 섬, 스리랑카의 실론티(Ceylon tea)

캔디(Kandy)는 고도(古都)로, 오늘날 스리랑카를 대표하는 문화 도시이다. 캔디의 중심거리인 달라다 비디야는 은행, 레스토랑, 상점 등이 줄지어 있고, 불치사(佛齒寺)와 시야가 확 트인 캔디호가 있다. 캔디호 옆에는 스리랑카에서 가장 유명한 퀸즈호텔이 있다. 식민지시대에 지어진 이 호텔은 옛날 영국식 인테리어가 그대로 남아있는데, 이곳의 레스토랑과 정원에서는 영국식 티타임을 즐길 수 있다. 물론 다른 호텔과 레스토랑에서도 영국식의 티타임을 즐길 수 있는데, 이때 스리랑카식 티 푸드와 함께 차를 내어오는 경우도 있다. 티 푸드로 요구르트에 자가리(Jaggery)라는 코코넛나무 수액에서 얻은 당밀을 얹은 커드(curd)와 같은 스리랑카 전통음식이 제공되기도 한다.

버스터미널과 역 일대는 서민들이 옹기종기 모여사는 마을이다. 생활의 채취가 묻어나는 작은 상점이 줄지어있고, 힌두교와 이슬람교 사원이 자리해 있다. 번화한 거리에는 차와 음식을 파는 음식점들이 곳곳에 눈에 띤다. 아무리 작은 시장이라도 찻집이 있는 것을 보면, 차문화가 생활의 일부분임을 느낄 수 있다. 버스 터미널 부근의 캔디시장과 그 주변에서도 차를 마시는 모습을 쉽게 볼 수 있다. 열대과일을 산더미처럼 쌓아놓고 파는 과일가게는 캔디의 명소중의 하나로, 달고 진한 홍차와 생강차 등을 음료를 서비스로 주기도 한다.

스리랑카인들은 진하고 단 홍차, 밀크티, 생강홍차, 생강차, 라임티, 카더몬티 등은 물론이고 커피, 초콜릿, 콜라 등의 음료를 다양하게 즐겨 마신다. 요즘 젊은 이들은 홍차가 아닌 다른 음료도 많이 마시지만 스리랑카인 대다수가 즐기는 국민음료는 여전히 홍차이다. 스리랑카인들에게 차를 마시는 것은 하루 생활 중 아주 중요한 일과이다. 이들은 이른 아침에 일어나 차를 마시며 하루를 시작한다. 싱할라인들은 불교의 영향으로 주로 아퍼(Appa)나 빵과 함께 홍차를 마시는 가벼운 아침식사를 한다. 반면에 점심은 아주 중요하게 생각해 많은 음식을 먹기 때문에 점심시간이 길다. 이들은 아침과 점심사이, 그리고 점심과 저녁 사이에 잠시 쉬면서 하루에 두 번 티 브레이크(Tea break)를 갖는다.

스리랑카는 작은 섬나라이지만 다양한 기후를 가지고 있어 지역에 따라 식습관

〈실론티와 티 푸드〉 윤수정 제공

〈차를 마실 때 만든 과자나 카스텔라 등을 곁들이는 스리랑카의 타 파티 모습〉 윤수정 제공

이 다르다. 더운 평지에서는 매운 음식을 즐겨먹고, 상대적으로 덜 뜨거운 차를 마신다. 반면에 날씨가 서늘한 고산지역에서는 그리 맵지 않는 음식을 즐겨먹고, 뜨거운 차를 마신다. 대부분의 스리랑카인들은 더스트 티(Dust tea), 즉 분차(粉茶)를 팔팔 끓인 후에 분유와 설탕을 넣은 키리떼(Kiri te')와 설탕만을 듬뿍 넣은 떼(te')를 즐겨 마신다. 주로 오전에는 키리떼를 주로 마시고, 오후에는 분유를 넣지 않는 떼를 마신다. 가난한 사람들은 차에 설탕을 듬뿍 넣어 마시는 것으로 허기를 달래기도 한다. 차를 마실 때에는 쌀로 만든 전통과자와 즐겨 먹는데, 그 중 쌀가루와 코코넛 밀크를 섞어 반죽한 것을 틀에 넣어 튀긴 코키스(Kokis)와 쌀가루와 코코넛 밀크를 섞어 구운 팬케이크인 아퍼(Appa)가 대표적이다.

캔디에서 스리랑카인들의 차생활을 둘러 보고난 후, 캔디 외곽지역에 자리한 대규모 차밭으로 발걸음을 옮긴다. 19세기 중반 영국인에 의해 탄생된 스리랑카의 차산업은 차 재배에 알맞은 기후와 지형덕분에 건실하게 성장했다. 캔디 너머 언덕마다 거대한 차밭을 조성하며 점차 그 범위를 넓혀갔고, 구릉지대 도시들 대부분이 홍차의 집적지가 되었다. 홍차를 상품화한지 얼마 되어 않아 '홍차' 하면

〈스리랑카의 차 공장〉 윤수정 제공

부드러운 황금빛깔의 '실론티'가 연상될 정도로, 스리랑카는 홍차 애호가들의 사랑을 받는 세계적인 차 수출국이 되었다.

산악도로를 돌면 웅장한 산들이 빚어내는 절경과 함께 끝없는 차밭과 푸르른 하늘이 눈앞에 다가온다. 초록빛 차밭이 푸른 하늘 아래 끝없이 펼쳐져 있고, '빛의 도시'라는 이름처럼 햇살 속에 초록 찻잎들이 반짝인다. 작렬하는 태양의 환영을 받으며 도착한 빛의 도시는 바로 해발 2,000m의 고원 도시 누와라 엘리야다. 피두루탈라갈라산의 고원지대에 위치한 누와라 엘리야는 영국 식민지시대에 차 플랜테이션이자 영국인이 즐겨 찾던 휴양지였다. 튜더와 조지 양식이 혼합된 건축물, 화사한 정원과 테라스, 장미 넝쿨아래 푸른 양탄자처럼 깔린 잔디밭, 티룸 등 그때의 흔적이 지금도 곳곳에 남아있다.

누와라 엘리야는 '구름위의 도시'라는 별칭에 어울리게, 구름 같은 안개에 싸여 있다. 게다가 주야간의 일교차가 커서 좋은 차를 생산하기에 적합한 자연조건을 두루 갖추고 있다. 안개는 찻잎에 맑고 신선한 수분을 적셔주고, 곧이어 얼굴 내미는 태양은 초록빛 차가 건강하게 자라게 해 준다.

차밭에는 타밀족 여인들이 자기 몸집보다 커 보이는 대바구니를 이마에 걸고

〈누와라 엘리야 차밭〉 / 〈차밭의 여인들〉 윤수정 제공

쉴 새 없이 어린 찻잎을 따고 있다. 이른 아침부터 오후까지 채취한 찻잎 바구니를 가지고 검사소에 가서 무게를 재고 나면, 실론의 최고급 홍차가 탄생하는 제다 공장으로 가게 된다. 이러한 과정을 거쳐 스리랑카가 자랑하는 세계적인 홍차, 누와라 엘리야 티(Nuwara Eliya Tea)가 탄생한다. 실론 홍차의 샴페인(Champagne of Ceylon tea)이라는 별칭을 갖고 있는 누와라 엘리야는 인도양의 노을빛을 머금은 맑은 오렌지 빛깔을 띠고 있다. 실론 홍차의 제왕으로 이름 난 누와라 엘리야 티를 한 모금 마시면, 은은하면서도 풋풋한 향이 입안 가득히 퍼진다.

〈출전〉『생활속의 이야기』, 2008년 1 · 12, CJ

남미의 황금빛 정서

아르헨티나의 국민차

아르헨티나는 인구의 절대다수인 90% 이상이 유럽계 이민자이다. 자연의 신비로움에 이끌려 유럽의 탐험가들과 이주민들이 아르헨티나를 찾았고, 남아메리카 대륙이 품은 자연환경에 유럽의 문화, 그리고 이민자의 정서를 더해 특별한 아르헨티나 문화가 만들어졌다. 그리하여 '남미의 파리'라 불리는 부에노스아이레스의 레스토랑과 카페, 노점에 가면 유럽적인 생활문화인 아이스크림과 커피, 초콜릿 같은 후식을 곁들여 한가한 시간에 차를 마시는 풍경을 쉽게 찾을 수 있다.

〈아르헨티나〉

아르헨티나에는 남미만의 고유한 차문화도 존재한다. 조그만 통에 빨대를 꽂아 빨아먹는 마테차(Mate)로, 아르헨티나 외에 이구아수폭포 주변국인 파라과이, 브라질 사람들이 오늘날에도 여전히 즐기는 음료다. 마테차와 함께 열대과일 주스 또한 즐겨 마신다. 이들 음료는 식후에, 혹은 고기만두와 비슷한 엠빠나다(Empanada), 초코파이와 비슷하게 생긴 알파호레스(Alfajores), 샌드비스킷인 갈레티타(Galletita), 크로와상을 닮은 메디아 루나(Media Luna) 등과 함께 간식으로 즐긴다.

아르헨티나식 마테차 마시는 법

마테차는 식당의 메뉴에서는 쉽게 찾을 수 없지만 빵과 함께 먹으면 끼니가 되고, 목마를 때 갈증 해소와 휴식의 시공간을 제공해주는 긴요한 음료이다. 이 차를 즐기기 위해서는 예르바 마떼(yerba mate), 마테컵(Mate 혹은 Guampa), 봄빌라(Bombilla), 보온병과 뜨거운 물 등의 준비물이 필요하다. 마테차를 마시는 컵은 본디 표주박인 '마티(matí)'나 소뿔이었으나, 최근에는 은, 스텐레스, 플라스틱 등 다양한 재질로 만들어진다. 거기에 찻잎을 여과하는 거름망 역할을 하는 봄빌라는 금속이나 나무 재질로 만들어진 빨대로, 끝부분에 조그만 구멍이 촘촘히 나 있다.

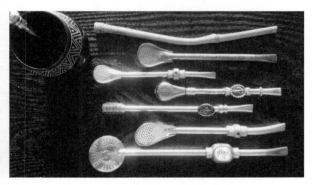

(마테컵과 마테차를 마실 때 빨대처럼 사용하는 다양한 봄빌라.
끝부분에 구멍이 찻잎을 걸러주어 간편하게 차를 마실 수 있다)

(마테차 / 일회용 마테차 / 예르바 마떼와 봄빌라를 꽂은 마테컵)

마시는 방법은 이렇다. 먼저 예르바 마떼라고 하는 마테잎을 컵의 1/2~2/3정도 넣고, 뜨거운 물을 부어 여과망이 있는 빨대인 봄빌라로 조금씩 빨아 마시면 된다. 다 마시고 나면 뜨거운 물을 부어 다시 우려 마시며 맛과 향이 다 사라질 때까지 몇 번이고 반복하여 마신다. 아르헨티나인들은 대부분 녹차보다 약간 쓰고 떨떠름한 맛과 풀향이 나는 전통 마테차를 즐기지만, 기호에 따라 민트와 같은 허브와 생강·정향 등의 향신료, 오렌지 딸기 등의 과일과 함께 브랜딩하기도 하고, 설탕이나 꿀을 첨가해 마시기도 한다.

함께 마시는 차에 담긴 속뜻

전통적인 마테차 음다 습관은 하나의 컵과 빨대로 모두가 차를 돌려 마시는 것이다. 요즘도 가족과 연인, 그리고 친구들끼리는 마테차 한 컵을 같이 마시는 광경을 심심찮게 볼 수 있다. 아르헨티나에서 마테차를 함께 마시는 음다법은 친밀감의 표현으로, 마테차가 예로부터 사회적인 음료였음을 확인시켜준다. 이는 '당신을 친구로 생각하고 환대한다'는 뜻을 담고 있다. 이때 지켜야할 에티켓이 있다. 먼저 예르바 마테잎을 컵에 담아 뜨거운 물을 따른다. 컵의 주인은 먼저 뜨거운 물에 우린 마테차를 봄빌라에서 바람소리가 날 때까지 마신다. 그런 후, 다시 뜨거운 물을 컵에 따라 건네준다. 건네받은 사람 역시 마테차를 남김없이 다 마셔야 한다. 이 과정이 반복돼 차를 통해 손에서 손으로, 입에서 입으로 전해지고, 차의 맛과 향이 사라질 때까지 계속 '우리는 하나'라는 우정의 의식이 계속 이어진다. 이렇듯 컵과 빨대를 공유하는 아르헨티나식 음다법은 마테차를 함께 마시면 영혼을 공유하는 친밀한 사이라는 속뜻을 담고 있다.

(마테차 ... 한 컵을 돌리며 나눠 마시는 마테차는 낯선 이들과의 마음의 문을 여는 첫 단추임과 동시에 '우리는 하나'라는 공동체 정신이 스며있다)

건강과 행복을 가져다주는 차

예로부터 마테차를 즐겼던 원주민은 어떠한 종족이었을까. 그 궁금증은 이구아

〈이구아수폭포〉

(아르헨티나, 브라질, 파라과이
접경지에 위치한 이구아수폭포)

수폭포에 가보면 해결된다. 나이아가라폭포·빅토리아폭포와 더불어 세계3대 폭포 중 하나인 이구아수폭포, 16세기 전까지 이구아수 폭포는 남미의 원주민인 과라니족(Guarani people)에게 성지로 추앙받던 곳이다. 식물에 대한 지식이 풍부한 과라니족은 각 식물의 특징적인 성분에 따라 병을 치료했다. 무엇보다 일찍이 과라니족들은 아주 적은 양의 곡물과 마테차로 한 끼 식사를 해결하면서도 건강을 유지할 수 있다는 사실을 알 만큼 자연물에 대한 이해가 높았다. 이들은 마테차를 건강과 행복을 가져다주는 음료라 여기며, '신이 주신 선물'이라 불렀고, 이를 알게 된 정복자, 유럽인들은 '인디오의 녹색 금(Green Gold of the Indios)'라 불렀다.

과라니족의 마테차는 16세기 이후, 유럽의 식민지 지배자와 초원위의 카우보이인 가우초(Gaucho)[21)]에 의해 전승되었다. 가우초는 아사도(Asado, 숯불구이), 푸체로(puchero, 스튜), 초리소(chorizo, 소시지), 파리야다(parillada, 소내장 소금구이) 등 고기를 먹고, 마테차를 수시로 마시며 하루에 100여 마일씩 수주일간 계속 말을 타고 달렸다. 그들은 '마시는 샐러드(drinking a salad)'라 불리는 마테차가 늘 있어 채소의 결핍에서 오는 영양분을 보충하고, 거친 하루 생활의 피로를 풀어주어 건강상태는 지극히 완전했다. 게다가 이들에게 마테차는 모닥불에 빙 둘러앉아 마테차를 마시며 외로움을 녹이며 마음의 안정을 되찾았고, 단결력을 고취시켰다.

원주민에게는 신이 주신 선물로, 현대인에게는 건강음료로 잘 알려진 마테차! 정신과 육체에 활력을 주는 천연 강장제이자 자연 다이어트제로 잘 알려진 마테

---

21) 원주민과 스페인 혼혈로 광활한 초원지대에서 말을 타며 소를 키우는 카우보이.

차를 마시며 남미인 특유의 넉넉하고 인심, 여유로운 삶도 함께 즐겨보기 바란다.

출전 :『오설록』, 2014, 봄호, (주)아모레퍼시픽

【 색인 】